国家哲学社会科学成果文库

**NATIONAL ACHIEVEMENTS LIBRARY
OF PHILOSOPHY AND SOCIAL SCIENCES**

中等收入阶段的中国产业升级：经验和理论

杜曙光 著

人民出版社

国家哲学社会科学成果文库

NATIONAL ACHIEVEMENTS LIBRARY
OF PHILOSOPHY AND SOCIAL SCIENCES

中等收入阶段的中国产业升级：经验和理论

杜曙光　著

人民出版社

作者简介

杜曙光 1970 年生，山东省东营市人。2007 年毕业于福建师范大学政治经济学专业，获经济学博士学位。曲阜师范大学教授，博士生导师。山东省"政治经济学"重点学科负责人，山东省理论人才"百人工程"专家，曲阜师范大学学术委员会委员，中国社会科学院当代中国马克思主义政治经济学创新发展智库学术委员，中国《资本论》研究会常务理事，中国经济发展研究会常务理事。

长期致力于当代中国马克思主义经济理论及其实践问题的研究，尤其是在中国经济发展与产业升级研究上成就突出。主持国家社科基金项目 2 项，教育部人文社会科学研究项目、中宣部委托项目等省部级课题 8 项，撰著和主编《横向产业分工与山东半岛制造业发展研究》《〈资本论〉与中国经济科学发展》等学术著作 4 部，在《马克思主义研究》《中国工业经济》《经济学家》等期刊发表学术论文 40 余篇，其中多篇被《新华文摘》论点摘编、人大复印报刊中心全文转载。成果获国家哲学社会科学成果文库、山东省社会科学优秀成果奖和福建省社会科学优秀成果奖等省部级以上科研奖励 4 项。

《国家哲学社会科学成果文库》
出版说明

为充分发挥哲学社会科学研究优秀成果和优秀人才的示范带动作用,促进我国哲学社会科学繁荣发展,全国哲学社会科学工作领导小组决定自 2010 年始,设立《国家哲学社会科学成果文库》,每年评审一次。入选成果经过了同行专家严格评审,代表当前相关领域学术研究的前沿水平,体现我国哲学社会科学界的学术创造力,按照"统一标识、统一封面、统一版式、统一标准"的总体要求组织出版。

全国哲学社会科学工作办公室
2021 年 3 月

目　　录

经验数据篇

基础理论篇

中国经验篇

中国理论篇

CONTENTS

Basic Theory Part

China's Experience Part

China Theory Part

前　言

　　本书是我主持的国家社科基金项目"中国跨越'中等收入陷阱'的产业升级战略研究"的最终成果。"中等收入陷阱"是 2011 年度国家社科基金资助研究的重要议题，该项目是当年仅有的两个"中等收入陷阱"研究立项课题之一。8 年间，国内关于"中等收入陷阱"的研究几经沉浮，我和项目组成员对于项目的理解也经历了多次的"自我否定"和"自我革新"。其中，对我们影响最大的是 2014 年习近平总书记提出经济发展"新常态"的基本判断后，对"中等收入陷阱"的研究再次引发广泛关注，在把握经济"新常态"和推进供给侧结构性改革的进程中实现"稳增长、调结构、转方式"成为我国跨越"中等收入陷阱"的关键。在此基础上，我们重新调整了研究框架，在理论基础上引入结构升级，使之与既有的价值链升级相并列；在研究线索上将"效率提升—结构调整"作为关键线索与原有线索"全球价值链—优势变迁"相并列。这也在一定程度上扩展了原计划的研究内容和范围，延长了研究期限，本书的内容也经历了颠覆性的调整。

一、跨越"中等收入陷阱"依赖产业升级

　　世界银行提出的"中等收入陷阱"，是指进入中等收入阶段的国家，其收入水平不能稳步提升，难以进入高收入阶段。就理论属性而言，这是一个基于经验判断的"理论假说"。验证这一假说的真伪，需要准确选择衡量各国收入水平和"赶超过程"的合理指标，并在此指标下全面考察世界各国在中等收入阶段的收入水平提升过程。同时，只有详细剖析影响中国收入水

平和赶超过程的各类因素，才能明确判断中国是否存在陷入"中等收入陷阱"的风险，以及依赖哪些要素跨越"中等收入陷阱"。本书的研究就以"中等收入假说"的验证和收入水平影响因素的分解为切入点，进入中等收入阶段的产业升级议题。

　　在指标方面，以世界银行收入划分标准为参照的静态指标难以描述收入水平提升的"赶超过程"；以美国人均国民收入为参照的"赶超指数"难以准确反映客观的收入阶段。我们对两者进行综合，将世界银行规定的高收入门槛作为"赶超指数"的目标，衡量中等收入国家的赶超过程。同时，选择人口在 900 万以上的国家进行分析。从 1987 年世界银行提出收入阶段划分标准开始，进入过中等收入阶段的国家有 57 个，除最终进入了高收入阶段的 7 个国家外，依然存在 27 个处于下中等收入阶段的国家和 23 个处于上中等收入阶段的国家，这些国家收入水平的变化大致呈"V"形趋势：在 2000 年前收入水平呈下降趋势，2000 年后收入水平呈上升趋势。世界银行考察了 2005 年之前的收入变动趋势，于 2006—2007 年提出"中等收入陷阱"假说，具有一定的合理性。但是，考虑到 2000 年之后中等收入国家收入水平平稳上升的趋势，"中等收入陷阱"假说在提出之后已经难以成立（见图 0-1、图 0-2）。

　　同时，中国的数据表明，虽然中国经济增长速度有放缓趋势，但是中国收入水平却在加速赶超，呈现经济增长放缓与收入水平激升并存的现象。表明中国收入水平的加速赶超并非仅依赖实际经济增长，经济效率提升引发的物价和汇率效应也体现了中国在不同收入阶段上的结构性差异。通过对各类影响因素的分解，我们具体核算了各类因素对中国收入水平"赶超"的贡献，大致预测中国可能在 2024 年之前进入高收入阶段。同时，通过对各类影响因素的分类与综合，发现影响中国收入水平"赶超"的各类因素可以归结为：人口红利、产业升级和外部因素三大类，其中影响最大的是产业升级因素——产业升级是中国跨越"中等收入陷阱"的主导战略（见图0-3）。同时，产业升级又可以进一步分解为"价值链升级"和"结构升级"，由此形成本书的总体逻辑框架。

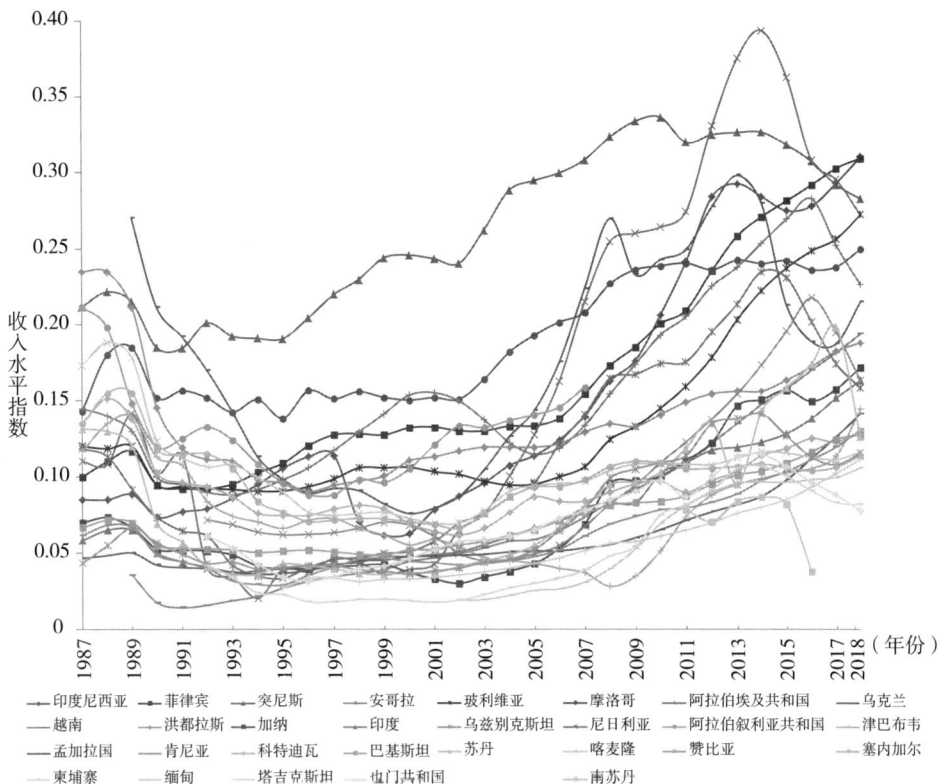

图 0-1　1987—2018 年处于下中等收入组国家的收入水平赶超走势

资料来源：世界银行数据库。

二、价值链升级的研究思路

产业升级研究存在"价值链升级"和"产业结构升级"两派观点①。前者关注产业链各环节和企业内部的生产效率，后者关注国民经济中各产业的结构比例。我们原有的研究计划与 2012 年前后多数国内学者关于"中等收入陷阱"和"产业升级"的认识相一致：以价值链升级为中心，关注的是如何提高产业能力和附加值水平，在全球价值链分工中获得更高的地位。以此为基础的产业升级理论与"微笑曲线"关系密切，认为"中国制造"依

① 陈羽、邝国良：《"产业升级"的理论内核及研究思路述评》，《改革》2009 年第 10 期。

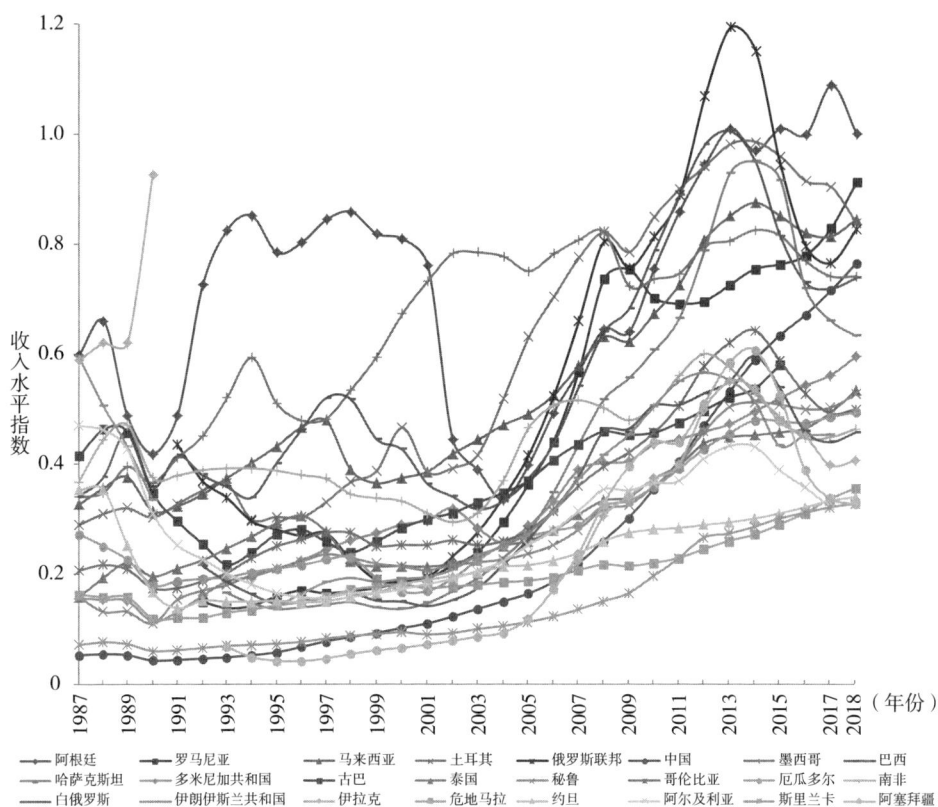

图 0-2 1987—2018 年进入上中等收入组国家的收入水平赶超走势

资料来源：世界银行数据库。

赖劳动力成本优势，进入中等收入阶段后，位于"微笑曲线"中间部分的加工制造环节面临劳动力成本更低的发展中国家竞争，位于"微笑曲线"两端的研发和营销环节又难以与发达国家相抗衡，面临"比较优势断档"风险。在这一思路下，我们认为产业升级的突破点在于"价值链细分"：按"微笑曲线"的"研发—加工—营销"来划分生产经营流程，战略研究所关注的优势往往集中于"技术（专利）—劳动—渠道（品牌）"等传统比较优势上，但是，如果进一步将三个阶段"打开"，对其具体流程进一步细分，则可以发现新的优势，从而明确中国在中等收入阶段所具备的"过渡性比较优势"，即"资本—市场"优势（见图 0-4）。

（单位：%）

图表纵轴：贡献率

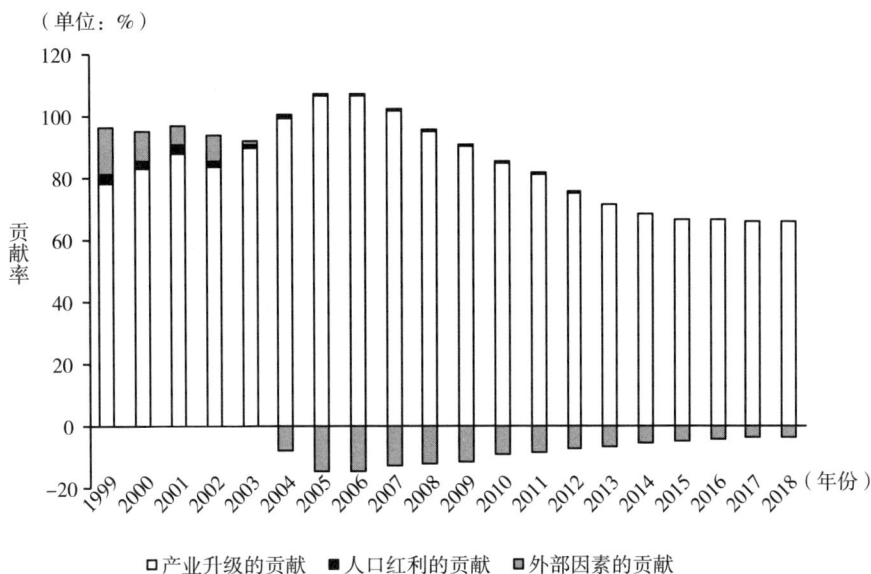

图 0-3　1999—2018 年产业升级、人口红利和外部因素对中国收入水平
提升的贡献率（以 1998 年为基期）

□产业升级的贡献　■人口红利的贡献　▨外部因素的贡献

在 2008 年国际金融危机爆发后，中国累积了大规模的资本存量和巨量的潜在购买力，西方发达国家面临资本短缺、需求萎缩的困境，新技术向中国"世界工厂"推广、新渠道在中国集中建设；在全球价值链向发展中国家延伸的过程中，作为全球加工制造中心，中国具备经验和渠道优势。这些都有助于中国投资新技术开发、加强新渠道建设、整合技术推广路径、畅通产品供销渠道，嵌入全球价值链的高端"研发"和"营销"环节，实现产业升级。

以此为基础，产业升级的政策建议可以概括为：依托"资本—市场"优势，以注资和需求拉动的方式盘活发达国家处于困境的研发、营销团队；依托中国作为全球加工制造中心的经验和渠道优势，以直接投资和渠道延伸的方式引领发展中国家的产业升级，提升中国企业在全球价值链中的地位，提高企业竞争力，培养高素质员工，为本国居民提供稳定的就业保障和高层次的发展机会。

在进一步的研究中我们发现，这种按"产品差别"和"流程差异"划

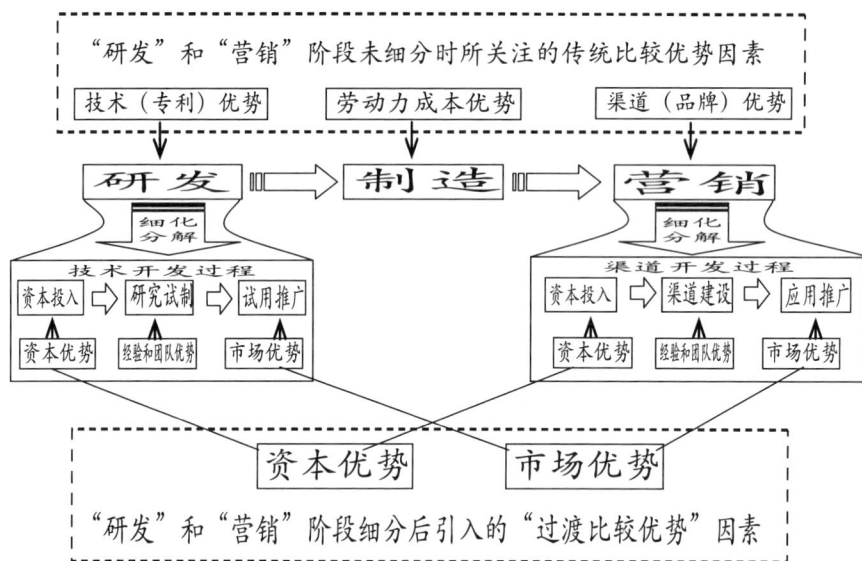

图 0-4　"传统比较优势"与"过渡比较优势"的比较（价值链细分法）

分竞争优势的"产品空间"思路，往往走向"离散性优势"视角。相对而言，以乔治·斯托克（George Stalk Jr.）为代表的"方式空间"思路，关注的是生产方式的变迁，能够形成"连续性视角"。产业升级的优势变迁过程是"离散性优势"与"连续性优势"的有机统一。克服"比较优势断档风险"，既需要立足"离散性优势"在"产品空间"中确立"过渡比较优势"，又需要结合"连续性优势"推进生产方式的连续性变革。两种视角的统一将政策建议指向了劳动报酬份额提升与收入差距缩小——这也是跨越"中等收入陷阱"的重要路径。

三、引入结构升级后的研究思路

"经济新常态"的基本判断提出后，我和项目组开始重新审视结构升级视角。结构升级视角下，工业化和城市化是经济发展的"双轮驱动"。经济新常态下普遍关注的产业结构升级涉及如何看待我国的工业化阶段，城乡经济结构则涉及我国特有的"农民工"就业和城市化道路。同时，经济新常态关注结构调整与增速放缓的联系，从而将结构升级与保持中高速增长、跨越"中等收入陷阱"相联系。结构与速度的关系成为跨越"中等收入陷阱"的核心议题，结构升级成为研究"中等收入陷阱"绕不过去的主题。我们围绕工业化、城市化、结构调整、"结构—速度"关系等主题进行了深入研究，基本结论是，当前中国并未进入"后工业化阶段"，表现为产业结构"服务化"的结构升级，其根本动力在于工业生产率的相对提升；"农民工市民化"是跨越"中等收入陷阱"的重要动力；结构调整的本质是技术进步推动的专业化与深加工过程，是经济发展的必由之路；中国结构调整对经济增长的贡献已经从正向推动作用转向负向迟滞作用，增速放缓有其合理之处，权衡"稳增长"与"调结构"有可供参考的"关联参数"。

同时将价值链升级与结构升级纳入"中等收入陷阱"和中等收入阶段中国产业升级的研究框架，需要处理两种升级路径的内在联系。将价值链升级置于微观与产业层面，结构升级置于宏观层面难以准确把握两者的关系。我们进一步挖掘并梳理了两类升级的理论本质：两者兼具效率提升与比例变动的本质特征，价值链升级关注效率提升后的"投入—产出"比例，结构升级关注效率提升后的部门间的"产业结构比例"。两者都是经济效率提升的实现路径与外在表现。具体而言，工业化与城市化进程为企业内部的价值链升级提供外部驱动与宏观背景，价值链升级过程中的竞争优势变迁与产业能力提升为工业化和城市化奠定生产方式基础并开拓国内外发展空间。同时，一国工业化和城市化过程中形成的特有生产方式和积累体制又是价值链升级所需的优势条件。最终，价值链升级的产业优势变迁、结构升级的经济结构调整将统一于"生产技术提升—生产方式变革—分配格局调整"的矛盾运动之中。

价值链升级与结构升级的有机统一，构成本书的整个研究框架和基本逻辑架构。具体而言，本书的十四章内容，可以分为"经验数据篇""基础理论篇""中国经验篇""中国理论篇"四大部分，分别讨论"中等收入陷阱"的存在性、中等收入阶段产业升级的基础理论、效率提升与结构调整推动产业升级的中国经验、效率提升与结构调整促进产业升级的中国理论，四篇内容中价值链升级与结构升级两条线索交叉推进，共同服务于中等收入阶段中国产业升级的研究主题。

第一章至第三章为经验数据篇，从验证"中等收入陷阱"的存在性开

始，概括收入提升的影响因素，并基于影响因素的分解和综合得出研究中等
收入阶段产业升级的分析框架。

第一章基于不同收入阶段的划分标准和历史数据，准确评价中国能否跨
越"中等收入陷阱"。依据世界银行提出的中等收入阶段划分标准分析"中
等收入陷阱"的存在性问题，并阐释、比较现有研究中不同的收入发展阶
段划分标准和指数。我们将三种标准划分方法相结合：以世界银行公布的高
收入水平下限值作为赶超指数，计算各国人均国民收入水平占这一下限值的
比率作为"收入水平指数"或"世界银行赶超指数"（Catch Up Index of
Worldbank，CUW）。通过分析世界进入过中等收入阶段国家的收入水平指
数，可以作出判断：在 2000 年之前能够看到"中等收入陷阱"的趋势，但
此后，中等收入国家收入水平稳定提高，其基本趋势已经不再支持"中等
收入陷阱"假说。因此，本章为全书后面的分析奠定了基础。

第二章准确认识三个赶超指数的差异，把握巴拉萨—萨缪尔森(Balassa-
Samuelson) 法则在收入水平纵向比较中的理论价值，克服"中等收入陷阱"
研究中的"唯增长论"误区。三种指数的赶超趋势差异主要源于三者采用
的汇率指标不同，到底哪一指数更为合理，取决于我们如何选取汇率指标以
及如何处理汇率问题上的"巴拉萨—萨缪尔森法则"。收入水平指数显示，
经济增长速度的放缓并未迟滞我国向高收入水平的赶超——收入水平指数总
体尚处于加速上升的趋势中。这种经济增长放缓与收入水平激增并存的态势
也表明中国能否跨越"中等收入陷阱"并不唯一取决于经济增长速度。局
限于经济增长速度判定我国能否跨越"中等收入陷阱"是一个影响深远且
广泛的习惯性认知误区。

第三章通过影响因素的梳理，构造本书的基本分析框架和内容架构。影
响我国能否跨越"中等收入陷阱"的相关因素也就是影响收入水平指数的
各类指标因素，将收入水平指数分解为不同的影响因子，可以在一个因素分
解公式中整合影响我国能否跨越"中等收入陷阱"的各类因素，并以这个
因素分解公式统摄全书的结构框架。同时，通过影响因素的梳理，也进一步
阐明了我们为什么把影响我国跨越"中等收入陷阱"的主要因素归结为产
业升级。

第四章至第七章为基础理论篇，明确中等收入阶段产业升级的基础

理论。

第四章梳理"中等收入陷阱"研究的理论意义和理论基础，在既有理论基础之上提出中等收入阶段经济发展问题的经济学基础，立足"多重均衡"模型，为中等收入阶段的经济发展研究确立一个恰当的理论基础。其中涉及"中等收入陷阱"研究"话语权"与"道路自信"等层面的理论探讨，本书在"绪论"部分做了更为具体的解释，这一章未再涉及。这一章中涉及的"多重均衡""结构与效率统一""比较优势"等基础理论是"中等收入陷阱"主题与后续产业升级研究契合的逻辑节点。因此，本章也是全书的理论基础。

第五章深入企业内部的微观决策层面，将前文介绍的"价值链细分法"落实到企业生产经营决策方面，通过考察企业边界的变动，剖析企业在不同生产经营环节之间的"多元化"经营，这是"产品空间"视角下"价值链升级"的微观基础，同时也为一国产业在全球价值链中的"攀越"和"升级"提供了微观基础。这一章关于"纵向一体化"与"横向一体化"相统一的研究，是后续战略研究的微观基础；关于"规模经济"与"范围经济"相统一的研究，为分析价值链升级、结构升级和工业化等进程的驱动机制提供了理论基础。

第六章在企业升级的基础上构建一个价值链升级和结构升级相统一的产业升级理论框架。这一章将价值链升级与结构升级在基础理论层面进行综合与统一。这一部分将新增长理论和发展经济学关于效率与结构因素的研究进行了批判性总结，在马克思主义"有限伸缩性"的范畴下将两者进行了综合与创新，从而为价值链升级与结构升级确立了共同的理论基础。在这个新的理论框架中，价值链升级和结构升级都兼具效率提升与比例变动的共同特征，经济增长理论和经济发展理论等传统经济学基础理论以"投入—产出比例"与"产业结构比例"的关系为主线，因此也为两类产业升级提供了相应的理论基础。基于马克思"市场价值"范畴的"有限伸缩性"理论，通过对既有理论的综合与超越，为产业升级提供了有益的理论框架。

第七章讨论的融合升级是价值链升级与结构升级的综合与统一。这一章将当前产业发展的"模块化分工"和"产业融合"作为基本背景，尝试打破价值链升级的纵向和横向产业范围以及结构升级所划定产业结构体系，以产业边界的模糊和交叉为基础，综合论述价值链升级与结构升级相结合的融合升级过程，为融合升级确立一个综合性的理论框架。在这一部分的研究中，我们引入了马克思主义经济学的"知识产权优势"理论，提出了"知识产权二分法"，使之服务于高新技术产业、文化产业与制造业的融合升级。这一部分的研究，也是第一章涉及的"价值链细分法"和图 0-1 战略研究在产业升级理论层面的贯彻和具体化，为后续研究提供了产业层面的理论基础和分析框架。

第八章至第十章是中国经验篇，分别从效率提升和结构调整两个方面考察中等收入阶段中国产业升级的历程与现状，总结中国产业升级的基本经验。

具体而言，在效率提升方面，基于全球价值链视角总结制造业价值链升级的基本经验；在结构调整方面，从三次产业结构和城乡空间结构两个层面概括了结构升级的基本经验。

第八章具体考察了中等收入阶段的"中国制造"升级，概括全球价值链背景下价值链升级的"中国经验"。以拉菲（Lafay）指数为基础的考察表明，"中国制造"在全球价值链中的地位有所提升，但是整体地位依然偏低。同时，比较优势变迁与制造业地位的演变表明，"中国制造"的高新技术产业水平与资本、教育、技术等高端要素的比较优势的提升关联度较低，反而与劳动力成本优势的关联度更高，这在一定程度上表明以"产品属性"为依托的产业分类方法可能导致中国依托劳动力成本优势参与高新技术产业的生产，但其整体技术含量和比较优势条件依然偏低。总体而言，在价值链升级方面，中国制造升级的基本经验就是在优化比较优势的前提下，持续培育新的竞争优势。

第九章从产业结构调整的角度考察了中等收入阶段中国的工业化进程。一般认为，服务业比重提升是产业结构调整和升级的重要标志，加快发展服务业也成为我国产业结构调整的重要方向。然而，关于产业结构服务化的经典理论"鲍莫尔—福克斯"（Baumol-Fuchs）假说则认为，服务业比重提升的主要原因是服务业生产率滞后于工业导致的价格上涨和就业份额提升。鲍莫尔（Baumol）于 2003 年指出的"服务业之谜"进一步印证了这一假说：

服务业与工业的实际产出规模大致保持同比例增长，服务业生产率滞后导致就业由工业向服务业转移，同时服务业价格相对上涨，从而形成产业结构服务化趋势。依据这一假说，以产业结构服务化为基本特征的产业结构调整与升级，其关键动力来自工业化。我们通过中国的实证检验证明，这一假说对中国也明显成立。这表明，中国产业结构调整与升级相对滞后的主要原因在于工业生产率提升速度较慢，中国不但没有完成工业化，而且需要进一步推进工业化进程，才能顺利实现产业结构的升级。这一研究有助于澄清当前"调结构"的相关误解，进一步明确中等收入阶段的产业升级，要毫不动摇地抓住"中国制造"这个战略载体。

第十章至第十四章是中国理论篇，通过分析效率提升和结构调整的相互关系，总结产业升级的"中国理论"。

具体而言，通过考察效率提升对结构调整的影响，分析受效率提升影响的三次产业结构和"稳增长—调结构"问题，总结新型工业化道路的"中国理论"和经济新常态下"稳增长—调结构"理论；通过影响效率提升的进出口结构、生产方式结构和收入分配结构，总结基于"杨格定理"的对外开放观、中国产业升级的"方式空间"理论和包容性增长理论。为体现理论概括的一致性，本篇把效率提升与结构调整关系，划分归结为"受效率影响的结构"和"影响效率的结构"，以相对统一的"结构论"逻辑概括"中国理论"。

第十章探讨效率提升影响下中等收入阶段中国的产业结构调整进程，从中概括调整三次产业结构、推进"新型工业化道路"的"中国理论"。这一章基于产业结构演变的"配第—克拉克"定律与国际"标准结构"具体考察了中国产业结构演变的"滞后"程度，确立产业结构滞后的关键在于就业结构。同时，结合我国工业化的现实背景总结概括了"重工业化"过程的经验教训，指出劳动力是结构升级的关键：就业压力、劳动生产率与劳动成本等因素决定我国结构升级的成败。以此为基础，本章确立产业升级的战略方向在于"不断延伸的深加工"过程，而"创新驱动深加工"则是实现这一升级过程的关键路径。参考结构升级背后的技术史和发展经验，从产业升级的"迂回生产"与"消费增进"两个方面，就中国在中等收入阶段的"新型工业化道路"进行了理论总结。

第十一章将中等收入阶段中国"稳增长"与"调结构"的关系置于效率提升的背景下进行专题考察，总结经济新常态下的"稳增长—调结构"理论。在这一领域，存在两个相互矛盾的理论假说。"鲍莫尔—福克斯"假说认为，结构调整的过程是"工业生产率相对提升→服务业比重提高→经济增长放缓"，这为研究经济新常态提供了一个"效率—结构—速度"相统一的基础理论模型，认为结构调整与经济增长呈"负相关"关系。然而"结构红利"假说则认为，资源会从低效率部门流向高效率部门，资源在不同部门间的流动将起到提高经济效率加速经济增长的作用，即结构与速度"正相关"。为验证这一结果，我们提出了经济增长速度的分解公式：经济增长速度＝各部门生产率进步速度＋要素投入规模的增长速度＋结构调整对经济增长的影响。以此为基础的统计核算表明，中国产业结构的"服务化"对经济增长的作用经历了由正向推动作用向负向迟滞作用的转化。当前条件下中国结构调整与经济增长的关系更符合"鲍莫尔—福克斯"假说，即两者呈"负相关"关系，在此基础上我们就中等收入阶段如何权衡"稳增长"与"调结构"的对立统一关系进行了系统的理论总结。同时，本章提供的核算方法和增速分解公式，也为把握中等收入阶段的"结构—速度"关系提供相应的技术参数。

第十二章将参与全球价值链分工的"开放观"置于开放条件下的"杨格定理"模型中，分析进出口结构对效率提升的影响。具体而言，本章将保罗·克鲁格曼（Paul R. Krugman）的"多重均衡"模型推进至开放条件下，具体探讨了产业升级"锁定效应"对效率提升的阻碍，并指出传统的市场和计划两种手段都难以化解这一难题。但是，如果将模型推进至开放条件下，构成"锁定效应"的部门间"结构约束"就可以转化为对外开放的动力并形成收益递增效应，打破产业升级的"锁定效应"，从而为效率提升开辟道路。具体而言，开放过程可以经历"出口导向"和"进口替代"两个阶段，对外开放政策需结合不同产业的差异制定，同时参考产业间的需求弹性进行调整，以最大限度地发挥对外开放的带动作用。基于这一模型的对策研究，能够为"一带一路"倡议和国际"产能合作"等对外开放战略的实施提供参考。在这一章中，产业升级视角下的产业间结构约束构成价值链升级视角下对外开放、参与全球价值链分工的动力机制。

第十三章引入"连续性优势"视角，从根本上确立化解"比较优势断档风险"的产业升级"方式空间"理论。这一章将产业升级的优势条件从"产品空间"的"离散性优势"拓展至"方式空间"的"连续性优势"，指出离散性竞争优势视角能够深入解析竞争优势转换过程中面临的潜在风险，但是，难以深入阐述顺利实现竞争优势转换的战略路径。连续性优势视角借鉴了乔治·斯托克总结日本在中等收入阶段经历的生产方式变迁过程中提出的"五阶段论"，将竞争优势和产业升级的研究导向生产方式变革领域，并将本地市场效应、规模经济、速度经济等生产方式的影响因素纳入战略研究框架，同时也将"中国制造"升级的方向指向柔性生产和供应链优势，为产业升级研究开拓了全新的"方式空间"，有助于从根本上化解"比较优势断档风险"。依据产业升级的"方式空间"理论，开发供应链优势接续传统的劳动力成本优势，是中国顺利实现竞争优势转换、跨越"中等收入陷阱"的必由之路。

第十四章以知识产权优势理论将离散性优势与连续性优势相统一，综合考察中等收入阶段中国推进产业升级、提升经济效率的收入分配结构。比较两个不同的理论视角可以发现，出于离散性优势视角的忧虑，往往主张工资增长速度低于劳动生产率增长速度。然而，从数理关系和统计数据两方面梳理两个增长速度与劳动报酬份额的关系则会发现：工资增速低于或高于劳动生产率直接对应劳动报酬份额的下降和提升。同时，劳动报酬份额与收入差距的基尼系数存在明显的负相关关系。因此，推动竞争优势从劳动成本优势向知识产权优势变迁，变革现有生产方式，应适当允许工资"跑过"劳动生产率，提高劳动报酬份额，降低基尼系数。同时，这一举措也直接对应工业化进程的生产效率提升、城市化进程的"农民工市民化"，以及结构调整过程的消费增长等结构升级的战略对策。因此，这一章也可以视为全书的结论部分，在理论上把经济发展过程的本质总结为"生产技术提升—生产方式变革—分配格局调整"矛盾运动过程。

作为国家社科基金项目的结题著作，本书的写作吸收了项目组集体合作的研究成果，我和刘刚统筹协调了项目开题、阶段性成果设计、文献整理和案例调研等工作，在本书中采用的阶段性研究成果均为我们两人的合作成果或我们与其他成员合作成果。这些成员包括我们的同事：李翔、宋秀娟和王蒙，以及我们两个指导的研究生：李亚男、宋建和毛海涛，令我们高兴的是，这三个学生也已经成长为高校的青年学者。我衷心地感谢我的同事和学生为本书提供的帮助。人民出版社经济与管理编辑部郑海燕主任承担了本书的编辑工作，尤其是对书稿的修改和提升提出了很多中肯可行的建议。没有郑主任的辛勤付出，本书不可能达到现在的质量和水平。在此，对郑海燕主任和人民出版社其他同仁表示衷心的感谢。书稿的文责自负。

杜曙光

2021 年 3 月

绪　　论

中等收入阶段：从陷阱忧虑到道路自信

在"中等收入陷阱"议题提出十余年之际，本书想提醒学界同仁注意一个被忽略或遗忘的学术命题：这个研究主题的确立经历过一次悄然的"话语转变"。其间，主流经济学的话语主导力量显露无遗。但是，话语主导方向的偏误与干扰，未能掩盖新自由主义的没落与中国道路的发展。

一、先于"中等收入陷阱"的"拉美化"与"新自由主义陷阱"

般认为，"中等收入陷阱"主题发端于 2007 年世界银行《东亚的复兴：关于经济增长的思考》或《东亚经济半年报 2006》。世界银行的专家在报告中提出：随着亚洲多数人口进入中等收入阶段，中等收入阶段的经济增长已经取代贫困国家的增长问题，成为经济发展的主要议题；但是处于中等收入阶段的国家可能面临无法进入高收入阶段的"中等收入陷阱"。其中，最为典型的"中等收入陷阱"案例就是拉美国家普遍难以进入高收入阶段的发展困境。此后，"中等收入陷阱"成功吸引了全球学者的关注，尤其在我国演变为社会各界关注的焦点议题。

然而，很少有人注意到我国关于这个主题的研究早在 2002 年前后就已经开始。当时概括这一主题的学术话语为："拉美化""拉美病""拉美陷阱"或"新自由主义陷阱"。这些研究的主题已经将注意力集中在中等收入阶段的增长难题上。例如，2004 年时任国家发展和改革委员会主任马凯在两会期间概括了"拉美现象"："人均 GDP 达到 1000 美元以上，迈上重要历史台阶，但是要警惕'拉美现象'……登上这个台阶以后，经济在一段时间内停滞不前，社会矛盾突出，甚至加剧两极分化和社会震荡"[1]。2005年吴国平直接将"拉美化"或"拉美病"概括为"拉美国家在人均GDP达到1000美元之后出现的问题"[2]。可见，在世界银行提出"中等收入陷阱"之前，国内学者关于"拉美病"和"拉美化"的研究已经将关注点集中至中等收入阶段遭遇的发展困境。但是，各界对于这一主题的关注度却远逊于世界银行后来提出的"中等收入陷阱"主题。先前"拉美化"研究所遭遇的"冷遇"可能与这些研究的话语导向有关。

先于"中等收入陷阱"而出现的"拉美病"和"拉美化"研究，具有"批判新自由主义"的理论底色和话语导向。20世纪90年代以来，代表新自由主义的"华盛顿共识"在拉美推广。虽然在早期曾取得有限的积极效果，但是其最终导致了拉美各国的经济增长停滞和社会矛盾激化。在世纪之交，拉美各国经济增速进一步放缓。同时，受1998年东南亚金融危机等因素的影响，反思和批判新自由主义的思潮迅速兴起[3]。有学者开始将新自由主义与经济发展"陷阱"相联系，德国《明镜》杂志记者汉斯·彼德·马丁（Hans-Peter Martin）和哈拉尔特·舒曼（Harart Schumann）于1996年合著出版的《全球化陷阱——对民主与福利的进攻》一书，于1998年在中国翻译出版。译者开宗明义地指出"所谓全球化陷阱就是指新自由主义理论和政策的束缚"[4]。2002年国内学者开始召开专题研讨会探讨"中国如何避免在发展进程中落入'拉美化'陷阱?"，提出"我们会重蹈拉美化陷阱吗?"等议题[5]。此后，关于新自由主义的理论反思与批判越来越深入。例

---

① 程凯：《防止经济大起大落 马凯提醒警惕"拉美现象"》，《中国信息报》2004年3月9日。

② 吴国平：《从"拉美病"或"拉美化"谈起——拉美人均GDP达到千美元后究竟出了什么问题?》，《领导之友》2005年第1期。

③ 东南亚金融危机爆发后国际货币基金组织重新推行他们曾在20世纪80年代拉美金融风暴中采用的新自由主义对策，但并未能获得普遍推广，新自由主义政策在一定程度上遇冷。部分国家脱离新自由主义和"华盛顿共识"对抗经济危机的做法取得较好的效果，这在一定程度上加速了发展中国家对新自由主义政策的反思。在东南亚金融危机之前，东亚曾被国际经济学界视为模仿西方自由主义的成功范本，并将其与坚持政府干预和国家计划的"拉美模式"相对立。

④ 张世鹏：《何谓"全球化陷阱"?》，《马克思主义与现实》1999年第1期。

⑤ 张熙：《前车之鉴 后世之师——"拉美形势与中拉问题比较"座谈会综述》，《拉丁美洲研究》2002年第5期。以及张熙：《我们会重蹈拉美化陷阱吗》，《中国改革》2002年第10期。

如 2003 年，方福前详细介绍了新自由主义的由来、主要特征和影响①，于同申在对新自由主义的评析中指出"拉美国家成为新自由主义经济思潮的重灾区"②。中国社会科学院课题组详细系统地论述了新自由主义的本质、发展、流派、政策和后果，指出"新自由主义在拉美蔓延既取得一定成效，更遭到严重失败"③。可见，2004 年我国社会各界将"人均国内生产总值达1000 美元"与"低增长"困境相联系的时候，其话语背景就是"新自由主义导致低增长和拉美现象"。

综上所述，在批判新自由主义的话语背景下，国内已经将新自由主义在拉美导致的"低增长"状态，表述为"陷阱"。例如前文提到，张世鹏和吴维彪④使用了汉斯·彼德·马丁和哈拉尔特·舒曼的"全球化陷阱"，张熙使用了"拉美化陷阱"，贾根良、于占东⑤称为"低增长陷阱"。这些文献都将导致"陷阱"的原因与新自由主义的推广相联系，也有学者直接使用了"新自由主义陷阱"的说法，如谢文泽⑥使用了"新自由主义改革的陷阱"，王喜云、时青昊直接使用了"新自由主义的陷阱"⑦。这些"陷阱"之说，都出现在世界银行"中等收入陷阱"概念之前。然而，在经济学领域，这些研究一直没有形成足够的声势。2007 年世界银行研究报告推出后，关注同一主题的"中等收入陷阱"范畴却引发经济学界的高度关注，成为影响社会各界关注的焦点议题，尤其是上升为影响国家政策的重要议题。同时，这一议题中原有的"批判新自由主义"理论底色却在讨论中悄然淡出了。

---

① 方福前：《新自由主义及其影响》，《高校理论战线》2003 年第 12 期。

② 于同申：《新自由主义经济思潮简析》，《思想理论教育导刊》2003 年第 8 期。

③ 中国社会科学院课题组：《新自由主义研究》，《经济学家》2004 年第 2 期。

④ 吴维彪：《科学的任务在于揭穿现实关系的颠倒形式——读〈碰撞——全球化陷阱与中国现实选择〉》，《哲学研究》2000 年第 4 期。

⑤ 贾根良、于占东：《自主创新与国家体系：对拉美教训的理论分析》，《天津社会科学》2006 年第 6 期。

⑥ 谢文泽：《警惕新自由主义改革的"陷阱"——拉丁美新自由主义改革的教训》，《拉丁美洲研究》2004 年第 2 期。

⑦ 王喜云、时青昊：《新自由主义的陷阱——德国社会民主党的沉浮》，《理论学刊》2005 年第 7 期。

二、经济学主流话语"政治正确"造成的"过滤"与干扰

重新反思同一主题下不同术语经历的不同境遇，可以发现其影响理论传播的因素不仅包括学理自身的规律性与科学性，学术话语的主导性也非常明显。

仅就学理的严谨性而言，"中等收入陷阱"范畴可能要逊色于"拉美病"或"新自由主义陷阱"。"拉美病"和"新自由主义陷阱"特指某一空间或某一特征所对应的"陷阱"，范畴指向那些导致"陷阱"的具体原因，体现了"陷阱"出现的"可能性"而非"普遍性"。而"中等收入陷阱"范畴将"陷阱"的出现指向某一发展阶段，会导致学理上的悖论与误读：任何高收入国家都曾经历过"中等收入阶段"，这种"陷阱"并非"中等收入阶段"的普遍特性。将"陷阱"指向具有普遍意义的"中等收入阶段"容易导致研究的误读——此后出现的关于"中等收入陷阱"是否是"伪问题"的争论就与这一范畴导致误读有关——很多学者明确指出，将"陷阱"与"中等收入阶段"相联系的逻辑难以成立。如高伟认为"并不是所有的中等收入国家都会陷入'陷阱'，'中等收入陷阱'只是个例，而不是通论"[①]。徐康宁也认为"这只是部分国家在长期经济增长中的一种现象，而不是一种普遍性规律"[②]。这些学者一般主张，以"中等收入阶段"取代"中等收入陷阱"[③]。"中等收入陷阱"是否适用于中国也成为学界争辩的焦点之一[④]。"中等收入陷阱"在统计学意义上的存在性，也成为一个重要的研究方向[⑤]。除此之外，这一范畴也可能导致另一种误读：似乎低增长"陷阱"仅发生在"中等收入阶段"——也有学者针锋相对地指出，其他收入阶段同样存在"低增长陷阱"——低收入阶段出现的"贫困的恶性循环"，

①　高伟：《中等收入假说》，《人民论坛》2010 年第 13 期。
②　徐康宁：《"中等收入陷阱"——一个值得商榷的概念》，《浙江日报》2012 年 3 月 30 日。
③　华生、汲铮：《中等收入陷阱还是中等收入阶段》，《经济学动态》2015 年第 7 期。
④　叶子荣、段龙龙：《"中等收入陷阱论"于中国适用性之辩》，《经济学家》2015 年第 4 期。
⑤　徐康宁、陈丰龙：《经济增长的收入"门槛"效应及其阶段特征——兼评"中等收入陷阱"之说》，《东南大学学报（哲学社会科学版）》2013 年第 1 期。林志帆：《"中等收入陷阱"存在吗？——基于增长收敛模型的识别方法》，《世界经济研究》2014 年第 11 期。郭熙保、朱兰：《"中等收入陷阱"存在吗？——基于统一增长理论与转移概率矩阵的考察》，《经济学动态》2016 年第 10 期。

以及高收入阶段出现的"高福利陷阱"。例如樊纲明确谈道："任何收入阶段都可能掉入陷阱。"①

问题指向更为明确的"拉美化"和"新自由主义陷阱"范畴未形成广泛传播，而学理严谨性明显不足的"中等收入陷阱"范畴却成为学术和舆论焦点。导致这一反差的重要原因就是经济学主流话语在一定程度上坚持自由主义思想的"政治正确"，难以接受批判"新自由主义"的理论范畴。经此"过滤"，不仅将这一主题的学术研究起点推迟了五年，也滤掉了这一主题"批判新自由主义"的理论底色。同时，"中等收入陷阱"范畴学理严谨性的不足引发了不必要的"伪问题"之争，在一定程度上扰乱了这一研究主题的理论脉络。反思这一过程，正本清源，抚去自由主义"政治正确"导致的"过滤"和干扰，"中等收入陷阱"研究折射出的新自由主义没落与"中国自信"便清晰地显露出来。

三、正本清源回归正题：从照搬西方模式到坚持"中国道路"

正本清源，我们可以得出正确的叙事脉络——"中等收入陷阱"之争的核心是：要复制西方模式还是坚持"中国道路"。

在西方发达国家，新自由主义肇始于 20 世纪 70 年代。80 年代拉美债务危机爆发后，西方国家将新自由主义作为发达国家的成功模板在拉美推广。1985 年提出的"贝克计划"与 1989 年总结的"华盛顿共识"都将新自由主义作为经济发展的成功模板，要求发展中国家复制推行新自由主义体制。拉美国家放弃了以政府干预和国家计划为特征的原有发展模式改为推行新自由主义体制，其结果不仅没有重复发达国家所出现的繁荣，反而陷入了长期的经济增长停滞，形成"拉美病"与"新自由主义陷阱"。这种复制西方模板的另一版本是肇始于拉美玻利维亚的"休克疗法"。众所周知，在苏联灭亡的过程中"休克疗法"起到了"推波助澜"的作用。这一时期，我国也出现了学习苏联"渐进式改革"、模仿西方模式的错误思潮。所幸的是，在以邓小平同志为核心的党的第二代中央领导集体坚定地拒绝了苏联的"渐进改革"之路，形成了具有中国特色的"渐进式改革"之路。此后，中

---

① 樊纲：《中等收入陷阱迷思》，《中国流通经济》2014 年第 5 期。

国经济持续的高增长与俄罗斯经济的持续低迷与衰落形成鲜明对比。中国以自己的发展模式开创了持续高增长的"中国奇迹"。世纪之交，中国学者重新审视拉美国家推行"新自由主义"的教训，对于总结中国特色的经济发展道路，理解中国特色社会主义经济体制具有重要的价值。这应是中国理论学术界在"拉美化""新自由主义陷阱""中等收入陷阱"研究中应当把握的理论"正题"。受经济学"自由主义"话语主导权干扰形成的"中等收入陷阱"范畴，以及在这一范畴下形成的"存在性""普遍性"争论，在很大程度上扰乱了既有的叙事逻辑，偏离了这个理论"正题"。

习近平总书记在建党95周年大会讲话中指出"既不走封闭僵化的老路、也不走改旗易帜的邪路"①。中国改革的典型特征就是形成符合中国国情的"中国道路"，而不是复制其他国家的模式。习近平总书记指出"我们愿意借鉴人类一切文明成果，但不会照抄照搬任何国家的发展模式。中国的改革是中国特色社会主义制度的自我完善和发展。只有走中国人民自己选择的道路，走适合中国国情的道路，最终才能走得通、走得好"②。"改革开放不改旗易帜、虚心学习不照抄照搬"就是中国坚持开创"中国道路"的中心理念。历史表明，即使是成功进入高收入阶段的资本主义发达国家，也具有体现各自国家与民族特征的体制模式，而非同一模板。"中等收入陷阱"及其前奏"拉美化"和"新自由主义陷阱"，所昭示的就是：简单模仿西方发达国家的某种模式，寄希望通过"新自由主义"和"激进式改革"之路实现"一步到位"，只会南辕北辙，陷入"发展陷阱"难以自拔。将"中等收入陷阱"研究置于这样的历史背景与中国背景下，我们不难发现：在这个主题下，中国学者应具有充分的"中国自信"。正是中国拒绝了照搬西方模式的"新自由主义"，坚持了具有中国特色的"渐进式改革"与中国特色社会主义经济体制，中国才会在拉美等发展中国家面临低迷衰退时，保持强劲的持续增长。要避免步这些国家的"后尘"，首先需要坚守的就是走适合中国国情的"中国道路"，总结和借鉴拉美等国在中等收入阶段所犯各类错误和教训，学习日本和韩国等跨越"中等收入陷阱"的成功经验。

---

① 《习近平谈治国理政》第二卷，外文出版社2017年版，第39页。
② 新华社：《习近平接受金砖国家媒体联合采访》，《人民日报》2013年3月20日。

　　因此，中等收入阶段经济发展研究的正确导向应是：审视"中国国情"、总结"中国道路"、吸取"失败教训"、学习"成功经验"，其理论出发点和落脚点都是探索一条不同于其他发展中国家和资本主义发达国家的经济发展道路，在社会主义基本制度的框架内完善中国经济体制，以"中国道路"延续和支撑中国经济稳定的中高速增长。正因如此，本书的研究坚持以马克思主义经济理论和习近平新时代中国特色社会主义经济思想作为理论基础，尝试为这一主题提供一个政治经济学理论探索，总结中等收入阶段实现产业升级、创造发展奇迹的中国经验和中国理论。

经验数据篇

第一章至第三章为经验数据篇，关于中等收入阶段的经济发展，大量研究从"中等收入陷阱"切入，而陷阱的存在性还是一个尚待验证的假说。因此讨论中等收入阶段的产业升级，需要从数据上考察"中等收入陷阱"的存在性。数据中反映的基本问题，也为本书提供了"问题导向"的分析框架。第一章综合现有指标，以人均收入占世界银行高收入门槛值的比例作为收入水平指数，考察 1987 年①至今所有中等收入国家（人口在 900 万人以上）收入水平走势，检验"中等收入陷阱"假说的存在性。第二章分析既有数据中所揭示出的问题，数据显示，中国收入水平的赶超不仅依赖实际经济增长，呈"增长速度放缓、收入水平激升"态势。第三章分析发展的问题，得出问题导向的逻辑框架与统摄全书的逻辑架构，这一章运用因素分解公式考察各影响因素对中等收入水平提升的贡献，将这些因素进行分类，概括为人口红利、产业升级、外部因素三类，产业升级是主导因素，由此形成全书逻辑框架。

---

① 世界银行最早于 1987 年提出收入阶段划分标准。

第 一 章

判断"中等收入陷阱"存在性：标准与数据

准确把握中等收入阶段的中国发展道路，需要把握不同收入阶段的划分标准，再结合历史数据考察中国的具体表现，其中多数研究从"中等收入陷阱"议题切入。"中等收入陷阱"的概念由世界银行提出，全球范围也普遍采用世界银行提出的不同收入阶段的划分标准。这个标准使用的指标是美元标价的人均国民收入。世界银行采用"图表法"（见下文介绍）依据各国的官方统计数据，将各国以本币表示的人均国民收入换算为美元表示，从而确定各国分别处于何种收入阶段。世界银行正是基于这一指标下的考察发现，进入"中等收入阶段"的国家往往难以顺利进入"高收入阶段"，或在两个收入阶段的分界线上下徘徊后重返中等收入阶段，从而提出了"中等收入陷阱"问题。然而这一判断到底能否成立也存在争论，形成了"中等收入陷阱"的存在性议题。

第一节 "中等收入陷阱"的提出与质疑

"中等收入陷阱"的主要依据是进入中等收入阶段的国家长期难以进入高收入阶段。这里隐含的逻辑是中等收入国家在接近高收入阶段的过程中经济增长速度会下滑，甚至出现负增长。将"中等收入陷阱"视为"伪问题"的学者所质疑的正是这一逻辑，例如，投行经济学家安德森（Anderson）将 10 个人均国民收入水平在 8000—10000 美元的"上中等收入国家"与 10 个人均国民收入在

1000—3000 美元的"下中等收入国家"相比较，发现"上中等收入国家"的增长速度并没有明显慢于"下中等收入国家"。[①] 其实，即使是相同的经济增长速度，中等收入国家要进入高收入阶段也需要一个更长的过程，这涉及世界银行提出的收入阶段划分标准——按照这个标准，中等收入阶段的区间要长得多。

世界银行在每年的《世界发展指标》（World Development Indicators, WDI）[②] 中公布不同收入阶段的划分标准。按照 2017 年公布的标准[③]，2015 年高收入国家的下限标准是人均国民收入达到 12476 美元，中等收入国家的下限标准为 1026 美元。我们以世界上典型的贫穷国家为参照，例如，2015 年国民收入最低国家大致分为两个层次，部分国家人均国民收入在 600 美元上下，例如塞拉利昂（Sierra Leone）、阿富汗（Afghanistan）、埃塞俄比亚（Ethiopia）的人均国民收入分别为 620 美元、610 美元和 590 美元；最穷的国家人均国民收入在 300 美元上下，例如布隆迪（Burundi）、利比里亚（Liberia）、尼日尔（Niger）的人均国民收入分别为 260 美元、380 美元和 390 美元。据此标准，低收入国家进入中等收入阶段面临的赶超区间为 600—1026 美元或 300—1026 美元，中等收入国家面临的赶超区间为 1026—12476 美元。换言之，低收入国家将自己的收入水平提高至现有水平的 1.71 倍或 3.42 倍可进入中等收入阶段，但是进入中等收入阶段后，要进入高收入国家需要将收入水平再提高 11.16 倍。数据显示[④]，低收入国家和下中等收入阶段的国家经济增长速度一般为 5% 左右，如果人均收入水平提高速度与经济增长速度相同，以此推算，低收入国家完成 1.71 或 3.42 倍的赶超任务，需要时间长度为 $\log_{1.05}^{1.71} = 10.99$，即 11 年，或 $\log_{1.05}^{3.42} = 25.2$，即 26 年。按相同的增长速度，中等收入国家进入高收入阶段却需要 $\log_{1.05}^{12.16} = 51.2$，即 52 年。因此，仅就现有的收入划分标准而言，世界上处于中等收入阶段的国家数量多一些，发展中国家在中等收入阶段经历更长的"赶超过程"也是相对正常的。

---

① 转引自蔡昉：《"中等收入陷阱"的理论、经验与针对性》，《经济学动态》2011 年第 12 期。

② 该指标可在世界银行网站下载，见 http://data.worldbank.org/products/wdi。

③ 世界银行每年的发展报告公布两年前的收入划分标准，最新的 2017 发展报告中公布的是 2015 年的收入划分标准。

④ 郭庆旺、赵志耘：《中国经济增长"三驾马车"失衡悖论》，《财经问题研究》2014 年第 9 期。

同时，一般认为，随着收入水平的提高，增长速度会有所放缓。例如，发达国家的经济增长速度一般在 2% 左右，低收入国家的增长速度一般在5% 左右，日本在 20 世纪 60 年代经济增长速度为 10% 左右，七八十年代为 4% 左右，此后降至 2% 以下。著名经济学家鲍莫尔在 1967 年提出的非平衡增长模型揭示了其内在逻辑：一般而言，服务业生产率的增长速度明显慢于工业，但是依据配第一克拉克定律，随着人均收入水平的提高，服务业的就业比重逐步提高，导致整体国民经济的生产率进步速度与服务业趋同，从而拉低国民经济的增长速度。但是，从全球范围的平均水平考察，这一趋势并不明显。学者郭庆旺、赵志耘[1]和华生、汲铮[2]对此进行了全面的数据考察，例如，郭庆旺、赵志耘采取世界银行的划分标准，把人口规模在 500 万人以上的国家划入不同的收入组，每五年调整一次，测算了各国的经济增长水平，从其数据中可以看出，低收入国家与高收入国家之间并不存在明显的增长速度差异，大致而言，在 1995 年之前低收入国家的经济增长速度反而低于中等收入国家，与高收入国家趋同，只有 1985—1990 年上中等收入国家的经济增长速度才明显低于高收入国家和低收入国家。在 2000 年之后增长速度随收入水平提高而下降的趋势才重新清晰起来。

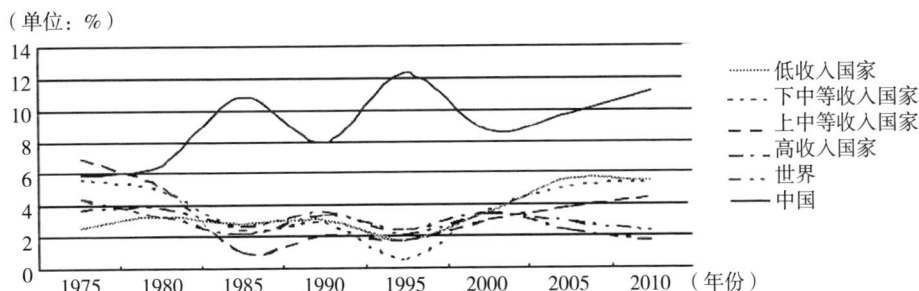

图 1-1　1975—2010 年各类样本国家平均经济增长率

资料来源：郭庆旺、赵志耘：《中国经济增长"三驾马车"失衡悖论》，《财经问题研究》2014 年第 9 期。

华生和汲铮也计算了不同收入组的增长速度，他们的结果显示，中等收入国家的经济增长速度反而相对较高。这一趋势也难以支持"中等收入陷

---

[1]　郭庆旺、赵志耘：《中国经济增长"三驾马车"失衡悖论》，《财经问题研究》2014 年第 9 期。

[2]　华生、汲铮：《中等收入陷阱还是中等收入阶段》，《经济学动态》2015 年第 7 期。

阱"的存在性。因此，他们认为中等收入阶段的表述更为准确。

（单位：%）

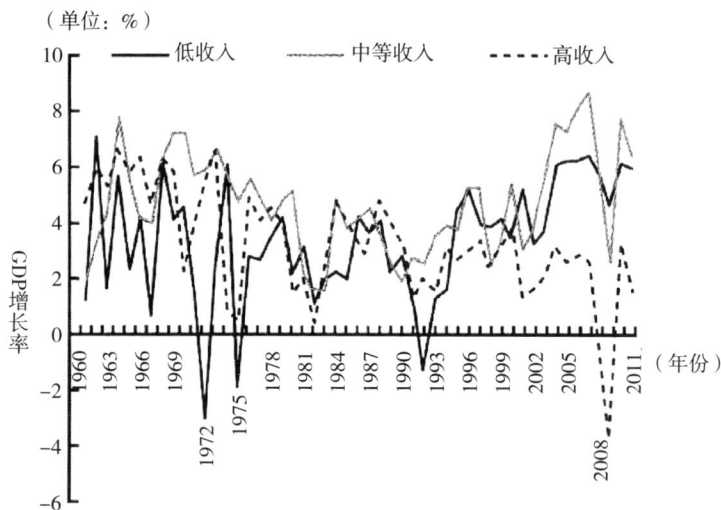

图1-2 1960—2011年低、中等和高收入经济体增长率对比

资料来源：华生、汲铮：《中等收入陷阱还是中等收入阶段》，《经济学动态》2015年第7期。

同时，上述数据也显示了一个大致的趋势，在2000年之前中等收入国家的增长速度大致呈下降趋势，世界银行考察2005年之前的中等收入国家经济增长趋势提出"中等收入陷阱"问题有一定的合理之处。但是从2000年之后，中等收入阶段国家的经济增长速度出现了明显的上涨，所谓"中等收入陷阱"之说在提出之后已经脱离了中等收入国家经济增长的实际趋势。

第二节 收入水平的评价指标

对"中等收入陷阱"进行研究，首先需要确定各收入发展阶段的划分标准，即依据相关指标确定不同收入阶段的上限/下限值。现有研究中采用的指标有三种：第一种是前面介绍的世界银行人均国民收入（美元），世界银行每年的《世界发展指标》[①] 按当年的人均国民收入水平划定不同收入阶段的临界值，将收入水平划分为低收入水平、下中等收入水平、上中等收入

① 该指标可在世界银行网站下载，见 http：//data．worldbank．org/products/wdi。

水平和高收入水平四个阶段，该标准每年都会有所调整。研究中也将这一标准称为绝对指标。第二种是使用人均国民收入的相对值，即某经济体的人均国民收入占美国的人均国民收入（或经济合作与发展组织国家人均国民收入的平均值）的比值，这一指数也被称为追赶指数或赶超指数（Catah Up Index，CUI）。一般认为，人均国民收入水平低于美国的 20%，即追赶指数≤20%，属于低收入水平；在 20%—55% 之间，即 20%<追赶指数≤55%，属于中等收入水平；超过 55%，即追赶指数>55%，属于高收入。第三种是耶稣·菲利普、乌察夫·库马尔和雷诺德·盖洛普（Jesus Felipe、Utsav Kumar 和 Reynold Galope，2017）提出的经济体增长区间划分指标，他们以 1990 年的物价核算各国人均国民收入，再按 1990 年的购买力平价转换为美元标价的人均国民收入，低于 2000 美元视为贫困国家即低收入国家，在 2000—7250 美元视为下中等收入国家，在 7250—11750 美元视为上中等收入国家，高于 11750 美元视为高收入国家。

上述三个指标都涉及汇率问题，即将以本币表示的人均国民收入值转换为美元表示，从现有研究结果看，一般采用两类汇率，世界银行在计算各国国民收入水平时依据"图表集法"[①] 生成相关汇率，采用世界银行数据库公布的各国人均国民收入水平（美元）所采用的就是选择了世界银行的"图表集法"汇率。计算与美国国民收入水平的相对值则通常采用购买力平价汇率。

三种指标中菲利普（Felipe）指数的使用范围较小。另两种也存在明显的差异，总体来看追赶指数方法的标准较高。以追赶美国作为发展目标也存在一定的随意性，该指标的认同度相对较低。华生和汲铮[②]也持类似观点，他们就曾对世界银行标准（绝对指标）与追赶指数标准划分发展阶段的人均国民收入门槛做了对比。研究发现，追赶指数标准的中等收入阶段门槛远远高于世界银行公布的中等收入阶段的门槛，从 1987—2011 年，追赶指数

---

① 世界银行在计算以美元为计价的国民总收入和人均国民总收入时使用的图表转换因子，其目的是在进行各国之间国民收入比较时降低汇率波动所产生的影响。某报告期年的图表转换因子是该国报告期年汇率（或其他可选用的转换因素）与此前两年汇率的简单平均数，并采用该国通货膨胀率（GDP 缩减指数的变化）与国际通货膨胀率的差额进行修正。

② 华生、汲铮：《中等收入陷阱还是中等收入阶段》，《经济学动态》2015 年第 7 期。

标准的中等收入门槛值是世界银行标准的中等收入门槛值的 7 倍以上。而且高收入门槛追赶指数标准也是世界银行标准的 2 倍左右。同时他们认为，追赶指数标准的根本问题在于它暗含经济相对落后国家在某个发展阶段上会缩小与世界最发达国家的差距，但是这是一个还未被证明的命题。而且从表1-1 的数据来看，"比重法计算的追赶指数以美国为标杆以及各发展阶段阈值的设定带有很大的随意性，并且由此定义的收入阶段与世界银行的定义差距很大，因此这种对中等收入陷阱的定义自然难以得到广泛的认同"①。

表 1-1   1987—2011 年世界银行标准与追赶指数标准划分发展阶段的人均国民收入门槛对比

（单位：当年价格美元）（按照汇率法衡量）

收入分组	年份	1987	1990	1995	2000	2005	2010	2011
低收入组	世行标准	≤480	≤610	≤765	≤755	≤875	≤1005	≤1025
	追赶指数标准	<3879	<4608	<5512	<7016	<8503	<9322	<9622
中等收入组	世行标准	481—6000	611—7620	766—9385	756—9265	876—10725	1006—12276	1026—12475
	追赶指数标准	3879—10667	4608—12671	5512—15158	7016—19295	8503—23384	9322—25637	9622—26462
高收入组	世行标准	>6000	>7620	>9385	>9265	>10725	>12276	>12475
	追赶指数标准	>10667	>12671	>15158	>19295	>23384	>25637	>26462
追赶指数标准/世行标准（倍）	中等收入门槛	8.1	7.6	7.2	9.3	9.7	9.3	9.4
	高收入门槛	1.8	1.7	1.6	2.1	2.2	2.1	2.1

注：追赶指数的中等收入和高等收入门槛数值分别根据美国人均国内生产总值（现价美元）的20％以及55％计算得出。

资料来源：（1）世界银行收入分类标准（http：//siteresources. worldbank. org/DATASATISTICS/Resources/OGHIST. xls）；（2）世界银行美国人均国内生产总值（现价美元）数据（http：//data. woldbank. org. cn/indicator/NY. gdp.PCAP. CD）。

---

① 华生、汲铮：《中等收入陷阱还是中等收入阶段》，《经济学动态》2015 年第 7 期。

第三节　收入水平指数与中国的赶超

尽管该相对指标的使用存在一定的随意性，但是，赶超指数的优势在于能够连续性地考察一国收入水平的提升过程，我们可以将两种方法相结合，以世界银行公布的高收入水平下限值作为赶超指标，计算各国人均国民收入水平占这一下限值的比率，这个值大于 1 即进入高收入阶段，同时，各国的人均国民收入水平采用世界银行公布的图表集法计算人均国民收入（美元）。这样一来，世界银行提供的标准不仅可以用于不用的收入组，也可以用于描述各国的收入水平提升过程，我们将这一指数称为收入水平指数或"世界银行赶超指数"（Catch Up Index of Worldbank，CUIW）。这一指数也可以作为划分低收入、下中等收入和上中等收入的参考指标——世界银行公布的不同收入阶段的临界值具有明显的"稳定性"，下中等收入的下限值一般是高收入下限值的 8%，上中等收入一般是高收入下限值的 32.3%，即收入水平指数≤8.1% 为低收入，8.1%<收入水平指数≤32.3% 为下中等收入，32.3%<收入水平指数<1 为上中等收入（见表 1-2）。因此，我们也可以得出中国 1987—2018 年的收入水平指数（见表 1-3）。

表 1-2　1998—2018 年世界银行历年收入组划分临界值　（单位：元）

时间	下中等下界 （元）	上中等下界 （元）	高收入下界 （元）	下中等下界/ 高收入下界	上中等下界/ 高收入下界
1998	760	3030	9360	0.081197	0.323718
1999	755	2995	9265	0.081489	0.323260
2000	750	2985	9235	0.081213	0.323227
2001	745	2975	9205	0.080934	0.323194
2002	735	2935	9075	0.080992	0.323416
2003	765	3035	9386	0.081504	0.323354
2004	825	3255	10065	0.081967	0.323398
2005	875	3465	10725	0.081585	0.323077
2006	905	3595	11115	0.081422	0.323437

续表

时间	下中等下界 （元）	上中等下界 （元）	高收入下界 （元）	下中等下界/ 高收入下界	上中等下界/ 高收入下界
2007	935	3705	11455	0.081624	0.323440
2008	975	3855	11905	0.081898	0.323814
2009	995	3945	12196	0.081584	0.323467
2010	1005	3975	12275	0.081874	0.323829
2011	1025	4035	12475	0.082164	0.323447
2012	1035	4085	12616	0.082039	0.323795
2013	1045	4125	12746	0.081987	0.323631
2014	1045	4125	12735	0.082057	0.323910
2015	1025	4035	12475	0.082164	0.323447
2016	1005	3995	12235	0.082141	0.326522
2017	995	3895	12055	0.082538	0.323102
2018	1025	3995	12375	0.082828	0.322828

资料来源：收入组临界值来自《世界发展指标》，见 https://datahelpdesk.worldbank.org/knowledgebase/articles/906519。其中，收入组临界值缺 2000 年数据，以差值法取 1999 年和 2001 年平均值。按世界银行公布的我国人均国民收入（现价美元）可以清晰地看出我国进入中等收入阶段和上中等收入阶段的时间。

表 1-3　1987—2018 年中国人均国民收入、收入水平指数与世界银行收入组临界值

时间	中国人均 国民收入 （现价美元）	下中等下界 （现价美元）	上中等下界 （现价美元）	高收入下界 （现价美元）	中国收入水平指数 （人均国民收入/ 高收入下界）
1987	320	480	1940	6000	0.053333
1988	330	545	2200	6000	0.055000
1989	320	580	2335	6000	0.053333
1990	330	610	2465	7620	0.043307
1991	350	635	2555	7910	0.044248
1992	390	675	2695	8355	0.046679
1993	420	695	2785	8625	0.048696
1994	470	725	2895	8955	0.052485

续表

时间	中国人均国民收入（现价美元）	下中等下界（现价美元）	上中等下界（现价美元）	高收入下界（现价美元）	中国收入水平指数（人均国民收入/高收入下界）
1995	540	765	3035	9385	0.057539
1996	650	785	3115	9645	0.067392
1997	750	785	3125	9655	0.077680
1998	800	760	3030	9360	0.085470
1999	860	755	2995	9265	0.092822
2000	940	750	2985	9235	0.101787
2001	1010	745	2975	9205	0.109723
2002	1110	735	2935	9075	0.122314
2003	1280	765	3035	9386	0.136373
2004	1510	825	3255	10065	0.150025
2005	1760	875	3465	10725	0.164103
2006	2060	905	3595	11115	0.185335
2007	2510	935	3705	11455	0.219118
2008	3100	975	3855	11905	0.260395
2009	3690	995	3945	12196	0.302558
2010	4340	1005	3975	12275	0.353564
2011	5060	1025	4035	12475	0.405611
2012	5940	1035	4085	12616	0.470831
2013	6800	1045	4125	12746	0.533501
2014	7520	1045	4125	12735	0.590499
2015	7900	1025	4035	12475	0.633267
2016	8210	1005	3995	12235	0.671026
2017	8630	995	3895	12055	0.715886
2018	9470	1025	3995	12375	0.765253

资料来源：收入组临界值来自《世界发展指标》，见 https://datahelpdesk.worldbank.org/knowledgebase/articles/906519。中国人均国民收入（现价美元）来自世界银行数据库。其中，收入组临界值缺 2000 年数据，以差值法取 1999 年和 2001 年平均值。

（单位：现价美元）

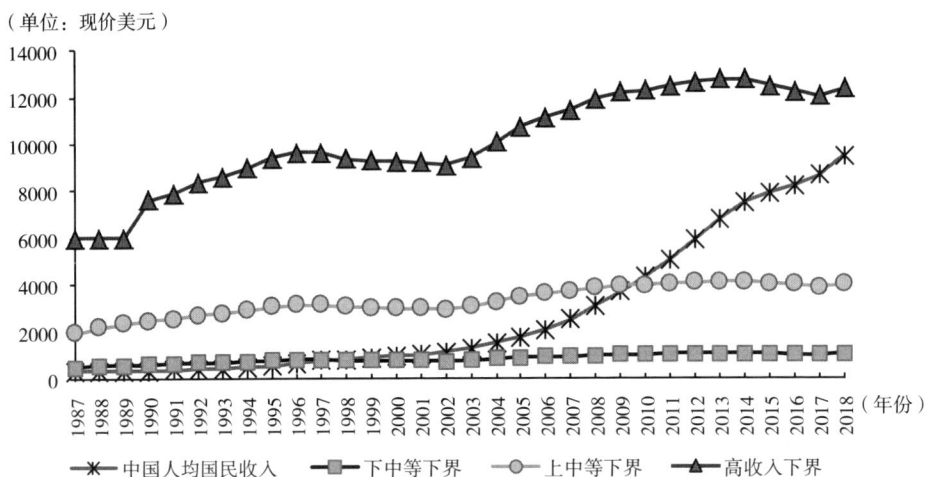

图 1-3　1987—2018 年中国对各收入组临界值的赶超

　　图 1-3 显示中国在 1998 年进入中等收入阶段，2010 年进入上中等收入阶段。进入中等收入阶段后，中国的赶超进程明显加速，至少到当前为止"中等收入陷阱"之说并不适用于中国。以收入水平指数显示会更为直观。

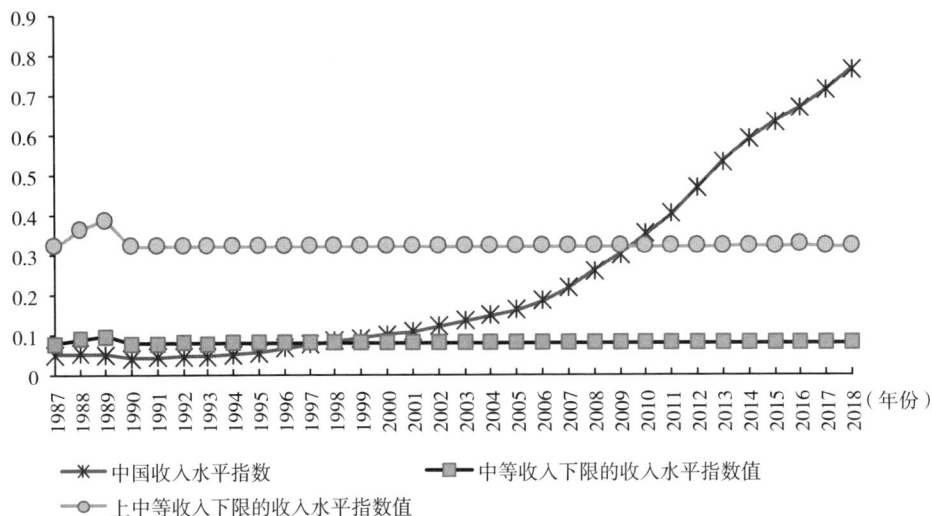

图 1-4　1987—2018 年中国的收入水平指数对各收入组临界值的赶超

第四节　从收入水平指数看"中等收入陷阱"的存在性

从中国 1987—2018 年的收入水平指数值来看，中国进入中等收入阶段，即 1998 年之后我国的收入水平呈加速赶超的趋势。因此，我们认为"中等收入陷阱"在我国是一个"伪问题"。当然，对"中等收入陷阱"存在与否的判断并不能仅仅依据我国的赶超进程，要根据进入或处于中等收入阶段的世界各个国家的赶超进程作出判断。因此，我们计算了世界 215 个国家和地区①1987—2018 年共 32 个年份的收入水平指数值②，这些国家和地区在 1987—2018 年进入或进入过中等收入阶段并且人口数在 900 万人以上③的国家和地区共有 61 个④，因此，这 61 个曾经或者当下处于中等收入阶段国家的赶超进程就是我们判断"中等收入陷阱"存在与否的事实依据。

为了更准确地判断这 61 个曾经或者当前处于中等收入阶段国家的赶超进程和发展趋势，以收入水平指数历年收入组划分临界值为标准，依据这 61 个"中等收入阶段"国家 2018 年的收入水平指数值，将这些国家分为三组：收入水平指数<32.3% 为一组，即在 2018 年处于或曾处于下中等收入阶段的国家；收入水平指数>32.3% 为一组，即在 2018 年进入上中等收入阶段的国家；收入水平指数>100% 为一组，即在 2018 年跨入高收入阶段的国家。这些国家在 2018 年处于下中等收入阶段的有 29 个，在 2018 年进入上中等收入阶段的国家有 24 个，在 2018 年跨入高收入阶段的国家有 8 个，这三组国家各自的赶超进程分别见图 1-5、图 1-6 和图 1-7。

从图 1-5、图 1-6 和图 1-7 中可以清楚地看到收入水平指数的发展趋势：在 2000 年之前，进入中等收入阶段国家的赶超进程确实处于一个相对稳定的

---

① 世界银行数据库中统计了人口数的国家。

② 用各个国家 1987—2015 年当年的人均国民收入除以世界银行公布的当年收入阶段划分标准的高收入阶段下限。

③ 人口数 900 万人以下的国家代表性较低，在这里不做分析。

④ 符合我们分析条件的国家应该是 58 个。但是，阿拉伯叙利亚共和国（Syrian Arab Republic）虽然在 1987 年进入中等收入阶段，且人口数在 900 万人以上，但缺少其 2008—2018 年的人均国民收入数据，所以把它剔除。

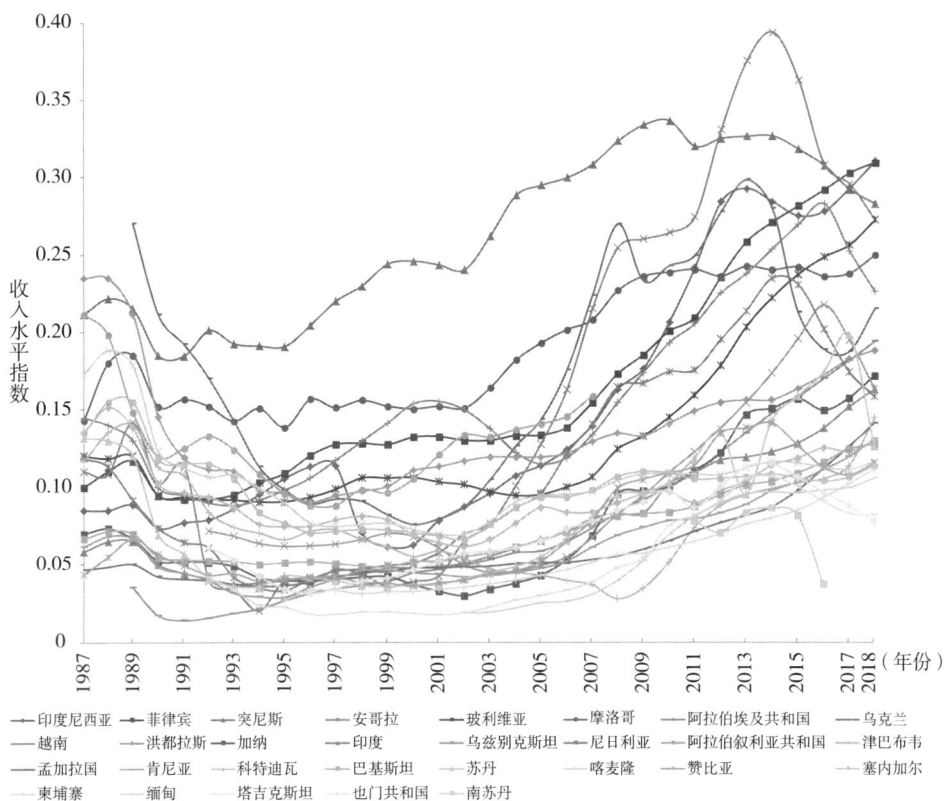

图 1-5　1987—2018 年处于下中等收入组国家的收入水平指数

下降趋势，从 2000 年至今，这些国家的追赶进程呈现上升的趋势。因此，我们认为"中等收入陷阱"是一个合理提出的"伪问题"：世界银行在 2007 年的《世界发展报告》中首次提出"中等收入陷阱"问题，从世界银行划分收入水平阶段的年份，即 1987 年算起，进入中等收入阶段的国家确实出现了连续 13 年的收入水平提升速度的下滑，因此，世界银行在第 20 年提出"中等收入陷阱"是合理的。但是，在"中等收入陷阱"提出之时，中等收入国家就形成了稳定的跨越趋势，而且该趋势从 2001 年就已经开始，至今已持续了 18 年的上升态势，所以我们认为"中等收入陷阱"议题在其提出之时就已经不成立了。因此，通过世界进入过中等收入阶段国家的收入水平指数，可以直接而又准确地作出判断："中等收入陷阱"假说并不成立。

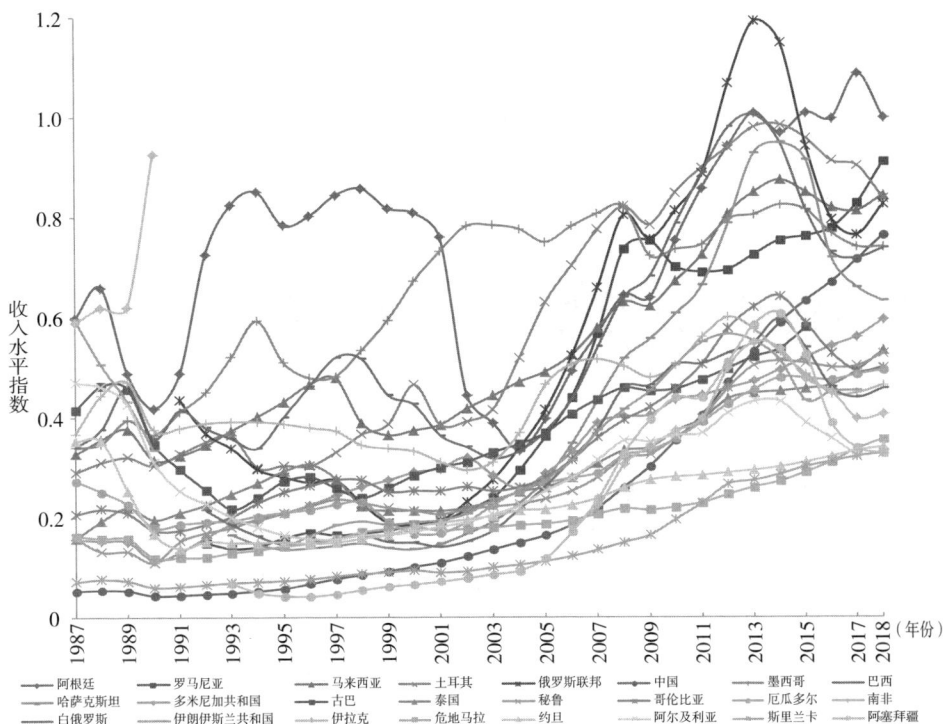

图 1-6 1987—2018 年进入上中等收入组国家的收入水平指数

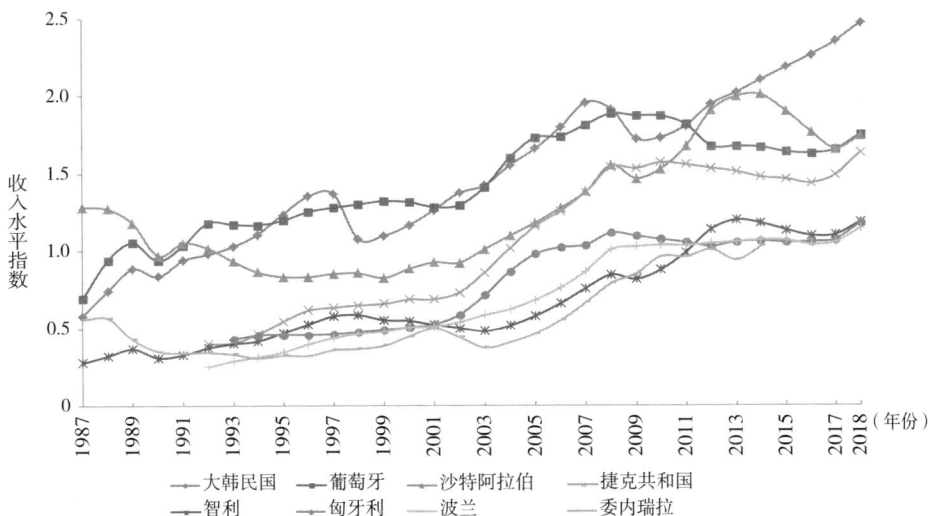

图 1-7 1987—2018 年跨入高收入组国家的收入水平指数

第 二 章

经验数据反映的问题：超越增长的产业升级

数据显示，2010 年之后我国的经济增长速度明显放缓，增速放缓也被视为我国经济新常态的关键特征。尤其是 2015 年以后经济增长速度降至 7% 以下，更是加重了各界关于"中等收入陷阱"的担忧。这也是"中等收入陷阱"议题重获关注的重要原因。将经济增长速度视为跨越"中等收入陷阱"的决定性因素，甚至唯一因素，是这一研究领域的习惯性认识。然而第一章的收入水平指数显示，经济增长速度的放缓并未迟滞我国向高收入水平的赶超——收入水平指数总体尚处于加速上升的趋势中。这种经济增长放缓与收入水平激增并存的态势也表明中国能否跨越"中等收入陷阱"并不唯一取决于经济增长速度。局限于经济增长速度判定我国能否跨越"中等收入陷阱"是一个影响深远且广泛的习惯性误区。澄清相关误解，需要准确认识三个赶超指数的差异，准确把握巴拉萨—萨缪尔森法则在收入水平纵向比较中的意义。本章专题讨论这一问题，以克服中等收入阶段经济发展研究存在的"唯增长论"误区。

第一节　从三个指数的差异说起

第一章讨论的三个评价标准及其赶超指数就涉及中等收入阶段经济发展研究的"唯增长论"误区。为便于比较，我们取世界银行指标下中国进入中等收入阶段的年份 1998 年作为起点，比较 1998—2017 年的三个赶超指数。正如第一章所概括的，三个指数存在明显差异（见图 2-1），例如：按菲利普指数进入中等收入阶段需指标大于（2000÷11750）= 17%，以此为界限，中国于 1999 年进入中等收入阶段，与收入水平指数相仿。但是按追赶指数达到中等收入阶段需追赶指数 > 20%，以此为界限，中国在 2011 年才进入中等收入阶段，比收入水平指数晚 13 年。

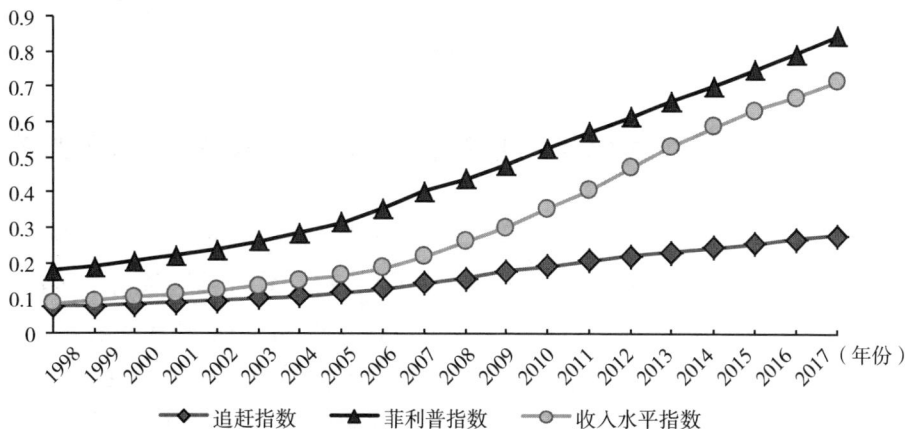

图 2-1　1998—2017 年三个收入水平衡量指数的比较

三个收入水平衡量指数更大的差异不在于进入中等收入阶段的时间，而在于三者的赶超趋势存在明显差异，为了便于把握三者趋势上的差异，我们对三个指数进行标准化，即分别取其 1998 年的基期指标为 1，考察三个指数 1998—2017 年的赶超趋势。图 2-2 显示，追赶指数和菲利普指数的赶超

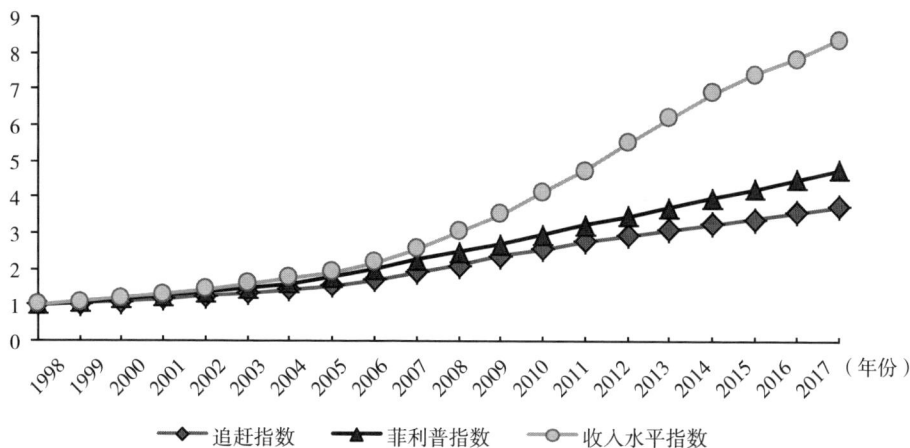

图 2-2　1998—2017 年三个收入水平衡量指数标准化后的趋势比较

趋势明显体现了 2010 年之后的经济增长速度放缓，而收入水平指数在 2010
年之后并未出现明显放缓，反而在经济增长放缓之后呈现收入水平激升的趋
势。三种指数的这种趋势差异主要源于三者采用的汇率指标不同，到底哪一
个指数更为合理取决于我们如何选取汇率指标以及如何处理汇率问题上的
"巴拉萨—萨缪尔森效应"（Balassa-Samuelson Hypothesis，BSH）。

第二节 汇率的选择与"巴拉萨—萨缪尔森效应"的处理

"巴拉萨—萨缪尔森效应"由贝拉·巴拉萨（Bela Balassa）和保罗·萨
缪尔森（Paul A. Samuelson）于 1964 年提出[①]，这一效应和购买力平价假说
相联系。购买力平价假说主要针对以下问题：经济发展水平相对较低的国
家，按名义汇率折算，其总体物价水平往往明显低于发达国家。换言之，发
展中国家的实际货币购买力比其名义汇率水平显示的要高，由此，购买力平
价假说认为应按照货币的实际购买力重新估价发展中国家的货币汇率，纠正
发展中国家货币币值的低估问题。巴拉萨和萨缪尔森的文章指出：上述差异
的主要原因在于发达国家工业领域的技术水平相对较高，工业品成本相对较
低，耗费相同劳动时间的发达国家服务业在价格上对应更多的工业品数量。
导致发达国家的服务业价格相对较高。因此，在发达国家能够购买相同数量
工业品的货币所购买到的服务则相对较少，从而显示出发达国家货币币值出
现了高估。按照购买力平价"一物一价"的原则，往往要求发展中国家的货
币升值。因此，巴拉萨—萨缪尔森效应也表述为：在工农业等贸易品领域，
商品价格的变动体现"一物一价"的趋势，服务的价格则表现为技术水平越
高的国家服务业的价格越高。因此，依据"巴拉萨—萨缪尔森效应"，发达国
家的物价水平相对较高，货币对于服务业的购买力相对较低，是经济发展过
程的正常表现，并不需要完全采用购买力平价来确定各国的币值。

由此，如何选择汇率指标就成为评价一国收入水平的关键。使用购买力
平价汇率，其理论用意在于剔除物价波动对收入水平的影响。换言之，以购

[①] Bela Balassa，"The Purchasing-power Parity Doctrine：A Reappraisal"，*Journal of Political Economy*，
Vol.72，No.6，1964；Paul A. Samuelson，"Theoretical Notes on Trade Problems"，*The Review of Economics and
Statistics*，1964，pp.145–154.

买力平价的原则纠正发展中国家货币币值的"低估"，从而真实地反映发展中国家的财富规模和收入水平。按照这一原则，采用购买力平价汇率应该可以明显"高估"发展中国家的收入水平，然而正如前文的结果显示，使用购买力平价指标后一国追赶指数显示的赶超程度反而相对较低。其原因大致有以下两个方面：第一，购买力平价汇率能否准确反映一国货币的真实购买力还有待商榷；第二，随着一国生产率水平的提高，本国国内的"实际汇率"，即非贸易品与贸易品价格之比会相应升高，内部价格结构逐步向发达国家接近，因此，购买力平价汇率会相应下降，如果购买力平价指标不能真实地反映货币购买力的变化，购买力平价汇率的下降反而会导致一国国民收入水平的低估。

菲利普指数采用了另一种处理方法：将货币汇率固定在基期，即 1990 年的购买力平价汇率，同时，将本国的物价水平也固定在 1990 年，从而"剔除"了所有的价格和汇率波动。这样一来，一国收入水平的提高就完全取决于实际国内生产总值的增长速度。所谓"唯增长论"就是这样的观点。

追赶指数和菲利普指数对于汇率的处理都有过度依赖实际经济增长的趋势。依据追赶指数以购买力平价核算一国的国民收入水平实际上是固定了工业品和服务业的价格比例，以"一物一价"的原则，评价服务业的产值，从而保证收入水平反映实际产出的增长。菲利普指数在这个方向上更进一步：将物价和汇率水平都固定，收入水平的增长就唯一取决于实际产出的增长。

两个指数的这种处理方式，其理论用意是为了克服物价和汇率波动导致的"干扰"，从而真实地反映一国国民收入的变化。但是这种处理方法反而不适用于不同收入阶段上的纵向比较。其原理在于：与低收入国家相比，高收入国家更高的国民收入水平并非完全源自实际产出的增长，服务业价格随着工业生产率水平的提高而相对上涨，从而形成更高的"产值"，是发达国家收入水平相对较高的重要原因。服务业价格相对较高的内部价格结构真实地反映了发达国家生产率水平的进步，由此形成的"产值虚高"也是经济发展水平提高的"题中之义"。因此，不同收入阶段上的收入水平比较，其合理的处理方式反而不是剔除物价的波动，也不是以购买力平价汇率反映一国产出的"真实水平"，而是随着技术进步和人均收入水平的提高，技术和人均收入提高到何种阶段就采用这个阶段上的"内部价格结构"，纳入服务业价格提高形成的"产值虚高"。只有这样，低收入国家与高收入国家的收入水平比较才能真实地反映收入阶段的差异，同时，纳入这种"产值虚高"也才能够真实地体现低收入国家的发展阶段的进步。否则，要求低收入国家依赖实际产出的增长使收入水平追上高收入国家反而失去了不同阶段之间纵向比较的合理性。

图 2-2 就鲜明地显示了不同处理方法之间的差异，菲利普指数标准化指数的变化完全取决于实际经济增长速度，依据这种"唯增长论"观点，发展中国家需要将自己的实际产出远远超出发达国家的产出规模才能追平发达国家内部价格结构差异形成的"产值虚高"，这已经失去了收入水平提高的本意。这种"收入提升"所指向的不是发达国家既有的收入水平和财富结构，而是依据购买力平价臆造的一个实际产值极高的想象中的发达国家。这也是"唯增长论"容易支持"中等收入陷阱"之说的原因。追赶指数也有类似问题。

第三节　物价、汇率对收入水平的影响力度

依据巴拉萨—萨缪尔森效应，非贸易品与贸易品的价格之比影响一国的实际汇率。实际汇率是在现有名义汇率的基础上，加入两国物价水平进行调整之后的结果，世界银行的图表集法汇率也是在名义汇率的基础上参考两国物价水平进行调整形成的。因此，巴拉萨—萨缪尔森效应对于世界银行的图表集法汇率也同样有效。换言之，图表集法汇率的变化也在很大程度上体现了一国内部价格结构的调整。正如前文所述，国内价格调整形成的汇率效应也是一国经济发展水平的直接体现，由此形成的收入水平提升也是一国经济效率和经济结构调整的具体体现。

在我国，服务业价格相对上涨的趋势也非常明显，服务业价格指数的增长速度明显快于国内生产总值折减指数。如图 2-3 所示，从 1996 年开始，两者呈"剪刀差"，2008 年国际金融危机后差距呈进一步拉大的趋势，我们可以定义服务业的相对价格指数＝服务业价格指数/国内生产总值折减指数，其趋势如图 2-4 所示。

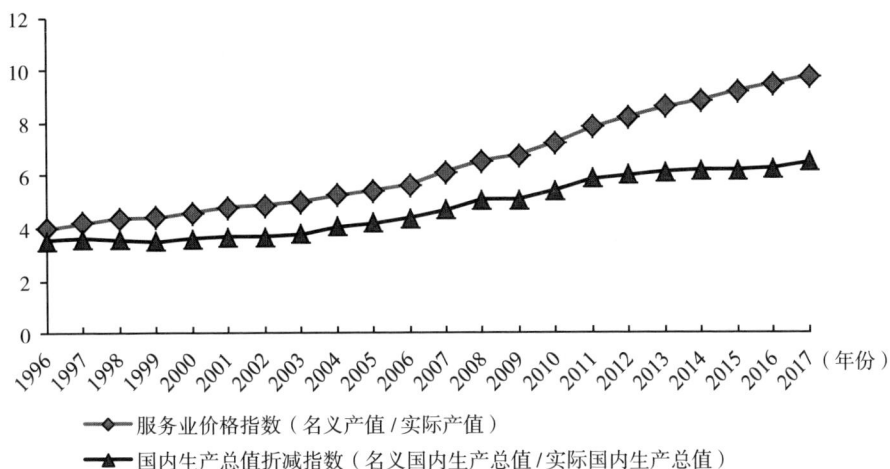

图 2-3　1996—2017 年服务业价格指数和国内生产总值折减指数折线

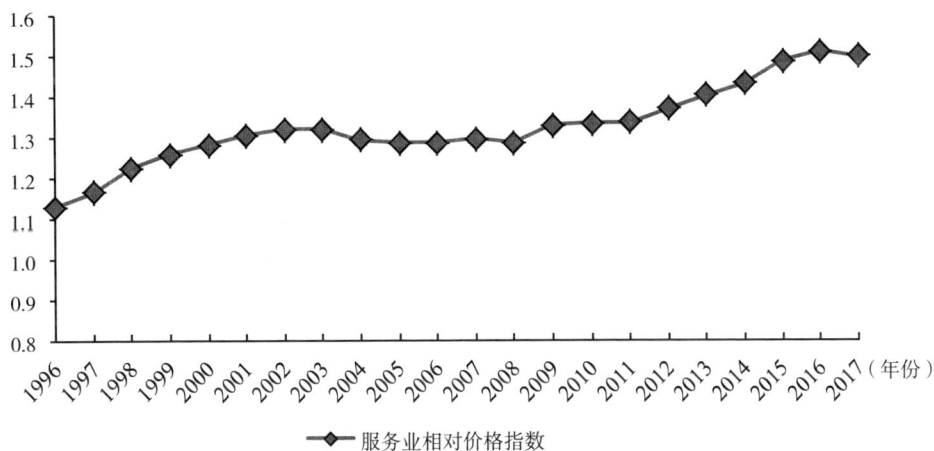

图 2-4　1996—2017 年服务业相对价格指数（1978 年为基期）

服务业相对价格指数和人民币—美元汇率两者都是在 1996 年、1997 年出现上涨，在 2008 年之后出现迅速上涨。服务业价格的相对上涨与图表集法汇率之间的联系也非常明显，将相对价格作为纵坐标，图表集法汇率作为横坐标，绘制散点图，两者之间的负相关趋势非常明显。

更进一步，服务业价格的相对上涨也是工业劳动生产率相对提高的结果，这方面鲍莫尔进行了系统的研究，本书第六章也对此进行了经验检验，

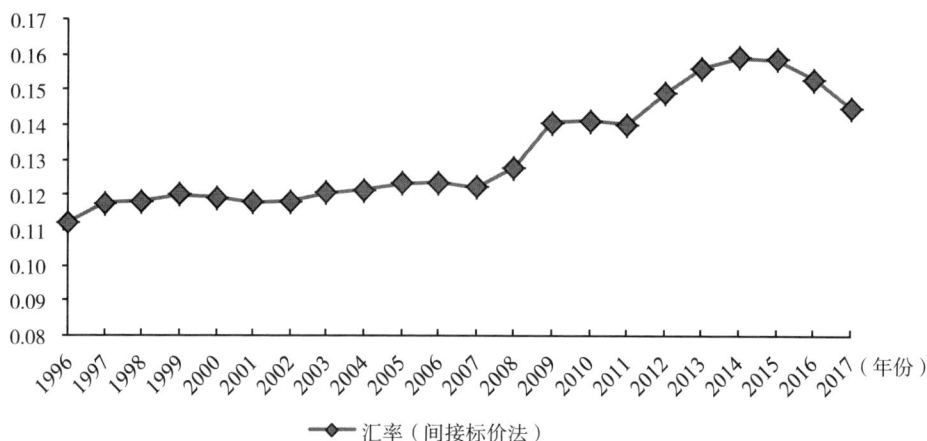

图 2-5　1996—2017 年人民币—美元汇率（间接标价法）

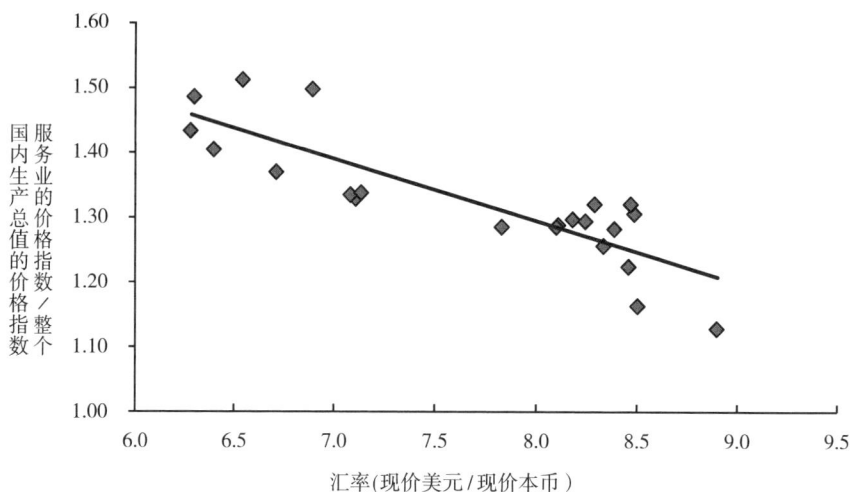

图 2-6　服务业相对价格指数与人民币汇率散点图

印证了服务业相对价格与工业相对生产率之间的关系。这表明，正是工业生产率的相对提高，才推动了中国内部价格结构的调整和汇率的提升，价格和汇率的这种波动，是技术进步的价格反映，由此形成的收入水平提升不应被视为"价格干扰"，而是体现了经济体内在效率水平和发展阶段的变化。

　　如表 2-1 所示，进入中等收入阶段后，从 1998 年至 2017 年我国的物价水平（国内生产总值折减指数）提高至 1998 年的 1.83 倍，人民币兑美元的汇率从 0.1182 升至 0.1451，提高至 1998 年的 1.23 倍，对于美元标价的国民收入水平是在实际国内生产总值的基础上乘以国内生产总值折减指数，再乘以人民币兑美元的汇率，因此，整体物价水平和人民币币值提高的倍数，也直接构成美元标价的人均国民收入提升倍数。图 2-7 就显示了整体物价水平和人民币币值乘积的提升倍数，从 1998 年到 2017 年，这一倍数达到 2.25 倍，忽略这一因素，我们关于中国收入水平提升的判断将低估一半以上。中国 2017 年的收入水平指数提升至 1998 年的 8.38 倍，物价和汇率因素对于收入水平指数提升的贡献至少达到 26.85%。

表 2-1　1998—2017 年物价指数和汇率

年份	美元汇率（间接标价法）	国内物价指数（国内生产总值折减指数）	年份	美元汇率（间接标价法）	国内物价指数（国内生产总值折减指数）
1998	0.1182	1.0000	2009	0.1408	1.4241
1999	0.1200	0.9870	2010	0.1413	1.5235
2000	0.1193	1.0073	2011	0.1402	1.6482
2001	0.1178	1.0282	2012	0.1489	1.6870
2002	0.1181	1.0348	2013	0.1562	1.7238
2003	0.1207	1.0621	2014	0.1592	1.7381
2004	0.1214	1.1360	2015	0.1588	1.7307
2005	0.1234	1.1803	2014	0.1592	1.7381
2006	0.1236	1.2269	2015	0.1588	1.7307
2007	0.1222	1.3230	2016	0.1529	1.7584
2008	0.1277	1.4260	2017	0.1451	1.8286

资料来源：历年中国统计年鉴、世界银行数据库。

综上所述，现有的各类赶超指数中以世界银行的收入水平划分标准为赶超目标的收入水平指数最能准确反映一国收入水平的提升幅度。在这一指数下的考察，有助于我们克服传统的"唯增长论"局限，准确洞察 2008 年国际金融危机之后中国经济所经历的增速放缓和收入水平激增。人民币币值提升和国内价格结构的调整正是中国进入经济新常态后经济效率提升和经济结

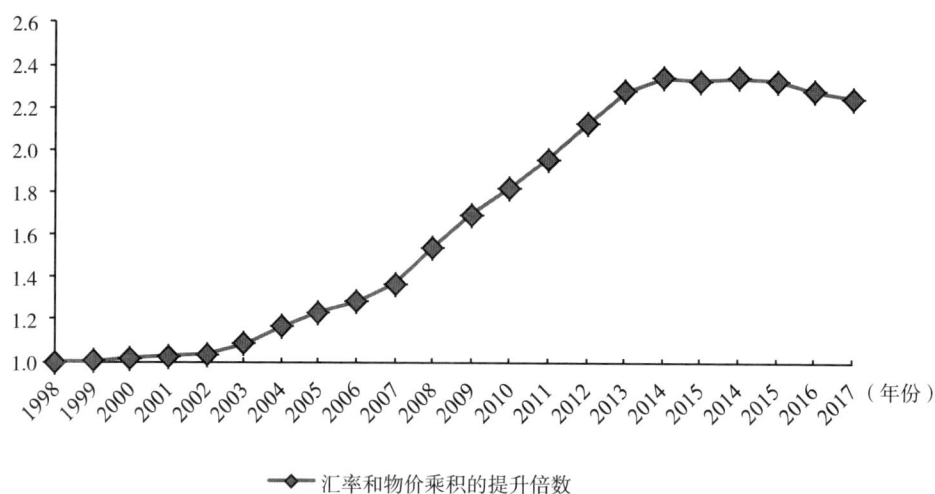

图 2-7　1998—2017 年汇率和物价乘积的提升倍数

构调整的结果。这种结构和效率因素，在传统的经济增长因素之外，为收入水平的提升发挥了重要作用，也推动中国的内在经济结构逐步与高收入国家相接近，相对于经济增长形成的"量变"因素，这些因素更具有"质变"的特征。

第 三 章

问题导向的理论框架：基于收入提升 影响因素的产业升级分析框架

中等收入阶段中国的经济发展问题在赶超指数上就表现为收入水平指数的提升。因此，影响我国中等收入阶段经济发展的相关因素也就是影响收入水平指数的各类指数因素，我们将这一指数分解为不同的影响因子，就可以在一个因素分解公式中整合影响我国中等收入阶段经济发展的各类因素。我们以这样一个因素分解公式，统摄全书的结构框架，同时，通过影响因素的梳理，也有助于我们准确说明如何把对"中等收入陷阱"的跨越归结为产业升级。

整体而言，影响收入水平指数的因素可以分解为实际经济增长、物价、汇率和其他因素，同时，实际经济增长又可以细分为规模、结构和效率三方面因素，而结构因素可以进一步细化为第一产业比重下降的影响即城镇化效应，第二产业比重提升的影响即工业化效应，以及第三产业比重提升的影响即产业结构的服务化效应，这三方面的结构因素，我们都统称为产业升级的结构升级效应。影响经济增长的效率因素涉及各产业部门的生产效率提升，对应产业升级的价值链升级，同时，效率水平的提升尤其是工业生产率相对进步，又会进一步改变经济体内部的价格结构，从而影响收入水平指数中的物价和汇率因素。除上述结构和效率因素，影响实际经济增长的规模因素就是劳动力总量，这一因素与收入水平指数中的人口因素之比，构成影响收入水平提升的人口红利因素。因此，简单来说，产业升级与人口红利影响中等收入阶段我国的经济发展，影响我国能否跨越"中等收入陷阱"，其中起主导作用的是产业升级。产业升级又包括结构升级和价值链升级两个方面，我们以此来构造本书的基本分析框架和内容架构。

第一节　收入水平指数各影响因素贡献率的分解

世界银行收入阶段划分标准的依据是美元标价的人均国民收入，将人均国民收入的影响因素进行分解。

人均国民收入＝美元标价的国民收入/人口

美元标价的国民收入＝人民币标价的国民收入×人民币汇率[①]

这里需要解释的是，通常认为国民收入等于国民生产总值（GNP），扣除间接税和企业转移支付加政府补助金，即国民收入≠国民生产总值。但是，世界银行计算人均国民收入水平时所使用的国民收入就是各国的国民生产总值，即国民收入＝国民生产总值。进一步，国民生产总值与国内生产总值之间依然存在差异：国内生产总值－外国居民在本国的收入＋本国居民在外国的收入＝国民生产总值，即国内生产总值＋本国境外净收益＝国民生产总值，我们将本国境外净收益占国内生产总值的比率称为境外净收益率。因此有：

人民币标价的国民收入＝人民币标价的名义国内生产总值×本国境外净收益率

名义国内生产总值＝实际国内生产总值×国内生产总值折减指数

国内生产总值折减指数即一国物价总水平。

由此得出，人均国民收入＝实际国内生产总值×净收益率×国内物价指数×汇率/人口。根据收入水平指数公式，收入水平指数＝实际国内生产总值×本国境外净收益率×国内生产总值折减指数×人民币汇率/人口/高收入下界。

据该公式，收入水平指数的增长取决于公式右侧各因素的增长，关于乘积增长率与各因子增长率的关系，可做以下整理：

---

① 间接标价法表示的美元—人民币汇率，即 1 元人民币能兑换多少美元。

以 $z = x \cdot y$ 为例，$gz = \Delta z/z$，$gx = \Delta x/x$，$gy = \Delta y/y$，可得，$gz = gx + gy + gx \cdot gy$

在连续函数无限可微的条件下，$\Delta x/x = dx/x$，数值接近无穷小量，可取 $gx \cdot gy = 0$，但是，在跨年度的离散性变量中，gx、gy 的数值可能相对较大，应在因素分解公式中保留，这一因素不能再归结为 x 或 y 的独立影响，我们将其称为增长率的倍数效应。若变量较多，如 $u = z \cdot v = x \cdot y \cdot v$，则 $gu = gx + gy + gv + gx \cdot gy + gx \cdot gv + gv \cdot gy + gx \cdot gy \cdot gv$，其中，后面 4 项 $gx \cdot gy + gx \cdot gv + gv \cdot gy + gx \cdot gy \cdot gv$ 为倍数效应。同理，CUW 影响因素可以分解为公式右侧各因子增长率之和加各因子的倍数效应。为了清晰地呈现各个影响因素增长率对我国 CUW 增长率的贡献程度，我们将 1998—2018 年各个影响因素的增长率作堆积柱形图（见图 3-1）。

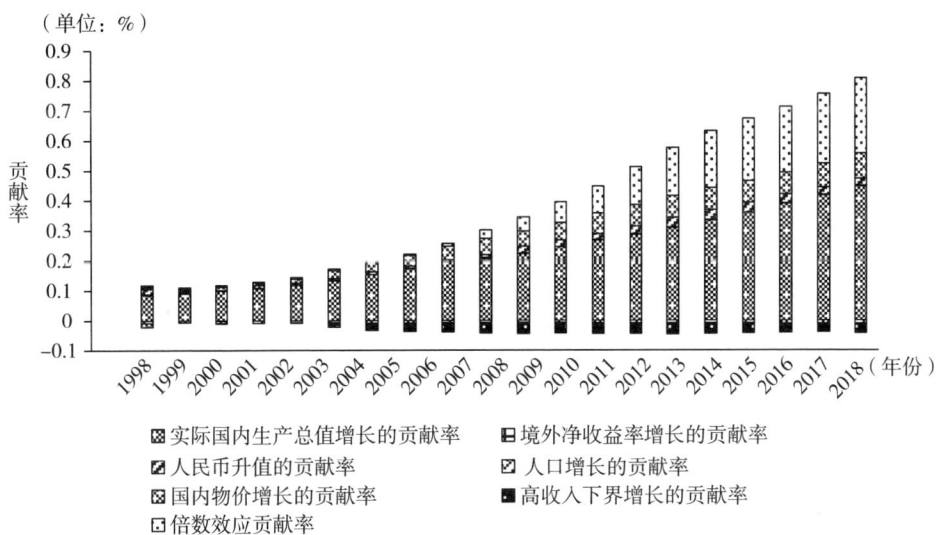

图 3-1　1998—2018 年中国收入水平指数各个影响因素的增长率

图 3-1 也明显说明，仅盯住经济增长，即国内生产总值的增长率难以准确判断收入水平指数值的提高。其他因素，尤其是汇率和物价因素除自身增长率的贡献外，还形成了不断强化的倍数效应，明显加大了对收入水平指数的影响。我们可以将柱形图的每项因素占收入水平指数增长率的比值称为各因素对收入水平指数增长的贡献率。各因素贡献率的计算结果见表 3-1。

（单位：%）

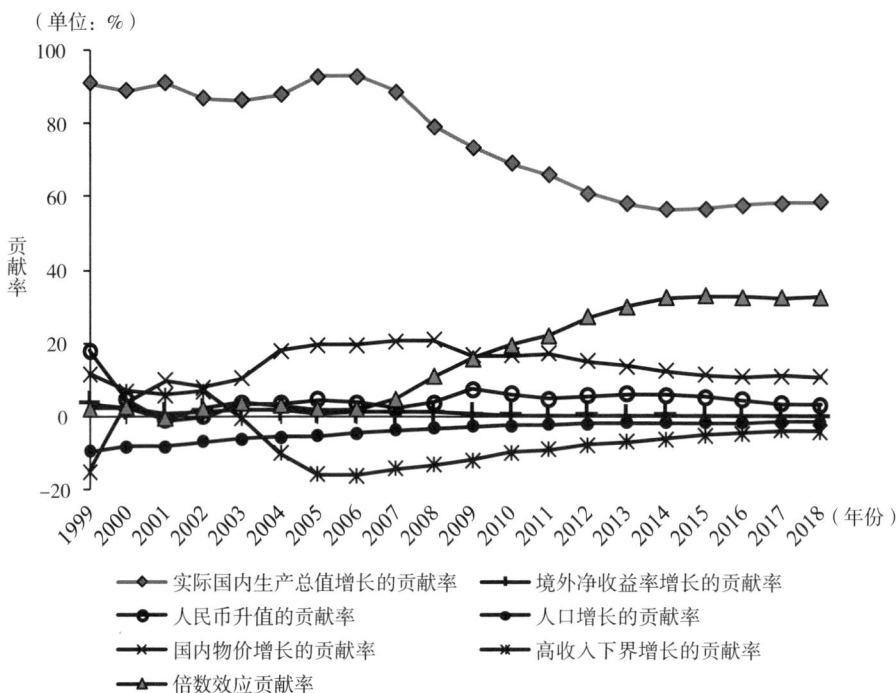

图 3-2 1999—2018 年中等收入阶段中国收入水平（收入水平指数）
提升的各影响因素贡献率（1998 年为基期）

表 3-1 和图 3-2 中的结果是收入水平指数累积增长率中各因素的贡献率，即 1998 年中国进入中等收入阶段后各因素历年累积增长率对收入水平指数累积增长率的贡献率。在各因素中实际国内生产总值增长的贡献率最大，但处于下降趋势，2008 年国际金融危机爆发前，实际经济增长对收入水平指数的贡献率在 90% 左右，2008 年国际金融危机后，其贡献率呈下降趋势，到 2014 年至最低为 56.35%。物价和汇率因素的贡献率次之，由于一国物价水平的相对提高就是本币购买力的相对下降，从而也体现为本币币值的相对贬值，同时，图表集法汇率也参考一国国内生产总值折减指数进行相应调整，所以，汇率和本国物价水平总体呈此消彼长的趋势，两者的影响应视为一个整体进行考察。图 3-3 比较明显地显示了汇率贡献率与本国物价贡献率之间此消彼长的趋势，两者作为一个整体，其总的贡献率在 2008 年国际金融危机前达到最高，此后有所下降，但依然在 15% 左右。这 15% 的

贡献率具有重要意义，它导致收入水平指数的提升不再单一地依赖于实际国内生产总值的增长，这就为倍数效应提供了极大的影响空间。受考察时期的影响，各因素的累积增长率往往呈逐年提高的趋势，因此，由各因素增长率乘积之和构成的倍数效应也呈明显的前低后高趋势。但是，变化趋势的历史节点也非常明显，2008 年国际金融危机之后，倍数效应的贡献率呈大幅度上升的趋势。2008 年国际金融危机之前，倍数效应的贡献率从-0.68%增长到 4.75%，国际金融危机爆发后，2008 年其贡献率陡增至 11.01%，此后呈加速上涨趋势，2015 年上升至 32.95%。除上述几项因素外，境外净收益率的影响明显较小，尤其在 2008 年国际金融危机之后，下降至 1%以下。另两个负作用的因素，即人口增长率和高收入水平下界的提升率总体呈下降趋势，高收入水平下界提升造成的负作用在 2006 年之前呈上升趋势，2006 年达到 16.05%，此后逐年下降，且下降趋势明显，在 2017 年降至 3.90%。人口增长率的负作用呈严格的递减趋势，从 1999 年的 9.55%降至 2018 年的 1.46%。换言之，对人口增长速度的控制，是我国人均收入水平迅速赶超的重要因素。

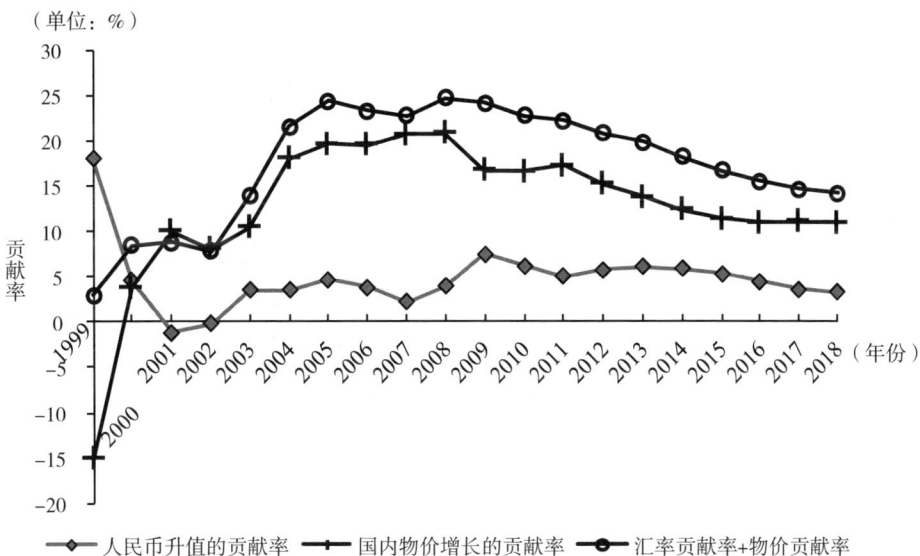

（单位：%）

图 3-3 1999—2018 年人民币升值、国内物价增长对收入水平
提升的贡献率及两者之和（1998 年为基期）

表 3-1　1999—2018 年中等收入阶段中国收入水平（收入水平指数）
提升的各影响因素贡献率（1998 年为基期）　　（单位：%）

年份	实际国内生产总值增长的贡献率	境外净收益率增长的贡献率	人民币升值的贡献率	人口增长的贡献率	国内物价增长的贡献率	高收入下界增长的贡献率	倍数效应贡献率
1999	91.02	3.48	17.97	-9.55	-15.09	11.80	2.18
2000	88.99	2.17	4.57	-8.32	3.82	7.00	2.52
2001	91.15	0.67	-1.22	-8.10	9.95	5.84	-0.68
2002	86.83	1.42	-0.24	-6.86	8.06	7.06	2.25
2003	86.29	1.71	3.43	-6.01	10.42	-0.47	3.78
2004	87.89	1.82	3.49	-5.55	18.01	-9.97	3.16
2005	92.94	1.01	4.69	-5.22	19.60	-15.85	1.95
2006	92.96	1.24	3.81	-4.59	19.42	-16.05	2.03
2007	88.59	1.20	2.14	-3.78	20.61	-14.31	4.75
2008	79.13	1.11	3.89	-3.15	20.75	-13.29	11.01
2009	73.57	0.58	7.47	-2.75	16.67	-11.97	15.75
2010	69.06	0.39	6.17	-2.38	16.58%	-9.93	19.56
2011	65.98	0.19	4.94	-2.14	17.19	-8.91	22.11
2012	60.83	0.31	5.71	-1.90	15.11	-7.73	27.03
2013	57.98	0.16	6.10	-1.74	13.72	-6.94	30.01
2014	56.35	0.30	5.83	-1.64	12.38	-6.12	32.28
2015	56.60	0.19	5.32	-1.59	11.38	-5.18	32.95
2016	57.88	0.26	4.49	-1.58	10.94	-4.48	32.50
2017	58.33	0.17	3.53	-1.55	11.07	-3.90	32.35
2018	58.50	0.22	3.22	-1.46	10.93	-4.05	32.64

资料来源：历年中国统计年鉴、世界银行数据库。

综上所述，我国收入水平向高收入阶段的赶超主要取决于实际经济增长、物价和汇率因素。其中，物价和汇率因素作为重要的乘数因子不仅贡献了各自的增长率，更形成了幅度很高的倍数效应——如果收入水平单一地取决于实际经济增长，这种倍数效应将微乎其微。由于物价和汇率因素的参与，倍数效应贡献率在2018年达32.64%。同时，这一趋势也警示我国应高度关注本国物价结构和人民币币值的影响。一旦出现通货紧缩和人民币贬值，其对收入水平提升的负作用也会形成相应的倍数效应，严重迟滞我国向高收入阶段的赶超。此外，经济增长速度的下降也会引发相应的倍数效应，迟滞赶超速度。

通过上述梳理，我们可以大致估算我国对中等收入阶段的"跨越"，2018年我国的收入水平指数已经达到0.77，向高收入阶段的"跨越"需要将收入水平提升至2018年的（1/0.77＝）1.2987倍。进入中等收入阶段后，从1998年到2018年我国收入水平指数的提升速度为每年11.65%，若延续此增长速度，以这个速度计算，完成1.2987倍的目标，需要的时间长度为（$\log_{1.1165}^{1.2987}$）= 2.3717，即2年——将于2020年进入高收入阶段。考虑到我国经济增长速度放缓，从2012年开始明显下降（2010年经济增长速度为10.63%，2011年为9.54%，2012年降至7.85%，2018年降至6.6%），我们取2012—2018年收入水平指数的提升速度，为每年9.55%，完成1.2987倍的目标，需要的时间长度为（$\log_{1.1020}^{1.2987}$）= 2.6910，即3年——将于2021年进入高收入阶段。如果取2018年收入水平指数的提升速度，为6.90%，计算结果为（$\log_{1.069}^{1.2987}$）= 3.92——将于2022年进入高收入阶段。2019年我国的经济增长速度依然在6.3%左右，即使收入水平指数按5%的年增长速度赶超，其所需的时间为（$\log_{1.05}^{1.2987}$）= 5.36，我国依然有可能在2024年之前进入高收入阶段。前文中做过测算，按照各国的平均增长速度5%计算，穿越中等收入阶段大致需要52年的时间，如果在2025年之前完成赶超目标，中国用了一半的时间顺利跨过"中等收入陷阱"。就当前趋势来说，中国有希望实现甚至提前实现这一目标。但是，应注意的是近年来中国赶超指数的提升速度已经出现下降趋势，考虑到美元升值的影响，以及美联储"缩表"的负面效应，中国完成赶超任务所需时间可能更长一些。所以，应当承认，2008年国际金融危机之后，中国赶超速度的大幅度提升很大程度上与美元相对贬值、中国产业结构升级和物价结构调整有关。就2012年之后的趋势来看，尚不能否认"天花板"效应的存在。对于中国能否加速跨越"中等收入陷阱"还应持谨慎乐观态度。

第二节   实际经济增长影响因素的分解

皮纳得（Peneder）利用法布里坎特（Fabricant）在 1942 年提出的"偏离份额法"，核算了产业间劳动力转移对社会总劳动生产率的影响。在此方法基础上，可以推导出经济增长的分解框架，从而核算三次产业及其结构变迁对经济增长的贡献。一国经济总量等于劳动生产率与总就业量的乘积，从而经济增长可以分解为就业量增长与劳动生产率进步之和，所以，我们可以将结构红利核算公式中，结构变迁对劳动生产率进步的贡献视为对经济增长的贡献。

劳动生产率 $LP = \dfrac{Y}{L}$，因此 $Y = LP \cdot L$，其中 LP 为劳动生产率，Y 为产量，L 为劳动量。因此：

$$\frac{\dot{Y}}{Y} = \frac{\dot{LP}}{LP} + \frac{\dot{L}}{L} \tag{3-1}$$

其中，以 x 代指公式（3-1）中任意一个变量，$\dfrac{\dot{x}}{x} = \dfrac{\mathrm{d}x/\mathrm{d}t}{x} = \dfrac{\Delta x}{x}$，表示变量在一定时期的变化量与初始量的比值，即变量在一定时期内的变化率。公式（3-1）表明，经济增长可以分解为劳动生产率增长与劳动数量增长之和。令 LP^t 和 LP_i^t 分别为总劳动生产率和 t 时期 i 产业的劳动生产率，S_i^t 表示 t 时期 i 产业的劳动数量比重。令 $i = 1$，2，3，分别代表农业、工业和服务业。

首先，借鉴"偏离份额法"公式，对劳动生产率增长进行分解。t 时期和 0 时期的总体劳动生产率可以分别表示为：

$$LP^t = \frac{Y^t}{L^t} = \sum_{i=1}^{n} \frac{Y_i^t}{L_i^t} \frac{L_i^t}{L^t} = \sum_{i=1}^{n} LP_i^t S_i^t \; ; \; LP^0 = \frac{Y^0}{L^0} = \sum_{i=1}^{n} \frac{Y_i^0}{L_i^0} \frac{L_i^0}{L^0} = \sum_{i=1}^{n} LP_i^0 S_i^0$$

$$\tag{3-2}$$

根据上述公式，可以计算得出 t 时期的总劳动生产率相对于 0 时期的增长率为：

$$\frac{LP^t - LP^0}{LP^0} = \frac{\sum_{i=1}^{n}(S_i^t - S_i^0)LP_i^0}{LP^0} + \frac{\sum_{i=1}^{n}(LP_i^t - LP_i^0)(S_i^t - S_i^0)}{LP^0} +$$

$$\frac{\sum_{i=1}^{n}(LP_i^t - LP_i^0)S_i^0}{LP^0} \tag{3-3}$$

公式（3-3）右边的三项将总劳动生产率的增长分解为：静态结构变迁效应、动态结构变迁效应和技术进步效应。我们将前两项合并可得：

$$\frac{LP^t - LP^0}{LP^0} = \frac{\sum_{i=1}^{n}(S_i^t - S_i^0)LP_i^t}{LP^0} + \frac{\sum_{i=1}^{n}(LP_i^t - LP_i^0)S_i^0}{LP^0} \tag{3-4}$$

根据公式（3-4）劳动生产率增长可以分解为产业结构变迁和产业内技术进步两部分。其中，$\dfrac{\sum_{i=1}^{n}(S_i^t - S_i^0)LP_i^t}{LP^0}$ 为结构变动对经济增长的贡献，称为结构变迁效应，此项为正，则表明劳动生产率高的产业存在劳动力的净流入，意味着产业结构变迁提高了总劳动生产率，进而推动了经济增长；$\dfrac{\sum_{i=1}^{n}(LP_i^t - LP_i^0)S_i^0}{LP^0}$ 为各部门内生产率进步对经济增长的贡献，称为技术进步效应，此项为正，则表明产业的劳动生产率要高于基期的劳动生产率，意味着产业通过技术进步提高了劳动生产率，进而推动经济增长。

利用公式（3-4）可以计算三次产业各自的技术进步效应，但是结构效应却只能计算三次产业间劳动力转移的总效应，不能分析单个产业劳动力变动对经济增长的贡献。原因在于，按照总劳动生产率计算公式（3-2），劳动生产率低的行业劳动力转移到劳动生产率高的行业，会提高总劳动生产率，这意味着劳动生产率低的行业就业比重的下降，对经济增长会产生正的结构变迁效应，但是按照公式（3-4）计算，只要是产业的劳动力比重下降，则产业的结构变迁效应就为负值。以农业为例，农业在我国是劳动生产率最低的产业，只要农业劳动力转出，无论转移到工业还是服务业，都必然使总劳动生产率提高，也就是农业劳动力比重的下降对经济增长的贡献为正，但是按照公式（3-4）计算，农业劳动力转出的结构变迁效应却为负值。由于存在这一缺陷，就导致结构效应不能进行分解，由此不能核算单个产业对经济增长的贡献。

为了分解出单个产业的结构变迁效应，我们引入总劳动生产率这一指标，对公式（3-4）中的结构变迁效应部分进行改造：

$$\frac{LP^t - LP^0}{LP^0} = \frac{\sum_{i=1}^{n} (LP_i^t - LP^t)(S_i^t - S_i^0)}{LP^0} + \frac{\sum_{i=1}^{n} (LP_i^t - LP_i^0) S_i^0}{LP^0} \qquad (3-5)$$

公式（3-5）右侧第一项为改造后的结构变迁效应计算公式，根据求和

公式的运算法则，$\dfrac{\sum_{i=1}^{n} (LP_i^t - LP^t)(S_i^t - S_i^0)}{LP^0} = \dfrac{\sum_{i=1}^{n} LP_i^t(S_i^t - S_i^0)}{LP^0}$，改造后公

式的结构变迁效应核算结果与公式（3-4）一致。当劳动生产率高于总劳动生产率的产业劳动力比重上升，或者劳动生产率低于总劳动生产率的行业劳动力比重下降时，$(LP_i^t - LP^t)(S_i^t - S_i^0) > 0$，劳动力从劳动生产率较低的产业的转出以及转入到劳动生产率较高的产业都有利于加快经济增长。这种计算方法的核算结果与"结构红利"假说的结论一致，资源从低生产率部门向高生产率部门流动，有助于加快经济增长。因此，通过 t 时期总劳动生产率的引入，可以将结构变迁效应分解到单个产业。

因此，基于公式（3-5）可以核算在劳动生产率指标下，产业结构变迁中单个产业的结构变迁效应和技术进步效应对经济增长的贡献。按照公式（3-1），为核算产业结构演进中每个产业对经济增长的贡献，除了结构变迁效应和技术进步效应所计算出的劳动生产率增长之外，还需要核算每个产业劳动力的增长率。

t 时期和 0 时期的劳动数量可以分别表示为：

$$L^t = \sum_{i=1}^{n} L_i^t, \quad L^0 = \sum_{i=1}^{n} L_i^0 \qquad (3-6)$$

根据公式（3-6），可以计算得出 t 时期的劳动数量相对于 0 时期的增长率为：

$$\frac{L^t - L^0}{L^0} = \frac{\sum_{i=1}^{n} L_i^t - \sum_{i=1}^{n} L_i^0}{L^0} \tag{3-7}$$

整理后得出：

$$\frac{L^t - L^0}{L^0} = \sum_{i=1}^{n} \frac{(L_i^t - L_i^0)}{L_i^0} S_i^0 \tag{3-8}$$

公式（3-8）可以将总劳动数量增长率分解为单个产业劳动数量增长率之和。在此基础上，可以按将经济增长分解为：

$$\frac{Y^t - Y^0}{Y^0} = \sum_{i=1}^{3} \frac{(L_i^t - L_i^0)}{L_i^0} S_i^0 + \frac{\sum_{i=1}^{3} (LP_i^t - LP^t)(S_i^t - S_i^0)}{LP^0} +$$

$$\frac{\sum_{i=1}^{3} (LP_i^t - LP_i^0) S_i^0}{LP^0} \tag{3-9}$$

经济增长可以分解为三种效应：劳动数量效应、结构变迁效应和技术进步效应。由此，可以核算三次产业中每一种效应对经济增长的贡献，得出经济发展中三次产业及其结构变迁对经济增长的贡献，而通过结构变迁效应的分析，则可以测算产业结构变迁对经济增长的影响。

第三节 结构红利的进一步分解

按照劳动单要素生产函数下结构效应的细化，用我国1978—2015年相关数据，我们对中国三次产业间劳动再配置对经济增长的贡献进行测度。

一、数据说明

在劳动生产率指标下，核算三次产业结构变迁对经济增长的贡献需要经济总体和三次产业的产出以及劳动投入数据。

（一）经济总体和各产业的产出数据

我们以经济总体和各产业不变价格的国内生产总值作为衡量产出及经济增长的基本指标，按1978年价格换算。

（二）经济总体和三次产业劳动投入量

借鉴现有研究成果的经验（张健华、王鹏，2012），我们采用各产业的就业人数作为劳动数量的衡量指标。就业人员数据来自历年统计年鉴的"按三次产业分就业人员数（年底数）"[①]。

二、三次产业结构变迁效应的测度

根据 $\dfrac{LP^t - LP^0}{LP^0} = \dfrac{\sum_{i=1}^{n} (LP_i^t - LP^t)(S_i^t - S_i^0)}{LP^0} + \dfrac{\sum_{i=1}^{n} (LP_i^t - LP_i^0) S_i^0}{LP^0}$ 对我国三次产业间劳动再配置对经济增长贡献的测度结果表明：

（一）总结构变迁效应

1978—2015 年，三次产业间的劳动再配置使经济平均每年增长 1.6%，对经济增长贡献的均值为 16.04%，产业结构变迁对经济增长有明显的正促进作用，也就是通过优化劳动力配置，一定程度上促进了我国的经济增长。2015 年以后，总结构效应开始趋于下降，即结构调整在总体上转变为经济增长的抑制因素。

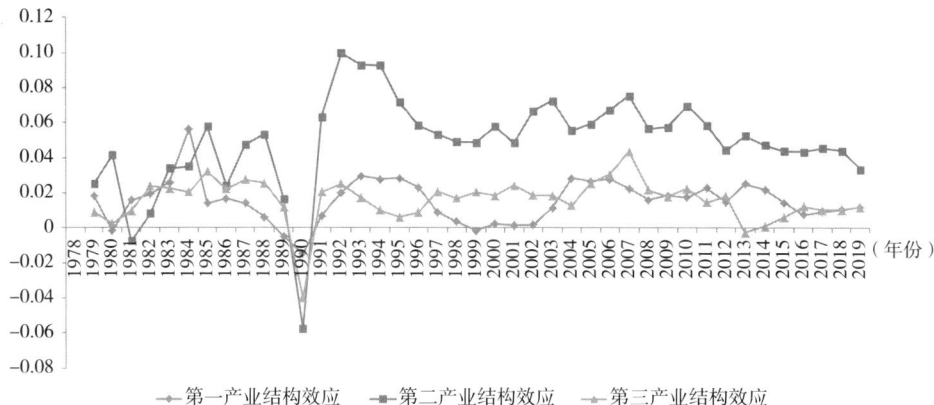

图 3-4　1978—2019 年三次产业的结构变迁效应

（二）城镇化效应

1978—2015 年，第一产业劳动力占比呈现持续下降的趋势，劳动力占比从 1978 年的 70.53%下降到 2015 年的 28.30%，使经济平均每年增长 0.97%，对经济增长的贡献为 9.68%。第一产业通过不断释放剩余劳动力，实现劳动力从生产效率较低的产业转移到生产效率较高的行业，从而加快了总劳动生产效率的提高，进而加快了经济增长。第一产业的结构变迁效应年度测算（见图 3-4）表明，除去个别年份（1982 年、1989 年、1990 年和 1999 年）由于劳动力存在净流入外，其结构变迁效应一直为正值，由此可以得出结论，自改革开放以来，城镇化效应一直表现为促进经济增长的结构红利。

（三）工业化效应

1978—2015 年，第二产业劳动力占比呈现波动上升的趋势，并在 2012 年达到峰值 30.30%，之后表现出持续下降的趋势，这也符合我国产业结构演变的基本事实——从工业化中期逐渐走入工业化后期，第二产业对劳动力的吸纳能力逐渐减弱。第二产业作为劳动生产率最高的产业通过不断吸纳劳动力使经济每年增长 0.53%，对经济增长的贡献率为 5.26%。第二产业的结构变迁效应年度测算（见图 3-4）表明，在三个时间段内其结构变迁效应为负，均是由于劳动力占比出现了相对下降，1989—1990 年由于统计口径的调整导致第二产业劳动力占比下降，1998—2002 年，国家提出加快国有企业改革步伐，导致第二产业劳动力占比从 1997 年的 23.7%下降到 2002 年的 21.4%，2013—2015 年由于产业结构高度化的推进，导致第二产业劳动力占比出现相对下降趋势。因此，工业化效应也一直表现为促进经济增长的结构红利。

（四）服务业化效应

1978—2015 年，第三产业劳动力占比呈现出稳定上升的态势，其劳动力占比从 1978 年的 12.18%上升到 2015 年的 42.40%，使经济每年增长 0.11%，对经济增长的贡献为 1.1%。第三产业的结构变迁效应年度测算（见图 3-4）表明，第三产业的结构变迁效应分为明显的两个阶段：1978—2001 年，结构变迁效应一直为正值[①]；2002—2015 年，结构变迁效应为负

---

① 其中，1990 年由于统计口径的变化，第三产业劳动力占比出现相对下降，导致其结构变迁效应为负值。

值。结合公式（3-5）的经济学含义，第三产业的劳动生产率从2002年开始低于社会总劳动生产率，从而使得从2002年开始第三产业劳动力的净流入表现为劳动力从生产效率较高的产业转移到生产效率较低的产业。因此，服务业化效应在2002年以前表现为结构红利，而从2002年开始则表现为结构负利或成本病。

劳动生产率指标下三次产业结构变迁的测算结果表明，1978—2015年城镇化效应和工业化效应表现为能够促进经济增长的结构红利，而服务业化效应则从2002年开始表现为阻碍经济增长的结构负利。2002—2015年总结构效应的年度测算结果更耐人寻味，虽然从2002年开始，服务业化效应就开始表现为结构红利，但总结构效应在2002—2014年却一直为正值，而出现这一结果的原因在于，城镇化效应和工业化效应所带来的结构红利大于服务业化效应所带来的结构负利，也就是城镇化效应和工业化效应对经济的拉动一定程度上克服了服务业化效应对经济增长的阻碍。但是，2015年总结构效应开始进入下降趋势，这意味着伴随去工业化和产业结构高级化，城镇化效应已经不能弥补服务业化效应，这也是我国进入经济新常态的原因之一。

第四节　本书分析框架与内容架构：
产业升级+人口红利

在本章第一部分，我们对收入水平指数的影响因素进行分解，得出了收入水平指数的计算公式：

收入水平指数=实际国内生产总值×本国境外净收益率×国内生产总值折减指数×人民币汇率/人口/高收入下界

据该公式，收入水平指数的增长取决于公式右侧各因素的增长。

在本章第二部分，我们对经济增长速度，即实际国内生产总值增长率的影响因素进行分解，得到了经济增长的计算公式：

经济增长速度=就业规模增长率+结构红利+部门内技术进步率

在本章第三部分，我们对结构红利进一步分解，得出结构红利的计算公式：

结构红利=城镇化效应+工业化效应+产业结构服务化效应

综上所述，我们可以得到收入水平指数增长率的计算公式：

收入水平指数增长率=就业规模增长率+城镇化效应+工业化效应+产业结构服务化效应+部门内技术进步率+本国境外净收益率+国内生产总值折减指数增长率+人民币汇率增长率-人口增长率-高收入下界增长率+倍数效应

将公式右侧各项顺序进行调整、归类，可得：

收入水平指数增长率=（就业规模增长率-人口增长率）+（城镇化效应+工业化效应+产业结构服务化效应）+（部门内技术进步率+国内生产总值折减指数增长率+人民币汇率增长率）+（本国境外净收益率-高收入下界增长率[①]）

在公式右侧中，第一大项"就业规模增长率-人口增长率"对收入水平指数增长率的影响，就是人口红利因素对我国收入水平提升的贡献；第二大项"城镇化效应+工业化效应+产业结构服务化效应"对收入水平指数增长率的影响，就是结构升级对我国收入水平提升的贡献；第三大项"部门内技术进步率+国内生产总值折减指数增长率+人民币汇率增长率"对 CUW 增长率的影响，就是价值链升级对我国收入水平提升的贡献；第四大项"本国境外净收益率-高收入下界增长率+倍数效应"对收入水平指数增长率的影响，将其视为外部因素对我国收入水平提升的贡献。因此，中国收入水平指数提升的影响因素有：人口红利、结构升级、价值链升级和外部因素。结构升级和价值链升级两者又统称为产业升级，因此，影响中等收入阶段我国经济发展的各因素可以归结为：产业升级+人口红利+外部因素。

通过表 3-2 我们可以发现，产业升级的增长率呈严格递增，且增长速度较快，在 2018 年达到产业升级的水平是 1998 年的 7 倍多。人口红利因素在 2004 年之前呈上升趋势，2004 年之后开始下降，在 2013 年人口红利的增长率出现负值，不仅如此，人口红利的变动幅度一直较小，以 1998 年为基期计算的 1999—2016 年的增长率均在 1%以下。外部因素的增长速度也出现下滑，且下滑趋势较为明显。为了清楚地反映产业升级、人口红利和外部因

---

① 外部因素中应该还包括倍数效应对 CUW 的贡献率，但是倍数效应也是其他各个影响因素增长率的乘积和，所以，考察除倍数效应外的其他因素就可以准确把握我国收入水平提升的影响因素。

素的增长率对中国收入水平指数增长率的贡献率，我们以 1998 年为基期，计算了 1999—2018 年三者对中国收入水平指数增长率的贡献率，见表 3-3。

表 3-2　1999—2018 年中国收入水平指数、产业升级、人口红利和
外部因素的增长率（以 1998 年为基期）　（单位:%）

年份	中国收入水平指数增长率	产业升级	人口红利	外部因素
1999	8.60	6.69	0.25	1.31
2000	19.09	15.86	0.46	1.75
2001	28.38	24.93	0.76	1.84
2002	43.11	36.00	0.78	3.66
2003	59.56	53.26	0.81	0.74
2004	75.53	74.72	0.95	-6.15
2005	92.00	97.83	0.87	-13.66
2006	116.84	124.00	0.79	-17.30
2007	156.37	159.29	0.73	-20.51
2008	204.66	194.87	0.53	-24.91
2009	253.03	227.29	0.38	-28.82
2010	313.67	264.91	0.26	-29.93
2011	373.63	303.05	0.19	-32.58
2012	449.94	337.83	0.06	-33.38
2013	521.44	372.82	-0.09	-35.35
2014	589.05	402.16	-0.27	-34.28
2015	641.86	427.84	-0.53	-32.06
2016	685.10	453.56	-0.90	-28.94
2017	737.59	485.75	-1.21	-27.57
2018	795.35	521.68	-1.14	-30.44

资料来源：历年中国统计年鉴、世界银行数据库。

表 3-3　1999—2018 年产业升级、人口红利和外部因素增长率对中国收入
水平指数增长率的贡献率（以 1998 年为基期）　　　　（单位:%）

年份	产业升级的贡献	人口红利的贡献	外部因素的贡献
1999	77.83	2.91	15.28
2000	83.09	2.42	9.16
2001	87.85	2.68	6.50
2002	83.51	1.82	8.48
2003	89.43	1.36	1.24
2004	98.93	1.25	−8.15
2005	106.34	0.95	−14.84
2006	106.12	0.67	−14.80
2007	101.87	0.46	−13.12
2008	95.21	0.26	−12.17
2009	89.82	0.15	−11.39
2010	84.46	0.08	−9.54
2011	81.11	0.05	−8.72
2012	75.08	0.01	−7.42
2013	71.50	−0.02	−6.78
2014	68.27	−0.05	−5.82
2015	66.66	−0.08	−5.00
2016	66.20	−0.13	−4.22
2017	65.86	−0.16	−3.74
2018	65.59	−0.14	−3.83

资料来源：历年中国统计年鉴、世界银行数据库。

从图 3-5 可以清楚地看到，产业升级增长率对中国收入水平指数增长
率的贡献率占绝对比重，在 2005—2007 年三年间贡献率的比重超过 100%，
虽然近年来产业升级贡献率的比重有所下降，但其比重依然在 65% 以上，
而且该比重的下降并不是另外两个因素贡献率上升的结果，而是由于我们前
面阐述的倍数效应贡献率的上升，而倍数效应的分解因素就是产业升级中分
解因素和外部因素中分解因素，所以倍数效应的贡献率可以按比例归结为产
业升级的贡献率和外部因素的贡献率。人口红利贡献率与产业升级贡献率相

（单位：%）

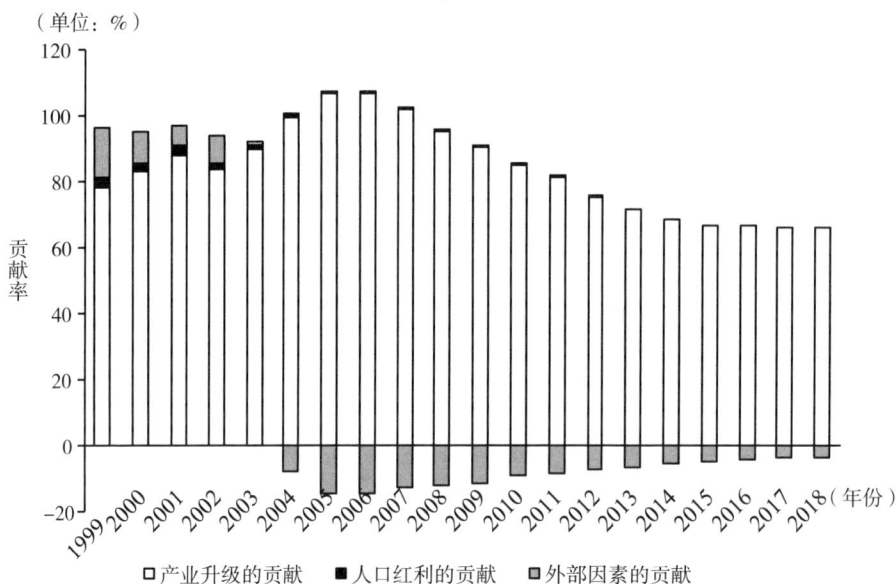

图 3-5   1999—2018 年产业升级、人口红利和外部因素增长率对中国
收入水平提升的贡献率（以 1998 年为基期）

比，所占比重微乎其微。因此，虽然传统习惯将跨越"中等收入陷阱"的
影响因素归结为产业升级+人口红利，但是，从历史数据可以发现，产业升
级对我国跨越"中等收入陷阱"起绝对主导作用。因此，本书从产业升级
视角探究中等收入阶段我国经济发展、跨越"中等收入陷阱"的经验和
理论。

基础理论篇

本篇确立中等收入阶段产业升级的基本理论。其中，第四章明确中等收入阶段的理论基础；第五章明确企业升级的基本理论，为产业升级研究奠定微观基础；第六章在政治经济学市场价值理论的基础上将产业升级的价值链升级与结构升级相统一，这一章是全书基础理论的关键内容，也奠定了本书的政治经济学理论底色；第七章关于融合升级的研究，在价值链升级与结构升级相统一的基础上，把第五章关于企业升级的"企业边界"分析拓展至产业层面，在交叉融合的高附加值领域确立了融合升级的理论基础，这一章的分析框架也是一个以知识产权优势理论为基础的政治经济学理论框架。

第　四　章

以发展陷阱为进路的中等收入阶段经济学基础

　　我国关于"中等收入陷阱"的研究正在逐步上升到"中等收入阶段"经济发展的理论层面。发展经济学"阶段论"、均衡"陷阱论"以及比较优势理论被视为中等收入阶段经济发展议题的经济学基础。但是，"阶段论"和"陷阱论"的方法论源头和经济学模型尚未明晰；比较优势的重要性以及作用机理也需要基于国民经济内在的规律进行阐释。本书结论表明：金融外部经济可以为"阶段论"和均衡"陷阱论"提供一个能够操作"结构约束"和"关联机制"的方法论源头；以金融外部经济为方法论基础的高级发展经济学"多重均衡"模型，可以系统分析经济系统的"自我强化"和"锁定效应"，为"中等收入陷阱"提供准确的模型化解析。这一模型也可以基于经济系统的内在规律，阐明"比较优势"与中等收入阶段经济发展之间的关系。由此，可以为中等收入阶段经济发展探明一个较为合意的经济学基础，为后续的深入研究提供理论支撑。

　　虽然关于"中等收入陷阱"的存在性、概念的逻辑性以及具体表现等基本问题仍存在较大争议，但是不可否认，"中等收入陷阱"已经成为近年来国内最重要的经济学热点主题之一。越来越多的知名学者参与到"中等收入陷阱"问题的讨论其至争论之中，密集地发表了数量众多、层次较高的论著。这在很大程度上推进了经济学界对于当前经济增长和经济发展问题的深入探讨。同时，这些讨论已经逐步延伸为中等收入阶段的经济发展研究，并从现象判断、经验分析和战略推演推进至理论研讨层面。探寻中等收入阶段经济发展的经济学基础，成为研究进一步深化的关键节点。

寻求研究热点的理论基础，是学术研究的基本规律。一方面，经济热点话题的深入探讨，需要获得来自经济学基础理论的支撑和指导。另一方面，围绕经济热点所进行的广泛、深入的讨论，也需要明确其研究的理论价值。失去了经济学基础理论的支撑，研究可能流于泛泛而谈，最终草草收场。如果不能将研究的结论和意义上升到经济学理论层面，研究也会因为缺乏理论价值而最终被遗弃。

探寻中等收入阶段经济发展的经济学基础，就是在经济学基础理论中探寻解释"中等收入陷阱"成因和破解之路的理论依据和模型基础，依托基础理论的框架和模型将现有研究推向中等收入阶段经济发展的基本问题，同时深化人们对于经济学相关理论的认识。如果"中等收入陷阱"研究所讨论的问题和思想，已经突破了现有经济学基础理论的研究范围和解释力，那么就有必要对现有的经济学理论进行相应的发展和完善，如此，当前关于中等收入阶段经济发展的研究也就具有了改进经济学相关框架和模型的理论价值。

因此，探寻中等收入阶段经济发展问题的经济学基础，是研究的必然趋势，学者们也在这一方面进行了很多卓有成效的努力。但是我们发现，就现有文献而言，当前学者们为中等收入阶段所"探明"的经济学基础，尚存在很多不尽如人意的地方，依然存在很多不明之处。如果能够进行更为深入的探寻，将为中等收入阶段经济发展研究展示一个更为可观的理论图景。通过初步研究，我们发现中等收入阶段经济发展还存在一些更具理论深度的经济学基础，这尚未引起学界的广泛重视，回答这些问题有助于我们为中等收入阶段的经济发展议题研究确立一个合理的经济学基础。

第一节　中国先于世界银行对"中等收入陷阱"的讨论及相关理论的发展

在世界银行提出"中等收入陷阱"概念之前，国内围绕这一问题已经有了较为系统的讨论，可视为研究的一个"中国前传"。除去本书绪论中提及的话语权因素，世界银行对"重提"这一问题，也具有新背景和新指向，有较为深刻的理论意义。同时，关于"中等收入陷阱"经济学基础的现有文献，存在一些不足之处，明晰这些不足之处，有助于明确"再发现"的必要性和努力方向。

一、"中等收入陷阱"的共识和理论思考：从中国先于世界银行的早期讨论说起

虽然明确的"中等收入陷阱"一词，最早出现于 2007 年世界银行在北京发布的报告《东亚复兴：关于经济增长的观点》[①]，但是其基本观点却出现得要再早一些，2002 年开始，国内关于"拉美化"和"拉美病"的讨论[②]，可视为当前"中等收入陷阱"研究的重要"前奏"。2004 年，时任国家发展和改革委员会主任马凯在两会期间概括了"拉美现象"。他认为"人均 GDP 达到 1000 美元以上，表明迈上重要历史台阶，但是要警惕'拉美现象'"，即"登上这个台阶以后，经济在一段时间内停滞不前，社会矛盾突出，甚至加剧两极分化和社会震荡"[③]。人均收入 1000 美元正是世界银行所划定的"中等收入国家"的界定标准[④]，马凯的概括已经是与"中等收入陷阱"相一致的比较清晰的表述了。当然，据此认为在世界银行提出"中等收入陷阱"概念之前，"中等收入陷阱"就已经获得全面系统的研究，甚至认为世界银行"炒冷饭"也是不恰当的。首先，由于关注的焦点集中于"拉美现象"与新自由主义之间的关系，国内关于"拉美化"和"拉美病"的讨论，未能挺进至经济增长和经济发展研究领域，"拉美化"和"拉美病"也被视为"参照性案例"和"个案现象"，并未引发学者们对中国经济增长和经济发展问题的深入探讨。其次，世界银行将在此之前国际上已经广泛讨论的现象重新以"中等收入陷阱"的概念提出，具有重要的新背景和新指向。这个新背景就是世界银行关于东亚经济发展现状的基本判断和预

[①]　也有观点认为，《东亚经济半年报 2006》已经提出了"中等收入陷阱"，但未见明确的原文献支撑，2006 年 11 月的《东亚及太平洋地区经济报告》中的确涉及了东亚的"中等收入"问题，但是报告也指出，其观点引自吉尔和卡拉斯的《东亚复兴：关于经济增长的观点》报告，即 2007 年在北京发布的报告。

[②]　张熙：《我们会重蹈拉美化陷阱吗》，《中国改革》2002 年第 10 期。

[③]　程凯：《防止经济大起大落马凯提醒警惕"拉美现象"》，《中国信息报》2004 年 3 月 9 日。

[④]　人均收入与人均 GDP 之间还存在较小幅度的差异，但基本水平相仿。

见：2006 年，东亚地区已经"有越来越多的国家进入中等收入国家的行列。一旦越南达到了中等收入国家水平（很可能在 2010 年左右实现），那么东亚地区将有超过 95% 的国家成为中等收入国家。东亚地区的未来将主要取决于中等收入国家的发展和表现"[1]。基于这一背景，如果东亚诸国也在"中等收入阶段"陷入经济增长停滞的困境，那么，就全球范围而言，中等收入阶段可能遭遇经济增长困境的现象就不再是"拉美个案"，而是全球多数进入中等收入阶段的发展中国家都可能遭遇的普遍性问题。在这一背景下，"中等收入陷阱"已经演变为一个需要认真审视的东亚问题，以及需要深入讨论的可能具有普遍意义的阶段性问题和理论性问题。

同时，随着东亚诸国全面步入"中等收入国家"行列，全球范围内的主要发展中国家的经济增长和经济发展问题，也将逐步从"低收入国家"的经济增长起步问题，转变为"中等收入国家"的经济增长和经济发展问题。在这一背景下提出"中等收入陷阱"问题，不仅具有全局性的战略意义，也会引发深入的理论思考：经济增长和经济发展的困难和麻烦，不仅仅出现在经济的低收入阶段和经济发展的起步阶段。

经济增长和经济发展的问题集中在"低收入阶段"，解决了低收入阶段的资本积累问题，经济增长和经济发展就会"一帆风顺"，这一观点，并不是经济学家明确坚持的观点，但是至少可以视为发展经济学和经济阶段论学者习惯的"话外音"。在此，我们可以简单试举两例。在华尔特·惠特曼·罗斯托（Walt Whitman Rostow）的《经济成长的阶段》中将经济发展分为六个阶段："传统社会阶段""为'起飞'创造前提的阶段""'起飞'阶段""向'成熟'推进阶段""民众的高消费阶段"和"追求生活质量阶段"。虽然罗斯托也认为从"'起飞'阶段"到"向'成熟'推进阶段"大约需要 60 年的时间，但是关于"起飞"的比喻还是容易将人们引入"起飞"前艰难积累与"起飞"后腾空跃进的联想。因此，提到罗斯托的"阶段论"，困难集中在"起飞"之前，起飞之后会顺利实现增长的观念，几乎成为"题中应有之义"。如果这一观念在罗斯托的表述中尚属"联想"范

---

① 印德米尔特·吉尔、霍米·卡拉斯：《东亚复兴：关于经济增长的观点》，黄志强、余江译，中信出版社 2008 年版，第 5 页。

畴，那么，发展经济学代表人物威廉·阿瑟·刘易斯（William Arthur Lewis）的表述就更加明确："经济发展理论的中心问题是去理解一个由原先的储蓄和投资占不到国民收入4%或5%的社会本身变为一个自愿储蓄增加到国民收入12%到15%以上的经济的过程。它之所以成为中心问题，是因为经济发展的中心事实是迅速的资本积累（包括用资本的知识和技术）"。①刘易斯的表述很容易让人们认为，只要解决了收入和资本积累问题，或者只要渡过了最为艰难的积累阶段，有了收入和资本，经济增长就不会再出现什么大的问题。另外，像"贫困的恶性循环""低收入陷阱"等理论，也主要在低收入水平上讨论经济增长的困难，在解决了低收入阶段的生计问题和资本积累问题之后，经济增长和经济发展的困难则很少被提及。从这个意义上讲，世界银行提出"中等收入陷阱"问题，警示世界多数发展中国家可能在渡过"低收入阶段"的困难之后，将遇到新的困难，既有全局性的战略意义也有重要的理论价值。其实，也已经有学者开始讨论进入"高收入阶段"之后的欧洲所出现的"高福利病"或"欧洲病"。②

将经济增长理论和经济发展理论引入不同收入阶段都可能出现的阶段性困难，消除传统上"有了收入和资本积累就会一帆风顺"的习惯认识，正是"中等收入陷阱"研究所应引发的理论思考。

二、阶段论和陷阱论：需明确方法论源头和基本模型

虽然部分学者对"中等收入陷阱"的提法有些看法，但是对于发展经济学而言，"中等收入陷阱"的说法，并非无源之水，它只是发展经济学习惯称谓的自然延续。"中等收入"标识了一个经济发展阶段，对于经济发展水平划分不同的阶段，是发展经济学的基本研究方法之一，而"陷阱"和"低水平均衡"则是发展经济学描述经济增长和经济发展困境的习惯称谓。

除了罗斯托的经济发展阶段论，亚当·斯密（Adam Smith）的经济社会阶段划分、弗里德里希·李斯特（Friedrich List）的经济阶段、霍利斯·钱纳里（Hollis B. Chenery）的工业化进程阶段论、沃尔特·霍夫曼（Waltber

---

① ［英］阿瑟·刘易斯：《二元经济论》，施炜等译，北京经济学院出版社1989年版，第15页。
② 严运楼：《欧洲债务危机"爆"高福利病》，《中国社会保障》2010年第7期。

Hoffmann）工业化阶段、西蒙·史密斯·库兹涅茨（Simon Smith Kuznets）的经济增长阶段论等，都是经济发展理论的习惯划分方法。世界银行提出的"低等收入国家"到"高等收入国家"的阶段划分，是这一传统的延续和规范化。随着"中等收入陷阱"研究的展开，日本学者大野健一就从产业升级的阶段划分入手，阐述了"中等收入陷阱"问题，重视国际直接投资（FDI）的作用，以人力资本提升不足形成的"玻璃天花板"解释"中等收入陷阱"。① 青木昌彦对于东亚经济发展"五阶段"的重新划分②，也被用于阐释东亚诸国面临的"中等收入陷阱"问题。

　　以"陷阱"和"均衡"表述经济增长和经济发展的停滞和困境也是发展经济学的习惯做法。例如，托马斯·罗伯特·马尔萨斯（Thomas Robert Malthus）人口模型所强调的经济增长困境，在发展经济学中通常被称为"马尔萨斯陷阱"或"马尔萨斯人口陷阱"；纳克斯"贫困的恶性循环"也被称为"低水平均衡陷阱"③；西奥多·舒尔茨（Theodore W. Schultz）所描述的落后地区的"一个便士的资本主义"，也将落后的停滞状态视为一种低收入水平的"均衡状态"。马克·埃尔文（Mark Elvin）针对中国经济史的"李约瑟之谜"，提出了"高水平陷阱"假说④，姚洋通过动态均衡模型证明了中国土地投资回报高于工业回报的"均衡状态"导致中国错过了科技革命⑤。

　　综上所述，国内外关于"中等收入陷阱"经济学基础的探寻还是卓有成效的。就现阶段形成的基本共识而言，"中等收入陷阱"所界定的是在中等收入阶段所面临的经济增长和经济发展停滞现象，将这种可能的困境描述为"陷阱"也只是发展经济学的学术习惯使然。发展经济学中常见的"阶段论"和"陷阱论"，可视为"中等收入陷阱"的经济学基础。

---

　　① Kenichi Ohno, "Avoiding the Middle-income Trap: Renovating Industrial Policy Formulation in Vietnam", *ASEAN Economic Bulletin*, Vol.26, No.1, 2009, pp.25–43.

　　② Masahiko Aoki, *The Five Phases of Economic Development and Institutional Evolution in China, Japan, and Korea*, *Institutions and Comparative Economic Development*, Palgrave Macmillan UK, 2012.

　　③ ［日］速水佑次郎、神门善久：《发展经济学：从贫困到富裕》，李周译，社会科学文献出版社2009年版。转引自蔡昉：《"中等收入陷阱"的理论、经验与针对性》，《经济学动态》2011年第12期。

　　④ Mark Elvin, *The Pattern of the Chinese Past*, Stanford University Press, 1973.

　　⑤ 姚洋：《高水平陷阱——"李约瑟之谜"再考察》，《经济研究》2003年第1期。

但是，把探寻"中等收入陷阱"经济学基础的努力停留在这个层面上，还存在明显的不足。在理论上至少有两个问题需要解决。

第一，是什么方法论工具和经济学思想，能够为"阶段划分"提供一个坚实的方法论源头？换言之，"阶段论"的经济学基础又是什么呢？我们所看到的发展经济学"阶段论"，通常是学者依据其关注的经济问题，从某个视角结合历史经验所做的"阶段性分割"，将这种划分与"阶段性出现的经济发展困境"相联系，明确相应的划分标准，并将这些划分标准纳入经济学基础理论进行解释，进而形成可供操作的规范的经济学模型。这一切都需要一个坚实的理论基础和方法论源头，"中等收入陷阱"的"阶段论"划分，同样需要一个与之匹配的方法论源头。

第二，既然经济增长的困难不仅出现在"低收入水平"上，那么，构建一个能够兼容不同阶段的周期性困难的经济学模型是必要的。在"低水平均衡陷阱"的基础上讨论"中等收入阶段"所面临的"陷阱"或"均衡"，研究框架就不能是仅停在某个收入水平上的"个别分析"，一个既能区别不同收入阶段的"阶段性特征"，又能将不同阶段的"均衡"纳入统一分析框架的规范的经济学模型，是"中等收入陷阱"经济学基础探寻的最终目标。

三、比较优势论：应纳入开放条件下的重要理论支撑

通过比较优势，或"动态比较优势"解析"中等收入陷阱"是探寻"中等收入陷阱"经济学基础的另一个卓有成效的成果。扬·埃克豪特（Jan Eeckhout）和约万诺维奇·博扬（Boyan Jovanovic）认为，经济增长率按人均收入水平由低到高呈现"U"形分布：中等收入水平国家的经济增长率低于低收入水平和高收入水平。其原因是高收入国家具有人力资源和技术等比较优势，能够保障经济的高速增长，低收入国家则具有更为廉价的劳动力可以支撑高速的规模扩张，但是中等收入国家的比较优势则相对不足[1]。在国内，张其仔通过动态比较优势的"H-K"模型指出了我国"比较优势

---

[1]　Jan Eeckhout，Boyan Jovanovic，"Occupational Choice and Development"，*Journal of Economic Theory*，Vol.147，No.2，2012.

断档风险"①，成为"中等收入陷阱"研究的重要支撑。蔡昉也认为，基于比较优势和动态比较优势的研究"暗示了一个关于'中等收入陷阱'的一般性理论解释"②。

然而，以"比较优势缺失"来作为"中等收入陷阱"的经济学基础，也存在明显的不足。在逻辑上一国经济的"比较优势"是相对于其他国家和地区而言的，其意义在于参与国际分工和国际交换。如果说一个国家在国际分工和国际交易中的状态和地位，能够左右这个国家的经济增长，那么，这种"外在于"国家经济增长"内在规律"的因素，是如何影响一国的经济增长和经济发展的？显然，从"外在因素"到经济增长和经济发展的"内在规律"，两者之间还存在一个有待添补的逻辑环节：为什么一个国家的经济增长需要依赖对外开放和比较优势？对外贸易和国际市场等"外在因素"是如何发挥作用的？这也说明，在"中等收入陷阱"问题的经济学基础方面，"比较优势论"只能充当开放条件下的一个必要的理论支撑，是经济增长和经济发展理论相关模型在开放条件下需要纳入和统一到"内在规律"分析框架中的一个重要因素，而不能独立充当"中等收入陷阱"的经济学基础。

四、"再发现"的方向：源头、模型和开放性

综上所述，要对"中等收入陷阱"的经济学基础进行"再发现"，其努力的方向需要包括以下三个方向。

第一，一个能够解释经济发展阶段性差别和阶段性特征的基础性的方法论源头。

第二，一个基于上述方法论源头能够兼容"低收入均衡陷阱"和"中等收入陷阱"的统一，同时又能标明阶段性差异的规范的经济学模型。

第三，上述方法论源头和规范的模型最好能够就"比较优势"和"对外开放"的重要性，以及其作用机理进行较为清晰的解释。

显然，这三个方面的"努力方向"和"工作要求"，都具有较大的难度，这也是"中等收入陷阱"研究难以深入下去的症结所在。

---

① 张其仔：《比较优势的演化与中国产业升级路径的选择》，《中国工业经济》2008 年第 9 期。
② 蔡昉：《"中等收入陷阱"的理论、经验与针对性》，《经济学动态》2011 年第 12 期。

第二节　关于发展陷阱的方法论源头：金融外部经济

比较发展经济学的经济发展阶段论和宏观经济学的经济增长、经济周期理论可以发现：中等收入阶段经济发展的阶段论划分，其关键在于"结构重要"命题，以及产业关联机制。将"结构约束"和"经济效率"相统一的金融外部经济，是解决这一问题的重要的方法论源头。

一、结构重要：从阶段论与周期论的比较研究开始

"发展阶段"理论和"经济周期"理论有很多共同之处。但是，如果关注点集中于不同发展阶段的"阶段性特征"，以及相邻发展阶段之间的过渡等问题，那么，仅仅关注"波动规律"的"经济周期"理论分析工具，是明显不足的。因此，那些在"经济周期理论"和"经济增长理论"中被抽象掉的"结构性差异"则显得非常重要。本书从"阶段论"和"周期论"的差别开始进行讨论，将阐明：由于抽象掉了结构性差异，"经济周期理论"对于经济增长和经济发展长期规律的分析可能忽略了非常关键的内容。过度依赖"经济周期理论"，忽略结构性问题，可能是经济学基础理论在"中等收入陷阱"等问题上解释力不足的重要缘由。这为我们探求"中等收入陷阱"研究的方法论源头确定了一条较为清晰的理论指向。

我们的分析可以从这样一个"总产出"公式开始：$Y = A \cdot F(L, K)$，其中 Y 表示产出量，A 表示技术水平，L 和 K 分别表示劳动和资本数量。

这一公式是经济增长理论和经济周期理论所普遍采用的"生产函数"模型。在这个模型中，国民经济各部门的"产出规模"，被抽象为一个统一的加总的指标"Y"。相应地，经济增长理论所讨论的"经济总量"和"经济规模"的增长和波动，也是这个"总产出"的增长和波动。这种处理方式已经成为"经济增长理论"和"经济周期理论"的基本共识。很明显，这种处理已经将产业之间的结构比例抽象掉了。

然而，经济增长和经济发展的历史现实却表明，结构比例并非是一成不变的，在不同的经济发展阶段，国民经济各部门之间结构比例的变化，不仅

是存在的，而且是显著的，这一差别一直被视为比"人均收入"更为重要的划分经济发展阶段的"关键指标"①。可以说"经济增长理论"和"经济周期理论"抽象掉了经济增长和经济发展过程中的关键性内容之一，也导致经济学基础模型，难以有效地标识不同经济发展的阶段性差异。

当然，任何一个理论都没有必要囊括经济增长和经济发展的所有特征。"经济增长理论"和"经济周期理论"也完全可以作出类似的辩解。但是，当我们关心经济增长和经济发展过程中的"阶段性困难"时，即以"中等收入陷阱"等问题作为解释对象时，这种"抽象"将是不可接受的，因为同时被"抽象"掉的正是经济增长过程中的"关键动力"或"关键困难"：产业之间的结构约束和供求关联机制。

当学者只关注一个抽象的"总产出规模"时，其假定的不仅仅是"对不同产业的结构比例不再关注"，还包括"生产出的东西都能够找到相应的交易对象进行交换"。回顾一下凯恩斯主义的宏观经济总量分析不难发现，"国内生产总值"，即"总产出"在市场上可能遭遇的销售困难，只来自总支出和总需求方面，只有支出总量和需求总量的不足，才构成这些"总产出规模"在市场上的销售困难。换言之，"只要货币和收入是充足的"，不同商品之间的市场交换将不会出问题。因此，以此为基础的分析框架，必然将经济周期波动、就业不足、物价波动和经济政策的关注点集中于"货币总量"等指标上。

如果我们将各产业之间的"结构比例"纳入视野，我们将发现经济增长的另一个关键问题：并不是所有的产品都能够在市场上顺利地找到他的交易对象。这就是产业之间的"供求关联"。任何一个产业的产品，都需要与其他产业部门相交换。在一定时期内，或者说在一定的经济发展水平上，各产业之间彼此的"供求关联"是相对稳定的。因此，某一个产业规模的扩充，必然要求其他产业规模的相应扩充，否则，"单独扩充"其规模的产业，将由于"交易对象"的不足，而面临更高的生产成本（上游产业生产的原料和中间品的不足）或更低的销售价格（购买其产品的部门生产的

---

① 受购买力平价等因素的影响，"人均收入"水平的可比性存在局限性，但是"比例"和"结构"等相对性指标则可以在一定程度上克服这种局限性。

"交易物"不足)。我们可以将这种"关键困难"表述为：任何产业部门的扩张，都依赖于那些与之相关联的产业部门的"协同扩张"，否则"单独的扩张"将受到惩罚。相应地，这一机制也会形成经济增长的"关键动力"，当与某一产业相关联的多数部门或者主要部门已经实现了扩张，那么，这一产业的扩张将是"自然的""顺畅的"，甚至是"强制的"。这一原理意味着，从"经济结构"视角对经济总量波动、就业量变动和经济政策等基本问题，提供一个具有普遍意义的根本性解释，这是"宏观经济学"和"货币经济学"长期忽略的一个根本性解释。

其实，在马克思主义经济学中，这种"结构因素"和"关联机制"的重要性是非常明确的。经济增长问题，在马克思主义经济学中被视为"扩大再生产"问题。扩大再生产的实现，不仅仅是总体产出的问题，不同产业之间的结构和关联问题，必须被纳入统一的分析框架之中。以下是马克思关于这一问题的著名论断：

"当我们从单个资本的角度来考察资本的价值生产和产品价值时，商品产品的实物形式，对于分析是完全无关的，例如，不论它是机器，是谷物，还是镜子都行。……说到资本的再生产，我们只要假定，代表资本价值的那部分商品产品，会在流通领域内找到机会再转化为它的生产要素，从而再转化为它的生产资本的形态。同样，我们只要假定，工人和资本家会在市场上找到他们用工资和剩余价值购买的商品。但是，当我们考察社会总资本及其产品价值时，这种仅仅从形式上来说明的方法，就不够用了。产品价值的一部分再转化为资本，另一部分进入资本家阶级和工人阶级的个人消费，这在表现为总资本的结果的产品价值本身内形成一个运动。这个运动不仅是价值补偿，而且是物质补偿，因而既要受社会产品的价值组成部分相互之间的比例的制约，又要受它们的使用价值，它们的物质形态的制约"[1]。

因此"社会总产品"不再被视为一个整体的 C + V + M，而是区别为两个不同部类的 Ⅰ(C + V + M) 和 Ⅱ(C + V + M)，无论是简单再生产还是扩大再生产，两个部类之间在结构和比例上都要服从相应的等式要求：简单再生产条件下 Ⅰ(V + M) = ⅡC，扩大再生产条件下 Ⅰ (V + ΔV + M/X) = Ⅱ

---

[1] 《马克思恩格斯文集》第 6 卷，人民出版社 2009 年版，第 437—438 页。

（C+ΔC）。违反这些结构比例将会形成"价值革命"，导致经济危机。在马克思那里，这种"结构约束"是引发危机、阻滞经济增长的关键因素，而在西方经济学宏观经济理论中，货币和总需求政策问题，才是导致经济波动的关键因素。

总之，抽象掉了各产业之间的结构比例，不仅难以有效地标识不同的经济发展阶段，而且忽略掉了经济增长和经济发展中的"关键动力"或"关键困难"。因此，要研究"中等收入陷阱"等特定经济发展阶段的"困难"，经济结构显得尤为重要，一个能够兼容结构性问题和产业关联机制的方法论工具，才是"中等收入陷阱"研究的方法论源头。

二、金融外部经济：结构与效率相统一的方法论源头

虽然在古典经济学和马克思主义经济学中包含了可以处理结构问题和产业关联机制的大量有价值的经济学思想和分析框架，但是考虑到"中等收入陷阱"与发展经济学、经济发展理论之间的特殊关系。我们还是从发展经济学的理论脉络中明确"中等收入陷阱"的方法论源头。

金融外部经济就是这个能够兼容结构性问题和产业关联机制的方法论源头。实际上，金融外部经济也一直充当着发展经济学的方法论基础。1943 年，保罗·罗森斯坦·罗丹（Paul Rosenstein Rodan）的"大推进"理论[1]，以"不可分性"表述了各产业部门之间的交互依赖。1954 年，提勃尔·西托夫斯基（Tibor Scitovsky）[2] 系统论述了"技术外部经济"和"金融外部经济"概念，并将罗丹的研究视为对金融外部经济的应用。自此，金融外部经济成为讨论不同产业、不同区域结构性依赖的关键方法论基础。西托夫斯基也被视为金融外部经济的主要代表人物。其实，正如西托夫斯基在其文章中所指出的，金融外部经济概念，是经济学家维纳（Jacob Viner）于 1931 年提出的。

我们认为，金融外部经济是操作结构性差异、产业关联机制的关键的方法论源头。要阐明金融外部经济的方法论特性，有必要回到其原点，对金融

---

① Paul Rosenstein Rodan, Problems of Industrialization in Eastern and South-eastern Europe, *Economic Journal*, No.53, 1943, pp.202−211.

② Tibor Scitovsky, "Two Concepts of External Economies", *The Journal of Political Economy*, Vol.62, No.2,1954, pp.143−151.

外部经济进行剖析。

1931 年，作为对经济学界 19 世纪 20 年代"成本大争论"的总结，经济学家维纳在《经济学》期刊发表了著名论文《成本曲线和供给曲线》，系统阐述了现在经济学教科书中常见的成本曲线，同时也在分析中明确提出了"金融外部经济"（Pecuniary External Economies）概念。金融外部经济"可以表述为，由于对服务和物质产品整个产业的购买量增长所导致的服务和物质产品价格的下降。产业 A 的金融外部经济可能是其他产业 B 的内部经济或外部经济，如果产业 A 购买了更多的服务或物质产品，它们的价格将下降，因为产业 B 可以用更低的单位产品生产出这些产品"[1]。这是金融外部经济提出的最原始的表述。从这个表述中不难看出，金融外部经济实际上是外部经济的报酬递增机制在产业关联领域的延伸和应用，是报酬递增机制与关联机制的结合体。

产业关联是各产业产出规模之间的交互依赖。而报酬递增机制则是规模与效率之间的密切关联，是指生产规模越大，生产的平均成本越低。导致这一机制的原因包括：规模扩大为更为专业化的分工提供条件，促进了技术进步和劳动技能的提升；更大的生产规模提高了对固定资本的利用效率，使单位产品分摊的固定成本减少，等等。所谓金融外部经济就是指，一个部门的生产效率，受到与之存在供求关联的部门的生产规模的影响。因此，金融外部经济将"产业关联机制"所描述的"规模联系"和"结构依赖"，推进至"效率联系"和"技术联动"。在金融外部经济的视角下，由于各产业规模之间的必然联系，各产业以规模扩张为基础的效率提升和技术进步，相互关联、相辅相成。

这一原理最为清晰和著名的表述，是发展经济学的重要理论基础"杨格定理"[2]，金融外部经济的表述更为贴近我们所关注的"结构因素""产业

---

[1]　Jacob Viner, "Cost Curves and Supply Curves", *Journal of Economics*, Vol. 3, No. 1, 1932, pp.23-46. Pecuniary 的英文释义为 relating to or involving money，与货币有关的，引涉货币的，从维纳的表述中也可以判断，金融外部经济所讨论的实际上涉及货币对商品和劳务的购买，产业间的供求关联。因此金融外部经济在有些场合也被译为"货币外部经济"，笔者认为也可译为"供求外部经济"或"购销外部经济"。

[2]　Allyn A. Young, "Increasing Returns and Economic Progress", *The Economic Journal*, Vol. 38, No.152, 1928, pp.527-542. 这里使用"金融外部经济"概括这一原理，而不是"杨格定理"主要考虑到"金融外部经济"与主流经济学的关联更为密切，其原理表述更接近"结构"和"产业关联"的核心思想，且以"金融外部经济"为主题的模型化努力相对较多。

关联"和"技术进步"等内容，其模型化成果也广泛分布于高级发展经济学和空间经济学领域，因此我们选择"金融外部经济"来指代这一原理。关于这种依赖和关联机制，克鲁格曼将其表述为："这种循环关系意味着一国可能会经历自我强化的工业化（或者无法实现工业化）。"①

第三节　解析发展陷阱的基本模型："多重均衡" 破解"自我强化"和"锁定效应"

金融外部经济只是描述了各产业之间相互关联的"结构依赖"和"效率依赖"。那么，如何将这一思想模型化，使之兼容经济发展不同阶段的"发展障碍"呢？

实际上，发展经济学的"平衡增长"理论，例如"大推进"理论、"贫困的恶性循环"等理论，都是从不同角度模型化了"金融外部经济"的思想，同时也是对"发展障碍"问题的模型化解析。但是，这种解析并不完善，或者说并不完全符合经济学模型所要求的严谨的学术规范。由赫希曼（Hirschman）发起的对"平衡增长"理论的批判，在很大程度上宣布了这一理论的失败。其实，赫希曼的"产业关联"机制、"关联效用"和"主导产业"等理论的表述，只是金融外部经济基本思想的另一个表达方式而已。基于相同的核心思想，却陷入批判和否定之中②，这也在一定程度上说明，当时的"模型化"表述，并未能够真正清晰表述其核心观点。这也是金融外部经济理论在后来需要被重新发现的原因。

一、"多重均衡"重振金融外部经济

20世纪80年代末，以金融外部经济为基础的"大推进"理论等"超发展理论"重新被相继关注，完善的模型化成果是凯文·迈尔斯·墨菲

---

① ［美］保罗·克鲁格曼：《发展、地理学与经济理论》，蔡荣译，北京大学出版社2000年版，第4页。

② 赫希曼认为，罗森斯坦和纳克斯的关键思想是"平均的增长"，赫希曼通过"关联机制"论证了"非平均增长"，其实罗森斯坦和纳克斯以及其先驱杨格的论述中，关联机制也是支持"平衡增长"的关键因素。

(Kevin M. Murphy) 等人对"大推进"理论的模型化[1]。克鲁格曼将这种模型化的成果称为"多重均衡"模型，并提出了较为简化的数理表述。限于篇幅限制，我们基于金融外部经济的核心思想，提供一个更为简洁的文字概括。

第一，要素弹性供给假定。将我们讨论的范围限定于效率普遍高于其他部门的城镇的工业化部门，除了这些部门之外，还存在一些能够为这些部门提供弹性要素供给的低效率地区或低效率部门。这一假定并非要求以"二元经济"为前提讨论"中等收入陷阱"问题，只要一国经济仍存在城乡差异、区域差异，存在一部分部门为另一部分部门提供具有供给弹性的生产要素，我们的分析就可以进行。由于未进入高收入国家行列的发展中国家往往无法实现完全的市场化，部门之间和区域之间的效率差异普遍存在，且整体经济增长的表现主要依赖于效率较高的工业化部门，所以，这一假定对于"中等收入陷阱"的相关研究还是可以接受的。在欧盟，其劳动力、资本流动以及大量移民的事实也表明，即使是高收入国家，这样的弹性要素供给也是普遍存在的。

第二，存在产业关联机制。国民经济存在众多部门，一个部门能够获得到的"回报"，取决于这个部门与其他部门之间的"交换"。因此只有其他各部门产业规模都相应提高后，这个部门所得到的回报，即收益，才能相应提升。

第三，存在规模报酬递增机制和离散的技术分布。随着规模的提高，每一个产业在不同的生产规模上单位要素的产出效率提高，促进企业采用新技术，更高的生产规模意味着高技术水平的人均产出会提高。但是，技术是离散分布的。同时，更高的技术也意味着单位要素的更高的成本，我们可以假设，要素成本的上升幅度不会高于技术所取得的产出的增长幅度，即只有在经济方面"合算的"[2]技术才会被采纳。

如图4-1所示，生产规模从小到大，要素使用量分别为 FA、FB 和

---

① Kevin M. Murphy, Andrei Shleifer, Robert W. Vishny, "Industrialization and the Big Push", Vol.97, No.5, 1989, pp.1003-1026.

② 至少在"生产效果"上是合算的，当然，更多的产品能否获得与之相匹配的回报，还要看市场交易的结果。

FC ，其中生产规模越大，技术水平越高，例如生产规模的要素使用量达到 FB 时，可以采用更高的技术，从而 $QB/FB > QA/FA$ ，同样 $QC/FC > QB/FB$ ，但是，更高的技术往往需要更高的要素成本价格，单位要素价格计为 W ，其成本计为 C 。

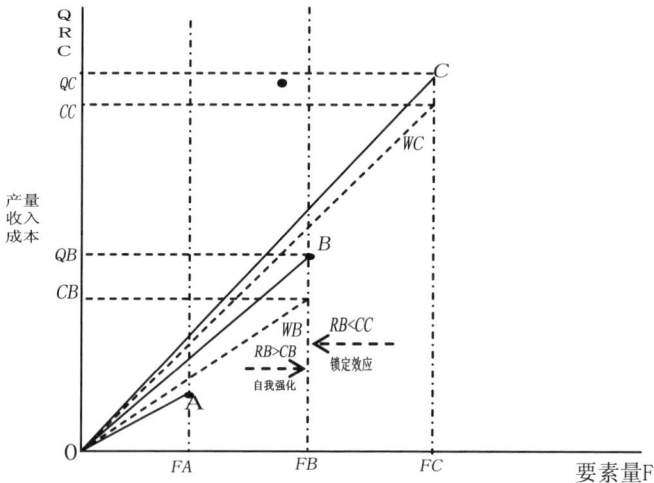

图4-1　多重均衡模型图解

由于存在"要素弹性供给假定"，我们可以将分析限定在各产业部门的规模持续扩大的规模扩张式的"经济增长"背景之下。在这一背景下，依据传统的经济增长理论，似乎经济增长会"一帆风顺"地进行下去：各产业的生产规模越大，单位要素的产出越高，同时产出规模的提高幅度大于要素报酬的提高幅度，工业化部门会持续扩张下去，其效率水平会越来越高，人均收入也会越来越高。但是，由于存在"产业关联机制"，模型的结果将不是"一帆风顺"，而是"多重均衡"的。由于产业间存在相互依存的供求关联机制，一个产业部门在相互关联的市场交易关系中能够"换得"的产品，取决于其他产业的生产规模，这些在交易中所换得的产品，就是这个部门的"实际收入"。这个"实际收入"并非取决于这个产业自己的生产规模，而是取决于那些与之交换的各部门的产出规模。在这种情况下，虽然企业采用"新技术"后"要素成本"的上涨幅度低于生产规模的上涨幅度，但是，如果其他产业部门的生产规模未出现扩张，那么，产业的"实际收入"将不会增长，因此，扩大生产规模、采用新的生产技术，反而是不合算的。只有所有产业的生产规模都相应扩张到新的水平上，新技术才是合算的。所以，经济系统并不会自然地持续扩张，绝大多数产业的规模被确定在某一个水平上时，各产业最优选择的均衡点，并不是朝向更大的生产规模和更高的技术，而是保持在原有技术水平上。

因此，随着各产业部门生产规模由小到大，经济系统"均衡机制"的结果不是生产规模的持续扩大，而是会存在多个离散的均衡点，越大的生产规模，对应着更高的均衡点、更先进的技术和更高的人均收入水平。但是，从一个均衡点到另一个均衡点，必须所有产业部门的生产规模都相应扩张，才是"合算"的，任何一个产业部门单独扩张，将会因为"实际收入"增长滞后于要素成本的增长而变得"不合算"，保持原有的生产规模才是符合"均衡机制"要求的最优选择。相对于更高水平上的"均衡点"而言，较低水平上的均衡点，就是发展经济学中所说的"低水平均衡陷阱"。

二、"自我强化"和"锁定效应"相统一的"陷阱论"新解

有趣的是，上述墨菲等人完成"多重均衡"模型的同时，著名经济学家布赖恩·阿瑟（W. Brian Arthur）在"路径依赖"[1]的基础上，系统论证了经济系统的"自我强化"[2]和"锁定效应"[3]。布赖恩的分析也是以"报酬递增"机制为核心的[4]。但是，由于分析方法论和研究思路的差异，布赖恩的研究更多地被视为"演化经济学"等理论的代表。在这里，我们可以借用布赖恩的术语，对于经济系统交易出现的"自我强化"和"锁定效应"提出一个基于"多重均衡"模型的解释。

任何一个均衡点，都可以通过"成本—收益"机制促使经济系统向均

① W. Brian Arthur, Yu M. Ermoliev, Yu M. Kaniovski, "Path-dependent Processes and the Emergence of Macro-structure", *European Journal of Operational Research*, Vol.30, No.3, 1987, pp.294–303.

② W. Brian Arthur, "Self-reinforcing Mechanisms in Economics", *The Economy as an Evolving Complex System*, Vol.5, 1988, pp.9–31.

③ W. Brian Arthur, "Competing Technologies, Increasing Returns, and Lock-in by Historical Events", *The Economic Journal*, Vol.99, No.394, 1989, pp.116–131.

④ W. Brian Arthur, *Increasing Returns and Path Dependence in the Economy*, University of Michigan Press, 1994, pp.1–5.

衡点移动。如果 A、B、C 三点分别代表低、中、高三种收入水平。以 B 点为例，当经济系统从低于 B 点的收入水平接近 B 点时，各产业之间以 QB 为基础的交易关系逐步形成"均衡机制"。这时，各产业所面临的市场交易规模接近于 QB，其收入水平也接近 QB，收益高于成本，产业规模的扩大形成"正向激励"，各产业的生产规模和技术水平会受到均衡机制的"吸引"进入 B 点（见图4-1）。这种情况下"均衡机制"的动态作用形成的"吸力"，表现为经济系统"规模扩张—技术进步—收入提高"的良性互动，形成良性循环，构成经济增长和经济发展的"自我强化"机制。

但是，一旦经济系统进入 B 点，各产业部门以 QB 为交易量的市场供求关联最终形成，当经济系统试图继续扩大生产、改进技术、提高收入时，以 B 点为中心的"均衡机制"同样会发挥其"吸力"（见图4-1），在某些产业部门扩大生产时，需要面临其他产业部门较小的生产规模和交易量的限制，导致收入增长滞后于成本上涨，甚至收入无法增长。产业规模扩张面临"均衡机制"的"惩罚"。这种情况下，同样是市场"均衡机制"的动态作用形成的"吸力"，却表现为经济系统难以实现"规模扩张—技术进步—收入提高"的"锁定效应"。

因此，"多重均衡"模型的动态机制可以表述为：经济系统"规模扩张—技术进步—收入提高"的动态过程，随着人均收入由低到高，技术水平由低到高，经济系统将在经过不同的"均衡点"时，交替出现"自我强化"的良性互动和"锁定效应"的恶性循环。这是对中长期经济周期，尤其是随着技术进步的经济周期的另一个"结构性"表述。在不同收入水平下，进入均衡状态的经济系统所面临的"锁定效应"，就是各种"陷阱说"的经济学基础。

三、"多重均衡"新模型为阶段性特性提供的理论支撑

上述分析还未在模型中引入阶段性的"结构性差异"。实际上，技术变革本身，就具有明显的"结构性差异"特征，不同的技术水平，往往对应着生产部门之间不同的分工关系，不同的中间产品链条和产业间不同结构比例的差别。

最为典型的"结构性差异"模型莫过于马克思主义再生产理论，在这

一理论中，技术进步被处理为"资本有机构成"即 C/V 的提高，而这一比例的提升必然对应着生产资料的生产部门，即第一部类在总产品中所占比重的提高。需要进一步指出的是，虽然"产业关联"可以将这种"结构性差异"的因素引入模型之中，但是"结构差异"的引入本身，也会形成对经济发展障碍的另一个有力的解释——由于产业之间从一个均衡点到另一个均衡点，经济系统需要适应产业之间"结构比例"的变化，那么，调整的困难还将进一步增加：各产业之间的交换数量需要发生相应的调整，调整的过程中必然需要部分产业承担收益与成本变动，某些产业可能会因此而受益，另一些产业则会因此而受损。"新结构"的形成，会比原有的结构约束面临更多的风险和困难。当然，这一要素的引入也说明：技术进步与结构调整，具有统一性。

第四节　破解陷阱的发展出路：中等收入阶段经济发展的模型解析

在"多重均衡"模型中，一旦经济系统进入某一个均衡点，固守于"均衡点"就是市场机制自发作用的结果，这种情况下，经济发展对策往往会陷入"左右为难"的"对策悖论"。但是，如果将封闭条件下的"均衡状态"推广到开放条件下，发挥比较优势参与国际分工，"均衡机制"所形成的"锁定效应"将获得缓解。这也部分地解释了"比较优势重要"命题。

一、"锁定效应"下的对策悖论

"锁定效应"下的对策悖论就是"市场"与"计划"之间的悖论。换言之，就是政府干预与否的悖论。按照"大推进"理论的逻辑，各产业在结构约束下的发展，需要产业规模"协同扩张"。然而市场机制则很难实现"有计划的协同"，完全依托自发的市场均衡机制，其作用将不是"推进"，而是"锁定"。因此，政府干预下的投资和"推进政策"成为发展经济学重要的政策主张。

然而政府的推进并非单独对某一个产业领域的支持，而是对各产业协同扩张的"大推进"，即对整体国民经济的系统干预。实践证明，这种干预在推进经济增长的同时，往往会形成对市场价格机制的破坏。除一系列"寻租"和"腐败"问题外，更为严重的负面因素在于市场机制的运行规则可能因为政府的过度参与而受到损坏，这在很大程度上会导致经济增长和经济发展的"活力"下降。基于市场机制进行政府干预，利用"税收杠杆"等手段，通过市场机制施加政府的影响，也许是最佳选择。但是，在具体实施过程中，要求政府既施加干预，又防止损害市场活力，其"分寸"是很难把握的。通常，这种"最佳选择"只是一种理论上的"理想状态"。

二、对外开放克服"对策悖论"

对外开放是克服上述"锁定效应"的、更具可操作性的对策。在"多重均衡"模型中，对于"独自扩张"部门进行惩罚的，正是封闭的经济系统中产业之间的关联机制。实际上，要克服这种"锁定效应"，除了要求各产业部门在生产规模上实施"协同扩张"的"平衡增长"外，还可以在一定程度上弱化甚至暂时地突破这种"关联机制"的约束。对外开放，参与国际分工，发展国际贸易，引进外资，就是突破这种"关联机制"的有效选择。

在开放条件下，具有出口潜力的部门的"独自扩张"将不再受到"关联机制"的约束和"锁定效应"的限制。生产规模扩大后，可以将更多的产品销往国外，而不必再受制于国内市场各部门所提供的"交易规模"的限制。同时，"出口部门"生产规模的扩大还会通过"关联机制"的作用，带动其他相关部门的扩张，从而拉动经济系统逐步脱离"均衡点"。

当然，这种"开放政策"也是有条件的，那就是一国需要具备能够参与"国际分工"和"国际贸易"的比较优势。而且这种比较优势，需要一国在脱离"均衡点"之前持续存在，或者不同"比较优势"之间的衔接不会出现"断档"。否则，如果"比较优势"在经济系统进入到下一阶段的"自我强化"之前就被耗尽，或者其力度被严重削弱，都有可能使一国经济在脱离"均衡点"的过程中，面临重新回归"均衡点"的"锁定效应"，从而导致经济增长出现"倒退"。

另外，利用国际市场和国际分工也要受到国际市场风险的影响。全球范围内的系统性风险将导致一国以"比较优势"为基础的经济增长，难以为继。

最后，需要强调的是，经济增长的根本规律依然根植于一国经济自身的条件，国际贸易和国际分工所提供的仅是部分产业部门生产规模的"调整"，使国民经济的"结构约束"出现一定范围的"伸缩性"。但是最终的经济发展动力必须源于国民经济自身的经济实力和市场活力。因此，过度依赖国际市场，放弃合理的国内经济结构的"重建"和"回归"，无异于放弃了经济发展的独立性，最终会因"比较优势"的耗尽或国际市场的动荡而遭遇打击。

综上所述，我们可以这样概括中等收入阶段的经济学基础：将经济发展划分为不同阶段，将某一阶段上的经济发展困境描述为"陷阱"是经济发展理论的习惯用法。"中等收入陷阱"是发展经济学各类"陷阱论"在"中等收入阶段"的延伸。但是，"中等收入陷阱"也对现有的经济学理论提出了新的要求：需要构建一个能够标识不同经济发展阶段"结构性差异"的，兼容不同经济发展阶段"陷阱"因素的，统一的经济学模型。将理论源头回溯到各类"陷阱论"的方法论基础，即"金融外部经济"，同时将重振金融外部经济的高级发展经济学"多重均衡"模型应用于解释经济系统周期性出现的"自我强化"和"锁定效应"，将为"中等收入陷阱"研究提供较为规范的基础模型。在这方面，马克思主义经济学所表现出的潜力和方法论优势也值得关注。

另外，这种分析也揭示了另一个重要的理论发展图景：以马克思主义政治经济学再生产理论为代表的古典经济学"结构论"，是解释经济增长、就业和相关经济政策等宏观经济学和经济周期、经济波动现象的理论基础。构建以"结构论"为基础的动态的经济周期理论和宏观经济理论，可以将长期分离的宏观经济学、发展经济学和空间经济学等理论实现有效的综合，对于各类经济发展问题提供坚实的基础理论模型，是一个具有良好前景的研究方向。

第　五　章

企业升级：多元化决策的三维企业边界模型

　　本书第一篇的研究表明，在中等收入阶段推进中国收入水平提升的主要动力来自产业升级。探讨中等收入阶段的经济发展问题，在明确了中等收入阶段的经济学基础之后，关键在于把握产业升级的理论框架。企业是产业的构成单元，产业升级理论的研究从企业升级开始。

　　就产业的构成单元而言，产业升级的过程是企业在全球价值链中提升其地位的过程，我们称为企业升级过程。在微观层面，企业升级涉及企业的生产经营决策，是产业升级的微观基础，即企业升级问题。这一问题可以沿着企业决策的逻辑展开。企业最根本的决策是选择"生产什么，生产多少"，即企业的边界命题。在横向产业国际分工的背景下，企业生产决策的选择范围并不局限于某一条纵向产业链内部。换言之，局限于纵向产业链讨论企业与市场之间的替代关系不能揭示企业边界演变的全部内涵。因此，跨越不同产业链的横向产业国际分工成为影响企业边界的重要内容。我们可以将"费用分摊"作为统一的"成本节约"机制，把生产成本和交易成本相统一，将规模经济和范围经济相统一，从生产功能和交易功能两方面探讨企业边界的拓展。将纵向一体化和横向一体化等企业策略研究进行整合，为企业的规模化和多元化经营提供一个逻辑统一的分析框架。在这一分析框架中，企业边界研究将被拓展为由纵向产业链边界、横向产业带边界和竖向市场占有率边界构成的"三维企业边界"。由于企业是产业升级的载体和微观基础，所以探讨最优的企业边界问题能够为产业升级研究提供一个微观视角上的切入点。

第一节　从横向产业到横向企业

关于企业升级的研究，集中关注企业从价值链低端环节向高端环节的攀越。这一研究打破商品为最小研究"单位"的传统假设，按商品形成过程中的不同阶段作为元素对其进行分割，分割为商品的三个过程元素，即规划设计、生产制造、整合（集成）销售与服务。传统的企业就是为完成整个商品过程的组织，打开企业"黑盒"，将其分离为三个组织，即从事未来商品的规划、设计、研究等前期工作的以脑力劳动为主的组织；从事商品制造过程的以体力劳动为主、脑力劳动为辅的组织；从事商品的集成、销售策划、渠道管理等市场活动及服务的以脑力劳动为主的组织。把商品生产过程的三个核心元素及企业对应的三种组织形式推广到产业的组合中，对传统产业组合的纵向结构合并、糅合后，从横向切断，分成三个层次：研发产业、制造产业和营销产业。[①]

一、企业升级的基本环境：横向产业

横向产业理论将横向产业视为企业升级的基本环境，关注企业从低端模块向高端模块的攀越。横向产业理论关注的是商品形成过程的属性，而不是商品物化来源的属性。这种属性可以横向贯穿于传统三次产业的任何商品，不管他是取自于自然物，还是加工取自于自然的生产物，或是其他商品经济活动（见表5-1）。随着现代科学技术的发展，研发型企业的产品可以广泛应用于不同的传统领域，基因研究企业的产品可以应用于农牧业（传统第一次产业），也可以应用于医疗、医药业（传统第二次产业）。IT信息技术企业其产品也一样广泛应用在传统的三次产业内。

---

① 林民盾、杜曙光：《产业融合：横向产业研究》，《中国工业经济》2006年第2期。

表 5-1 横向产业分类

三次产业 横向产业	第一次产业	第二次产业	第三次产业
研发产业	研发模块	研发模块	研发模块
制造产业	制造模块	制造模块	制造模块
营销产业	营销模块	营销模块	营销模块

资料来源：杜曙光：《横向产业分工研究》，《中国经济问题》2008 年第 6 期。

二、企业升级的基本理念：横向企业

基于横向产业理论，我们把从事相应横向产业模块的企业组织称作横向企业，具体而言，包括从事未来商品的规划、设计、研究等前期工作的以脑力劳动为主的研发型企业；从事商品制造过程的以体力劳动为主、脑力劳动为辅的加工制造型企业；从事商品的集成、销售策划、渠道管理等市场活动及服务的以脑力劳动为主的营销集成型企业。现代经济条件下，企业从传统的纵向一体化组织形式转向纵向分离，其结果是使原本以追求规模经济为核心目标的企业开始向专注于核心优势模块为目标的生产模式转变。如计算机行业，在 20 世纪 80 年代之前，该行业被 IBM 等纵向一体化企业所控制，这些企业几乎生产所有的零部件。但是，从 80 年代开始，企业越来越专注于自身的核心竞争力。这种转变不仅明确了各个企业的角色分工、加速了它们之间的合作与竞争，而且每一个企业蜕化成为一个相对独立的业务"模块"，模块之间的交易行为按照市场规则发生联系。横向产业理论视域下，实施纵向分离的企业主要是研发型和营销集成型企业，我们称为横向产业理论视域下的主导模块企业，接受业务模块生产的企业称为横向产业理论视域下的合作模块企业。横向产业理论视域下的主导企业，即脑力劳动型模块化企业组织往往要将现有产品的生产结构进行重新聚合，自身专注于核心的脑力劳动为主的环节，而将那些不具有核心优势的或低附加值的环节剥离出去，交给其他企业，即体力劳动为主的合作模块化企业。这样，市场层面上便出现了不可能实现均衡收益的非同质的模块企业：脑力劳动型主导模块化企业和体力劳动型合作模块化企业。[①]

---

① 杜曙光：《横向产业分工研究》，《中国经济问题》2008 年第 6 期。

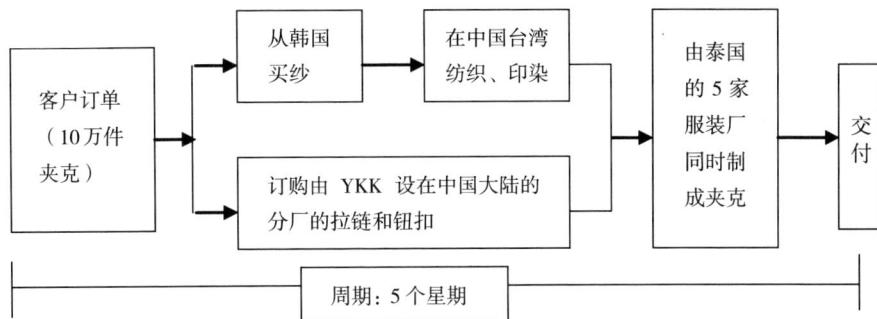

图 5-1　利丰公司

资料来源：利丰研究中心：《供应链管理：香港利丰集团的实践》，中国人民大学出版社 2003 年版，第 4 页。

　　利丰公司是香港最大的出口贸易公司，为 26 个国家的 350 个经销商生产制造各种服装，没有一个车间和工人。但它拥有 7500 个生产服装所需要的各种类型的生产供货商（如原材料生产、运输、织染、缝纫等），并与它们保持非常密切的联系。利丰公司正是充分利用本企业外部的资源和能力，获得了巨大成功。利丰公司是"分散生产"（dispersed manufacturing）的倡导者，笔者认为，它同时也是横向产业理论视域下脑力劳动型模块化企业的典型案例。利丰公司在中国香港从事诸如设计和质量控制等高附加值业务，而把附加值较低的业务分配到其他最有可能的地区进行，从而使产品的生产真正实现了全球化合作，呈现出横向产业的全球分工格局。主席冯国经也将利丰公司定位为一家具有专业管理能力的新型企业组织，它利用中国香港在分销流程技术上的专业知识优势，即以大量信息为中心的服务职能，包括产品开发、采购、融资及后勤服务等，同时控制了产品的营销和品牌运作等业务。在服装生产与贸易方面，利丰公司最重要的核心资源是服装设计、营销服务和品牌运作等的能力。作为横向产业理论视域下的一家脑力劳动型模块化企业组织，它真正实现了对服装产品全过程的控制和管理，很好地整合了全球不同脑力劳动与体力劳动型模块化企业的核心能力与资源。例如，利丰公司接受欧洲某个零售商的 10 万件服装订单，它可能向韩国制造商伙伴买纱并在中国台湾的合作企业纺织和染色，同时，由于日本企业的拉链和纽扣是最好的，而日本品牌的拉链和纽扣大部分又是在中国内地生产制造的，所以利丰公司会到 YKK（日本的一家大型拉链厂商）在中国内地的工厂定制拉链，之后再将纱和拉链运到泰国的制造模块企业进行生产。为满足交货期要求，公司在泰国有 5 个工厂加工。5 周后，10 万件服装全部到达欧洲，如同出自一家工厂（见图 5-1）。[①] 该产品的卷标上或许会写上"泰国制造"或"中国制造"，但是，很显然，该产品并非完全是泰国或中国的产品，而是全球多个国家和地区的协作产品，是全球制造，只不过在该产品的生产总过程中横向产业实现了全球分工。

三、横向产业国际分工模式

现代经济条件下，知识经济成为全球占主导地位的经济形态，经济全球化的程度也已经深入到要素、产品等层次，体力劳动向脑力劳动转移外部环境已经具备，信息技术的突飞猛进、交易成本的下降，直接促进了体力劳动向脑力劳动的转移深度与广度。商品形成过程的各个环节也开始分离、分工，最终导致了横向产业国际分工的形成。

横向产业国际分工有两种模式，一是企业基于高级生产要素优势在本国完成脑力劳动为主的研发产业和营销产业，将体力劳动为主的制造产业通过设立子公司的形式置于具有相应要素禀赋优势的其他国家。例如，20 世纪 90 年代初期，摩托罗拉将研究开发、营销管理等脑力劳动为主的横向产业留在总部所在地——美国，制造产业则剥离到了具有初级生产要素禀赋结构优势的国家；惠普公司在中国设有分销和研发，但更主要的则将制造产业设在中国，将主要的研究开发、营销及品牌运作等脑力劳动为主的产业模块放在了美国。横向产业国际分工的另一种模式是企业依据本国的高级生产要素优势控制部分或全部脑力劳动为主的研发、营销产业，而把体力劳动为主的制造产业以市场交易的形式转让给具有初级生产要素禀赋优势的其他国家的其他企业来承担，从而完成不同企业之间横向产业的国际分工与合作。例如，耐克公司垄断了美国运动鞋和运动服装 1/3 左右的市场份额。众所周知的是，它的制造产业遍及全球 80 多个国家和地区，研发、营销产业则相对集中。研发设计在意大利，营销管理及品牌运作仍然在美国。现在越来越多

---

① 杜曙光、林民盾、蔡勇志：《横向产业理论的提出与新型企业研究——香港利丰公司的案例分析》，《经济管理》2006 年第 13 期。

的企业依据自身的资源优势专注于某一模块，特别是脑力劳动为主的研发、营销产业模块，从而获取更多的全球收益。

四、横向产业国际分工格局中的"中国制造"：一般性考察

横向产业国际分工体系中的发展中国家或地区面临机遇与挑战并存的环境。20 世纪 90 年代，特别是 90 年代中期以来，中国迅速成为横向产业国际分工体系中体力劳动为主的制造产业模块集聚地。"委托加工（OEM）基地"基本可以反映中国目前在横向产业国际分工中的地位与现状。近十年来，中国进出口中出现了加工贸易比重、外资企业比重日益提升的趋势，而外资企业的进出口中 80% 以上都与加工贸易有关。委托加工的内涵是，品牌拥有者并不直接生产制造产品，只是专门负责新产品的设计和研发、拓展与控制销售渠道以及进行品牌的营销推广，实际的生产制造则交由其他企业完成，贴上自己的品牌即可。中国拥有庞大的市场、低廉的成本和数量众多的优秀人才这些优势条件，从而使中国大陆成为横向产业国际分工体系下制造产业模块的集聚地。有学者认为，按照目前的发展态势，中国很有可能成为委托加工型的"世界工厂"。笔者认为，委托加工型的"世界工厂"从本质上看就是体力劳动为主的制造产业的空间集聚地，就是以自身的要素禀赋优势被动承接发达国家研发型、营销型跨国企业剥离过来的体力劳动为主的产业模块制造工序。客观地说，委托加工型的"世界工厂"的定位在目前甚至今后相当长的一段时期内都有其存在的合理性。但是作为体力劳动为主的、低附加值的制造中心，其对脑力劳动为主的、高附加值的研发、营销中心的依赖与依附是显而易见的，甚至还有可能会进一步加深。"中国制造"在物质生产规模明显扩张的同时，仍将保持利润水平较低的特点，并因此限制了创新能力的提高。

第二节 企业边界：二维边界以及"生产成本—交易成本"的统一

一般地，学者们认为，在罗纳德·哈里·科斯（Ronald H. Coase，1937）[1]

---

[1] Ronald H. Coase, "The Nature of the Firm", *Economica*, Vol.16, No.4, 1937.

关于企业性质的讨论中，企业被视为对市场交易功能的替代。"在企业之内，市场交易被取消，伴随着交易的复杂的市场结构被企业家所替代，企业家指挥生产"。关于企业边界的决策，是在"纵向一体化"的语境下展开的"作为替代价格机制的'纵向'一体化的程度在不同产业和不同企业间差别悬殊"。在这一思路下，交易功能被视为决定企业边界的唯一功能。企业被置于一个由不同生产工序构成的纵向"产业链"或"工艺链"之中，不同工序之间的衔接问题，即"中间产品提供问题"（胡乐明、刘刚，2009）[①]，由企业间的市场交易解决还是由企业内部的组织管理解决，取决于两者成本的大小。张五常（Stven N. S. Cheung，1983）[②] 指出，企业内部的管理过程实际上是要素所有者之间的交易的执行过程，其管理成本可视为企业内部的交易成本。由此企业边界就完全取决于"内部交易"与"外部交易"之间成本的比较了。在纵向"产业链"或"工艺链"上，以交易功能分析企业边界成为交易成本理论的基本思路。交易成本理论代表人物奥利弗·威廉姆森（Oliver Williamson，中译本，2002）[③] 对交易概念的定义，就充分体现了这一思路："交易之发生，源于某种产品或服务从一种技术边界向另一种技术边界的转移，由此宣告一个行为阶段的结束，另一个行为阶段的开始。"威廉姆森将企业内部交易与企业间交易都归结为"技术边界"之间的"转移"，实际上已经为企业边界研究确定了一个统一的"产业链"或"工艺链"思路。但是，这种思路并未引起足够的重视。这种以交易成本为核心的企业理论也被视为企业边界研究模型化的核心思路。杨小凯、黄有光（中译本，2000）[④] 关于企业如何形成超边际分析模型时也强调了这一思路："企业制度以用于生产中间产品的劳动的市场代替了中间产品的市场。如果中间产品贸易比用于中间产品的劳动的贸易包含更多的交易费用，则与劳动买卖相关的企业制度便可能因最终产品与中间产品的分工而产生。"

---

① 胡乐明、刘刚：《新制度经济学》，中国经济出版社 2009 年版，第 167—170 页。

② Steven S. N. Cheung, "Contractual Nature of the Firm", *Journal of Law and Economics*, Vol. 26, No. 1, 1983.

③ ［美］奥利弗·E. 威廉姆森：《资本主义经济制度——论企业契约与市场契约》，段毅才、王伟译，商务印书馆 2002 年版，第 31 页。

④ ［澳］杨小凯、［澳］黄有光：《专业化与经济组织》，张玉纲译，经济科学出版社 2000 年版，第 217 页。

　　虽然上述模型思路都将问题的关键集中于"交易成本"，但是，其最终决策依然要落实到"生产决策"：在纵向"产业链"或"工艺链"上，确定了企业到底从事哪些工序的生产，也就相应地确定了企业的边界。在这方面科斯（1937）[①] 的观点可能更具代表性："我们不得不考虑市场成本（即使用价格机制的成本）和不同企业家的组织成本，而后我们才能确定每一个企业生产多少种产品和每一种产品生产多少。"这里的"企业生产多少种产品和每一种产品生产多少"就是企业边界的决策问题。其实，如果关于"生产多少"的决策允许某些产品的最优数量为零，那么"每种产品生产多少"也就是"生产多少种产品"。换言之，运用高级经济学和超边际分析"角点解"的模型化思路，我们可以将纵向产业链上的产品的产量视为向量 $X = (x_1, x_2, \cdots, x_n)$，$X \geq 0$，即 $x_i \geq 0$，$i = 1, 2, \cdots, n$。如果我们允许最优解出现某些产品的产量为 0 的情况，允许存在"角点解"。那么，只要企业确定了各种产品的最优生产数量，那么企业也就相应地确定了哪些产品的数量大于零，即生产哪些产品，以及所生产的产品的规模是多大。由此，企业的"边界"实际上可以界定为两个维度上的边界水平：纵向"产业链"上选择生产哪些产品，以及生产的产品其规模是多大。由于产品数量的单位各不同，我们将企业的生产销售规模除以同种产品市场上各企业的总规模，获得企业在这种产品上的"市场占有率"。以单位统一的"市场占有率"作为表示企业在某种产品上"生产规模"的数量指标。所以，以交易费用为核心的"企业边界"决策，可以归结为体现一体化水平的"产业链边界"以及体现生产规模的"市场占有率边界"。最终，在纵向产业链上，通过最优化模型中确定各种产品的生产数量，就可以同时求解出两个维度上的"企业边界"。我们将这种对应传统企业边界研究的模型化思路，概括为"二维企业边界"的最优化模型。

　　就生产决策的落脚点而言，上述交易成本模型与强调企业"生产功能"的阿曼·阿尔钦和哈罗德·德姆塞茨（Armen A. Alchian 和 Harold Demsetz，1972）[②] 的"团队生产"模型并无分歧。后者所强调的是，从企业生产和交

---

　　① Ronald H. Coase, "The Nature of the Firm", *Economica*, Vol.16, No.4, 1937.

　　② Armen A. Alchian, Harold Demsetz, "Production, Information Costs and Economic Organization", *The American Economic Review*, Vol.62, No.5, 1972.

易两方面的"成本—收益"来解释企业的生产决策。阿尔钦和德姆塞茨的"团队生产"模型，可以视为生产成本和交易成本相结合的理论探索。就团队生产而言，一方面，不同要素所有者的生产要素集中在一起进行生产会形成"总产出大于分产出之和"，即"1+1>2"，节约了生产成本。同时，由于团队生产的这一特性也导致总产出无法依照边际原则分解为"分产出之和"，形成"计量问题"，导致要素所有者可能面临激励不足，因此需要通过相应的"监督"。这些监督则会增加管理成本或交易成本。因此，在团队生产模型中，即使不存在"中间产品"，不同生产要素的所有者也可能通过要素交易契约集合起来组成企业进行"团队生产"。团队生产能否形成，即企业是否出现，取决于团队生产形成的生产成本节约和交易成本增加之间的权衡。

即使在新制度经济学内部，也并非所有学者都将交易成本与生产成本相割裂，道格拉斯·诺斯（Douglass C. North）就曾明确提出将两类成本相统一的研究思路。诺斯甚至更进一步地将交易成本视为生产成本的一部分，而将传统的生产成本，称为"转化成本"。诺斯（中译本，1994）[1] 认为"由于交易费用是生产费用的一部分，我们有必要对传统的生产关系做以下再表述：生产的总费用由土地和劳动力资源投入、一种物品的物质属性以及在交易中界定、保护、实施物品产权的资本构成……一旦我们认识到生产费用是转化费用和交易费用之和，我们就要有一个微观经济理论的新的分析框架"。通过交易成本分析企业与市场的边界是企业边界研究的主导性思路（Lee J. Alston 和 William Gillespie，1989）[2]，企业边界研究一直倾向于围绕交易费用分析探讨组织与市场之间的关系（Todd R. Zenger 等，2011）[3]。这种分析又被视为企业效率边界研究。从企业生产功能入手的"能力边界"理论对上述研究提出了批评。"根据企业能力理论，仅仅从效率的角度区分企业和市场以及分别由它们各自决定的企业边界，就有可能忽略企业与市场

---

① ［美］道格拉斯·C. 诺斯：《制度、制度变迁与经济绩效》，刘守英译，上海三联书店 1994 年版，第 33 页。

② Lee J. Alston, William Gillespie, "Resource Coordination and Transaction Costs: A Framework for Analyzing the Firm/market Boundary", *Journal of Economic Behavior & Organization*, Vol.11, No.2, 1989.

③ Todd R. Zenger, Teppo Felin, Lyda Bigelow, "Theories of the Firm-market Boundary", *The Academy of Management Annals*, Vol.5, No.1, 2011.

之间的一些本质性差异，就无法对企业边界问题作出全面的阐释"（曾楚宏、朱仁宏，2013）[1]。菲利普·桑托斯和凯瑟琳·艾森哈尔（Filipe M. Santos 和 Kathleen M. Eisenhardt，2005）[2] 对企业边界研究提出了效率边界、权力边界、能力边界和身份边界四种概念，其中能力边界更具引发较为广泛的关注（Jay B. Barney，1999）[3]。曾楚宏、朱仁宏（2013）[4] 认为，"能力边界的概念源自资源基础观和核心能力理论，因此更加关注企业需要哪些关键性资源必须掌握哪些核心能力等问题。基于战略视角的企业边界研究者最关注这种形式的企业边界"。立足企业探讨企业边界，往往需要深入探讨企业的"工厂规模"和资源利用效率（Chris Forman 和 Kristina Mcelheran，2012）[5]，将追求更高资源利用效率作为企业边界治理的决定性因素。我们采用能力边界的观念，将企业用于解决生产和交易功能的资源视为企业能力的载体，分析提高资源利用效率，降低企业生产成本和交易成本的生产决策从而解释企业的边界和多元化经营战略。

第三节　成本节约：模块化、三维边界以及"规模经济—范围经济"的统一

所谓二维企业边界就是在二维企业边界的基础上，再加入企业在产业体系中的"横向联系"，从而将企业边界沿纵向产业链的企业边界延伸至横向产业带上。企业边界的纵向延伸构成"纵向一体化"，与之相对应，文献中也存在"横向一体化"的说法。需要指出的是，就产业体系的系统性而言，传统的"横向一体化"观念具有一定的局限性，甚至掩盖了产业体系中需

---

[1]　曾楚宏、朱仁宏：《基于战略视角的企业边界研究前沿探析》，《外国经济与管理》2013 年第 7 期。

[2]　Filipe M. Santos，Kathleen M. Eisenhardt，"Organizational Boundaries and Theories of Organization"，*Organization Science*，Vol.16，No.5，2005.

[3]　Jay B. Barney，"How a Firm's Capabilities Affect Boundary Decisions"，*Sloan Management Review*，Vol.40，No.3，1999.

[4]　曾楚宏、朱仁宏：《基于战略视角的企业边界研究前沿探析》，《外国经济与管理》2013 年第 7 期。

[5]　Chris Forman，Kristina Mcelheran Kristina，*Information Technology and Boundary of the Firm：Evidence from Plant-level Data*，Harvard Business School，Working Paper，2012.

要重点关注"横向联系"。这里所提到的"横向联系"，不同于传统研究中的"横向一体化"，而与经常提到"范围经济"密切相关。

在传统研究中，"横向一体化"往往与企业的"横向并购"相联系，是指企业将生产同种产品的同行业竞争者并购，获得更高的生产规模和垄断地位。这种意义上的"横向一体化"与"纵向一体化"并不具有概念上的对称性。并购生产同种产品的同行业企业，企业实现的是"市场占有率"的提高，其"一体化"的范围没有突破"纵向产业链"视界，而且是局限于原有产业链中某一种产品的规模的变化。回到前面介绍的"二维边界"模型，所谓的"横向一体化"只不过是纵向产业链中某一种产品数量的扩大以及企业在这种产品上市场占有率的提高。这种数量变化，从属于纵向产业链上企业"生产多少"的范畴，并未突破"纵向产业链"范围，无法同"纵向产业链"上的生产决策形成"纵横交错"的多维度视角。受"横向一体化"称谓的掩盖，可能会忽略产业体系中突破"纵向产业链"范围的"横向联系"。20世纪末兴起的"模块化"产业理论，很好地弥补了这一理论缺失。我们可以借用传统的"规模经济—范围经济"概念，说明"模块化"产业理论的功能，阐明其理论意义。

小艾尔雷德·钱德勒（Alfred Dupont Chandler, Jr.）在《企业规模经济与范围经济：工业资本主义的原动力》（中译本，1999）① 一书给出了规模经济和范围经济概念。"规模经济可以初步界定为：当生产和经销单一产品的单一经营单位所增加的规模减少了生产或经销的单位成本时而导致的经济"（钱德勒，中译本，1999）②。关于某种产品数量的选择，从属于生产多少和生产规模的概念，传统的"横向一体化"所追求的就是规模经济。突破产业链范围，生产多种产品，也有可能实现成本的节约，这种就是"联合生产"，由此形成的成本节约，就构成范围经济（钱德勒，中译本，1999）③："联合生产或经销经济是利用单一经营单位内生产或销售过程来生

---

① ［美］小艾尔雷德·C. 钱德勒：《企业规模经济与范围经济：工业资本主义的原动力》，张逸人译，中国社会科学出版社1999年版。

② ［美］小艾尔雷德·C. 钱德勒：《企业规模经济与范围经济：工业资本主义的原动力》，张逸人译，中国社会科学出版社1999年版，第19页。

③ ［美］小艾尔雷德·C. 钱德勒：《企业规模经济与范围经济：工业资本主义的原动力》，张逸人译，中国社会科学出版社1999年版，第19页。

产或销售多于一种产品而产生的经济（我使用日益为大众接受的'范围经济'一词来指联合生产或联合经销的这些经济）"。经过上述概念的比较我们可以发现有一个有趣的"概念交错"问题。"规模经济"与传统的"横向一体化"都指向同种产品规模（或市场占有率），属同一维度。但是"范围经济"所阐述的"联合经营"，则不同于"纵向一体化"。一言以蔽之，"规模经济—范围经济"与"横向一体化—纵向一体化"四个概念，在逻辑上分别指向三个不同的维度。正是逻辑上的这种"交错互补"导致"一体化"视角下的多元化经营战略与"规模经济—范围经济"所探讨的"成本节约"机制形成理论上的错位，在一定程度上导致了认识上的误解，阻碍了一般化理论的提出。卡丽斯·鲍德温与金·克拉克（Carliss Y. Baldwin 和 Kim B. Clark，1997）[1] 提出模块化理论之后，产业间的这种横向联系获得更为广泛的关注和更为深入的研究。不同产业链上具有相同技术特性的生产环节形成跨产业链的"横向融合"，成为"产业融合"与模块化研究的热点。在先前的研究中，我们也曾在此基础上提出"横向产业"（林民盾、杜曙光，2006）[2]、"横向产业国际分工"（杜曙光，2008）[3] 以及横向模块联结下的产业集群（杜曙光、刘刚，2011）[4] 等范畴。为了便于阐述，我们直接给出模块化视角下的产业链细分以及纵横交错的"产业结构"。

横向产业融合所关注的是不同产业链上生产的共性，受"微笑曲线"和"价值链"理论影响，较为一般性的横向产业融合往往将不同产业链上的"研发—制造—营销"三个环节视为具有共同技术特性的基础。基于这种共同的技术特性，服务于某一产业链的生产环节，可能向其他产业链上类似的渗透，形成跨越产业链的"横向产业模块"。在较早的论文中，我们以此为基础，提出了"研发—制造—营销"三类横向产业带，形成"横向产业国际分工"（杜曙光，2008）[5]。

这种表述可能造成"横向产业带"与"纵向产业链"相对立的印象。

---

[1]　Carliss Y. Baldwin，Kim B. Clark，"Managing in an Age of Modularity"，*Harvard Business Review*，Vol.75，No.5，1997.

[2]　林民盾、杜曙光：《产业融合：横向产业研究》，《中国工业经济》2006 年第 2 期。

[3]　杜曙光：《横向产业分工研究》，《中国经济问题》2008 年第 6 期。

[4]　杜曙光、刘刚：《横向模块联结下的产业集群竞争力模型》，《综合竞争力》2011 年第 3 期。

[5]　杜曙光：《横向产业分工研究》，《中国经济问题》2008 年第 6 期。

实际上，两者的统一性是非常明显的。"研发—制造—营销"三个环节的划分，并不是取代纵向产业链原有技术联系，而是对原有技术联系的进一步细化。图5-2就比较明确地显示了这种"细化"：由"原材料—中间产品—最终产品"构成的纵向产业链的每一个产品生产阶段都可以进一步细化为"研发—制造—营销"三个阶段，横向的"研发—制造—营销"可能形成于任何一个细化后的技术环节。

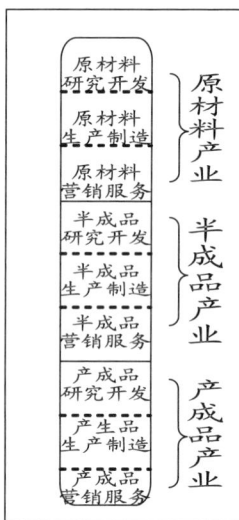

图5-2　纵向产业链结构

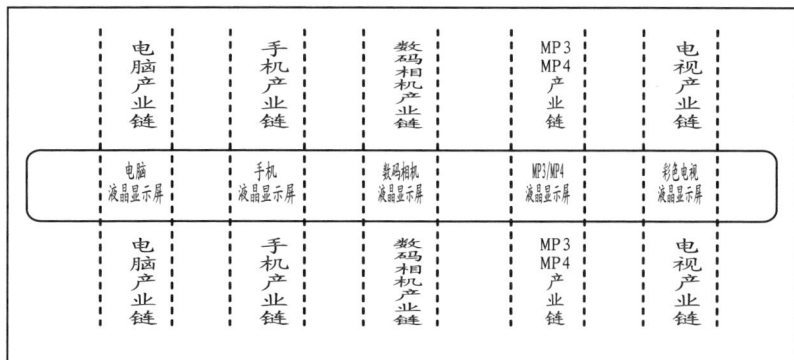

图5-3　液晶显示屏的横向产业模块结构

　　需要强调的是，不同产业链之间的"横向联系"并非局限于重新细分后的"研发—制造—营销"。只要存在技术上的"共通性"和生产资源上的"通用性"，横向产业带就可以形成，图5-3就是一个典型横向产业带案例：服务于不同产业链的"液晶显示屏"，由于技术共通性和资源通用性，可能形成横亘于不同产业链的横向产业带。在图5-3中，横向产业带的引入也将传统的"纵向产业链"视角，拓展至"纵横交错"的产业体系。在图5-3中企业"生产什么，生产多少"的决策不再局限于某一条产业链，企业边界不仅可以同一条产业链上实现纵向"延伸"，也可以沿着存在技术共通性和资源通用性的横向产业带，实行横向延伸。显然，在某一条纵向产业链上讨论"企业与市场的界限"以及"企业与市场之间的替代关系"，已经不能囊括企业在这种"纵横交错"的产业体系中的"企业边界"问题。相应地，企业选择"生产什么，生产多少"生产决策也从纵向产业链，进入到"纵横交错"的产业体系或"产业网络"。但是，这种拓展并不会取消"二维边界"模型方法论的有效性。在这个"纵横交错"网格式产业体系中，网格中每个结点都代表着一种产品或一道生产工序，企业在每个结点上"生产多少"的选择，也就是"生产什么"的原则。简言之，只要企业确定了各种产品产量，那么，其纵向产业链上和横向产业带上的"企业边界"也就相应地确定下来。为了区别"纵向产业链"和"横向产业带"，我们将表示各产品产量和市场占有率的生产规模称为"竖向市场占有率"。相应地，企业边界也从二维边界拓展为"三维企业边界"，包括产业链上的"纵向长度边界"、产业模块上的"横向宽度边界"和具体产品市场占有率上的"竖向广度边界"。由产业链和产业模块纵横交错的"产业网格"体系上的每个结点，分别对应具体的产品或生产环节，企业确定各产品生产的最优规模，需同时考虑纵向产业链和横向产业带上的成本节约以及受市场占有率影响的产品价格和收益水平。最终，各产品最优规模一旦确定，企业在三个维度上的边界也相应确定。图5-4通过三维图形显示了这种"三维企业边界"。

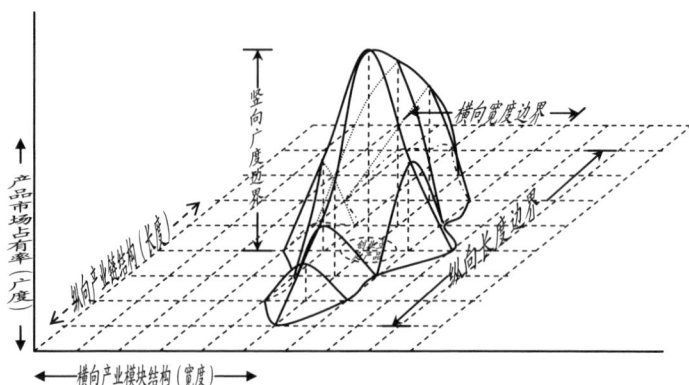

图 5-4 三维企业边界

第四节 量化模型：三维企业边界模型的
角点解与多元化路径

如前所述，我们的量化模型以"生产多少"来解决"生产什么"，即允许企业在某些产品上的最优产量是"零"，因此那些最优规模大于零的产品是"什么"，也就是企业"生产什么"。最优解中的某些变量的数值为零，即为"角点解"。杨小凯发展了处理角点解问题的著名"超边际分析"。但是在超边际分析模型中，杨小凯摒弃了传统的"生产者—消费者"模式，经济主体的决策变为"生产还是购买"的复杂决策。这一方面极大地拓展了模型解释力，另一方面也增加了阐释"角点解"的难度。立足于"企业能力边界"视角，我们可以直接跨过企业"从无到有"的理论过程，将分析的重点放在企业的多元化经营及其影响因素上。因此，这里我们采用克鲁格曼处理规模经济和专业化分工问题的更为简单的角点解模型，在直观的均衡解的基础上，通过比较静态分析阐释三维企业边界的角点解。

一、模型的前提假定

第一，企业的总成本分为生产成本和交易成本两部分。与之相对应，企业投入的成本形成用于物质生产的厂房和设备等生产资源和用于管理与交易功能的经营团队和商务渠道等交易资源。

第二，无论是生产资源还是交易资源，都包括固定成本和可变成本两部分，其中固定成本分摊机制形成生产和交易两方面的资源利用率提升。成本分摊和资源利用率的提升，意味着成本节约和利润的提升。在这里我们避免了使用"规模经济"的提法。显而易见，由于上述"成本节约"可能突破某一种产品的生产而出现在联合生产和纵向一体化等场合，局限于某一种产品生产数量的"规模经济"概念已经难以准确概括这一机制。而这一统一的"成本节约"机制，正是关于上述一系列问题的一般微观基础。在很多文献中，这种机制也被表述为广义的"报酬递增"机制。

第三，企业的资源和能力是逐步提升的，我们在企业由小到大，其成本约束逐步提升的动态逻辑下阐述企业经营的"专业化"与"多元化"决策。简言之，我们所解释的并非企业"从无到有"的过程，而是企业"由小到大"的过程。在信贷和资本市场上，某一个赚钱的技术或创意能够获得庞大资金的资助，从而形成超大规模投资的"创业神话"，不在我们的研究范围之内。

二、生产成本分摊问题

x 和 y 为横向产业带上两种不同的产品，两者存在技术联系，应用于 x 产品的生产资源可以部分的应用于 y 产品，这种"通用资源"占总资源的比率为 a。两种产品的初始投资规模相同，两种产品生产技术形成的"成本节约"机制相同。由于"成本分摊"机制的影响，两种产品的生产都存在明显的"规模经济"特征。由此，在成本既定的条件下，x 和 y 的生产可能性曲线重合。假设初始投资规模即成本水平既定，两种产品的最大产量分别为 x_0 和 y_0。受"规模经济"机制的影响，生产可能性曲线凸向原点。企业在生产可能性曲线上选择利润最大的生产规模。其收益水平为：$R = P_x \cdot x + P_y \cdot y$。不失一般性，我们可以假定 $P_x = P_y$，因此其收入 R 的曲线斜率 $P_x = P_y = 1$。

由此，我们得出第一个"角点解"的最优化结果。企业选择专业化生产 x 或 y 产品，其收益水平最高，如果生产 x 和 y 两种产品，例如生产点在 A 点，其收益水平将降低，如图 5-5 所示。不失一般性，我们假定企业选择

专业化生产 X 产品，其最优生产点为 x_0。

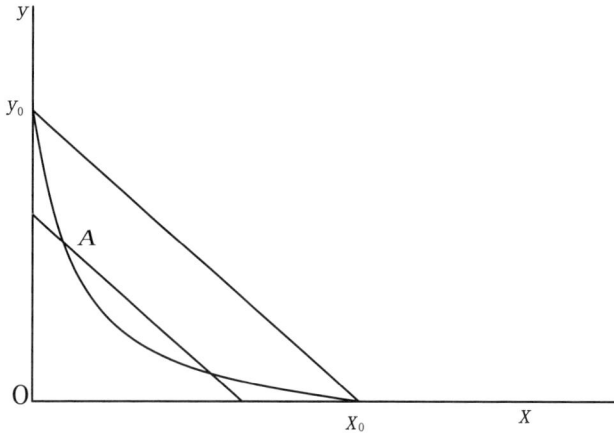

图 5-5　专业化经营的角点解

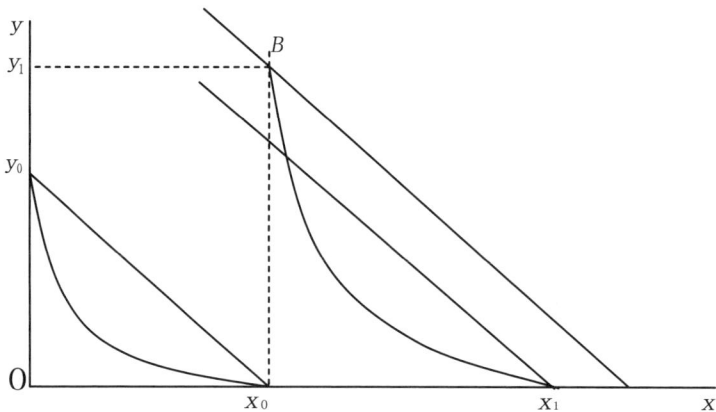

图 5-6　范围经济影响下从角点解到内点解的比较动态

　　进而我们在 x_0 点的基础上考虑企业能力提升投资扩大的第二次选择。以 x_0 为原点，再次绘出新的生产可能性曲线。假定追加投资的成本数量与初始投资的成本量相等，但其可能实现的产量的增加量比初始产量要多，如图5-5 所示。之所以会形成这样的情况我们可以解释为，在 x_0 点上，投入的生产资源的固定资源部分，如厂房、仓库、供电和加工设备等未能达到最高利用效率，即依然存在成本分摊的空间，因此在此基础上继续追加投资生产 x

产品可以节省一定程度的成本量，假定节省比例为 b。另外，如果投资的成本用于生产 y 产品，那么由于原先用于生产 x 资源可以部分地用于生产 y 产品，其比例为 a，因此 y 产品的生产也能够实现节约资源降低成本的目的。如果 $a>b$，则新增的生产可能性曲线中 $y_1>x_1-x_0$，同样的新增资源应用在 y 产品上，会形成更多的产量，获得更多的收益。如图 5-6 所示，企业将选择 B 点，即将新投资完全用于生产 y 产品。

这样一来，企业的最优均衡点，从角点解转变为内点解，企业由专业化生产某一种产品，转变为生产两种产品，形成"多元化"战略。导致这一现象的原因就是两种产品之间的通用的生产资源"成本分摊"形成了"范围经济"，即生产两种以上的产品比专业化生产一种产品更合算。当然，如果 $a<b$，则会出现相反的结果：一样的新增资源应用以 y 产品上，会形成更多的产量，获得更多的收益。在这种条件下"规模经济"的效应超过"范围经济"，企业将继续追加对 x 产品的投入，多元化经营将不会出现。

三、交易成本分摊问题

与上述分析思路类似，我们可以考虑与 x 处于同一条纵向产业链上相邻的产品 z，不失一般性，我们假定 z 为 x 在产业链上的上游产品，即 x 的半成品。其初始投资的选择情况类似，假定企业选择专业化生产 x。在初始投资形成后，企业的成长面临新投资在 x 与 z 之间的选择。需要解释的是，此时企业的部分交易资源已经用于购买 z 产品的交易，如果企业选择生产 z 产品，其面临的选择可能比传统"交易成本"理论的分析要复杂。

第一，企业一旦生产 z 产品，企业必须参与对 z 产品上游原材料或半成品的购买，而这笔交易成本，在专业化生产 x 时是不存在的。

第二，企业可以选择自己使用的全部 z 产品都由自己生产，这样将取消对 z 产品的购买。也可以选择自己生产一部分，购买一部分，其节约的交易成本将相对较小。企业也可能选择生产超过自己需求规模的 z 产品，相应地，企业会新增一笔销售 z 产品的交易费用。

第三，企业需要新增一些"交易资源"用于管理 z 产品与 x 产品之间的衔接。

第四，需要强调的是，如果企业的选择是放弃纵向一体化，增加 x 的产量，那么随着 x 产量的增加将必须增加对半成品 z 的购买，需要增加一部分交易资源的投入；但是由于其交易关系已经确定，更多的交易量将在很大程度上形成交易成本的分摊，单位产品的平均交易成本则可能会下降。

综合考虑上述几方面的交易成本，企业将按照交易成本最低的原则确定自己继续增加 x 产品的投资，还是实行"纵向一体化"生产 z 产品。

前文"生产成本"节约的基础是对既定"生产资源"利用效率的提高，从而考虑既有生产资源对新投入资源形成的"节约"。"交易资源"的成本分摊与上述分析相类似，虽然涉及几个互不相同的交易项目之间的替代，但是可以确定的是，总有一部分类似于"固定资产"的交易资源可以支撑几个不同的新旧项目，从而在新旧交易项目上都节约交易资源的投入，实现"成本分摊"。从这个意义上讲，其"成本节约"机制与生产资源的"成本节约"没有本质的区别，两者可以采用相同的模型技术进行处理。

四、"生产成本—交易成本"节约

同时考虑生产成本与交易成本的节约时，需要将上述分析中的 x、y、z 同时考虑在内。当生产资源形成"成本分摊"要求新增投资用于 y 产品时，还要进一步考量 y 产品形成的"生产成本分摊"与 z 产品形成的"交易成本分摊"之间的比较，使企业在纵向延伸与横向延伸之间作出选择。

在"生产成本"与"交易成本"之间，除了上述"替代性关系"，其"互补性关系"更值得关注。这方面，钱德勒的观点具有重要的借鉴意义。"规模经济理论上含有速度经济的内容，因为规模经济既依靠规模——额定生产能力——又依靠速度——利用生产能力的强度"（钱德勒，中译本，1999）[①]。因此，就加快资本周转速度而言，生产资源投入与交易资源投入具有相辅相成的"互补性关系"。从提高生产资源和交易资源使用效率的意义上看，提高资本周转速度能够同时扩大生产成本和交易成本的分摊基数，实现成本节约。然而资本周转的速度取决于生产速度与销售速度的"最小值"。无论是生产环节的阻滞，还是交易领域的滞销，都会同时降低生产和

[①] ［美］小艾尔雷德·C. 钱德勒：《企业规模经济与范围经济：工业资本主义的原动力》，张逸人译，中国社会科学出版社 1999 年版，第 27 页。

销售两方面的"分摊机制"。

五、纵向生产资源与横向交易资源

在上述分析中，横向的成本节约只考虑了生产资源的节约。实际上，联合生产不仅可以提高生产资源的利用效率，也可以使原有的交易资源应用于更多种产品的销售，从而形成交易领域的"范围经济"。钱德勒就专门论述了"批发销售上的规模经济和范围经济"（钱德勒，中译本，1999）[①]。另外，上述分析中纵向的成本节约只考虑了交易成本。实际上在纵向一体化过程中，同样可以提高厂房、供电设备、仓库等生产资源的利用效率，形成生产成本的节约。

通过上述探讨我们不难发现，研究企业升级，阐释企业在价值链体系中的升级过程，关键是阐明企业"生产什么，生产多少"的决策。本章的研究表明，这一决策并非局限于某一条纵向产业链上。将企业边界的伸缩归结为纵向产业链上企业与市场之间的相互替代，远远不能囊括企业边界研究的全部内容。更为深入的分析需要形成"纵横交错"的产业体系，讨论三维企业边界的动态治理。同时，将企业生产成本与交易成本相统一，综合考虑生产资源和交易资源利用效率的提升。总之，传统"纵向一体化—横向一体化"以及"规模经济—范围经济"的探讨，只是企业边界治理及其微观基础的某一个侧面。统一的分析框架能够为后续研究提供很多尚未定义的成本节约机制和多元化经营策略。企业在整个产业体系中的纵向一体化和横向一体化决策，正是纵向和横向产业实现升级的重要微观基础。

[①]　［美］小艾尔雷德·C. 钱德勒：《企业规模经济与范围经济：工业资本主义的原动力》，张逸人译，中国社会科学出版社 1999 年版，第 32 页。

第 六 章

产业升级：价值链升级与结构升级的统一

中等收入阶段我国的产业升级存在结构升级和价值链升级两种升级路径。明确两个路径的关系，实现对两者的比较、综合和实证分析是探讨中等收入阶段产业升级总过程的关键。产业升级研究围绕"产业结构比例"和"要素—产出"比例展开。西方经济学经济增长理论和经济发展理论对这两类比例关系的研究，局限于"完全伸缩性"和"完全固定"的极端情况。马克思市场价值理论可以提供一个包容"有限伸缩性"的动态分析框架。本章尝试概括这一框架，简析产业升级过程，并以我国为例进行简要的实证检验。

第一节 产业升级的两类比例：内涵、
指标与高级化空间

产业升级研究存在"价值链升级"和"产业结构升级"两派观点[1]。前者关注产业链各环节和企业内部的生产效率，后者关注国民经济中各产业的结构比例。学术界一般将这两派观点做"分类处理"，或认为应保留其中一派观点，取消另一派别[2]，较少讨论两类产业升级之间的"相互关系"。其

---

① 陈羽、邝国良：《"产业升级"的理论内核及研究思路述评》，《改革》2009 年第 10 期。
② 当前，关注生产效率的"价值链升级"占据上风。

实，微观层面的生产效率与宏观层面的结构比例关联密切。"转方式、调结构"的主体内容就是两者的互动演进。因此，两类产业升级相统一的分析框架具有重要的理论和实践意义。

将两类产业升级相统一，对于探明产业升级的经济学基础也非常重要。产业升级研究一直缺乏深刻的经济学基础。作为一个独立的学术概念，"产业升级"术语出现于 20 世纪末。仅仅搜索经济学基础理论中的"产业升级"术语，很难探明产业升级研究的经济学基础。即使分别探寻"价值链升级"和"产业结构升级"各自的经济学基础，也会发现其理论基础主要集中于应用经济学领域，缺乏深刻细致的理论解析。例如，"价值链升级"以迈克尔·波特（Michael E. Porter）的竞争力和价值链理论为基础，其理论基础主要集中于战略研究领域的竞争力模型和竞争策略，基于理论经济学的深入解析较少。产业结构升级，以发展经济学的"产业结构演变"为基础。虽然发展经济学存在众多的经济学基础理论，但是构成"产业结构演变"理论的"配第—克拉克定理""库兹涅茨法则""霍夫曼定律"等理论，则仍停留于数量规律的经验总结层面[①]。

但是，如果针对两类产业升级的"相互关系"进行搜寻，则不难发现：无论是西方经济学的经济增长理论、经济发展理论，还是马克思主义经济学的"再生产"理论，都曾对两类产业升级的"相互关系"进行过深入系统的论述。为了能够更为清晰地论证其中的理论机理，我们将两类产业升级量化为两类数量比例，再围绕这两类数量比例之间的内在联系，就西方经济学的经济增长理论、经济发展理论和马克思主义经济学再生产理论进行综合比较，以明确产业升级研究的经济学基础，为构建兼容产业升级两派观点的一般性分析框架指明方向。

"产业升级"术语，英文为 industrial upgrading。在国内，1988 年吴崇伯在《论东盟国家的产业升级》一文中最早讨论"产业升级"。文中，东盟国家的产业升级是指"东盟国家先后进入产业结构的调整时期，调整的重点

---

① 与"产业结构演变"相关联的"均衡增长"等理论，涉及了深刻的理论问题，但正如本书后面所介绍的，这一理论以"产业结构比例"的固定或相对稳定为前提，未正面解释"产业结构演变"的经济学基础理念。

就是产业结构的升级换代"①。这里的"产业升级"直接源自此前的"产业结构升级"。例如，1986 年，丘舜平发表了论文《加速广东产业结构升级换代的战略思考》；1987 年，朱镕基在《努力实现引进技术的良性循环》一文中使用了"产业结构和产品结构的合理化"的提法②。此后，基于"结构调整思路"的产业结构升级成为国内学术界研究的焦点。例如，伍长南关于外资与产业升级的分析，以"协调高新技术与传统产业的关系"③ 等内容为重点。洪银兴关于贸易结构调整和产业升级的研究也主要探讨"结构转换和升级"问题④。更多的文献则直接以"产业结构升级"为题探讨我国以"结构调整"为主线的经济发展战略。总之，在国内，"产业结构升级"成为产业升级研究中文献量最大、讨论最为广泛的理论派别。

在国外，1988 年，戴尔特·恩斯特（Dieter Ernst）最早使用 industrial upgrading 概念⑤，他在批评韩国的产业发展策略时，强调了"内在能力提高"的重要性⑥。1999 年加里·格雷菲（Gary Gereffi）正式提出了"全球价值链"理论（GVC），把从价值链低附加值阶段向高附加值阶段的攀越，都归结为产业升级⑦。这一派观点主要以波特的竞争力理论和价值链理论为基础。依据波特的竞争力理论，"在国家层面上，'竞争力'的唯一意义就是国家生产力"⑧。生产力水平则体现为"价值生产率"："国家经济的基本目标是提供人民高水平的生活。要实践这个目标并非依赖模糊不清的'竞争力'一词，而是借助运用劳动力与资本等国家资源所得到的生产率；生产率又是每单位劳动力与资本的产出价值，并且由产品的质量、特性（这

---

① 吴崇伯：《论东盟国家的产业升级》，《亚太经济》1988 年第 10 期。

② 朱镕基：《努力实现引进技术的良性循环》，《企业管理》1987 年第 2 期。

③ 伍长南：《四大外商投资区利用外资与产业升级研究》，《亚太经济》2002 年 5 期。

④ 洪银兴：《WTO 条件下贸易结构调整和产业升级》，《管理世界》2001 年第 2 期。

⑤ Dieter Ernst, "Catching-up Crisis and Industrial Upgrading: Evolutionary Aspects of Technological Learning in Korea's Electronics Industry", *Asia Pacific Journal of Management*, Vol. 15, No. 2, 1998, pp.247-283.

⑥ 陈羽、邝国良：《"产业升级"的理论内核及研究思路述评》，《改革》2009 年第 10 期。

⑦ ［美］Gary Gereffi, "International Trade and Industrial Upgrading in the Apparel Commodity Chain", *Journal of International Economics*, Vol.48, No.1, 1999, pp.37-70.

⑧ ［美］迈克尔·波特：《国家竞争优势》，李明轩、邱如美译，华夏出版社 2002 年版，第 6 页。

两者决定生产价格）以及生产效率来决定"①。简言之，同样的要素投入，形成的附加值越高，其竞争力越高。因此，在价值链上从低附加值阶段向高附加值阶段的攀升，其本质就是提高生产效率，以既定的资源耗费，获取更高的收益。受其影响，国内学者也逐步以这种价值链思路的产业升级概念研究我国的产业升级。

上述两类产业升级，在数量关系上都体现为"结构比例关系"。

产业结构升级所描述的"产业结构"是指要素投入和产品产值在各产业间的分布，其数量指标统称"产业结构比例"，具体核算指标分为两类。其一，各产业生产要素在国民经济中所占的比重，简称"要素分布比例"，通常以各产业"劳动就业比重"和"投资规模比重"衡量。其二，各产业产值在国民经济中所占的比重，简称"产值比重"，这一比重旨于分析各产业生产总量之间的规模比例，由于各产品的数量单位难以统一，往往需要以"产值"水平计量，因此，其比重又分为"以当年价格计算的比重"和"以固定价格计算的比重"，就研究的理论指向而言，剔除"价格波动因素"的"固定价格的产值比重"可能更为合理，但是，在现实研究中，往往直接使用当年价格计算相应的产值比重，这种研究可能将价格变动引发的"比重变动"误认为"产量规模比重"的变动。

价值链升级所关心的"竞争力"和"效率"水平，在数量关系上体现为产出水平与要素投入量之间的比例，简称"要素—产出"比例，如果将直接依照生产要素和产品的数量单位计算其"投入—产出"比例，其比例表现为生产函数中的"技术水平"；如果将各生产要素和产品按其价格以"成本"核算投入量，以"收入"核算其产出量，其比例则表现为生产的"成本—收益"关系，即"利润率"水平。受波特"竞争力"和"价值链"分析的影响②，价值链产业升级的"要素—产出"比例，主要以价值量指标计算的"成本—收益"比例为主。

总之，两类产业升级，在数量关系上分别表现为"产业结构比例"和"要素—产出"比例的变动。既然将这些比例的变动视为产业升级的"本质

---

① ［美］迈克尔·波特：《国家竞争优势》，李明轩、邱如美译，华夏出版社 2002 年版，第 5—6 页。

② 波特的分析注重"产值"和"成本"等"收入量"或"价值量"指标。

内容"，那么，其比例本身是否有"高级化空间"？对此应从以下两方面认识：

一方面，"要素—产出"比例，存在明显的"高级化空间"。同样的要素投入，获得更多的产品数量，可视为技术水平的提高；获得更高的"附加值"，可视为利润率水平的提高。

另一方面，产业结构升级对应的"产业结构比例"本身并无高级化空间。在整体国民经济层面，一般以"人均产值"或"人均收入"标识经济发展效率的高低。随着"人均产值"或"人均收入"水平的提高，产业结构会呈现规律性的变动趋势，从而认为"产业结构比例"在不同的经济发展水平和发展阶段上，存在相应的"标准结构"。因此，从这一角度出发，产业结构比例因为经济发展水平的高低被赋予了相应的高低之分。

第二节　固化"产业结构比例"与"有限伸缩性"

经济发展过程中"产业结构比例"的动态演变，是被实证检验反复印证的基本共识。西方经济学家甚至把不同经济发展阶段的"标准结构"，作为界定经济发展阶段的关键指标之一。但是，与此相对立的是：在理论层面上，无论是西方经济学经济增长理论还是西方经济发展理论，都以"产业结构比例"固定作为研究前提。只要是涉及"产业结构比例"与"要素—产出"比例之间的关系，西方经济学的相关理论往往以"产业结构比例"固定不变为前提。正是理论与实证之间的尖锐矛盾，导致西方经济学界在"产业结构演变"领域取得的实证结果和经验规律，无法获得深入的理论解析。

一、西方经济学对两类比例的研究：固化"产业结构比例"

除了都以"产业结构比例"固定为前提，西方经济发展理论和西方经济增长理论的另一个共性就是：涉及"产业结构比例"的研究，往往以"产业结构比例"与"要素—产出"比例的关系为焦点。

（一）西方经济发展理论："要素—产出"比例变动以"产业结构比例"固定为前提

"产业结构比例"的动态演变规律，是西方经济发展理论在实证检验层面上概括的经验性规律。但是，在理论层面上，经济发展理论围绕"产业结构比例"与"要素—产出"比例的研究，则在"产业结构比例"固定的前提下，讨论"要素—产出"比例的升级问题。经济发展过程往往以"要素—产出"比例的持续升级来体现经济发展水平的提升。从表面看，西方经济发展理论在描述这一过程时，也分析了"产业结构比例"的变动，甚至非常强调这一点。例如：西方经济发展理论的核心理论——"杨格定理"①，就讨论了"产业的分化"②，即原先由某一产业（或企业）在产业内（或企业内）解决的工序，独立出来，由一个专门的产业（或企业）来完成，从而形成"新产业"，改变原有的"产业结构比例"。赫希曼的"非平衡增长"理论，也将打破原有的"产业结构比例"，优先发展"产业关联度"较大的"主导"产业，作为基本发展战略。不同经济发展阶段上"主导产业"或"支柱产业"的更换，也是罗斯托"经济发展阶段论"的重要观点。但是只要对上述观点进行必要的深究则不难发现：这些关于"产业结构比例"变动的论述，并未成为相关理论的内在逻辑。在这些理论中，"产业结构比例"，并非其理论模型的"内生变量"，其变动往往是参照"经验规律"，作为"外生因素"引入分析框架。另外，相关理论在分析"产业结构比例"变动对"要素—产出"比例的影响时，所讨论的不是"新结构"的形成与确立，而是某些产业增长打破了原有结构比例后，经济系统受"先行产业"带动，按照原有"结构比例"随之扩张，重新恢复原有结构的动态过程。这种反复"恢复"原有结构比例的理论逻辑，反而说明这些理论以"产业结构比例"的固定为前提。将"产业结构比例"固定下来的，就是这些理论共同的核心思想：产业关联理论。所谓"产业关联"，是指各产业之间形成"交互供求"的"供求关联"机制，"市场概念在包容的意义上是与商贸联系在一起的生产活动的总和，因而含有这样的意思，即它必须是某种平衡，不同的生产活动必须是成比例的"③。

　　关于"产业结构比例"和"要素—产出"比例之间的关系，经济发展

---

　　① ［美］保罗·克鲁格曼：《发展、地理学与经济理论》，蔡荣译，北京大学出版社 2000 年版，第10—17 页。

　　② ［美］阿林·杨格：《报酬递增与经济进步》，《经济社会体制比较》1996 年第 2 期。

　　③ ［美］阿林·杨格：《报酬递增与经济进步》，《经济社会体制比较》1996 年第 2 期。

理论通过"产业关联"和"报酬递增"形成其核心逻辑：在报酬递增条件下，各产业要提高生产效率，升级"要素—产出"比例，需扩大其生产规模；由于各产业处于"交互供求"的"关联机制"下，一个产业的扩张必须以其他关联产业的同比例扩张为条件，即"产业结构比例"固定；因此，要提高各产业的生产效率，升级"要素—产出"比例，必须在"产业结构比例"固定的条件下，各产业规模"协同扩张"①。最符合这一原理的，莫过于西方经济发展中的"大推进"理论②和"贫困的恶性循环"理论，即"平衡增长"理论。如前所述，以爱尔伯特·奥图·赫希曼（Albert Otto Hirschman）等人为代表的"非平衡增长理论"，虽然表面上似乎违背了"产业结构比例"固定的前提，实际上只是将"保持平衡"从静态的"平衡推进"过程，改变为动态的"违反—恢复"过程，依然坚持了"产业结构比例"固定的前提条件。

（二）西方经济增长理论："产业结构比例"固定的经济增长以"要素—产出"比例可变为前提

哈罗德（Harrod）—多马（Domar）模型和索洛（Solow）模型是西方经济增长理论的典型代表。"产业结构比例"与"要素—产出"比例之间的关系，是这两个模型关注的焦点。在这两个模型中③各产品的产出比例即产业结构比例被抽象掉了，总产出以统一的 Y 来表示④。在此基础上，经济增长，即 Y 的增长，成为"产业结构比例"固定条件下各产业成比例的"均衡增长"。哈罗德—多马模型和索洛模型的争论表明：这种"产业结构比例"固定的"均衡增长"能否实现，取决于"要素—产出"比例可变与否。在哈罗德—多马模型中"资本—产出"比率是固定的，生产一单位产品所需的资本量是固定的，不能通过增加（或减少）劳动的投入量来抵消资本的减少（或增加），因而生产一单位产品时投入的"资本—劳动"比率，也是固定的；相应地，生产中的"劳动—产出"比率，也是固定的。简言之，

---

① 李香兰、刘刚：《协作化与城市化的互动性及其约束因素》，《齐鲁学刊》2011 年第 3 期。

② Paul Rosenstein Rodan，"Problems of Industrialization in Eastern and South-eastern Europe"，*Economic Journal*，No.53，1943，pp.202-211.

③ 实际上几乎所有的经济增长理论都是这样。

④ 这种处理可以视为单一的产品结构，或者是多种产品的产量比例被固定。一种产品产出规模相对于另一种产品的"相对增长"，即产出结构的变化，被抽象掉了。

"要素—产出"比例是固定的。符合这种要求的生产函数正是著名的"里昂惕夫"生产函数。哈罗德—多马模型得出结论，"要素—产出"比率固定的条件下，稳态的经济增长将无从实现。但是，索洛模型却得出经济增长收敛于稳态增长路径的乐观结论，其关键原因就在于索洛模型假定，"要素—产出"比例可调整，运用了"要素—产出"比例可调整的"柯布—道格拉斯"生产函数代替了"要素—产出"比例固定的"里昂惕夫"生产函数。

综合哈罗德—多马模型和索洛模型，可以得出结果：如果"要素—产出"比例固定，那么固定"产业结构比例"的稳态增长将无法实现；如果"要素—产出"比例可变，那么固定"产业结构比例"的稳态增长将可以实现。简言之，"产业结构比例"固定的经济增长以"要素—产出"比例可变为前提。

（三）两种理论的局限与启示

总结西方经济发展理论和西方经济增长理论关于"产业结构比例"和"要素—产出"比例的研究，我们可以得出结论：两个理论都在"产业结构比例"固定、"要素—产出"比例"完全伸缩性"的条件下分析经济增长；西方经济发展理论认为"要素—产出"比例升级以"产业结构比例"固定的"协同增长"为前提；西方经济增长理论则认为"产业结构比例"固定的"协同增长"以"要素—产出"比例可变为前提。

上述理论的局限性和启示可以概括为以下几个方面：

第一，虽然经济学基础理论中鲜有"产业升级"术语，但是当前产业升级研究的"产业结构比例"与"要素—产出"比例，是经济学基础理论研究的重要内容，研究焦点就是两类比例之间的相互关系。

第二，西方经济学在"产业结构比例"固定的条件下讨论两类比例之间的相互关系，其分析框架与经济发展进程中"产业结构比例"演变的客观规律相矛盾。这也是产业升级理论难以确立其经济学基础的重要成因。克服这一问题的关键就是构建一个能够在内在逻辑上兼容"产业结构比例"变动的分析框架，即"产业结构比例"内生的动态分析框架。

第三，西方经济发展理论和经济增长理论，一般直接假定两类比例"完全固定"或"完全伸缩性"。其实，"完全固定"与"完全伸缩性"是两种极端情况，更为一般的分析框架应当能够兼容其中间地带，即两类结构比例的"有限伸缩性"。

综上所述，以产业升级两类比例为视角，我们可以对产业升级的经济学基础提出以下三项要求：两类比例内在统一、两类比例均可变动、两类的变动处于"有限伸缩性"状态。

二、马克思主义经济学对两类比例的研究：两类比例内在统一的 "有限伸缩性"模型

在马克思主义经济学中，与"产业结构比例"和"要素—产出"比例相关的理论是马克思主义再生产理论。在社会再生产理论中，两大部类的产值表示为：Ⅰ（c+v+m）和Ⅱ（c+v+m），两大部类产值之比，即Ⅰ（c+v+m）/Ⅱ（c+v+m），对应"产业结构比例"。在这组变量之中，"要素—产出"比例，可以表示为投入预付总资本与总产值（收入）水平之间的比例：（c+v+m）/（c+v），通常直接利润率水平表示为 $k'=m/（c+v）$，因此"要素—产出"可视为利润率的体现：（c+v+m）/（c+v）$=k'+1$；由于一般假定剩余价值率 $m=m/v$ 为固定，因此"要素—产出"比例又主要取决于资本有机构成 $c'=c/v$。即 $k'=m/（c+v）=vm'/（vc'+v）=m'/（c'+1）$，"要素—产出"比率（c+v+m）/（c+v）$=k'+1=m'/（c'+1）+1$。在已经假定 m' 固定的条件下，"要素—产出"比率完全取决于资本有机构成 c'。

可见在马克思主义再生产理论中，其"价值构成"的变量，可以同时对应"产业结构比例"和"要素—产出"比例，可以将两类比例同时内生于同一组社会再生产的价值变量之中，在统一的再生产理论中，有效地解决了两类比例在逻辑上的内在统一性。

同时马克思主义再生产理论还有效地打破了"产业结构比例"固定不变的局限性，在两类比例都可变的前提下，构建两类比例"有限伸缩性"分析框架。

首先，"产业结构比例"是可变的。依据马克思主义再生产理论，在经济增长过程中，即扩大再生产条件下，两大部类之间需要遵守的"数量联系"，不是产量比例Ⅰ（c+v+m）/Ⅱ（c+v+m）固定不变，而是Ⅰ（v+Δv+ m/x）=Ⅱ（c+Δc）。虽然这一平衡条件也要求产业间的生产规模相互关联，但是，这种要求不会形成"产业结构比例"的固定。换言之，马克

思主义经济学是在"产业结构比例"可变的前提下，讨论不同产业之间的规模关联。

其次，"要素—产出"比例是可变的。在马克思主义再生产理论中，资本有机构成 c' 的变化是经济发展水平的重要体现，实际上，在剩余价值率 m' 固定的条件下，表示生产效率水平的"要素—产出"比例，就直接取决于资本有机构成：$(c+v+m)/(c+v) = m'/(c'+1)+1$。

再次，"要素—产出"比例的变化与"产业—结构"比例的变化是内在统一的。随着生产力水平的提高，资本有机构成 c' 提高，即"要素—产出"比例升级，遵循 $I(v+\Delta v+m/x) = II(c+\Delta c)$ 平衡条件，各产业的生产规模会发生相应的调整，从而"产业结构比例"$I(c+v+m)/II(c+v+m)$ 变动。马克思主义再生产理论将两类比例的变动纳入到统一的内在逻辑之中。

最后，最重要的，两类比例的变动幅度是"有限"的。代表"要素—产出"比例的资本有机构成 c' 提高，会导致利润率水平的下降，达到一定程度，会引发经济衰退和危机。同时，处于"无政府状态"的各企业的生产规模的扩张可能违反 $I(v+\Delta v+m/x) = II(c+\Delta c)$ 所要求的规模联系，达到一定程度也会引发"比例失调"，形成经济危机。值得一提的是，上述两类比例的失控所引发的危机，正是马克思主义学者反复探讨的马克思主义经济危机理论的两大重要派：崩溃论和结构失调论。

综上所述，马克思主义再生产理论基本符合我们对产业升级的经济学基础的三项要求：两类比例内在统一、两类比例均可变动、两类变动处于"有限伸缩性"状态。

三、三种理论的综合与构建一般性分析构架的发展方向

虽然马克思主义再生产理论能够为分析产业结构两类比例的"有限伸缩性"提供一个基本"合意"的经济学基础。但是，与西方经济学相比，马克思主义再生产理论的很多方面过于粗略，构建统一的一般性分析框架，依然需要在马克思主义经济学的基础上，综合西方经济发展理论和经济增长理论的长处。

第一，马克思主义再生产理论所讨论的"产业"范围仅限于"两大部类"层次，将研究视角从"部类"细化至"产业"，需要借鉴西方产业关联

理论和里昂惕夫矩阵等模型工具。

第二，马克思主义再生产理论仅通过"资本有机构成"的变化代表"要素—产出"比例的变化，过于简化。借鉴西方经济学经济增长理论和经济发展理论，要全面量化"生产效率"和"要素—产出"关系，需要构建较为细致的生产函数理论。

第三，马克思主义再生产理论以产业之间的"平衡关联"为前提，其结果容易导向"利润率平均化"等"均衡趋势"。这与产业升级研究需要深入探讨的"收益分配不均"、垄断、"效率差异"和"超额利润"等现象相冲突。因此，需要综合马克思主义地租和超额利润等理论，以及西方经济学垄断理论等，构建一个兼容垄断和不完全竞争机制的分析框架。

第三节 基于市场价值理论的产业升级分析框架

以理论经济学的量化模型解析产业升级，必须在分析框架中同时兼容"要素—产出"比例和产业结构比例的动态演变。如前文所述，发展经济学和经济增长理论都不具备这种包容性。孟捷教授对于马克思市场价值理论的解读和发展，为我们提供了一个更好的选择。

一、市场价值理论的基本思想

活劳动和物化劳动在社会各行业的分布，构成分工体系和"生产的物质条件"[1]，即以要素分布比例表示的产业结构。分工体系和产业结构是不断演化的，孟捷通过定义市场价值概念勾勒出处理这种演化过程的分析框架，"如果把价值实体和价值形式的区别[2]运用到市场价值理论中，市场价值可简洁地规定为：以市场生产价格为媒介所支配的价值实体"[3]，由此形

---

[1] Anwar Shaikh，"Neo-Ricardian Economics a Wealth of Algerbra，a Poverty of Theory"，*Review of Radical Political Economics*，Vol.14，No.2，1982，pp.71-72. 转引自孟捷：《劳动价值论与资本主义生产中的不确定性》，《中国社会科学》2004 年第 3 期。

[2] 日本宇野学派强调了马克思在《资本论》第 1 卷区分的价值实体和价值形式，前者是以劳动时间衡量的劳动量，后者是表现为价格的使用价值交换比率。参见孟捷：《关于市场价值的若干概念问题——一个补论》，第 12 届资本论研究会参会论文，2004 年 6 月。

[3] 孟捷：《关于市场价值的若干概念问题——一个补论》，《海派经济学》2005 年第 1 期。

成了"价值量—生产价格—市场价值"[1]，"分别对应于资本价值运动的三个阶段，即生产、实现以及补偿所消耗的投入以便进行再生产"[2]。依据市场价值理论，社会分工体系在某种产品上投入的社会必要劳动量，即价值量，在转化为生产价格后通过交换所占有支配的、"补偿"原劳动用于再生产的劳动量，即市场价值量，可能高于（或低于）原投入量（价值量），这种差别不是理论的误差，反而揭示了这种产品的生产部门在分工体系中的扩张（或萎缩）。

二、市场价值理论视角下产业升级的基本数量关系

设社会存在多个产业，各产业生产不同的产品。我们以产业 i 为例，将市场价值理论的上述分析框架简化为以下量化公式。

第 i 产业的产出规模为 Q_i，在社会分工体系中所使用的物化劳动和活劳动总量为 L_i，产品 i 的总价值 W_i，使用的生产资料、活劳动数量计为 Q_{Ci}、L_{Vi}，一单位生产资料和活劳动所消耗的劳动量分别为 l_C 和 l_V，即生产资料和活劳动的劳动生产率水平为 $1/l_C$ 和 $1/l_V$。生产一单位活劳动所消耗的劳动量，即一单位活劳动的劳动力价值，低于一单位劳动量——这种"剩余"是剩余价值和扩大再生产的源泉。因此，必然有 $0 < l_V < 1$，即 $(1/l_V) > 1$。

劳动消耗公式：$L_i = L_{Ci} + L_{Vi}$ （6-1）

总价值构成：$W_i = C_i + V_i + M_i$ （6-2）

其中，$C_i = L_{Ci} = Q_{Ci} \cdot l_C$，$V_i = L_{Vi} \cdot l_V$。

资本有机构成[3]：$C/V = (Q_{Ci}/L_V) \cdot \theta$ （6-3）

其中 l_C/l_V 固定，$l_C/l_V = \theta$。均衡条件下，就产品 i 而言：

总产量：$Q_i = L_i/l_i = (L_{Ci} + L_{Vi})/l_i$ （6-4）

其中，单位 i 产品消耗的劳动量为 l_i，其劳动生产率为 $(1/l_i)$。

总价值：$W_i = C_i + V_i + M_i = L_{Ci} + L_{Vi}$ （6-5）

---

[1]　伊藤诚把这些作为价值概念的三个方面进行了明确的界定，"价值量—生产价格—市场价值"是笔者的简化，具体可见孟捷的引用，参见孟捷：《关于市场价值的若干概念问题——一个补论》，《海派经济学》2005 年第 1 期。

[2]　孟捷：《关于市场价值的若干概念问题——一个补论》，《海派经济学》2005 年第 1 期。

[3]　资本技术构成：Q_{Ci}/L_{Vi}，资本价值构成：C/V。

剩余价值：$M_i = L_{Vi} - V_i = V_i [(1/l_V) - 1]$ (6-6)

正如孟捷所言，劳动价值论的解释力并非从属于"均衡"状态[1]。考虑到各产业之间的交互需求关系和各产业生产的独立性、不确定性，产业 i 的全部产品最终实现的价格水平和收入量，不会按"均衡"状态下的规则完全取决于产品 i 所消耗、凝结的劳动量，即价值量。根据杨格定理、墨菲的大推进模型和克鲁格曼的概括，产品 i 最终的价格水平和收入总量取决于那些与之交换的各产业在交换中提供多少"等价物"。设产业 j 以数量为 Q_{ji} 的产品 j 同产品 i 相交换。

产业 i 的名义收入：$R_i = \sum_{j=1}^{n} (P_j \cdot Q_{ji})$ (6-7)

相应地，这些收入能够购买到的劳动总量为 R_i/l_V，这就是补偿产业 i 劳动投入量的"市场价值量"。

产业 i 的市场价值：$R_i/l_V = [\sum_{j=1}^{n} (P_j \cdot Q_{ji})]/l_V$ (6-8)

如果 $(R_i/l_V) > L_i$，即 $(R_i/l_V) > W_i$，则产业 i 获得超额利润，在分工体系中呈现扩张趋势；如果 $(R_i/l_V) < L_i$，即 $(R_i/l_V) < W_i$，则产业 i 的利润水平低于平均利润（甚至会出现亏损），在分工体系中呈现萎缩状态。

产业升级的一般性分析强调"结构伸缩性"原则。产业间不存在无限需求弹性。在"有限需求弹性"的原则下，某一产业的规模扩张之后，与之交换的其他产业能够吸收的产品数量可以适当增加，但是，如果其他产业的生产规模不增加，无论价格低到何种程度也不能保证扩张后的产量被全部购买。通俗而言，"有限伸缩性"强调这样一个事实，如果某项产品的消耗部门没有扩大自身规模，那么无论这种产品的价格多便宜，其消耗部门能够消耗掉的数量也是有限的。达到一定限度之后，无论价格降到何种程度，总有部分产品无法销售出去。

第四节 产业升级的市场价值理论解析

上述数量关系实现了对产业升级"要素—产出"比例和产业结构比例

---

[1] 孟捷：《劳动价值论与资本主义生产中的不确定性》，《中国社会科学》2004 年第 3 期。

的量化。

"要素—产出"比例：产业 i 的资本有机构成 $C_i/V_i = (Q_{Ci}/L_V) \cdot \theta$ 是不同生产要素投入量之比；产出量 Q_i 与劳动投入量 L_i 之比（劳动生产率）$Q_i/L_i = (1/l_i)$。

产业结构比例：在要素分布方面是 L_i/L_j，$j=1$，…，n；在产出规模比例的物质（实际）层面上是指 Q_i/Q_j，$j=1$，…，n；在产出规模比例的价值（名义）层面上是指 R_i/R_j，$j=1$，…，n。

一、充分就业条件下技术进步形成"产业后备军"

在充分就业的条件下，先假设产业 i 改变"要素—产出"比例，再分析产业结构比例与"要素—产出"比例之间的约束关系，从而解释产业升级的动态过程。

（一）技术进步→产量增加→滞销或降价

产业 i 技术进步：资本有机构成 $C_i/V_i = (Q_{Ci}/L_V) \cdot \theta$ 提高，劳动生产率 $Q_i/L_i = (1/l_i)$ 提高，l_i 下降。

依据公式（6-4）：产出规模 $Q_i = L_i/l_i$ 增加。

依据公式（6-7）：如果其他产业未推行新技术或投入多要素，则与产品 i 相交换的其他产品规模不变，即收益 $R_i = \sum_{j=1}^{n} (P_j \cdot Q_{ji})$ 不变。

对产业 i 来说，结果有两个，要么降低产品 i 的价格把增加的 i 产品都提供给其他产业，要么形成产品滞销。在"买方市场"上，最终会形成何种结果不取决于产业 i，而是取决于购买产品 i 的其他产业部门。充分就业的条件下，经济系统不能为各产业的规模扩张提供任何资源，各产业规模被固定下来，在"有限需求弹性"的约束下[①]，各产业在交换中多吸收的产品 i 数量可能低于产品 i 的增加量，从而出现 i 产品滞销。

---

① 如果各产业对产品 i 的需求有无限弹性，产业完全吸收增加了的产品 i。最终，虽然产出规模增加了，但是产业 i 的收益 R_i 不会提高，产业结构的价值（名义）层面 R_i/R_j 不变。同时，产业 i 的市场价值不变 $(R_i/l_V) = L_i$，产业结构的要素分布比例 L_i/L_j 不变。这种极端条件下的理想状态，不是我们所讨论的"有限需求弹性"。

（二）产业后备军形成

依据交互需求原理，产品 i 滞销后总收益 R_i 依然保持不变。价格 P_i 下降，每件 i 产品在交换中换得的 j 产品数量减少。但是，在交互供求的市场关系中，产业 i 也是产业 j 的需求方，如果提供给产业 i 的 j 产品总量少于 Q_{ji}，产业 j 也会出现产品滞销，导致 P_j 也下降，最终产业 j 提供给 i 产业的产品总量依然为 Q_{ji}。产业 i 的总收益依然为 $R_i = \sum_{j=1}^{n} (P_j \cdot Q_{ji})$。

但是，由于部分产品 i 出现了滞销，在产业 i 中未能销售出其产品的部分企业不能参与 R_i 的分配。产业 i 会出现部分企业利润下降甚至亏损的状态，由此引发的失业，导致产业 i 的要素投入量 L_i 下降。产业 i 在产业结构中的要素分布比例 L_i/L_j 下降。产业 i 的技术进步变化导致经济系统形成内生的失业人口，即"产业后备军"。

在充分就业的条件下，技术进步将导致社会分工结构变化。具体而言：技术进步产业的"要素—产出"比例变化，生产效率提升，产出规模变大，产品滞销[1]，价格相应下降，但是收益量保持基本稳定，同时就业量减少，形成"产业后备军"，产业 i 在社会分工体系中所占比重下降。

二、非充分就业条件下技术进步吸收"产业后备军"

在"产业后备军"形成后，经济系统进入"非充分就业"状态，技术进步与结构变迁的关系会发生变化。不妨假设技术进步依然发生在 i 产业[2]。如前所述，技术进步后 Q_i 增长。存在"产业后备军"的条件下，其他产业可以吸收"产业后备军"扩大生产。对于各产业而言，产品 i 因产量增加而带来的价格下降，是一种实际的"额外收益"。在不存在"产业后备军"的条件下，各产业都不可能扩大生产规模，各产业只能在"有限需求弹性"的约束下，按供求结构部分地吸收这种"额外收益"。但是，在存在"产业后备军"的条件下，各产业可以通过吸收产业后备军来扩大生产规模，从而在市场上换得更多 i 产品。那些率先吸收"产业后备军"增加投入扩大生

---

[1]　滞销的产品数量只是产品增量的一部分。

[2]　或者说，把技术进步视为一个动态过程，在"产业后备军"形成后，产业 i 的技术进步可能还没有结束，接下来的技术进步会因"产业后备军"的存在而有所不同。

产的产业，可以在交换中获得更多 i 产品，从而占有更多"额外收益"。产业间的这种竞争关系，将导致各产业争相扩大生产，"产业后备军"被各产业吸收。

三、经济系统进入"新均衡"状态

随着"产业后备军"被各产业吸收，产业 i 在交换中所获得到的"等价物"增加，产业 i 的收益 $R_i = \sum_{j=1}^{n} (P_j \cdot Q_{ji})$ 增加。相应的产业 i 的市场价值（R_i/l_V）变大。同时，在社会分工结构中 i 部门使用的劳动量下降，从而形成（R_i/l_V）> L_i。因此，产业 i 的利润率高于其他产业，技术进步使产业 i 最终受益。产业 i 将在分工体系中扩张。这种扩张将导致产业 i 吸收"产业后备军"，扩大要素投入量。其他各产业为了追求更高的利润率也可能将要素转移至产业 i，使劳动①从其他产业向产业 i 流动。但是，产业 i 的要素投入量不会回到最初水平②。原因有两个方面：

首先，就产业 i 吸收"产业后备军"而言，全部的产业后备军源自产业 i，各产业的生产扩张是通过吸收部分产业后备军完成的，因此，即使产业 i 扩大生产，它也不可能吸收全部"产业后备军"。

其次，劳动从其他产业向产业 i 流动而言，如果转产形成的要素流动导致产业 i 的要素总量回到最初水平，其他各产业的要素规模和产业规模也将回到最初水平。在有限需求弹性的条件下，生产规模未扩大的各产业不可能在交换中完全吸收掉产出规模已经扩大了的 i 产品。i 产品的滞销会导致产业 i 再次出现失业，形成新的"产业后备军"，产业 i 的就业规模再度减少。考虑到原就业规模上，第一次技术进步后产品 i 的生产规模就已经导致了"产业后备军"的形成。那么，第二次技术进步后，在产业 i 的要素规模恢复到最初水平之前，产品 i 的生产规模就会超过形成"产业后备军"临界点，产业 i 的就业规模会重新开始减少。

综上所述，产业 i 市场价值高于价值导致各产业劳动力向产业 i 流动，产业 i 的要素投入量增加。但是，在要素投入量恢复到产业 i 最初要素投入

---

① 这里的"劳动"和"就业"数量系物化劳动和活劳动的总量，下同。
② 即第一次技术进步前的"充分就业"状态下产业 i 最初的就业规模。

规模之前，上述要素流动就已经停止。相应地，这种流动的动因——市场价值高于价值的状况——会消失，经济系统进入另一个市场价值与劳动投入量相等的"新均衡"状态。由市场价值与劳动投入量相等可知，在这个"新均衡"状态上产品的价格重新取决于产品的价值，即要素投入量。因此，产业 i 的价格与其要素投入量相一致，其价格总水平，即总收益，低于最初的收益水平。至此，产业升级经历了从一种均衡到另一种均衡的演变，形成了"多重均衡"结构。

基本结论：

在产业升级过程中技术进步与结构变迁并存。随着技术的进步，就技术进步的产业 i 而言，在产业结构的要素比例上，L_i/L_j 下降；在产业结构产出比例的价值（名义）层面上，R_i/R_j 下降；在产业结构产出比例的物质（实际）层面上，Q_i/Q_j 的变化受产业间有限需求弹性的影响，基本保持稳定。

第五节　基于有限伸缩性的产业升级实证检验

我们运用我国现有统计数据，检验上述结论是否成立。为了讨论方便，将第三产业作为服务业，第一、第二产业合并作为物质生产行业。

首先，我们可以运用劳动生产率水平表示技术问题。劳动生产率的比较需要扣除折旧的影响。按库兹涅茨的解释，进行纵向比较时折旧变化甚微，其影响可以忽略[1]。但是劳动密集度较高的服务业与固定资产规模较大的物质生产业相比较时，折旧的影响不应忽略。由于现有国民经济核算关于折旧的数据相对较少，我们以各年度投入产出表提供的各产业折旧数据为基础进行计算[2]。以此为基础，我们可以计算出物质生产行业与服务业的劳动生产率水平。由于投入产出表数据局限于 1987 年、1990 年、1992 年、1995 年、1997 年、2000 年、2002 年、2005 年、2007 年共 9 个年份，因此我们使用这 9 个离散的年份表示 1987—2007 年的劳动生产率变动趋势。劳动生产率计算过程中的产值数据剔除了物价变化的影响，代表实际产量。

---

① ［美］西蒙·库兹涅茨：《各国的经济增长》，常勋等译，商务印书馆 2007 年版，第 112 页。
② 先计算折旧在总产值中的比重，再以这一比重为基础从名义或实际总产值中扣除相关折旧数据。

从图6-1、图6-2可以看出，相对于服务业而言，物质生产行业的劳动生产率水平相对提高。物质生产行业的技术进步和产业升级速度略快于服务业。

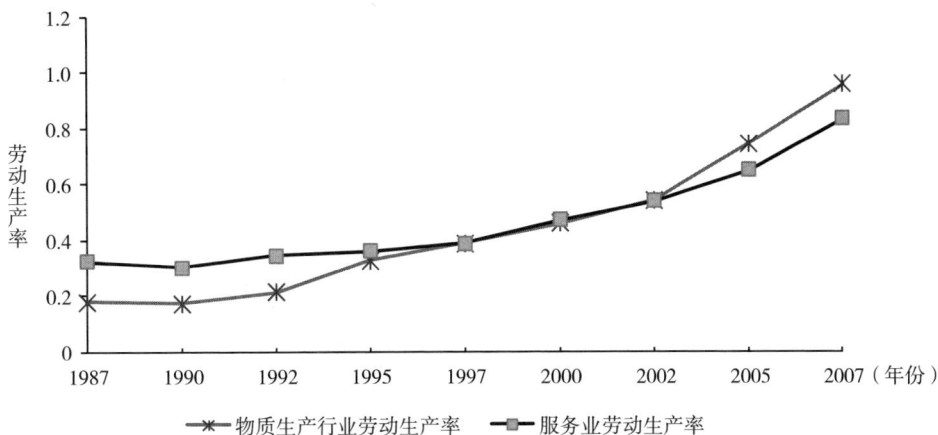

图 6-1 1987—2007 年物质生产行业和服务业的劳动生产率水平

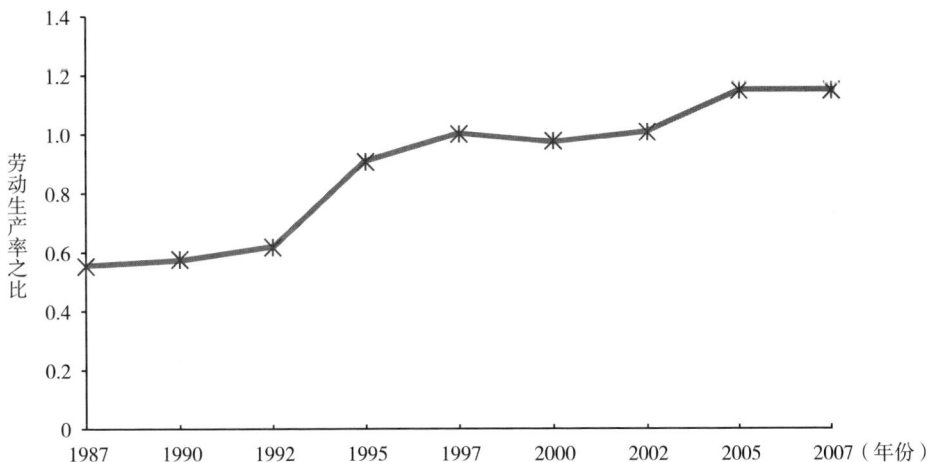

图 6-2 1987—2007 年物质生产行业劳动生产率相对于服务业的变化趋势

其次，以产业间实际产量之比和名义产值之比表示产业结构产出的物质（实际）层面和价值（名义）层面。

如图6-3、图6-4所示，从名义产值来看，物质生产行业在产出结构的

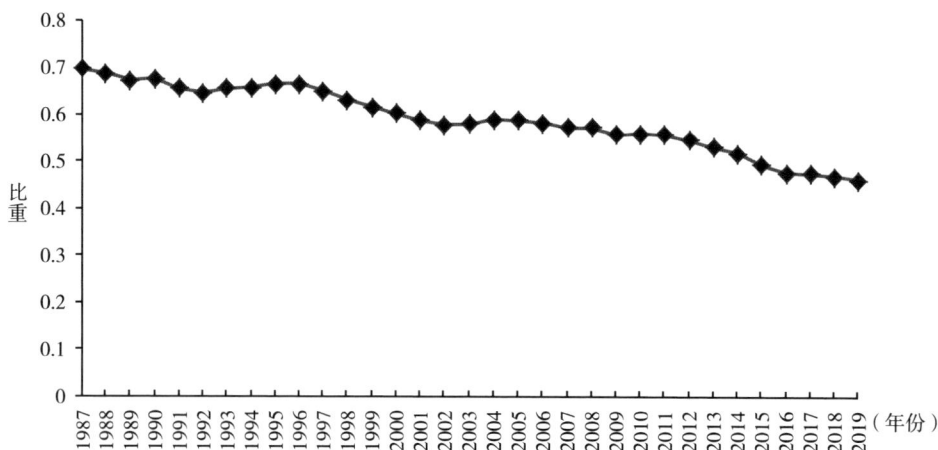

图 6-3　1987—2019 年物质生产行业名义产值占国内生产总值的比重

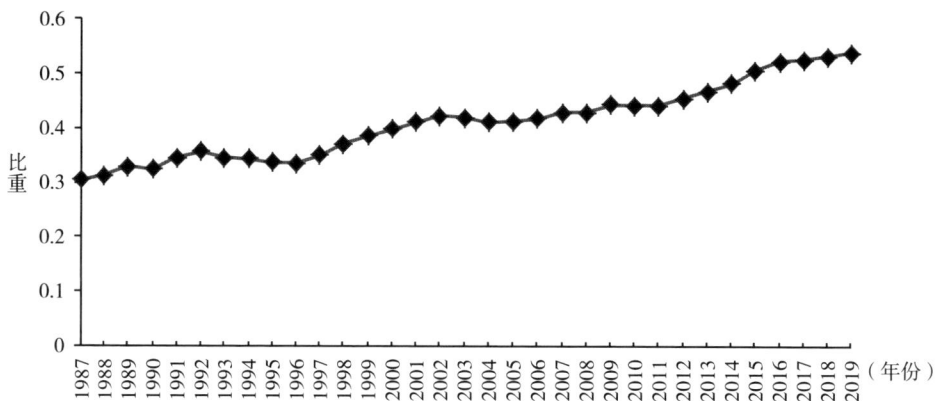

图 6-4　1987—2019 年服务业名义产值占国内生产总值的比重

价值（名义）层面上，比重呈现明显的下降趋势；服务业的比重呈明显上升趋势。

如图 6-5、图 6-6 所示，从实际产量来看，物质生产行业和服务业在产出结构的实际物质（实际）层面上，未出现明显的比重变动，基本保持稳定。

最后，各产业的劳动就业比重可以从现有统计信息中直接获得。

如图 6-7、图 6-8 所示，产业结构比例的要素分布方面，物质生产行业

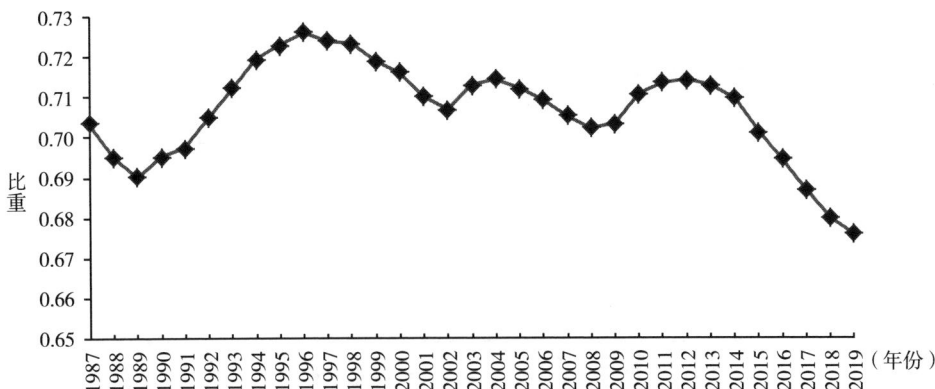

图 6-5　1987—2019 年物质生产行业实际产量占国内生产总值的比重

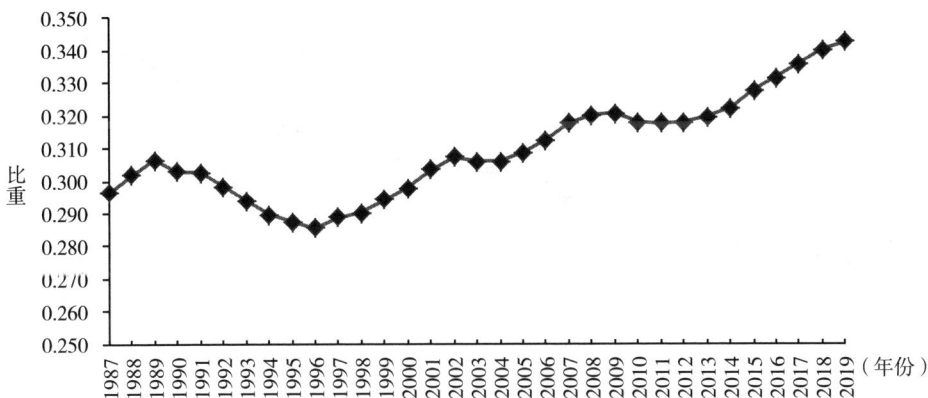

图 6-6　1987—2019 年服务业实际产量占国内生产总值的比重

的就业比重呈明显下降趋势，服务业的就业比重呈明显上升趋势。

　　综合上述实证结果可知，相对于服务业而言，物质资料生产部门形成了明显的相对技术进步。劳动生产率的相对提高导致物质资料生产部门的劳动向服务业部门转移。在产业结构产出规模的价值（名义）层面上，物质资料生产部门的收益所占比重相应下降，且收益下降曲线与就业下降曲线的形状相似。在产业结构产出规模的物质（实际）层面上，物质资料生产部门在国民经济中所占比重基本保持稳定，体现了"有限伸缩性"的约束。产业升级的实证检验结果与基于市场价值理论的分析结论相一致。

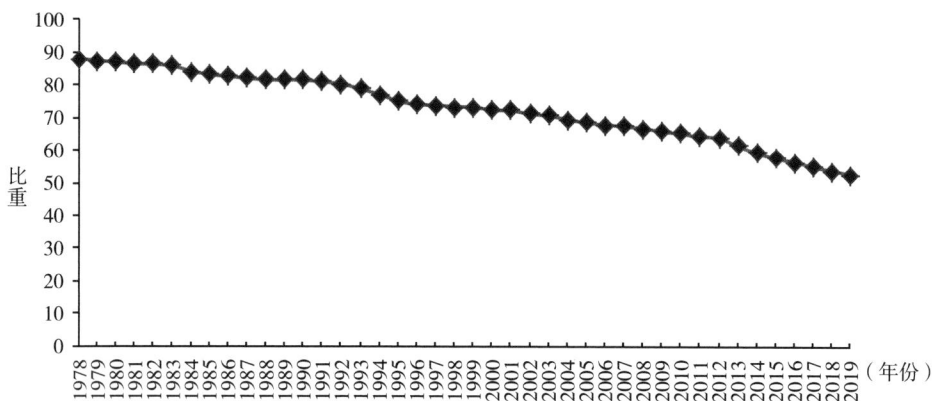

图 6-7 1978—2019 年物质生产行业在国民经济中的就业比重

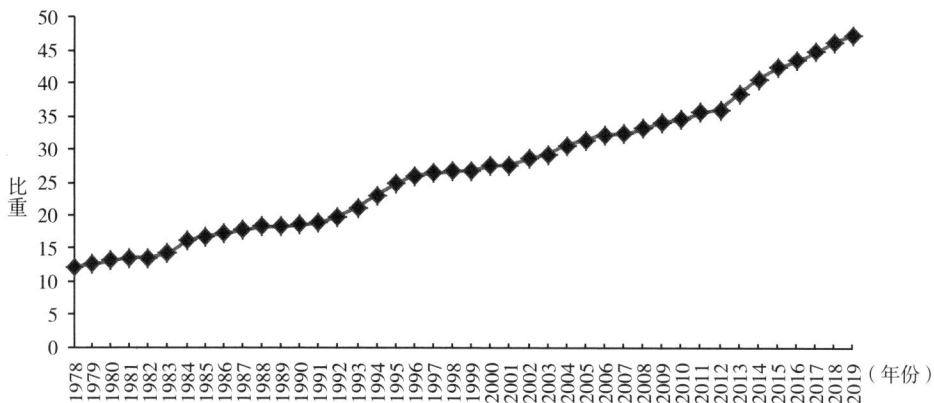

图 6-8 1978—2019 年服务业在国民经济中的就业比重

产业升级是效率提升和结构调整的统一，是经济学基础理论的研究主题。当前产业升级研究脱离经济学基础理论形成"创新升级"和"结构优化"相分离的表层解析，其原因就在于传统理论经济学不能为产业升级研究提供一个包容"有限伸缩性"的一般性动态分析框架。马克思市场价值理论的"再生产"分析框架，是一个可以兼容"有限伸缩性"的"多重均衡"分析框架，为产业升级研究提供一个更具解释力的经济学基础理论。

在价值链升级层面，产业升级涉及衡量经济效率的"要素—产出"比例；在结构升级层面，涉及标志产业间产值结构和就业结构的产业间结构比例。两个比例彼此制约，其中产业间结构比例的调整是各产业"要素—产出"比例变化的必要条件，即效率提升需要以结构调整为实现条件。关于这一问题，西方经济学存在完全固定和完全伸缩性两个极端假设：前者认为效率提升难以获得其结构调整条件，将产业升级的任务寄希望于"市场之外"的因素；后者则认为产业间结构比例可以无限伸缩，忽略了效率提升面临的所有结构性约束，难以把握产业升级面临的矛盾和困难。通过引入政治经济学劳动价值论的"市场价值"，我们为两类产业升级提供了一个"有限伸缩性"的分析框架。在这个框架中，效率提升引发的结构调整，如果在各产业可以接受的"有限伸缩性"范围之内，经济系统可以稳定地过渡到新的再生产结构，即顺利实现效率提升和结构调整。否则，产业升级的效率提升和结构调整过程，就必须通过经济周期或经济危机的强制性震荡来完成。因此，在本章提供的政治经济学框架中，产业升级的效率提升和结构调整，始终处于对立统一的矛盾运动之中，结构调整限定了效率提升所引发的"震荡"幅度，在此有限的幅度范围内两者"相辅相成"，产业升级顺利完成；超出这一范围，产业升级必须引入市场外的要素进行干预才能实现。这种效率提升与结构调整对立统一的政治经济学理论框架，也是全书产业升级的理论基础。

第 七 章

融合升级：以制造业与文化产业的融合为例

上一章的研究表明，产业升级兼具效率提升和结构调整的双重内涵。融合升级就是这两方面产业升级交叉综合的表现：融合升级的融合过程以产业体系间不同产业边界的消融为基本方式，其出现的领域往往是产业效率提升的高附加值领域。当前，融合升级是学者关注的产业发展新趋势[1]，是现代产业体系适应新科技革命的新型产业分工，是不同产业之间的交叉渗透，是提高产品附加值、提升产业竞争力的基本途径，是产业升级的重要内容。例如电子信息、人工智能和纳米科技等高新技术产业向制造业的渗透催生了现代制造业的技术开发领域，并使之转变为相对独立的产业模块，成为制造业升级的关键领域。

第一节　融合升级的相关文献与理论脉络

从文献脉络来看，不同产业的融合升级最早源自内森·罗森伯格（Nathan Rosenberg）[2] 和德文德拉·萨哈尔（Devendra Sahal）[3] 等人讨论的

---

[1]　厉无畏、王慧敏：《产业发展的趋势研判与理性思考》，《中国工业经济》2002 年第 4 期。

[2]　Nathan Rosenberg, "Technological Change in the Machine Tool Industry, 1840–1910", *The Journal of Economic History*, Vol.23, No.4, 1963, pp.414–443.

[3]　Devendra Sahal, "Technological Guideposts and Innovation Avenues", *Research Policy*, Vol.14, No.2, 1985, pp.61–82.

不同产业被新技术"统一"的现象，后续研究中产业功能集中于同一个机构[1]、产品融为一体[2]和需求市场合并[3]等现象均视为各产业融合升级的基本表现。技术进步、管制放松和需求变化被视为产业融合升级的基本成因和主要动力，具体表现为：新技术跨越行业界限，将原先彼此分离的产业纳入同一技术流程，导致产业融合升级[4]；在原先的管制条件下其他产业不得染指专营产业被取消限制，或原先不允许染指其他领域的产业被取消限制，也会促进产业间的融合升级[5]；随着人们需求偏好的变化，人们对某一产品或服务的需求与对另一产品或服务的需求融为一体，会推进不同产业之间的融合升级，促进不同产品的需求市场交叉融合[6]。技术、管制和需求成为判断不同产业融合升级现实背景的三项主要标志。

融合升级的目标是提升产业绩效、提高产业竞争力[7]，即戴尔特·恩斯特（Dieter Ernst）最早界定的"产业升级"（Industrial upgrading）[8]。西方学者运用格雷菲正式提出的"全球价值链"（GVC）分析法[9]，把从价值链低附加值阶段向高附加值阶段攀越的四种方式：工艺技术升级、产品升级、功

---

① 称为"功能融合"或"机构融合"，见 Andrew H. Gold, Arvind Malhotra Albert H. Segars, "Knowledge Management: An Organizational Capabilities Perspective", *Journal of Management Information Systems*, Vol.18, 2001, pp.185-214。

② 称为"产品融合"，见 David B. Yoffie, *Competing in the Age of Digital Convergence*, U. S., The President and Fellows of Harvard Press, 1997。

③ 称为"市场融合"，见 Alfonso Gambardella, Salvatore Torrisi, "Does Technologica l Convergence Imply Convergence in Markets? Evidence from the Electronics Industry", *Research Policy*, Vol.27, No.5, 1998, pp.445-463。

④ Bernd W. Wirtz, "Reconfiguration of Value Chains in Converging Media and Communications Markets", *Long Range Planning*, Vol.34, 2001, pp.489-506.

⑤ David T. Lie, "Industry Evolution and Competence Development: The Imperatives of Technological Convergence", *International Journal of Technology Management*, Vol.19, 2000, pp.699-738.

⑥ Weaver Benjamin, Industry Convergence Driving Forces, Factors and Consequences the Institute of Economic Research, Pobox 7080 SE-22007 Lund, 2006.

⑦ Stefanie Bröring, L. Martin Cloutier, Jens Leker, "The Front End of Innovation in an Era of Industry Convergence: Evidence from Nutraceuticals and Functional Foods", *R&D Management*, Vol.36, No.5, 2006, pp.487-498.

⑧ Dieter Ernst, "Catching-Up, Crisisand Industrial Upgrading, Evolutionary Aspects of Technological Learning in Korea's Electronics Industry", *Asia Pacific Journal of Management*, Vol.15, 1998, pp.247-248.

⑨ Gary Gereffi, "International Trade and Industrial Upgrading in the Apparel Commodity Chain", *Jouranl of International Economics*, Vol.48, 1999, pp.37-70.

能升级和价值链间升级，都归结为产业升级①。施振荣提出的"微笑曲线"②按业务流程将价值链分解为"研发—制造—营销"三阶段，认为依赖技术专利和品牌服务的研发和营销阶段的附加值更高，是产业升级的方向，也是融合升级的热点领域。以制造业为例，制造业的技术开发和营销推广环节，正是制造业与高新技术产业、商业服务业交叉渗透的产业融合领域。过度依赖劳动力成本优势，难以摆脱全球价值链的束缚，已经成为国内学者担忧"中国制造"升级的主要关切③，高新技术产业与制造业的融合升级成为"中国制造"升级的重要路径。实际上，从技术、管制和需求三方面的现实背景来看，文化产业与"中国制造"融合升级同样值得关注。

在技术方面，文化产业的概念源于法兰克福学派关于文化产品制作采取标准化工业流程而展开的争论④。以标准化工业流程进行生产制作是文化产品和文化服务形成文化产业的重要特征，在生产技术上与制造业具有共通之处。文化产业的创意策划、广告宣传、外形设计和包装发行等技术也早已成功渗透至制造业，成为提高产品文化内涵和品牌附加值的主要技术手段，从事创意策划、广告宣传、外形设计和包装发行等事务的机构也已经突破文化产业的界限，成为众多制造业部门尤其是消费品制造业的重要机构。文化产业参与的"功能融合"与"机构融合"已经广泛存在。

在管制方面，当前正在大力推进的"文化体制改革"，制造业资本投资、参与文化产业的限制将逐步减少，同时鼓励文化企业突破文化领域的界限发挥文化资源优势参与制造业等各产业的经营运作，文化产业正处于放松政策管制、加速产业融合升级的"起飞阶段"。

---

① John Humphrey, Hubert Schmitz, "How does Insertion in Global Value Chains Affect up Grading Industrial Dusters", *Regional Studies*, Vol.36, 2002, pp.1017-1027.

② 施振荣：《再造宏碁：开创、成长与挑战》，中信出版社2005年版，第8页。注：一般认为"微笑曲线"，提出时间为1992年，2005年的著作由林文玲对其观点采访整理出版。

③ 可参见卓越、张珉：《全球价值链中的收益分配与"悲惨增长"——基于中国纺织服装业的分析》，《中国工业经济》2008年第7期；以及刘明宇、芮明杰：《全球化背景下中国现代产业体系的构建模式研究》，《中国工业经济》2005年第9期。

④ 对这种"文化工业"持有支持观点的代表是瓦尔特·本雅明（Walter Benjamin, 1936），参见中文版：《机械复制时代的艺术作品》，王才勇译，中国城市出版社2002年版，第11页；持反对观点的代表是阿多诺和霍克海默（Theodor Adono, Max Horkheimer, 1947），参见中文版：《启蒙的辩证法》，渠敬东、曹卫东译，上海人民出版社2006年版，第164页。

在需求方面，随着人们收入水平的提高，人们对服装、食品和家具等制造业产品的需求偏好融入了越来越多的价值观念与文化认同。产品对于消费者的使用价值，从满足人们的物质需求和生理需要的功能价值提升为满足人们精神需求和心理需要的观念价值①，对很多制造品的需求与对相关文化的需求呈现彼此交融、相辅相成的关系。文化产业与制造业之间存在明显的"需求融合"和"市场融合"趋势。

第二节　融合升级现有研究的局限

虽然文化产业与"中国制造"的融合升级具有技术、管制和需求三方面的现实背景，但是文化产业与"中国制造"融合升级领域的研究依然很少。与"中国制造"升级相关联的融合升级研究集中于高新技术产业与"中国制造"相融合的制造业技术研发和工艺创新领域；文化产业的融合升级研究则局限于文化产业与旅游业和金融业等服务业的融合升级。

一、以知识产权优势理论为分析框架

从马克思超额利润理论和知识产权优势理论入手，有助于我们洞悉当前研究现状的局限性。融合升级的核心问题都指向超额利润的获取。马克思的超额利润理论将持续性超额利润的获取指向垄断资源。例如，马克思地租理论是以土地所有权垄断解析超额利润的经典理论。欧内斯特·曼德尔（Ernest Mandel）强调"马克思级差地租理论是更一般的超额利润理论的一种特殊情况"②。马克思强调垄断资源的理论导向在知识产权优势理论中也获得了充分体现。知识产权优势，是以程恩富教授为代表的海派经济学针对比较优势和竞争优势的不足提出的"第三种优势"③，他们认为比较优势理论的局限性在于资源禀赋的静态优势，产业发展战略"不仅不能指望单纯

---

① 厉无畏、蒋莉莉：《发展创意产业解放文化产业力》，《毛泽东邓小平理论研究》2008 年第 5 期。

② ［比］孟德尔：《〈资本论〉新英译本导言》，仇启华、杜章智译，中央党校出版社 1991 年版，第 189 页。

③ 程恩富、丁晓钦：《构建知识产权优势理论与战略——兼论比较优势和竞争优势理论》，《当代经济研究》2003 年第 9 期。

发展比较优势产业来推动国家经济的选择性赶超和高效益发展，而且满足于比较优势还可能造成贸易条件恶化，陷入比较优势陷阱"[1]；竞争优势也存在明显的局限性："竞争优势综合因素太多，而且并不十分适合发展中国家的现实要求。"[2] 相比之下，知识产权优势理论更为重视垄断性资源。"要想持续发展，拥有持久的竞争力，必须拥有垄断性的资源……只有无形的资源——知识，才是国家最大的财富。拥有自主知识产权优势，是一个企业和国家能取得垄断利润的关键"[3]。

马克思超额利润理论和知识产权优势理论运用"垄断资源"透析超额利润和"持久竞争力"的科学性也在西方的产业升级研究中获得了印证。西方产业升级理论，最终也将产业升级和产业竞争力的关键归结到"垄断资源"和"知识产权"方面。对于"微笑曲线"所揭示的收益不均问题，普遍认同的解释来自卡普林斯凯[4]运用资源禀赋"动态租金"的分析："研发—营销"阶段所依托的专利和品牌等要素在知识产权制度保护下具有独占性，可以防范市场竞争对要素"租金"的侵蚀，因此能够获取高收益。[5]迈克尔·佩雷尔曼（Michael Perelman）则指出，知识产权改变了竞争的实性质，拥有知识产权的公司只是面临有限的竞争。[6] 其实，早在 20 世纪 70年代，欧洲著名马克思主义者曼德尔就在其名著《晚近资本主义》一书中明确提出了"技术租金"，用来解析技术创新形成的超额利润。[7] 当然"技术租金"的范围相对较少，难以涵盖主要垄断性资源，将视角拓展至更为一般的知识产权优势理论，有助于增加理论研究的解释力。

---

① 程恩富、廉淑：《比较优势、竞争优势与知识产权优势理论新探——海派经济学的一个基本原理》，《求是学刊》2004 年第 11 期。

② 程恩富、廉淑：《比较优势、竞争优势与知识产权优势理论新探——海派经济学的一个基本原理》，《求是学刊》2004 年第 11 期。

③ 程恩富、廉淑：《比较优势、竞争优势与知识产权优势理论新探——海派经济学的一个基本原理》，《求是学刊》2004 年第 11 期。

④ Raphael Kaplinsky，" Globalisation and Unequalisation：What can be Learned from Value Chain Analysis?"，*The Journal of Development Studies*，Vol.37，No.2，2000，pp.117-146.

⑤ 江静、刘志彪：《全球化进程中的收益分配不均与中国产业升级》，《经济理论与经济管理》2007 年第 7 期。

⑥ ［美］迈克尔·佩雷尔曼：《知识产权的政治经济学分析》，《海派经济学》2005 年第 11 期。

⑦ Ernest Mandel，Late Capitalism NLB，*London Lowe & Brydone Printers Limited*，1976，pp.224-225.

二、融合升级理论的不足之处与症结所在

从知识产权优势的理论出发，当前文化产业与"中国制造"融合升级研究的局限及其成因集中于以下两个主要方面。

第一，知识产权优势理论揭示出文化产业与"中国制造"的融合升级和高新技术产业同等重要，说明偏重于高新技术产业的思维定式，忽略了"中国制造"升级的重要方面。造就制造品高附加值的垄断性知识产权，并不局限于专利、实用新型、集成电路和软件版权等"技术要素知识产权"，还包括商标权、商号权、著作版权和外形设计权等"文化要素知识产权"。前者是产品的科技含量和专利附加值的主要支撑，后者是产品的文化内涵和品牌附加值的主要支撑。科技含量和文化内涵都是制造品附加值的主要构成要素。高新技术产业能够将科研成果与生产工艺相融合，在研发和制造环节赋予产品更多的科技含量和专利附加值；在文化内涵和品牌附加值方面，文化产业与制造业的融合升级也非常明显，从服装、鞋帽到手机、电脑，在这些消费品行业，存在很多专攻市场与品牌的主导型企业，它们成功地将文化理念与造型设计、品牌策略相融合，从而赋予产品更多的文化内涵和品牌附加值。从知识产权的视角入手不难发现：技术专利和软件版权等技术要素知识产权不能代替商标商号和著作版权等文化要素知识产权，产品的科技含量和专利附加值并不能涵盖产品的文化内涵和品牌附加值。相应地，高科技产业与制造业交叉融合的技术研发和工艺创新环节对产品高附加值的贡献，也不能代替文化产业与制造业交叉融合的造型设计和营销包装等环节对产品高附加值的贡献。因此，偏重于高新技术产业与"中国制造"的融合升级，忽略甚至否认文化产业与"中国制造"的融合升级，具有明显的局限性，遗漏了推进"中国制造"升级的重要方面。

第二，知识产权优势理论也说明，文化产业概念导向的局限性导致文化产业与制造业融合升级的可能性难以被接受。知识产权理论强调产业的"要素属性"，如区分劳动密集型产业、资本密集型产业和知识密集型产业，就需要考察不同产业的知识产权密集程度；但是传统的产业界定方法则习惯于强调各产业的产品属性，如三次产业分类法把生产农产品、工业品和服务产品的产业依次划分为第一、第二和第三次产业。生产要素的共性和可比性

明显优于产品，不同产业之间的融合升级，往往以其共同的"要素属性"为基础，只有少数产业融合升级以"产品融合"为基础。明确了这一点就容易理解：学术界专注于高新技术产业与制造业的融合升级，忽视甚至不接受文化产业与制造业的融合升级，在某种程度上是受到了高新技术产业和文化产业概念导向的影响。高新技术产业的概念具有明显的"要素属性"和"知识产权"导向，依据国际公认的经济合作组织（OECD）对高新技术产业的定义，"在实际应用中，确定高新技术产业主要依据是产业 R&D 密集度明显高于其他产业"①。正是由于高新技术产业的要素属性导向，制造业与高新技术产业的"共性"才能获得广泛认可，制造业领域以获取技术要素知识产权为目标的技术研发和工艺创新领域才会被视为高新技术产业与制造业融合升级的产业领域。如果以"产品属性"为导向，将高新技术产业和高科技产业限定于产品是"科技产品"的产业，如电子信息和网络产业等生产科技产品的部门，那么，高新技术产业与制造业的融合将被限定在产品具有"科技产品"特征的产业领域，其产业融合升级的研究范围将受到严重限制，忽略高新技术产业在大量制造业部门产业升级中所发挥的关键作用。文化产业与制造业融合升级之所以难以被接受，与文化产业偏重于产品属性的概念导向有直接关系。依据联合国教科文组织的定义，"文化产业是指生产和销售文化产品或服务的产业"②；依据文化部对文化产业的定义，

---

① 王树海：《"OECD"国家高新技术指标体系研究与启示》，《中国科技产业》2002 年第 2 期。对于这一概念还存在另一种较为普遍的认识：按照 OECD 的定义，高新技术产业本身就是制造业的一部分，高新技术产业与制造业之间的产业融合是一个"同义反复"。王树海在此文中对 OECD 指标的介绍也有助于澄清这一误解：OECD 首先明确了界定高新技术产业的概念标准，共有五项基本特征，其主要指标就是 R&D 密度，由于 95% 的 R&D 集中于制造业领域，OECD 才进一步明确了制造业中的哪些部门符合"高新技术产业"标准。也就是说，在逻辑上高新技术产业独立于制造业概念，虽然在结论上高新技术产业几乎完全融入现代制造业，但这并不是最初定义就将高新技术产业界定为制造业所导致的"同义反复"，而是产业融合的客观结果。实际上，高新技术产业与制造业的融合升级研究，所讨论的并不是已经被界定为"高新技术产业"的制造业部门，更多的是这些代表高新技术产业的制造业部门与其他制造业部门的技术研发和工艺创新等领域形成的"产业融合"。

② 联合国教科文组织公共宣传局：《文化产业》，教科文组织第六十周年第 25 周，2006 年 2 月 27 日—3 月 4 日"文化产业"主题讨论资料，http：//www. google. com. hk/url? sa=t&rct=j&q=memobpi25_culturalindustries_ zh. pdf&source=web&cd=1&ved=0CE8QFjAA&url=http%3A%2F%2Fwww. unesco. org%2Fbpi% 2Fpdf% 2Fmemobpi25 _ culturalindustries _ zh. pdf&ei = 7qEYULiYBPGtiQfi54GgBg&usg = AFQjCNHTAeWtBgpT-ctoquipfr_ iHSiANA&cad=rjt。

"文化产业是指从事文化产品生产和提供文化服务的经营性行业"①。可见，现有的文化产业定义具有非常明确的"产品属性"导向，以产品差别作为界定标准，能够与文化产业形成融合升级的部门就只能限定在产品具有"文化产品"属性的旅游业等服务业部门。依照这种"产品属性"导向，接受文化产业与制造业的融合升级，就是要承认制造品也具有"文化产品"属性，这也是学界不愿意承认两者融合升级的原因。其实，借鉴高新技术产业定义的知识产权导向，研究文化产业与制造业的融合升级，只是将那些凭借商标商号和外观外形等知识产权优势提升产品文化内涵和品牌附加值的创意策划、广告宣传和外形设计等环节视为文化产业与制造业的交叉融合地带，没有必要将制造业的产品认定为"文化产品"。

第三节　基于知识产权优势"二分法"重构融合升级的分析框架

前面我们已经涉及了技术要素知识产权和文化要素知识产权，将这两类知识产权相区分，有助于我们进一步细化知识产权优势，突破当前过于偏重高新技术产业与制造业融合升级，忽略甚至不接受文化产业与制造业融合升级的现状，为文化产业与"中国制造"的融合升级确定切实可操作的理论基础，使之与高新技术产业"等量齐观"。

一、知识产权"二分法"

我们将这种区分简称为知识产权优势"二分法"。构成知识产权优势的垄断性资源，范围较宽，知识产权优势理论依据世界贸易组织《与贸易有关的知识产权协议》介绍归纳了这一范围内的知识产权要素，包括"发明专利、实用新型专利、外观设计专利、化学配方、技术诀窍、图形设计、计算机软件设计、名牌商标、商业秘密、著作权、声像版权等所有知识产权领

---

① 中华人民共和国文化部：《文化部关于支持和促进文化产业发展的若干意见》，《中国文化报》2003年10月18日。

域"①。在我国司法实践中，著作权法、专利法、商标法、反不正当竞争法等法律行政法规或规章、司法解释也对知识产权的内容进行了具体可操作的界定。把这一范围内的知识产权区分为技术要素知识产权和文化要素知识产权并非难事，我们可以给出一个简单的区分标准：知识产权所保护的生产领域的操作方法和工艺规范归入技术要素范畴；仅涉及名称、外观和文学文艺作品等生产工艺之外的内容归入文化要素范畴。依据这个划分标准，虽然某些特殊的知识产权归属于"文化要素"知识产权还是"技术要素"知识产权需要在实践中进行具体分辨，但是明确文化要素知识产权的客观存在，使之与技术要素知识产权"二分"，从而实现"等量齐观"是可行的（见图7-1）。

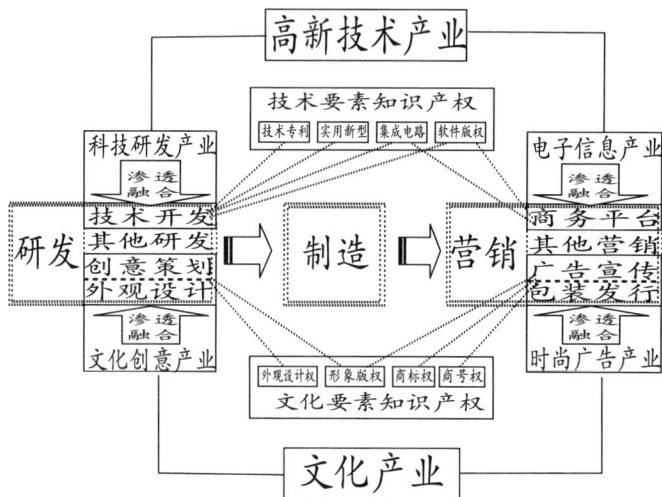

图7-1 知识产权"二分法"视角下文化产业参与的产业融合与
高新技术产业参与的产业融合"等量齐观"

二、融合升级研究的新框架

以知识产权优势的"二分法"为基础，我们可以重构文化产业与"中

---

① 程恩富、丁晓钦：《构建知识产权优势理论与战略——兼论比较优势和竞争优势理论》，《当代经济研究》2003年第9期。

国制造"融合升级的分析框架。该分析框架可以从以下几个方面进行阐释。

首先，文化产业与"中国制造"的融合升级集中于"中国制造"的研发和营销环节，文化产业通过参与"中国制造"的创意策划、外观设计、广告宣传和包装发行等环节赋予"中国制造"更多的文化内涵，这些提升"中国制造"附加值的文化要素，受到外观设计权、形象版权、商标权和商号权等知识产权的保护，是保证"中国制造"高收益和持久竞争力的关键要素。通常认为，文化要素对产品附加值和产业竞争力的贡献较为"虚化"、难以把握，很难进行量化和具体化的解析；但是从知识产权优势的视角来看，由外观设计权、形象版权、商标权和商号权保护的文化要素正是企业超额利益的重要垄断资源，是企业"无形资产"的重要构成部分。把那些表现为外观、图像、名称和音像等形式的文化要素分别归入相应的知识产权进行具体的量化分析具有切实的可操作性，这些文化要素正是文化产业与"中国制造"融合升级的现实基础。要推进"中国制造"的升级，文化产业与"中国制造"的融合升级不可忽视。

其次，与技术要素知识产权相比，文化要素知识产权的影响主要集中于消费品等的制造业产业链的终端。技术要素的知识产权优势在于技术要素对生产者技术进步的主导作用，文化要素的知识产权优势则在于文化要素对消费者选择偏好的重要影响。主导生产制造环节的企业往往以技术要素知识产权优势作为其核心竞争力；而主导市场营销环节的企业以文化要素知识产权作为其核心竞争力。技术要素知识产权对于生产者技术进步的意义在于技术要素的"独特性"；而文化要素知识产权优势对于消费者偏好的影响则在于文化理念的"认同性"。消费者对产品的选择尤其是对高端消费品的认可，往往源于消费者的文化观念和价值判断。所谓的文化软实力正是文化因素对人们文化观念和价值判断的影响力，而文化产业向"中国制造"渗透融合的关键就在于加强"中国制造"与中华文化软实力的结合。因此，越是高端市场，产品的高附加值越从属于消费者对产品的"文化认同"，就越能凸显出文化要素知识产权对于品牌竞争力的提升作用；越是制造业产业链的终端，离最终消费者越近，文化产业与"中国制造"的融合升级就越重要。

最后，低附加值的"贴牌生产"是"中国制造"面临的主要困境，要发展自主品牌，"中国制造"不仅需要提升企业的品牌意识、重视商标的设计和申请，还需要鼓励中国本土企业学习国外高端制造业运用高新技术产业改造传统制造业的成功模式，尤其需要鼓励文化产业与"中国制造"的融合升级，学习国外服装、家电和汽车等终端制造业运用文化产业的创意策划、外观设计、广告宣传和包装发行等手段改造传统制造业的成功模式，加速中华文化软实力向"中国制造"品牌竞争力的转化。

立足知识产权优势理论，不仅可以洞悉文化产业与"中国制造"融合升级的可行性，也有助于我们抓住当前重要的时代机遇，抓住产业融合升级的本质要求，顺利推进中等收入阶段的产业升级。在后危机时代，中国潜力巨大的国内需求成为重要的战略优势，用好国内需求发展创新经济具有重要的战略意义[①]；已经进入"中等收入阶段"的中国消费市场将越来越重视消费品的"文化内涵"和"观念价值"；立足国内市场需求推进中等收入阶段的产业升级，发展"自主品牌"，面临重要的战略机遇期。同时，在后危机时代，中国经济的发展增强了本国居民的民族自信心，中华文化在国内的价值认同持续提升，立足中华文化在国内的价值影响力，加速产业升级，发展自主品牌率先抢占国内中等收入阶层的消费市场，对于中等收入阶段的中国产业升级具有重要的战略意义[②]。

---

① 刘志彪：《基于内需的经济全球化：中国分享第二波全球化红利的战略选择》，《南京大学学报（哲学·人文科学·社会科学版）》2012年第2期。
② 率先发展国内自主品牌的战略路径，也有助于中国突破全球价值链的约束，具体论述可参见刘志彪、张杰：《全球代工体系下发展中国俘获型网络的形成、突破与对策——基于GVC与NVC的比较视角》，《中国工业经济》2007年第5期。

中国经验篇

第八章、第九章是中国经验篇，考察中等收入阶段中国产业升级的历程与现状，总结相关经验。其中第八章从效率提升角度明确中国当前的竞争优势与发展经验；第九章从结构调整角度明确经济结构现状，并提炼结构升级的基本经验。

第 八 章

中等收入阶段的"中国制造"升级：
生产效率提升的中国经验

产业升级的前提是明确一国在全球价值链中的地位，这一地位的高低直接体现一国的生产效率。其中，制造业在全球价值链中具备何种优势，即具备哪些支撑效率提升的战略资源，是产业升级的关键。近年来，相关学者从比较优势演化理论视角对产业升级进程有了创新性的认识，认为一国比较优势演化路径决定了其产业升级路径。随着生产要素成本的上升及创新难度的加大，比较优势在演化过程中可能出现断档，所以产业升级进程的断档风险也同样存在，进而可能引发经济增长的停滞甚至衰退。改革开放以来，随着经济体制改革和市场化的推进，我国经济实现了三十多年的高速增长，年均国内生产总值增长速度达到 9.8%，被称为"中国奇迹"。现在我国发展处于重要战略机遇期，中国国内生产总值增速从 2012 年起开始回落，2012年、2014 年、2015 年、2016 年、2018 年增速分别为 7.7%、7.4%、6.9%、6.7%、6.6%。经济增长速度的放缓，表明我国经济进入新常态和"L"形走势。近十年来我国对外进出口额飞速增长，虽然对外贸易发展势头良好，但是现有的比较优势很大程度上来自廉价劳动力、土地和能源这些传统生产要素，过度依赖于低成本要素的粗放式增长为我国经济的未来发展埋下了隐患。当前，我国正处于产业升级的关键阶段，面临产业升级断档的风险越来越大。如何规避这种风险，为制造业生产效率的提升开辟道路，是产业升级的重中之重。因此，本章以比较优势为基本依托，探讨中国推进比较优势的动态演化、实现制造业生产效率提升的基本经验。

第一节　"中国制造"升级的效率评价指数

对产业升级进程的探究有两个视角：一种是从产业结构升级的角度，通过分析一国或地区所拥有的要素禀赋来度量产业升级进程；另一种是从现有产业的竞争优势的视角，用一国或地区生产的产品在全球竞争力上的演化来衡量产业升级进程，一国或地区的产品在全球的竞争力用该国或地区进出口产品的比较优势进行度量。本章就是基于第二种视角来分析我国产业升级的效率提升进程。

对于产业升级的测量，目前比较多的是借助动态比较优势理论，利用进出口贸易数据，通过衡量指数度量某一国或某一地区产业竞争力的演变，分析制造业生产效率的相对水平，进而分析产业升级的进程。常用的衡量指数主要有：净出口比率（NTR）、贸易竞争优势指数（Trade Special Coefficient，TC）、显示性比较优势指数（Revealed Comparative Advantage Index，RCA）、显示性竞争比较优势指数（Competitive Advantage，CA）、净出口显示性比较优势指数（NRCA）和拉菲指数。不同的指数有不同的侧重点，各有利弊。范爱军（2002）选取了中国、日本、韩国、新加坡、马来西亚等十个东亚和东南亚国家和地区对美国出口的数据，利用比较优势系数对这些国家或地区对美国市场 18 年的出口变化趋势进行分析，并借此明确我国与其他国家相比具有的出口产业的比较优势。[1] 王子先（2000）利用贸易竞争指数、商品的出口优势变差指数分析了改革开放以来我国进出口商品结构和工业制成品出口比较优势的变化。[2] 岳昌君（2000）通过显性比较优势指数对我国的外贸出口进行实证分析，从出口产品的结构的变化上发现我国产业升级方面的表现。[3] 张鸿（2006）利用显性比较优势指数和纯出口比较优势指数，从劳动密集型产品、初级产品、资本密集型产品和 IT 产品四个方面对我国主

---

① 范爱军：《中国各类出口产业比较优势实证分析》，《中国工业经济》2002 年第 2 期。

② 王子先：《以竞争优势为导向——我国比较优势变化与外贸长期发展的思考》，《国际贸易》2000 年第 1 期。

③ 岳昌君：《我国外贸出口结构变化与比较优势实证分析》，《国际经贸探索》2000 年第 3 期。

要对外贸易商品的比较优势进行了分析。[1] 张其仔（2008）通过对产业升级路径选择模型的分析，归纳了比较优势演化过程中的分岔和产业升级的方向，认为基于比较优势演化模型，产业升级出现断档风险是可能的。[2] 吴贤斌、陈进、华迎（2012）采用了修正后的显性比较优势指数对"金砖五国"的服务贸易结构竞争力进行了分析，并用拉菲指数对"金砖五国"服务产业内贸易进行了比较分析。[3] 伊丽莎·朱利安和卡洛·彼得罗贝尔等（Elisa Giuliani 和 Carlo Pietrobelli 等，2005）通过对拉美国家的集群、全球价值链、升级和行业创新模式之间现有关系的分析，发现部门异质性、影响方式和产业集群升级程度对产业升级进程的影响。[4] 迈克尔·邓夫德等（Michael Dunford 等，2012）用贸易数据研究中国与欧盟的贸易结构升级程度，对中国和欧盟比较优势、专业化和国际贸易做了理论分析和实证测量，运用收集的数据和显性比较优势指标评价中国商品的贸易结构变化，最后发现中国的出口行业虽然蓬勃发展，但这些贸易仍然是附加值较低的产品或者是资源密集型产品，尽管如此，中国仍有产业升级的迹象：资本和技术密集型产品的增长速度要快于劳动密集型产品的增长速度，因为资本和技术密集型产品在显性比较优势评价指标上有一个显著的增长。[5] 余典范（2013）认为，一个国家的经济发展过程同时也是比较优势不断变化和产业结构不断升级的过程，他采用了马尔科夫链的方法测算了我国产业比较优势的动态转化过程，基于此将我国产业分为具有强比较优势、弱比较优势、弱比较劣势和强比较劣势四类，并总结各类产业的特征。[6] 伍业君、张其仔（2012）以阿根廷为例，基于国际贸易标准分类（Standard International Trade Classification，

---

① 张鸿：《我国对外贸易结构及其比较优势的实证分析》，《国际贸易问题》2006 年第 4 期。

② 张其仔：《比较优势的演化与中国产业升级路径的选择》，《中国工业经济》2008 年第 9 期。

③ 吴贤彬、陈进、华迎：《基于 SRCA 和 Lafay 指数的"金砖五国"服务贸易结构竞争力分析》，《宏观经济研究》2012 年第 2 期。

④ Elisa Giuliani, Carlo Pietrobelli, Roberta Rabellotti, "Upgrading in Global Value Chains: Lessons from Latin American Clusters", *World development*, Vol.33, No.4, 2005, pp.549-573.

⑤ Li Li, Michael Dunford, Godfrey Yeung, "International Trade and Industrial Dynamics: Geographical and Structural Dimensions of Chinese and Sino-EU Merchandise Trade", *Applied Geography*, Vol.32, No.1, 2012, pp.130-142.

⑥ 余典范：《中国产业动态比较优势的实证研究——基于马尔科夫链的方法》，《经济管理》2013 年第 12 期。

SITC）四位码的产品出口数据，测算了阿根廷 1980—2009 年的出口多样化及产品复杂性指数，以此对阿根廷出口产品的复杂度与实际人均国内生产总值的关系进行了实证分析。① 魏浩、毛日昇、张二震（2005）利用比较优势测度指数和贸易结构变化指数测度了 1997—2003 年外商直接投资大量进入中国的背景下，中国制成品在贸易比较优势、贸易结构等方面的变化状况。② 刘艳（2014）重点分析了生产性服务出口额对高技术制成品出口复杂度的影响，选用了人力资源禀赋、外商直接投资、对外贸易开放程度、制度质量、基础设施作控制变量，构建了 52 个国家的跨国面板数据模型。③ 赫连志巍、宋晓明（2013）构建了高技术产业升级评价指标体系，并运用突变级数法对选取的 16 个省市的产业升级能力进行评价④。

对于产业升级的理解国外学者更多从微观视角进行定义，国内学者更多地从宏观视角进行概括。关于产业升级评价指标体系的构建，不同的学者从不同的理论基础、不同的视角选择了不同的指标，可谓百家争鸣，但是还没有形成一个较为权威的评价体系。现在国内外很多学者尝试用比较优势理论来解释产业升级，并利用进出口的贸易数据对所选取的国家的产业升级进程进行实证分析，但是从比较优势演化视角对我国产业升级进程进行系统性分析的研究还较少，所以我们用拉菲指数这个衡量产业竞争力的比较优势指数，结合制造业生产效率的提升，探究我国现有的产业在全球的竞争力状况，利用近十年的进出口数据对我国的产业升级进程进行实证分析。

第二节　"中国制造"升级的比较优势评价

进入中等收入阶段以来，我国对外进出口额飞速增长，货物进出口总额

① 伍业君、张其仔：《比较优势演化与经济增长——基于阿根廷的实证分析》，《中国工业经济》2012 年第 2 期。
② 魏浩、毛日昇、张二震：《中国制成品出口比较优势及贸易结构分析》，《世界经济》2005 年第 2 期。
③ 刘艳：《生产性服务进口与高技术制成品出口复杂度——基于跨国面板数据的实证分析》，《产业经济研究》2014 年第 4 期。
④ 赫连志巍、宋晓明：《基于突变级数法的高技术产业升级能力评价研究》，《科学学与科学技术管理》2013 年第 4 期。

从2002年的51378亿元人民币上升到2018年的305008亿元人民币，年均增长率为11.8%。出口总额从2002年的26948亿元人民币上升到2018年的164127亿元人民币，年均增长率为12%。进口总额从2002年的24430亿元人民币上升到2018年的140880亿元人民币，年均增长率为11.6%。2018年，我国货物贸易总额占世界货物贸易总额的12%。①

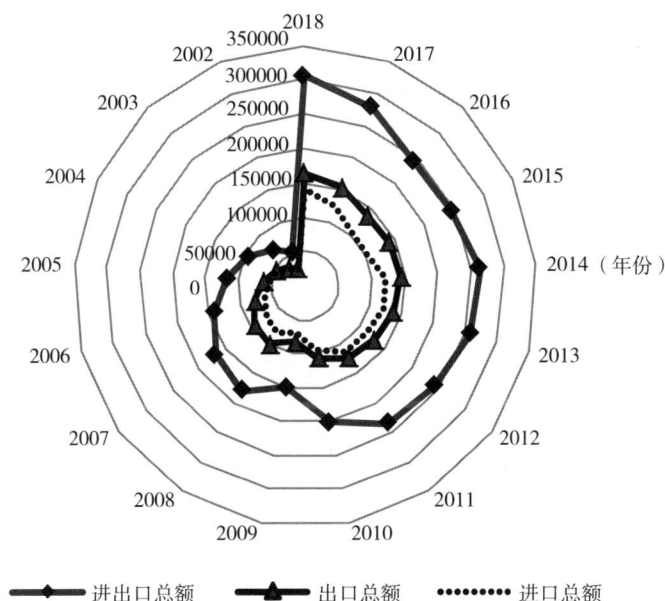

图8-1　2002—2018年货物进出口额

过去几十年间，我国各产业的发展是创造就业岗位和提高我国经济水平的主要动力，大部分的国家也都在飞速发展的产业全球化和制造业扩张中受益。而且，经济全球化、产业分工和转移为新兴经济体带来前所未有的发展机遇，日本和韩国的迅速崛起在很大程度上是产业转移的结果，我国自20世纪90年代以来的快速发展，也与全球化背景下承接先行构架钢铁，造船、家电和电子等制造业的产业分工和转移密切相关。在经济快速增长的同时，我国产业结构实现了优化升级，制造业生产效率快速提升，制造业的生产和出口均保持了多年的持续快速增长，但随着经济的发展，我们也面临着劳动

————————

① 资料来源于中国统计局统计数据中的年度数据。

力成本上升、生产性服务业发展不足等问题，这无疑对产业升级提出了新的挑战。

一、产业升级比较优势的评价指标体系

一国的产业现状与该国所拥有的要素资源息息相关，探究一国的产业发展进程，离不开对该国生产要素比较优势的分析。根据广义上的比较优势理论，比较优势不仅包括劳动力、资本等有形资源，还包括人才、知识、技术等无形资源。因此，我们选择了土地使用情况①、劳动力供给量、资本充裕程度、人力资源水平、创新研发能力、高新技术水平、可持续发展能力这七个指标来进行评价。其中土地使用情况、劳动力供给量和资本充裕程度分别对应三大类传统生产要素：土地、劳动力和资本，这三类生产要素被认为是最基本的生产要素。然而随着社会的发展，这三大类基本生产要素已经不能完全衡量和决定一国或一个地区的产业竞争力，产业竞争力在很大程度上取决于人力资本、创新能力、技术水平等无形资源要素的影响。

首先，关于人力资源这一指标，人的因素是最根本的影响因素，人力资源决定了科技创新水平，影响着国家经济实力和在全球竞争力的提高。官华平、谌新民（2011）通过对珠三角地区人力资本与产业升级的影响机制的分析，提出人力资源水平和产业升级是相互促进的。② 唐新贵（2011）提出人力资源应该成为产业升级的支撑。③ 甘春华（2010）也提出"技工荒"成为制约产业升级的瓶颈，提高劳动者的素质是实现产业升级的关键。④ 其次，创新研发能力的高低影响生产过程的费用和效率，较高的创新研发能力有助于更快更好地生产出符合市场需求的新产品，基于杜曙光、林民盾、蔡勇志（2006）的横向产业分工理论，提高创新能力可以使我国产业在全球价值链上从附加值低的制造阶段向高附加值的研发和营销阶段移动，直接促

---

① 这里的土地使用情况指标是对包含土地、能源在内的自然资源情况的度量。
② 官华平、谌新民：《珠三角产业升级与人力资本相互影响机制分析——基于东莞的微观证据》，《华南师范大学学报》2011 年第 5 期。
③ 唐新贵：《产业升级中的人力资源支撑体系研究——以宁波为例》，《特区经济》2011 年第 5 期。
④ 甘春华：《劳动力配置的二次扭曲分析：兼论大学生就业难与企业用工荒》，《深圳大学学报》2010 年第 3 期。

进产业的升级。[①] 而且现在对创意产业的需求越来越大，提高创新能力可以直接形成高附加值的产业链条，获得相关领域的高收益；约翰·哈默菲和修伯特·斯密茨（John Humphrey 和 Hubert Schmitz，2002）提出的四种产业升级的类型，分别是工艺流程升级、产品升级、功能升级和链条升级[②]，这四种升级类型无论哪一种顺利实现都离不开较高的创新研发能力。再次，高新技术水平，技术水平的落后也是制约我国产业升级的重要原因，低技术含量的生产面临着较多的竞争者，替代程度较高，所以话语权很弱，拥有高新技术、核心技术有利于产业的升级。任小军（2011）认为，技术进步是当前产业升级的核心要素[③]。最后，可持续发展能力，生态环境的保护越来越受到重视，以牺牲环境来获得的发展往往是得不偿失的，生态环境是我们赖以生存的基础，没有可持续发展，产业的升级也就无从谈起。安同信、范跃进、张环（2012）认为，中国的产业结构发展是不可持续的，通过分析日本战后发展的三个阶段，指出中国应该放弃粗放型的发展方式[④]。宋丹瑛、张天柱（2012）也强调加强环境立法，促进产业结构向环境依存度较低的产业结构转移对产业升级具有重要意义[⑤]。

表 8-1　比较优势演化的评价指标体系[⑥]

	评价指标	度量指标	指标意义
比较优势演化水平	土地使用情况（LUS）	等级公路里程（万千米）（LUS1）	反映对交通设施的改善
		房地产开发企业竣工房屋面积（万平方米）（LUS2）	反映对居住和办公环境的改善
		人均煤炭储量（吨/人）（LUS3）	反映能源充裕情况

①　杜曙光、林民盾、蔡勇志：《横向产业理论的提出与新型企业研究——香港利丰公司的案例分析》，《经济管理》2006 年第 13 期。

②　John Humphrey, Hubert Schmitz, "How does Insertion in Global Value Chains Affect Upgrading in Industrial Clusters?", *Regional Studies*, Vol.36, No.9, 2002, pp.1017-1027.

③　任小军：《经济增长、产业升级与技术进步的互动机制》，《经济纵横》2011 年第 8 期。

④　安同信、范跃进、张环：《山东省制造业转型升级的路径研究——日本经验的借鉴》，《东岳论丛》2010 年第 6 期。

⑤　宋丹瑛、张天柱：《论资源环境优化产业升级——以战后日本产业结构调整为例》，《技术经济与管理研究》2012 年第 3 期。

⑥　评价体系中各个度量指标的数据除劳动力参与率、贷款利率和高等院校入学率从世界银行数据库中获得外，其他度量指标的数值均可从中国统计年鉴中得到。

	评价指标	度量指标	指标意义
比较优势演化水平	劳动力供给量（TLS）	15—64岁人口占总人口的比值（TLS1）	反映劳动力的充裕水平
		劳动力参与率（TLS2）	反映劳动人口中实际劳动的人口数量
		第二产业就业人员（万人）（TLS3）	反映第二产业已有劳动力数量
	资本充裕程度（CSD）	贷款利率①（CSD1）	反映资金的使用成本
		全社会固定资产投资（亿元）（CSD2）	反映社会资本充裕水平
		制造业固定资产投资（不含农户）（亿元）（CSD3）	反映制造业可支配资本量
	人力资源水平（HRL）	高等院校入学率（HRL1）	反映社会接受高等教育的人口比例
		每十万人口高等学校平均在校生数（人）（HRL2）	反映潜在的高素质劳动力数量
		普通本科毕业生数（万人）（HRL3）	反映新增的高素质劳动力数量
	创新研发能力（RDC）	每百万人中R&D人员数（RDC1）	反映企业研发能力
		科研与开发机构应用研究经费支出（亿元）（RDC2）	反映对创新研发的资金支持力度
		大中型工业企业新产品项目数（项）（RDC3）	反映企业产品更新速度
	高新技术水平（HNT）	高技术产品出口额（亿美元）（HNT1）	反映高技术产品的竞争力
		信息传输、计算机服务和软件业法人单位数（个）（HNT2）②	反映高技术行业的单位数量
		微型计算机设备产量（万台）（HNT3）	反映高技术设备的产量
	可持续发展能力（SDA）	工业污染治理投资（万元）（SDA1）	反映对工业污染的改善
		环境污染治理投资总额（亿元）（SDA2）	反映对社会整体环境的改善

---

① 贷款利率越低表示资金使用成本越低，所以该指标数值的高低与资本充裕程度呈负相关，因此将该指标数值进行了取倒数处理，使处理后的数值与资本充裕程度指标呈正相关。

② 由于统计年鉴中缺少此指标2013年的数据，所以对2013的数据进行了估计，估计方法为计算出信息传输、计算机服务和软件业法人单位数2010年、2011年和2012年的平均增长率（13%），用前三年的平均增长率计算出2013年的数值（275856个）。

二、产业升级比较优势动态的演化历程

要分析我国这七类要素的动态比较优势演化，仅有各度量指标的我国的发展数据是不够的，根据比较优势理论，要素的比较优势演化不只是在本国的纵向演化历程，而是与其他国家作对比后的历程。因此，在进行我国中等收入阶段比较优势演化进程的定量分析时，对所选的度量指标，要用我国的度量指标数值除以各指标世界平均值，在此基础上进行分析。对于土地使用情况这一评价指标，由于各国对土地的占用分配没有较为统一的统计口径，也没有关于怎样的土地占用分配是较优的标准，而且关于自然资源也没有较有说服力的评价指标；对于可持续发展能力这一要素，也缺少比较有代表性的统计指标，而且与对当前经济的影响相比，这一要素更多的是对未来经济发展的长久影响，所以我们对土地使用情况和可持续发展能力这两要素的比较优势演化，仅提供研究的思路，不对其做具体的量化和分析。

表8-2　2002—2018 年五大类要素比较优势演化的度量结果

年份	劳动力供给量	资本充裕程度	人力资源水平	创新研发能力	高新技术水平
2002	1.0959	0.2920	0.5826	0.3216	N/A
2003	1.1050	0.3273	0.6764	0.3365	N/A
2004	1.1128	0.3831	0.7470	0.3381	N/A
2005	1.1177	0.3999	0.7842	0.3842	N/A
2006	1.1216	0.4467	0.8026	0.4016	N/A
2007	1.1229	0.5403	0.7882	0.4475	1.4732
2008	1.1223	0.3813	0.7644	0.4733	1.5093
2009	1.1211	0.3900	0.7977	0.3386	1.5130
2010	1.1200	0.4631	0.8185	0.3434	1.5658
2011	1.1185	0.5399	0.8169	0.3587	1.6298
2012	1.1168	0.4930	0.8779	0.3649	1.6220
2013	1.1147	0.4968	0.9699	0.3696	1.6590
2014	1.1117	0.4726	1.1861	0.3747	1.5598
2015	1.1076	0.3663	1.2511	0.3926	1.4986
2016	1.1023	0.3607	1.2841	0.4018	1.5073

年份	劳动力供给量	资本充裕程度	人力资源水平	创新研发能力	高新技术水平
2017	1.0963	0.3724	1.2961	0.3956	1.4356
2018	1.0899	0.3823	1.3302	N/A	N/A

资料来源：世界银行数据库。

对于劳动力供给量的统计指标，选择我国 15—64 岁人口占总人口的百分比/世界平均值[①]；对于资本充裕程度的统计指标，选择我国贷款利率/世界平均值[②]；对于人力资源水平的统计指标，选择我国高等院校入学率/世界平均值[③]；对于创新研发能力的统计指标，选择我国每百万人中 R&D 研究人员数量/世界平均值[④]；对于高新技术水平的统计指标，选择我国高科技出口产品占制成品出口的百分比/世界平均值[⑤]。

（一）分要素比较优势演化描述性分析

观察表 8-2 可以发现，劳动力供给量、资本充裕程度、人力资源水平、创新研发能力、高新技术水平这五个发展指标的比较优势度量数据从 2002 年至 2018 年的大体发展趋势是先升后降的。其中，劳动力供给量的比较优势演化度量结果数值均大于 1，说明我国的劳动力充裕程度与世界其他国家相比处在优势地位，但是应该注意，我国劳动力供给从 2002 年至 2008 年是比较优势越来越显著的，从 2008 年开始，优势地位越来越弱，稳定下滑，这说明我国的低劳动力成本优势逐渐减弱。资本充裕程度的比较优势演化度量结果数值均小于 1，说明我国在资本的使用成本上与其他国家相比处于劣势，但其整体走势是上升的，从 2002 年至 2007 年基本维持稳定的增长，2008 年资本充裕程度存在明显的下降趋势，这可能是受 2008 年国际金融危机的影响，之后增长速度慢慢提高，近两年增长速度又有所减缓，这应该是

① 世界银行数据库提供了 15—64 岁人口占总人口的百分比的世界平均值。

② 世界银行数据库中对贷款利率共列出了 248 个国家，在此对于贷款利率世界平均值的计算保留了共 110 个国家，删除的 138 个国家是因为有些年份的数据未统计。

③ 世界银行数据库提供了高等院校入学率世界平均值。

④ 在此对于 R&D 研究人员世界平均值的计算仅保留了 42 个国家，用这 42 个国家 R&D 研究人员的平均值作为世界平均值，因为其他国家的统计数据在不同的年份不全。

⑤ 世界银行数据库提供了高技术出口产品占制成品出口的百分比的世界平均值。但统计年份仅为 2007—2017 年，所以此处计算了 2007—2017 年我国高科技出口产品占制成品出口的百分比/世界平均值。

受我国对经济高速增长的控制有关。人力资源水平的比较优势演化度量基本维持稳定的增长，在 2014 年达到 1.1861，超过世界平均水平。创新研发能力的比较优势演化度量结果数值均小于 1，说明与世界其他国家相比我国的创新能力相对较弱，甚至不足世界平均水平的一半，这应该引起我们的重视。高新技术水平的比较优势演化度量结果数值大于 1，说明我国高技术的产品在世界上较有竞争力。

单从我国在创新研发能力方面的发展来看，无论是 R&D 研究人员总数，还是科研经费支出等方面，我们的创新研发能力越来越高，但是根据比较优势理论，要素比较优势的演化不仅取决于自身，还取决于其他经济体的发展，所以我国创新研发能力的提高落后于世界上大部分国家。另外，当我国人才、创新在世界上处于劣势地位的情况下，高新技术水平反而处于优势地位，而且优势地位明显，这可能是我国出口的高新技术产品并非我国自主研发或者真正技术含量很高的产品或零部件，只是作为某一类高技术产品某一简单环节的代加工。

（二）比较优势演化整体发展趋势分析

虽然五大要素的比较优势演化都是比值数，但是由于原数据的单位不同，不能直接的加减，所以要综合这五大要素分析我国比较优势演化的整体发展趋势，要先将数据进行标准化处理。标准化的方法是对所有数值进行归一化，公式为 $Z_{it} = X_{it}/S_i$，其中，i 表示度量指标，t 表示年份，X_{it} 表示 i 度量指标 t 年份的原数值，S_i 表示 i 度量指标所有年份的数值和，Z_{it} 表示 i 度量指标 t 年份的标准化后的数值。计算五大指标标准化后的各年份平均值，作为比较优势演化的整体评价，具体见图 8-2。

按比较优势演化的优劣从高到低进行排序，位于前五位的年份是 2014 年、2013 年、2007 年、2016 年和 2015 年。通过图 8-2 可以清楚地看到我国进入中等收入阶段之后比较优势整体水平基本上是先上升后下降，在 2008 年以前稳定上升，2008 年出现下滑，这可能是受国际金融危机的影响，之后又开始回升。虽然整体上我们的比较优势演化势头良好，但是也要看到我们在人才培养、科技创新、技术进步等方面存在的缺陷。我们要加快转方式调结构的发展步伐，注重人才的培养，提供良好的创新环境，健全对创新的鼓励机制，激励对高技术、高附加值产品的研发，培养新的比较优势。

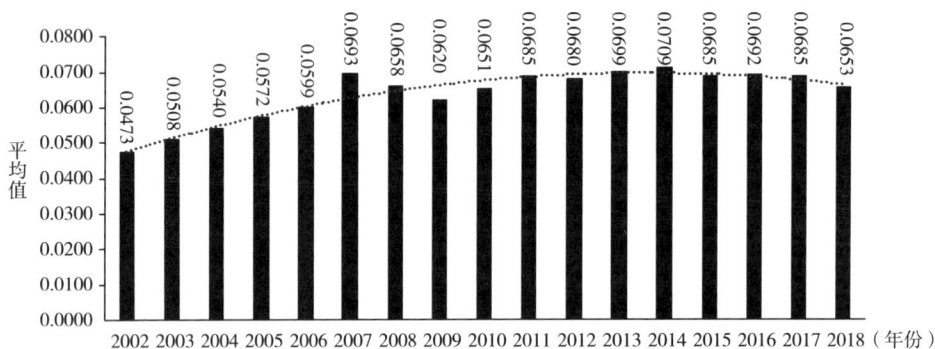

图 8-2　2002—2018 年比较优势整体演化趋势图

资料来源：根据表 8-2 数据标准化计算整理。

第三节　"中国制造"效率提升的
拉菲指数和数据说明

我们选用拉菲指数测量我国产业升级的进程，在全球产业价值链中描述制造业生产效率的相对水平。

具体而言，对于第 i 种产品而言，拉菲指数的表示式是：

$$LFI_i = 100 \left[\frac{x_i - m_i}{x_i + m_i} - \frac{\sum\limits_{i=1}^{N}(x_i - m_i)}{\sum\limits_{i=1}^{N}(x_i + m_i)} \right] \frac{x_i + m_i}{\sum\limits_{i=1}^{N}(x_i + m_i)}, \quad i = 1, 2, \cdots 22$$

其中，i 表示第 i 类产品，x_i 表示我国第 i 种产品对世界其他所有国家的出口，m_i 表示我国第 i 种产品从世界其他国家的进口，N 表示产品种类，在本书中 2003—2005 年三年的 N 等于 19，其他年份 N 为 22。一般来说，拉菲指数>0，说明该产品在国际贸易中处于优势地位，拉菲指数越大，比较优势越明显，竞争力越强；拉菲指数<0，说明该产品在国际贸易中处于劣势地位，拉菲指数越小，说明劣势地位越显著。

一、产业分类标准的选择

比较常用的商品分类标准有四种，按协调编码制度（HS）分类，分为协调编码制度 4 位编码和协调编码制度 2 位编码。按国际贸易标准分类，分为初级产品、工业制品两大项。按广义经济分类（BEC），分为消费品、中间品和投资品。按国民经济行业分类，分为农林业、采掘业、制造业等。这四种编码各有不同的分类标准，即从不同的角度对我国的产业进行了划分，其中协调编码制度编码是按商品的加工程度，依原材料、未加工产品、半成品和成品的顺序排列，该产业分类方式能够较好地研究我国进出口商品所拥有的比较优势和比较劣势，有利于对我国近些年来产业升级进程进行分析，所以我们选择协调编码制度 2 位编码的分类标准对商品进行分类。最新的协调编码制度 2 位编码的分类标准将商品分为 22 类 98 章，我们根据研究的需要选择 22 类商品进行研究。

二、2003—2017 年我国各产业的拉菲指数值

基于拉菲指数的计算方法，结合协调编码制度 2 位编码的分类标准对商品进行分类，计算 2003 年至 2017 年这 15 年我国 22 类产品的拉菲指数值，计算结果见表 8-3。

表 8-3　2003—2017 年 22 类产品的拉菲指数值

产品分类 ＼ 拉菲指数 ＼ 年份	2003	2004	2005	2006	2007	2008
1. 活动物；动物产品	0.20	0.20	0.12	0.07	−0.01	−0.02
2. 植物产品	0.00	−0.43	−0.30	−0.23	−0.32	−0.75
3. 动、植物油、脂及其分解产品；精制的食用油脂；动、植物蜡	−0.34	−0.36	−0.23	−0.23	−0.38	−0.45
4. 食品；饮料、酒及醋；烟草、烟草及烟草代用品的制品	0.62	0.54	0.47	0.45	0.43	0.36
5. 矿产品	−3.11	−4.58	−5.59	−6.63	−7.40	−10.12
6. 化学工业及其相关工业的产品	−1.74	−1.72	−1.73	−1.58	−1.47	−0.98
7. 塑料及其制品；橡胶及其制品	−1.57	−1.50	−1.41	−1.38	−1.35	−1.22
8. 生皮、皮革、毛皮及其制品；鞍具及挽具；旅行用品、手提包及类似品；动物肠线（蚕胶丝除外）制品	0.82	0.70	0.61	0.39	0.31	0.33

产品分类 ＼ 拉菲指数 ＼ 年份	2003	2004	2005	2006	2007	2008
9. 木及木制品；木炭；软木及软木制品；稻草，秸秆、针茅或其他编织材料制品；篮筐及柳条编织品	-0.07	0.04	0.06	0.10	0.05	0.04
10. 木浆及其他纤维状纤维素浆；纸及纸板的废碎品；纸、纸板及其制品	-0.70	-0.60	-0.50	-0.39	-0.38	-0.40
11. 纺织原料及纺织制品	6.03	5.43	5.26	5.45	5.40	5.11
12. 鞋、帽、伞、杖、鞭及其零件；已加工的羽毛及其制品；人造花；人发制品	1.72	1.50	1.44	1.29	1.19	1.19
13. 石料、石膏、水泥、石棉、云母及类似材料的制品；陶瓷产品；玻璃及其制品	0.47	0.50	0.55	0.55	0.51	0.57
14. 天然或养殖珍珠、宝石或半宝石、贵金属、包贵金属及其制品；仿首饰；硬币	0.15	0.14	0.10	0.06	0.01	-0.04
15. 贱金属及其制品	-1.90	-0.64	-0.54	0.62	0.67	1.50
16. 机器、机械器具、电气设备及其零件；录音机及放声机、电视图像、声音的录制和重放设备及其零件、附件	-1.58	0.04	0.59	0.63	1.76	3.40
17. 车辆、航空器、船舶及有关运输设备	-0.34	0.03	0.36	0.10	0.42	0.71
18. 光学、照相、电影、计量、检验、医疗或外科用仪器及设备、精密仪器及设备；钟表；乐器；上述物品的零件、附件	-1.67	-2.07	-2.00	-1.94	-2.02	-1.83
19. 武器、弹药及其零件、附件	3.01	2.78	2.76	0.00	0.00	0.00
20. 杂项制品	N/A	N/A	N/A	2.67	2.62	2.72
21. 艺术品、收藏品及古物	N/A	N/A	N/A	0.00	0.00	0.00
22. 特殊交易品及未分类商品	N/A	N/A	N/A	-0.01	-0.04	-0.13
产品分类 ＼ 拉菲指数 ＼ 年份	2009	2010	2011	2012	2013	2014
1. 活动物；动物产品	0.06	0.05	0.04	0.00	-0.08	-0.12
2. 植物产品	-0.74	-0.69	-0.66	-0.97	-0.98	-1.12
3. 动、植物油、脂及其分解产品；精制的食用油脂；动、植物蜡	-0.37	-0.31	-0.32	-0.34	-0.26	-0.22
4. 食品；饮料、酒及醋；烟草、烟草及烟草代用品的制品	0.34	0.27	0.27	0.27	0.23	0.18

续表

拉菲指数 / 产品分类 / 年份	2009	2010	2011	2012	2013	2014
5. 矿产品	-8.77	-9.85	-11.42	-11.57	-11.16	-10.77
6. 化学工业及其相关工业的产品	-1.19	-0.96	-0.82	-0.94	-1.00	-0.87
7. 塑料及其制品；橡胶及其制品	-1.42	-1.31	-0.93	-0.59	-0.44	-0.43
8. 生皮、皮革、毛皮及其制品；鞍具及挽具；旅行用品、手提包及类似品；动物肠线（蚕胶丝除外）制品	0.41	0.46	0.52	0.50	0.50	0.45
9. 木及木制品；木炭；软木及软木制品；稻草、秸秆、针茅或其他编织材料制品；篮筐及柳条编织品	0.02	-0.05	-0.11	-0.07	-0.15	-0.24
10. 木浆及其他纤维状纤维素浆；纸及纸板的废碎品；纸、纸板及其制品	-0.35	-0.32	-0.30	-0.22	-0.16	-0.14
11. 纺织原料及纺织制品	5.59	5.24	5.25	4.86	5.14	5.18
12. 鞋、帽、伞、杖、鞭及其零件；已加工的羽毛及其制品；人造花；人发制品	1.37	1.34	1.32	1.37	1.38	1.43
13. 石料、石膏、水泥、石棉、云母及类似材料的制品；陶瓷产品；玻璃及其制品	0.64	0.63	0.66	0.71	0.78	0.79
14. 天然或养殖珍珠、宝石或半宝石、贵金属、包贵金属及其制品；仿首饰；硬币	-0.01	0.01	0.30	0.74	0.67	0.27
15. 贱金属及其制品	-1.08	-0.18	0.41	0.58	0.87	1.33
16. 机器、机械器具、电气设备及其零件；录音机及放声机、电视图像、声音的录制和重放设备及其零件、附件	4.06	4.70	5.27	5.55	5.71	5.29
17. 车辆、航空器、船舶及有关运输设备	0.36	0.47	0.49	0.14	-0.31	-0.84
18. 光学、照相、电影、计量、检验、医疗或外科用仪器及设备、精密仪器及设备；钟表；乐器；上述物品的零件、附件	-1.63	-1.51	-1.20	-1.10	-1.01	-1.06
19. 武器、弹药及其零件、附件	0.00	0.00	0.00	0.00	0.00	0.00
20. 杂项制品	2.80	2.62	2.58	2.90	2.90	2.91
21. 艺术品、收藏品及古物	0.00	0.00	0.01	0.01	0.00	0.00
22. 特殊交易品及未分类商品	-0.10	-0.61	-1.36	-1.85	-2.64	-2.04

续表

产品分类　　　年份　拉菲指数	2015	2016	2017
1. 活动物；动物产品	-0.13	-0.26	-0.25
2. 植物产品	-1.26	-1.09	-1.10
3. 动、植物油、脂及其分解产品；精制的食用油脂；动、植物蜡	-0.22	-0.20	-0.20
4. 食品；饮料、酒及醋；烟草、烟草及烟草代用品的制品	0.01	0.06	0.07
5. 矿产品	-7.98	-7.81	-9.40
6. 化学工业及其相关工业的产品	-1.01	-1.07	-1.06
7. 塑料及其制品；橡胶及其制品	-0.47	-0.41	-0.37
8. 生皮、皮革、毛皮及其制品；鞍具及挽具；旅行用品、手提包及类似品；动物肠线（蚕胶丝除外）制品	0.43	0.45	0.47
9. 木及木制品；木炭；软木及软木制品；稻草、秸秆、针茅或其他编织材料制品；篮筐及柳条编织品	-0.20	-0.26	-0.30
10. 木浆及其他纤维状纤维素浆；纸及纸板的废碎品；纸、纸板及其制品	-0.20	-0.21	-0.27
11. 纺织原料及纺织制品	4.94	5.04	4.79
12. 鞋、帽、伞、杖、鞭及其零件；已加工的羽毛及其制品；人造花；人发制品	1.38	1.29	1.23
13. 石料、石膏、水泥、石棉、云母及类似材料的制品；陶瓷产品；玻璃及其制品	0.92	0.75	0.74
14. 天然或养殖珍珠、宝石或半宝石、贵金属、包贵金属及其制品；仿首饰；硬币	-2.15	-1.94	-1.36
15. 贱金属及其制品	1.26	1.17	1.04
16. 机器、机械器具、电气设备及其零件；录音机及放声机、电视图像、声音的录制和重放设备及其零件、附件	3.56	3.66	4.62
17. 车辆、航空器、船舶及有关运输设备	-0.54	-0.83	-0.59
18. 光学、照相、电影、计量、检验、医疗或外科用仪器及设备、精密仪器及设备；钟表；乐器；上述物品的零件、附件	-1.27	-1.23	-1.04
19. 武器、弹药及其零件、附件	0.00	0.00	0.00

产品分类 　　　　拉菲指数 　　年份	2015	2016	2017
20. 杂项制品	3.13	3.18	3.25
21. 艺术品、收藏品及古物	0.00	0.00	0.00
22. 特殊交易品及未分类商品	-0.20	-0.30	-0.28

资料来源：根据中国统计年鉴数据库计算整理，并统一保留两位小数。

第四节　从拉菲指数看我国制造业效率提升进程

一、拉菲指数值最高的五类产业

当拉菲指数大于 0 时表示这类产品拥有比较优势，即生产这类产品的产业与其他国家或地区的产业相比更有竞争力，拉菲指数的数值越大，表示该产品所在产业的国际竞争力越强，其生产效率在全球价值链中的相对水平越高。从表 8-3 发现 2003 年我国 22 类产品中拉菲指数大于 0 的是第一、四、八、十一、十二、十三、十四和十九类①产品，2017 年我国 22 类产品中拉菲指数大于 0 的是第四、八、十一、十二、十三、十四、十五、十六、二十类产品。在 2003 年我国有八类产品的拉菲指数大于 0，表示有八类产品拥有比较优势，其生产效率相对较高，即生产这八类产品的产业在世界上具有竞争力；2017 年有八②类产品的拉菲指数大于 0，这清楚地表明 2017 年有更多的产业在国际上拥有竞争力。整理 2003 年和 2017 年这两年拉菲指数值最高的五大产业，并按从高到低顺序排列，见表 8-4。

---

① 在 2003 年到 2005 年的产品分类中把第十九至二十二类产品没有细分，归在其他类中，但根据之后几年细分产品的分类可以发现武器和艺术品两类的拉菲指数几乎为 0，且 2005 年之后几年的特殊交易品类的拉菲指数也几乎为 0，所以把这四类的拉菲指数估计为杂项制品的拉菲指数。

② 因为在 2003 年没有涉及杂制品和艺术品的细分，而且艺术品的拉菲指数值很小，几乎接近于 0，为了与 2003 年对比，这里不考虑艺术品、收藏品及古物这一类产品。

表 8-4 2003 年和 2017 年拉菲指数值最高的 5 个产业的对比

排名	2003 年	拉菲指数值	2017 年	拉菲指数值
1	11. 纺织原料及纺织制品	6.03	11. 纺织原料及纺织制品	4.79
2	20. 杂项制品	3.01	16. 机器、机械器具、电气设备及其零件；录音机及放声机、电视图像、声音的录制和重放设备及其零件、附件	4.62
3	12. 鞋、帽、伞、杖、鞭及其零件；已加工的羽毛及其制品；人造花；人发制品	1.72	20. 杂项制品	3.25
4	8. 生皮、皮革、毛皮及其制品；鞍具及挽具；旅行用品、手提包及类似品；动物肠线（蚕胶丝除外）制品	0.82	12. 鞋、帽、伞、杖、鞭及其零件；已加工的羽毛及其制品；人造花；人发制品	1.23
5	4. 食品；饮料、酒及醋；烟草、烟草及烟草代用品的制品	0.62	15. 贱金属及其制品	1.04

资料来源：根据表 8-3 整理。

从拉菲指数值来看，2003 年我国在世界上最具有竞争力的产业是纺织产业，2017 年我国纺织产业仍保持较明显优势，但生产机器、电气设备等产品的拉菲指数跃居第二位，而且与纺织产业的差距甚微，通常我们把这类产业视为高新技术产业，通过两年拉菲指数值最高的产业对比，可以发现我国最具有竞争力的产业由劳动密集型产业转向高新技术产业，生产效率的提升开始向高新技术产业延伸。2003 年拉菲指数值排名第二位和第三位的两类产业：杂项制品产业、鞋帽及相关零件产业在 2017 年依次位于第三位、第四位，拉菲指数值均有一定幅度的下降，这说明我国这三类产业在世界上仍然具有很强的竞争力，生产效率相对较高，但其比较优势有弱化的迹象。皮革类产业和食品类产业 2003 年的拉菲指数值排名第四位和第五位，在世界上的竞争力比较明显，但在 2017 年已退出前五位，与我国其他具有竞争力的产业相比，竞争优势已经较不明显，而贱金属及其制品这一类产业竞争力有了明显的提高。

二、拉菲指数值变动幅度最大的产业

通过拉菲指数值排名前五位的产业对比，可以了解我国在国际上生产效率相对较高的产业，以及在这十年间我国所拥有竞争力产业的变动，而进一步了解我国这十年生产这 22 类①产品的产业竞争力变动幅度，需要通过分析 2017 年和 2003 年各类产品拉菲指数值差值的大小，见图 8-3。

从图 8-3 可以很清楚地看到，首先，这十五年间拉菲指数值下降最多的产业是生产矿产品这一类产品的产业，这主要是因为我国对其中部分不可再生资源的保护，与对其进行了限制出口等政策分不开。其次，拉菲指数值下降较多的是第十九类武器弹药、第十四类天然或养殖珍珠、宝石或半宝石行业和第十一类纺织原料及纺织制品行业，这三类行业的下降量次于矿产业，排第二、第三、第四位，而且纺织原料及纺织制品行业是劳动密集型产业的典型代表，说明我国在劳动密集型产业上的竞争优势有一个明显的下滑，在全球价值链中的地位下降。虽然纺织业的拉菲指数值下降值很大，但是在最近一年，纺织业的拉菲指数值在所有行业中仍排名第二，说明我国的劳动密集型产业虽然在国际竞争中的比较优势下降很快，但仍然是具有国际竞争力的行业。这十年拉菲指数值上升最多的产业是第十六类机械、设备等产业，拉菲指数值有了大幅度的提高，由原来的负值上升到现在我国最具有竞争力的产业，这一产业是具有较高技术含量的产业。通过纺织类和机械类这两大类产业的对比，可以发现我国在国际上最具有竞争力的产业由劳动密集型产业向资本密集型产业转变，而且转变幅度相当显著。

三、拉菲指数值的整体走势

协调编码制度分类大致是按照原材料、未加工产品、半成品、成品的顺序进行的，为了易于用图像表示，除了武器类、杂项制品、收藏品类和特殊交易品类这三类产业外，其他十九类产业用 2003—2017 年间的拉菲指数值来表明走势，我们把这十九类产业粗略地按照协调编码制度分类顺序：原材料、未加工产品、半成品和成品进行分类，以观察所研究年份拉菲指数值的

---

① 为了使 2003 年和 2014 年的数据一致，这里实际比较的只有 19 类产业。

各类产品拉菲指数值差值

1.活动物；动物产品
2.植物产品
3.动、植物油、脂及其分解产品；精制的食用油脂；动、植物蜡
4.食品；饮料、酒及醋；烟草、烟草代用品的制品
5.矿产品
6.化学工业及其相关工业的产品
7.塑料及其制品；橡胶及其制品
8.生皮、皮革、毛皮及其制品；鞍具及挽具；旅行用品、手提包及类似品；动物肠线（蚕胶丝除外）制品
9.木及木制品；木炭；软木及软木制品；稻草、秸秆、针茅或其他编织材料制品；篮筐及柳条编织品
10.木浆及其他纤维状纤维素浆；纸及纸板的废碎品；纸、纸板及其制品
11.纺织原料及纺织制品
12.鞋、帽、伞、杖、鞭及其零件；已加工的羽毛及其制品；人造花；人发制品
13.石料、石膏、水泥、石棉、云母及类似材料的制品；陶瓷产品；玻璃及其制品
14.天然或养殖珍珠；宝石或半宝石、贵金属、包贵金属及其制品；仿首饰；硬币
15.贱金属及其制品
16.机器、机械器具、电气设备及其零件；录音机及放声机、电视图像、声音的录制和重放设备及其零件、附件
17.车辆、航空器、船舶及有关运输设备
18.光学、照相、电影、计量、检验、医疗或外科用仪器及设备、精密仪器及设备；钟表、乐器；上述物品的零件、附件
19.武器、弹药及其零件、附件

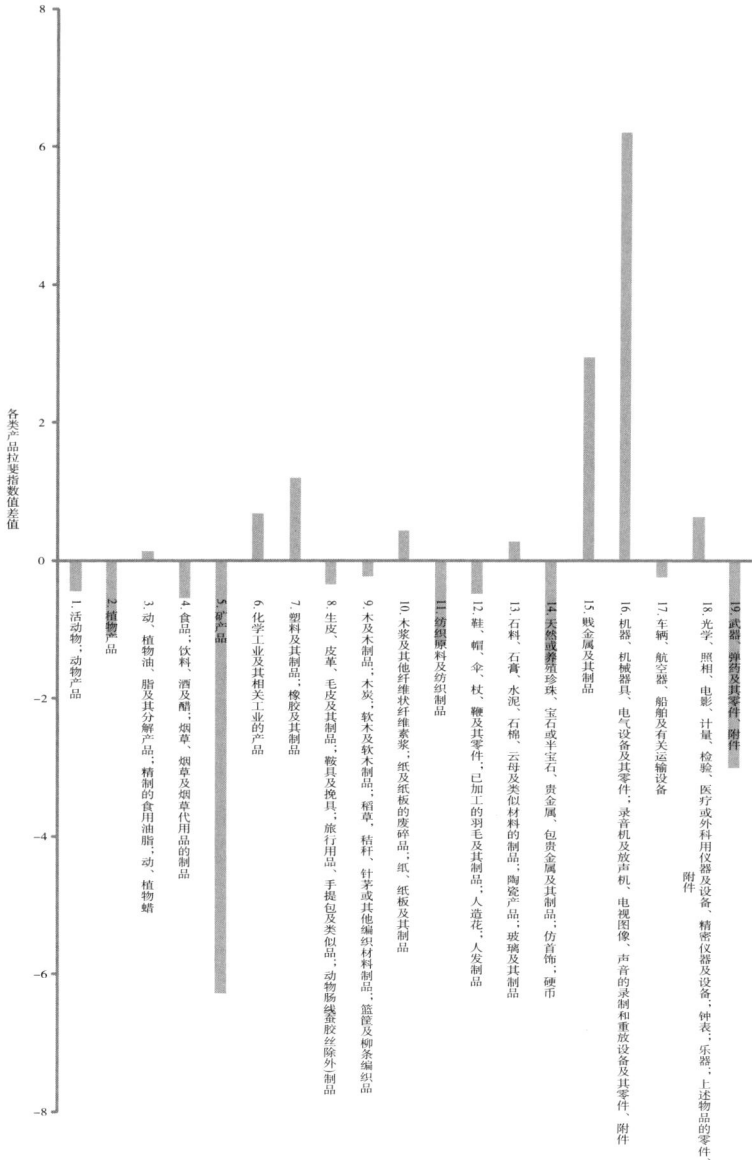

图8-3　2017年拉菲指数值与2003年拉菲指数值之差

整体走势。

从图8-4中清楚地看出，除了矿产品的拉菲指数值有了显著的下降之外，植物产品的拉菲指数值有一个小幅度的下降，这与我国对不可再生资源

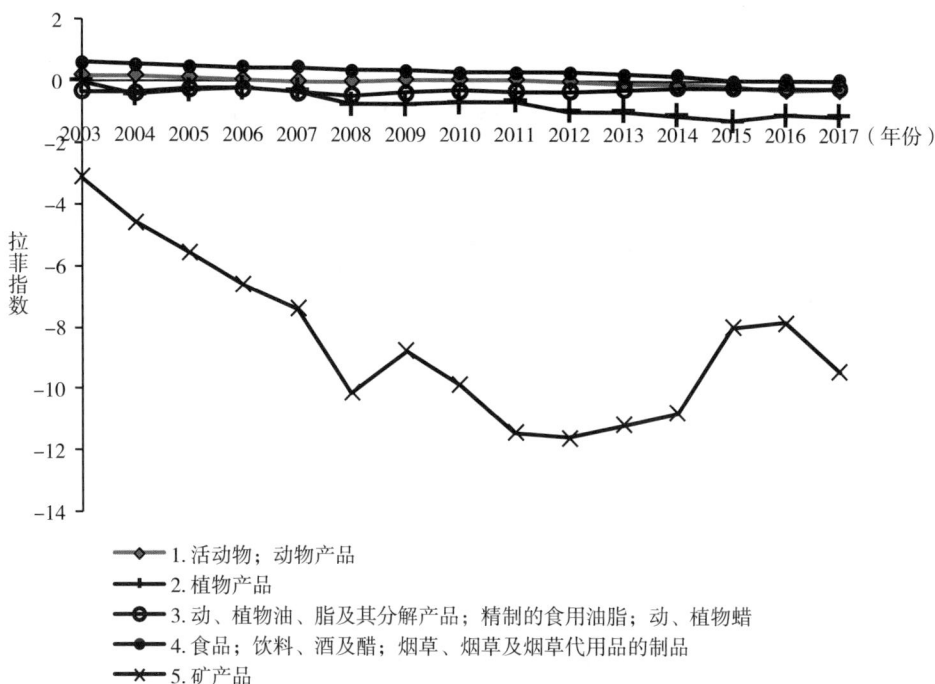

图8-4 2003—2017年原材料类产业的拉菲指数值走势

的人为保护和对环境的重视紧密相关。其他三类产品的拉菲指数值相当平稳，而且贴近拉菲指数值=0的坐标轴，说明我国生产的动物产品、油类和食品等产品的产业在全球的比较优势不太明显，甚至偏向劣势地位，而且全球竞争力没有太大的改变或波动。

由图8-5可知，木制品类的拉菲指数值走势曲线几乎位于拉菲指数值=0的坐标轴，说明木制品类的产业与其他产业相比既没有明显优势也没有明显的劣势。皮具类产业在全球具有竞争力，但竞争力有弱化的趋势。纸质类产业在我国的产业中处于弱势地位，但是其近些年的竞争力在缓慢提升。化学工业和橡胶工业是我国处于比较劣势地位的产业，但其在全球的竞争力略有提高，两者目前的竞争力仍落后于其他三类产业。

通过图8-6发现，我国的纺织产业在全球的竞争力非常显著，远高于其他四类半成品类产业，但是其下降趋势显著，发展前景不太乐观。贱金属类产业的比较优势波动幅度比较明显，大起大落。鞋帽类、石料类和珠宝类

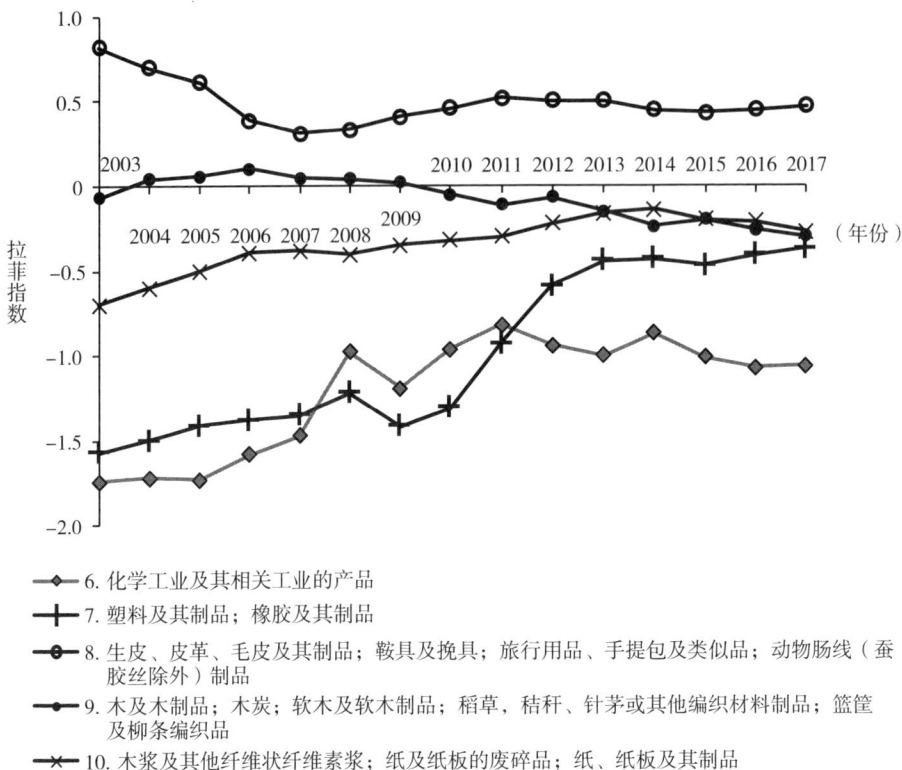

图例说明：
- ◆ 6. 化学工业及其相关工业的产品
- ✚ 7. 塑料及其制品；橡胶及其制品
- ⊙ 8. 生皮、皮革、毛皮及其制品；鞍具及挽具；旅行用品、手提包及类似品；动物肠线（蚕胶丝除外）制品
- ● 9. 木及木制品；木炭；软木及软木制品；稻草，秸秆、针茅或其他编织材料制品；篮筐及柳条编织品
- ✕ 10. 木浆及其他纤维状纤维素浆；纸及纸板的废碎品；纸、纸板及其制品

图 8-5 2003—2017 年未加工产品类产业的拉菲指数值走势

产业的发展趋势相对平稳，其中鞋帽类产业的竞争力略有下降，石料类的竞争力稳步提升。

图 8-7 中机器类、运输设备类和光学设备类这三类产业也是我们通常所说的高新技术产业。机器类产业的拉菲指数值有了明显的提高，甚至由原来处于比较劣势的产业迅速发展成为我国最具有竞争力的产业，发展势头迅猛。但除它之外，生产另两类产品的产业：运输设备类和光学仪器类产业拉菲指数曲线比较平缓，整体略有提高，但发展速度较缓慢。

通过上述实证研究，我们可以就我国在中等收入阶段产业升级的比较优势基础、效率提升过程和具体的升级走向概括其基本经验。

通过对选定的五大要素比较优势演化的定量分析，不难发现，我国的比较优势演化现状不容乐观，只有劳动力和高新技术这两个要素与世界其他国

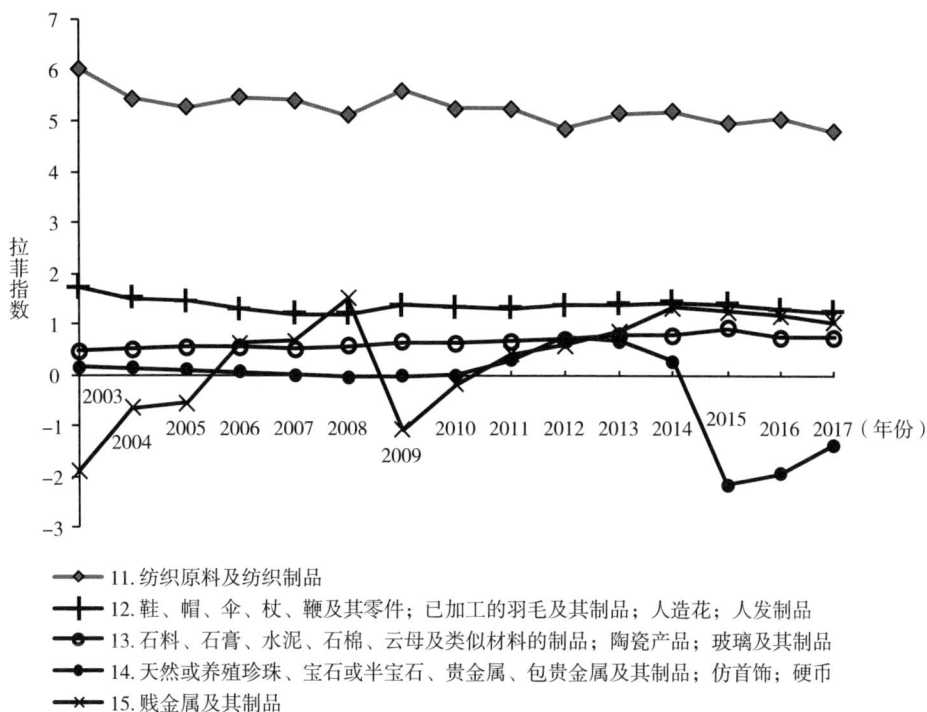

图 8-6　2003—2017 年半成品类产业的拉菲指数值走势

家相比处于优势地位，其他三大要素：资本、人才和创新能力均处于劣势，尤其是资本和创新能力的水平不足世界平均值的一半。人力资本水平的比较优势基本是稳步上升，但是，在与制造业升级相关性的实证分析时，发现其对技术密集型制造业行业的推动效果还不如对资本密集型行业的推动，这从一定程度上可以说明虽然人才的数量增多了，但是其所掌握的高新技术和具备的研发能力并没有显著的提高。除此之外，虽然劳动力供给量是我国具有比较优势的生产要素，但是其比较优势正在逐渐减弱。这种分析使我们对高新技术的优势地位持怀疑态度，在我国的人才、创新这些高级生产要素均处在比较劣势时，高新技术水平这一生产要素的比较优势十分显著是很难让人信服的，其比较优势地位应该是由于我国作为"世界工厂"承接了许多高技术产品的某一生产环节，而这些生产环节可能是低附加值、低技术含量的，或者直接是一些高技术产品的组装环节，因此导致了对高新技术水平这

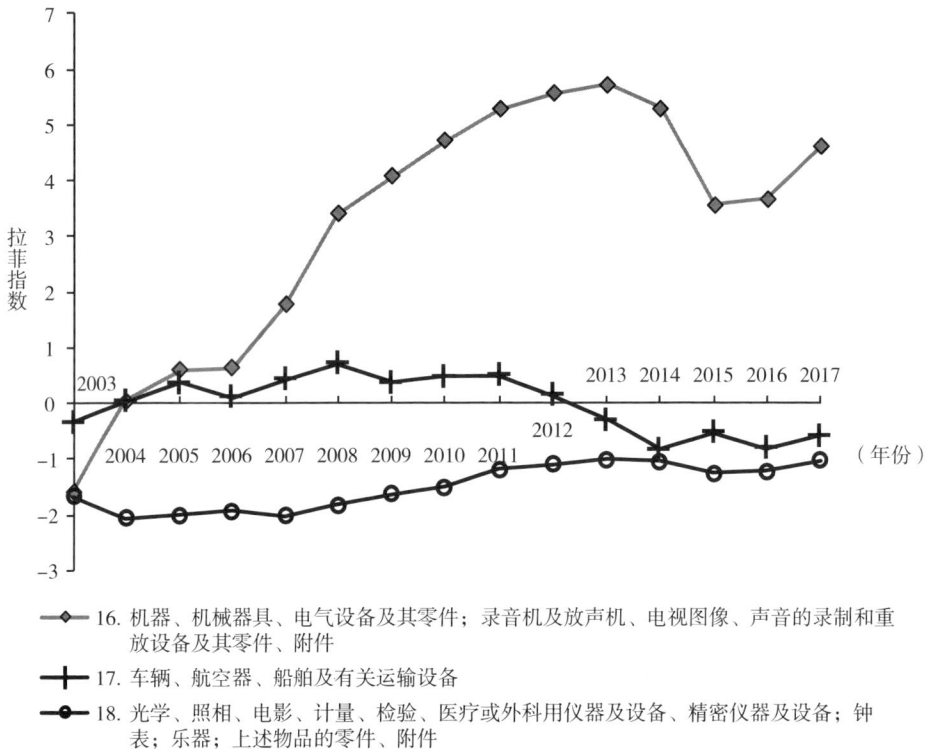

图 8-7　2003—2017 年成品类产业的拉菲指数值走势

一生产要素比较优势地位的高估。总体而言，我国比较优势整体水平并不高。

通过对拉菲指数值最高的五类产业、拉菲指数值变动幅度最大的产业和拉菲指数值整体走势的分析，我们清楚地看到我国产业在过去十年间的生产效率提升，主要体现在全球产品分工中位置的转变。由原来纺织产业等这些劳动密集型产业最占有比较优势地位转变为机械设备类产业这类技术密集型的产业最占有比较优势地位，以机械设备类产业为代表的技术密集型产业其生产效率有了突飞猛进的增长。但也要意识到，除了机械类产业的发展势头良好外，我国运输设备产业和光学仪器产业等这些高新技术产业的发展不尽如人意，在竞争优势排名上不靠前，表明其生产效率的提升速度相对缓慢。虽然我国大部分劳动密集型产业拥有的比较优势有不同程度的下降，但是纺织类、鞋帽类和皮具类等产业仍拥有相当显著或比较显著的比较优势，在国际上的优势地位仍非常显著，具有较强的竞争力。另外，对于矿产业和植物类等与环境息息相关的产业，其在对外贸易中的出口明显下降。

通过对我国生产要素比较优势演化的量化分析，以及利用拉菲指数对过去十多年间22类产业的发展历程进行实证分析，可以真实地发现各产业部门在产业升级进程中的不同表现，可以就中等收入阶段制造业的生产效率提升概括以下几个基本经验。

第一，针对技术密集型产业①，我们应该充分发挥我国在中低技术密集型产业上的比较优势，抓住发展机遇，保持其良好的发展势头。对于高技术密集型产业发展缓慢这一现状，要提升其生产效率，我们应该大力提高自主创新能力，掌握生产的核心技术和关键环节，增强我国制造业的竞争力，同时，政府也要发挥引导作用，培养企业增强自主创新能力的意识，并通过制定相关政策促进高技术密集型产业的加速发展。

第二，针对劳动密集型产业，随着经济的发展，人均收入水平或者工资收入会随之提高，我国劳动密集型产业的比较优势必然不断弱化，但是不可否认，在目前或者未来几年我国部分劳动密集型产业仍会拥有较强的竞争优势。虽然我们倡导发展高附加值的高新技术产业，但也不能忽视一些传统产业对我国经济发展的贡献，产业升级是一个循序渐进的过程，我们要实现产业的升级不仅要给高新技术的产业提供良好的发展环境，也要适当保护传统产业的发展，保证传统产业的生产效率持续提升。

第三，针对与生态环境直接相关产业，拥有良好的生态环境是经济发展的基本保障，我们应该限制不可再生资源的开采和绿色植被的砍伐，淘汰高能耗和高污染产业，增加清洁型新能源的使用，发展低污染低能耗的环保型产业，以可持续发展战略为指导，维护经济发展的长远利益。只有这样才能稳定地提高我国产业竞争力，持续推进我国中等收入阶段的产业升级。

---

① 技术密集型产业包括中低技术密集型产业和高技术密集型产业，通常我们所说的高新技术产业就是高技术密集型产业。参见郭克莎：《我国技术密集型产业发展的趋势、作用和战略》，《产业经济研究》2005年第5期。

第 九 章

中等收入阶段的工业化：
产业结构调整的中国经验

除效率提升外，产业结构调整是产业升级的重要方面。随着经济新常态概念的提出，结构调整议题受到的关注度日益提高。产业结构服务化，即服务业份额的上升是产业结构调整的重要内容。同时，经济新常态将经济结构调整与经济增长放缓相联系，意味着结构调整与增长速度之间存在一定的"负相关"关系。因此，产业结构调整成为推进中等收入阶段我国产业升级、实现经济可持续增长的重要问题。在本章，我们重点关注两个问题：什么因素引发了以服务业比重提升为特征的产业结构调整？中国是否已经进入"后工业化"阶段，是否应从重点发展工业转向发展服务业？

第一节　产业结构调整的相关研究

产业结构服务化即服务业份额提升和服务业价格相对上涨的观点，出现时间较早。一般认为，20 世纪 40 年代，科林·克拉克（Colin Clark，1940）[1] 已经明确论述了服务业份额提高的配第—克拉克定律。1964 年，贝

---

① Colin Clark, "*The Conditions of Economic Progress*", London, McMillan, 1940.

拉·巴拉萨（Bela Balassa, 1964）[1] 和保罗·萨缪尔森（Paul A. Samuelson, 1964）[2] 先后提出了服务业劳动生产率相对滞后导致服务业价格相对上涨，从而提高一国实际汇率的巴拉萨—萨缪尔森效应。将服务业份额提升与经济增长速度相联系的研究则见诸于鲍莫尔模型中。1965 年和 1966 年，威廉·鲍莫尔和威廉·鲍温（William J. Baumol 和 William G. Bowen, 1964[3]、1965[4]）再次提出服务业价格因其生产率相对滞后而上涨，并将这一效应视为"服务业成本病"，即"鲍莫尔成本病"。在此基础上，鲍莫尔（1967）[5] 提出了两部门非均衡增长模型，服务业生产率相对滞后成为服务业份额提升和经济增长停滞的诱因。后来，鲍莫尔（1985）又进一步将模型发展为三部分模型。1968 年，维克托·福克斯（Victor R. Fuchs）[6] 通过实证研究证明，在影响服务业份额提升的各类因素中，服务业生产率相对滞后占主导地位，验证了鲍莫尔的观点。因此，服务业生产率下降导致服务业份额提高和经济增长放缓的现象被称为鲍莫尔—福克斯假说。同时，鲍莫尔—鲍温效应一般指服务业生产率相对滞后导致的服务业价格相对上涨，被视为一种"价格效应"，成为巴拉萨—萨缪尔森效应的一部分（Balázs Égert 等，2003[7]；周亚军，2011[8]）。如果一国鲍莫尔—鲍温效应高于其他国家，导致本国整体物价相对于其他国家上涨，就会形成本币实际汇率上涨的巴拉萨—萨缪尔森效应。由此，鲍莫尔—福克斯假说与鲍莫尔—鲍温效应分属于两种不同研究范式。前者重视服务业需求的价

[1]　Bela Balassa, "The Purchasing-power Parity Doctrine：A Reappraisal", *The Journal of Political Economy*, Vol.72, No.6, 1964, pp.584-596.

[2]　Paul A. Samuelson, "Theoretical Notes on Trade Problems", *The Review of Economics and Statistics*, Vol.46, No.2, 1964, pp.145-154.

[3]　William J. Baumol, William G. Bowen, "On the Performing Arts：The Anatomy of their Economic Problems", *The American Economic Review*, Vol.55, No.1/2, 1964, pp.495-502.

[4]　William J. Baumol, William G. Bowen, *Performing Arts：The Economic Dilemma*, New York：Twentieth Century Found, 1966.

[5]　William J. Baumol, "Macroeconomics of Unbalanced Growth：The Anatomy of Urban Crisis", *The American Economic Review*, Vol.57, No.3, 1967, pp.415-426.

[6]　Victor R. Fuchs, *The Service Econom*, New York, Columbia University Press, 1968.

[7]　Balázs Égert, Imed Drine, Kirsten Lommatzsch, et al., "The Balassa-Samuelson Effect in Central and Eastern Europe：Myth or Reality?", *Journal of Comparative Economics*, Vol.31, No.3, 2003, pp.552-572.

[8]　周亚军：《实际汇率、通货膨胀与巴拉萨—萨缪尔森效应假说》，《财经理论与实践》2011 年第 3 期。

格弹性；后者则更加重视相对生产率对服务业相对价格的影响。这种差异，可以追溯到最初的鲍莫尔非均衡增长模型，在模型中他提出了两个"极端"情况：服务业的需求价格弹性为单位弹性和完全无弹性（鲍莫尔，1967）[1]。

第一种情况，服务业的需求价格弹性为单位弹性，即服务业价格上涨幅度与其销售量下降幅度相同，则服务业支出占总收入的份额保持不变，服务业的就业份额也相对不变，但是服务业实际产出占总产出的份额则趋向于零，经济增长速度将趋向于工业生产率的增长速度。[2] 第二种情况，服务业的需求价格弹性为完全无弹性，即服务业价格上涨的同时，其需求量保持不变。在这种情况下，生产率滞后的服务业要保持其产出规模与其他产业同步增长，必须扩大其就业份额。从长期来说，服务业的就业份额长期将趋向于100％，同时经济增长速度将与服务业生产率增长速度相一致。在服务业生产率保持不变或增长滞后的情况下，经济增长速度将持续放缓，即经济增长面临"鲍莫尔成本病"。沿着这一逻辑，关注"鲍莫尔成本病"存在性的鲍莫尔—福克斯假说将关注重点集中于服务业的需求价格弹性。相对于鲍莫尔提出的单位弹性和无弹性两个"极端"情况，后续文献主要集中于"缺乏弹性"的情形。只要服务业的需求价格缺乏弹性，服务业的需求量幅度将滞后于价格上涨幅度和生产率下降幅度，由此必然导致服务业名义产值的相对上涨和就业份额的提高，同时经济增长速度也将接近服务业生产率进步速度，导致增速放缓的"鲍莫尔成本病"。在具体研究中，学者们特别关注服务业内部不同部门需求价格弹性的差别，强调"鲍莫尔成本病"的主要成因是劳动力流向部分需求价格弹性低、劳动生产率滞后程度高的服务业部门（Anita Wolfl，2003[3]；Andrés Maroto-Sánchez，1967[4]）。相对于服务业的需求价格弹性，生产率滞后能够在多大程度上导致服务业价格的相对上涨，则

---

① William J. Baumol, "Macroeconomics of Unbalanced Growth: The Anatomy of Urban Crisis", *The American Economic Review*, Vol.57, No.3, 1967, pp.415-426.

② 这里鲍莫尔假定只存在工业和服务业两个部门，且两部门的劳动力总量保持不变，因此经济增长速度取决于两部门劳动生产率的进步速度。

③ Anita Wolfl, "Productivity Growth in Service Industries", *STI Working Paper*, OECD, Paris, 2003.

④ Andrés Maroto-Sánchez, Juan R. Cuadrado-Raura, "Is Growth of Services an Obstacle to Productivity Growth? A Comparative Analysis", *Structural Change and Economic Dynamics*, Vol. 20, No. 4, 1967, pp.254-265.

处于次要地位。因此，研究鲍莫尔—福克斯假说文献往往采用偏离现实"单要素生产函数"，只考虑劳动力一种生产要素，劳动生产率的高低直接对应产品的成本和价格水平。然而，在专注相对价格效应的巴拉萨—萨缪尔森模型中，相对生产率与相对价格的关系则显得更为重要。这种影响是否成立，以及影响的幅度大小，都受到各部门劳动力产出弹性系数和工资水平的影响。如果服务业的劳动产出弹性系数相对提高，或工资相对下降，即使服务业的相对生产率下降，服务业的相对价格也不一定提高，甚至可能下降。巴拉萨—萨缪尔森效应模型一般采用包含劳动力和资本两种要素的柯布—道格拉斯生产函数，引入要素产出弹性和工资差异，在严格的逻辑前提下重点考察相对劳动生产率对相对价格影响的存在性以及影响程度（Karolina Konopczak 等，2010[①]；周亚军，2011[②]）。表 9-1 列出了鲍莫尔—福克斯假说与鲍莫尔—鲍温效应在研究范式上的异同。

表 9-1　产业结构鲍莫尔—鲍温效应与鲍莫尔—福克斯假说的异同

相同点			不同点			
			关注焦点		生产函数	
起始	机理	结果	鲍莫尔—福克斯	鲍莫尔—鲍温	鲍莫尔—福克斯	鲍莫尔—鲍温
生产率相对滞后	相对价格提高；需求缺乏弹性	份额提升，增速放缓	需求的价格弹性是否小于 1（缺乏弹性）	生产率相对滞后是否造成相对价格上升	单要素生产函数，$Q = f(L)$	多要素生产函数，$Q = f(L, K)$

然而，2001 年"服务业之谜"的提出则明确回答了鲍莫尔—福克斯假说所关注的需求弹性问题：服务业在价格上涨的同时，其实际需求量保持不变，说明从长期来看，服务业的需求价格弹性完全符合鲍莫尔提出的"无弹性"的"极端"情况。因此，鲍莫尔非均衡增长模型成立与否的关键已

---

① Karolina Konopczak, Andrzej Torój, "Estimating the Baumol-Bowen and Balassa-Samuelson Effects in the Polish Economy", *Central Euroopean Journal of Economic Modelling and Econometrics*, No. 2, 2010, pp.117-150.

② 周亚军：《实际汇率、通货膨胀与巴拉萨—萨缪尔森效应假说》，《财经理论与实践》2011 年第 3 期。

经不再是需求的价格弹性，而是鲍莫尔—鲍温效应所关注的"价格效应"。依据"服务业之谜"，服务业实际产量占国内生产总值实际产值的份额持续保持不变，服务业名义价值和就业份额取决于服务业的相对价格。服务业生产率相对滞后对服务业名义产值份额和就业份额的影响，主要取决于服务业相对生产率能够在多大程度上影响服务业的相对价格。简言之，鲍莫尔模型的"结构—速度"关系是否成立，主要取决于影响服务业相对价格的鲍莫尔—鲍温效应是否存在。鲍莫尔—福克斯假说的研究文献中处于次要位置的要素产出弹性系数和相对工资差异，需要重点关注。因此，有必要突破鲍莫尔—福克斯假说研究中的单要素生产函数假设，借鉴巴拉萨—萨缪尔森效应相关文献中的相对价格模型，重点讨论服务业相对生产率如何通过服务业相对价格影响服务业名义产值份额和就业份额。这就需要将受巴拉萨—萨缪尔森效应研究影响的鲍莫尔—鲍温效应从单一的"价格效应"，拓展为主导服务业份额提高的结构效应和增长效应。

在中国，把鲍莫尔—鲍温效应从巴拉萨—萨缪尔森效应中独立出来进行专题实证研究也具有重要的理论和现实意义。人民币汇率的"价格双轨制"直到 1994 年才取消，巴拉萨—萨缪尔森效应研究的有效数据只有 20 年左右，相关研究往往从 1994 年开始，或对此之前的相关数据进行特殊处理。但是中国的价格开放则开始于 1984 年[①]，脱离实际汇率的研究主题，作为结构效应和国内价格效应的鲍莫尔—鲍温效应则具备 30 年有效数据。

第二节　区分产业结构调整中的规模与价格因素

了解中国是否存在三次产业结构调整的"服务业之谜"，需要实际核算我国服务业实际产值在国民经济中的份额，一般采用服务业占整体国民经济的份额。也有部分文献认为，我国处于二元经济条件下，农业具有明显特殊性，应主要考虑服务业在非农产业（即第二、第三产业）中所占的份额。鉴于此，我们同时考虑两类指标：服务业在整体国民经济中的份额，以及服

---

① 1984 年党的十二届三中全会在《中共中央关于经济体制改革的决定》中提出"价格体系的改革是整个经济体制改革成败的关键"，我国才开始进行价格管制改革；1984—1988 我国逐步放开部分物价，并从 1988 年的"治理整顿、深化改革"起进入全面改革阶段。

务业在非农产业中的份额。实际产值的核算，需要扣除物价指数，我们采用国内生产总值平减指数。[①] 我们在名义产值中扣除国内生产总值平减指数，按 1984 年的价格表示服务业和国内生产总值的实际产值，得出服务业实际产值占实际国内生产总值的份额。结果见图 9-1、图 9-2、图 9-3。

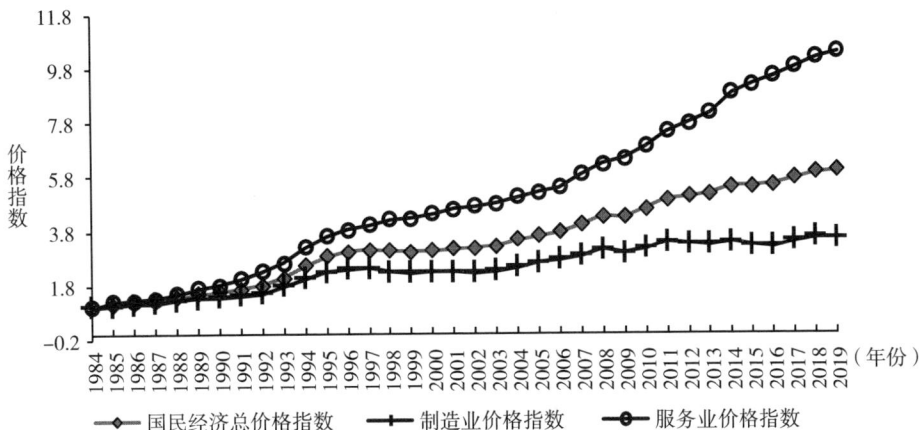

图 9-1　1984—2019 年国民经济总价格指数及制造业、服务业价格指数

上述图形的实际数据表明，我国服务业实际产值占国内生产总值和非农产业的份额整体上保持稳定，表明我国的三次产业结构调整也基本符合服务业份额保持不变的"服务业之谜"。因此，服务业名义产值份额的提高，主要源于服务业价格水平的提升。解释服务业份额提升的产业结构研究，其关键在于解释服务业价格的相对变化。

一、区分规模与价格因素的因式分解公式

为了验证上述问题，我们有必要将服务业名义产值变动中的实际产值份额和相对价格变动进行分解，为此我们提出了以下分解公式。

在统计指标上，基期与现期之间的综合指标一般采用拉斯贝尔指数：

$K = \dfrac{\sum q_1 p_0}{\sum q_0 p_0}$ ，其中，q_1、q_0分别表示现期和基期的产量，p_1、p_0分别表示现

———————————

[①]　虽然也有部分文献采用 CPI 指数等其他物价指数，但是作为实际产值核算的客观指标，GDP 平减指数更能全面客观地体现物价水平的真实变动。

（单位：%）

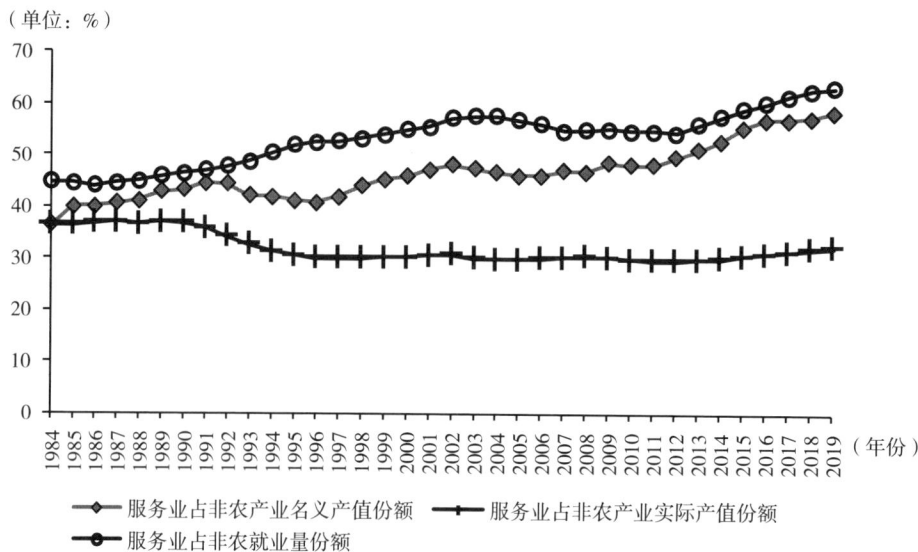

图 9-2 1984—2019 年中国服务业占国民经济的份额

（单位：%）

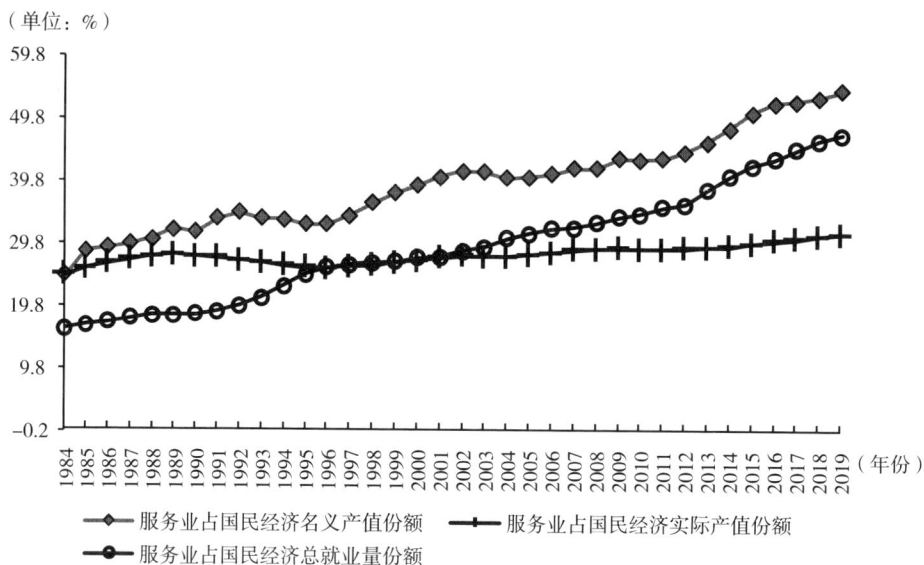

图 9-3 1984—2019 年中国服务业占非农产业的份额

资料来源：图 9-1、图 9-2、图 9-3 数据均来自国家统计局 2018 年统计年鉴。

期和基期的价格。拉斯贝尔指数被视为表示产量相对变化的合理统计指标，这一指标将名义变量，即价格，固定在基期，从而使指数的大小，完全取决于产量规模的变动。服务业的产值可表示为 $\sum Q_s \cdot P_s$，其中，Q_s 和 P_s[①]分别表示服务业的产量和价格。相应的国内生产总值总水平（非农产业总水平）可以表示为 $\Sigma Q \cdot P$。考虑到基期与现期的区别，在基期服务业份额应

为：$\dfrac{\Sigma Q_{s_0} \cdot P_{s_0}}{\Sigma Q_0 \cdot P_0}$，在现期则为：$\dfrac{\Sigma Q_{s_t} \cdot P_{s_t}}{\Sigma Q_t \cdot P_t}$，因此，两者的差额，即服务业名义

产值份额的提升幅度，应为：$\dfrac{\Sigma Q_{s_t} \cdot P_{s_t}}{\Sigma Q_t \cdot P_t} - \dfrac{\sum Q_{s_0} \cdot P_{s_0}}{\sum Q_0 \cdot P_0}$，显然，这一公式中同

时存在基期数量、现期数量、基期价格和现期价格，导致这一变动的因素包括实际产值变动和相对价格变动两个方面。为区分"产量规模变动"与"价格水平变动"这两个部分，我们对公式进行以下拓展：

$$\frac{\sum Q_{s_t} \cdot P_{s_t}}{\sum Q_t \cdot P_t} - \frac{\sum Q_{s_0} \cdot P_{s_0}}{\sum Q_0 \cdot P_0} = \left(\frac{\sum Q_{s_t} \cdot P_{s_0}}{\sum Q_t \cdot P_0} - \frac{\sum Q_{s_0} \cdot P_{s_0}}{\sum Q_0 \cdot P_0} \right) +$$

$$\left(\frac{\sum Q_{s_t} \cdot P_{s_t}}{\sum Q_t \cdot P_t} - \frac{\sum Q_{s_t} \cdot P_{s_0}}{\sum Q_t \cdot P_0} \right)$$

其中，第一部分 $\dfrac{\sum Q_{s_t} \cdot P_{s_0}}{\sum Q_t \cdot P_0} - \dfrac{\sum Q_{s_0} \cdot P_{s_0}}{\sum Q_0 \cdot P_0}$ 是将价格固定在基期，考察

生产规模相对变动形成的"份额提升"，即份额提升的"实际产量份额提

升"部分。第二部分 $\dfrac{\sum Q_{s_t} \cdot P_{s_t}}{\sum Q_t \cdot P_t} - \dfrac{\sum Q_{s_t} \cdot P_{s_0}}{\sum Q_t \cdot P_0}$ 是将产量固定在现期，考察

价格水平波动形成的"份额提升"，即份额提升的"价格相对变动"部分，这种将现期水平作为同度量因素的统计指标，也被称为帕氏价格指数。我们可以把求和公式省略掉来理解两部分指标：

[①]　通常第三产业也被视为服务业，S 表示 Service（服务）。

$$\frac{Q_{S_t} \cdot P_{S_t}}{Q_t P_t} - \frac{Q_{S_0} \cdot P_{S_0}}{Q_0 \cdot P_0} = \frac{P_{S_0}}{P_0}\left(\frac{Q_{S_t}}{Q_t} - \frac{Q_{S_0}}{Q_0}\right) + \frac{Q_{S_t}}{Q_t}\left(\frac{P_{S_t}}{P_t} - \frac{P_{S_0}}{P_0}\right)$$

其中，$\dfrac{P_{S_0}}{P_0}\left(\dfrac{Q_{S_t}}{Q_t} - \dfrac{Q_{S_0}}{Q_0}\right)$ 为价格固定在基期的"实际产量份额提升"部分，

$\dfrac{Q_{S_t}}{Q_t}\left(\dfrac{P_{S_t}}{P_t} - \dfrac{P_{S_0}}{P_0}\right)$ 产量固定在现期的"价格相对变动"部分。

二、份额变动中规模与价格因素分解的基本结果

按照上述指标分解公式，计算结果见表 9-2 和表 9-3。

表 9-2　服务业名义产值占名义国内生产总值份额的
产量和价格分解（部分年份）　　　　（单位:%）

年份	服务业占名义国内生产总值份额	服务业份额提升总体水平与分解结果				
		上涨幅度（基期=1984年）	"实际产量提升"部分		"价格变动"部分	
			提升幅度	所占份额	提升幅度	所占份额
1984	24.78	0.00	0.00	0.00	0.00	0.00
1985	28.67	3.89	1.11	28.55	2.78	71.45
1990	31.54	6.76	3.06	45.24	3.70	54.76
1995	32.86	8.08	0.72	8.87	7.36	91.13
2000	39.02	14.24	1.58	11.12	12.66	88.88
2005	40.51	15.73	2.25	14.30	13.48	85.70
2010	43.24	18.45	2.90	15.74	15.55	84.26
2013	46.09	21.31	3.09	14.51	18.22	85.49
2019	54.27	29.49	6.03	26.34	22.86	79.13

表9-3　服务业名义产值占非农产业份额的产量与几个分解（部分年份）

（单位:%）

年份	服务业占名义国内生产总值份额	服务业份额提升总体水平与分解结果				
		上涨幅度（基期=1984年）	"实际产量提升"部分		"价格变动"部分	
			提升幅度	所占份额	提升幅度	所占份额
1984	36.51	0.00	0.00	0.00	0.00	0.00
1985	40.07	3.55	−0.08	−2.24	3.63	102.24
1990	43.28	6.76	0.32	4.79	6.44	95.21
1995	41.06	4.54	−6.03	−132.61	10.57	232.61
2000	45.94	9.43	−6.30	−66.88	15.73	166.88
2005	46.10	9.59	−6.61	−68.97	16.20	168.97
2010	48.09	11.58	−6.75	−58.30	18.33	158.30
2013	51.22	14.71	−6.79	−46.17	21.50	146.17
2019	58.44	21.93	−4.19	−19.11	26.12	119.11

　　表9-2和表9-3中只列出了部分年份的指标分解结果。具体到第一年度的指标分解，可参见图9-4和图9-5。图表数据表明，服务业名义产值占国内生产总值和非农产业份额的提升，主要源于其相对价格的提升。截止到2013年，服务业占国内生产总值的份额提升了21.31个百分点，而其中物价上涨部分为18.22个百分点，占总变动幅度的85.49%；实际产量提升部分为3.09，占总变动幅度的14.51%。服务业占非农产业的份额提升14.71个百分点，而价格上涨部分达到21.50个百分点，超过总的变动幅度，其"实际产量提升"部分不仅没有对份额提高作出任何贡献，反而导致了6.79个百分点的下降。虽然，服务业实际产量份额下降幅度显得比较大，但是，梳理各年份数据可以看出，在绝大多数时期，"实际产量提升"的影响都保持不变。

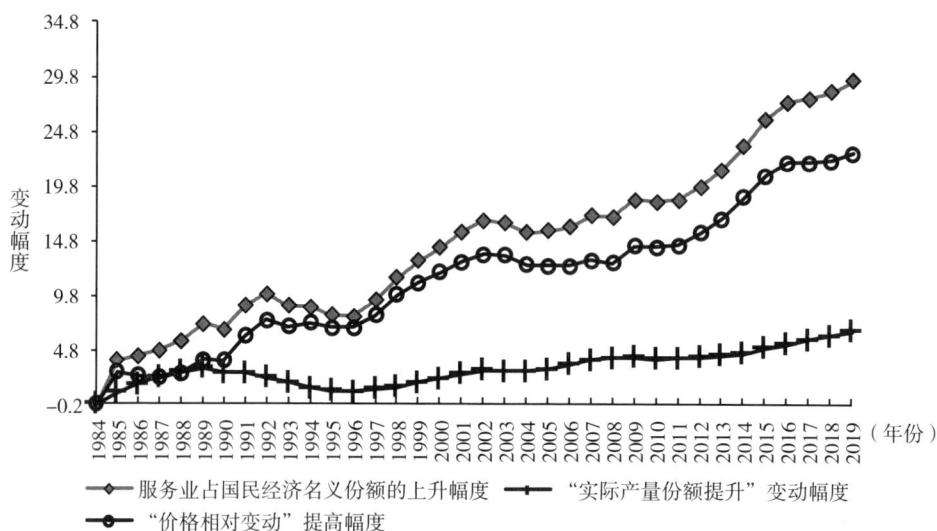

图 9-4　1984—2019 年服务业占国民经济名义份额上升幅度分解

（单位：%）

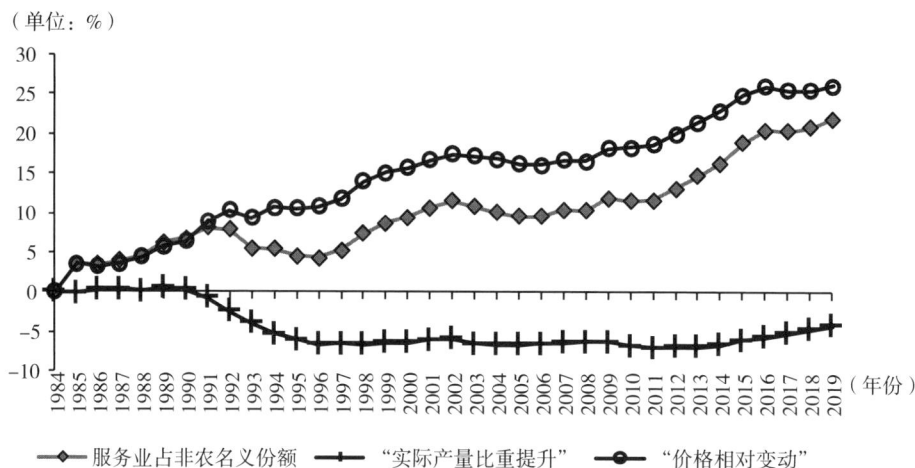

图 9-5　1984—2019 年服务业占非农产业名义份额上升幅度分解

第三节　产业结构调整的影响因素与经验检验

依据产业结构调整的"服务业之谜"，服务业名义产值份额和就业份额的提升都取决于服务业相对价格的提高。而依据鲍莫尔—鲍温效应，服务业相对价格的提升则取决于服务业的相对生产率水平。我们分两步检验产业结构调整的鲍莫尔—鲍温效应：首先检验服务业相对价格与服务业名义产值份额和就业份额的协整关系，其次再检验服务业相对生产率对服务业份额的决定性。

一、各类因素之间相关影响的基本数量关系

我们首先明确各类影响机制对应的经验检验逻辑和计量分析公式。

（一）相对价格对服务业份额的影响

名义产值之比等于相对价格之比乘以产量之比。$SH_R = \dfrac{R_s}{R} = \dfrac{P_s Q_s}{PQ} = \dfrac{P_s}{P} \cdot$

$\dfrac{Q_s}{Q} = p_s q_s$，其中 SH_R 表示产值服务业产值（Revenue）在总产值中所占份额（Share），R_s 和 R 表示服务业产值和总产值，P_s 和 P 表示服务业价格和总价格，Q_s 和 Q 表示服务业产量和总产量，p_s 和 q_s 分别为相对价格和相对产量，即：$p_s = \dfrac{P_s}{P}$，$q_s = \dfrac{Q_s}{Q}$。因此，份额提升幅度等于相对价格增长率与相对产量

增长率之和，$\dfrac{\dot{S}_R}{S_R} = \dfrac{\dot{q_s}}{q_s} + \dfrac{\dot{p_s}}{p_s}$，其中 $\dot{x} = \dfrac{d_x}{d_t}$，表示变量的变动幅度。而存在"服

务业之谜"的情况下，$\dfrac{Q_s}{Q} = q_s$ 保持不变，即 $\dfrac{\dot{q_s}}{q_s} = 0$，所以 $\dfrac{\dot{SH_R}}{SH_R} = \dfrac{\dot{p_s}}{p_s}$，因此，

可得基本经验分析公式，产值份额取决于相对价格水平：

$$\ln(SH_R) = \ln(p_s) + \ln(q_s) = c_1 + \ln(p_s) \tag{9-1}$$

关于就业份额的讨论需要明确生产函数。我们采用规模报酬不变的柯布—道格拉斯生产函数：

$$Q = F(L, \ K) = AL^{\alpha}K^{1-\alpha}$$

要素市场均衡条件下，工资等于劳动的劳动边际产品价值 $W = VMP_L = MP_L \cdot P = \alpha AL^{\alpha-1}K^{1-\alpha} \cdot P$，因此：$WL = \alpha AL^{\alpha}K^{1-\alpha} \cdot P = \alpha QP$，由此可得：$L = \dfrac{\alpha QP}{W}$。

因此，$SH_L = \dfrac{L_S}{L} = \dfrac{\alpha_S P_S Q_S}{\alpha PQ} \cdot \dfrac{w}{w_s} = \dfrac{\alpha_s}{\alpha} \cdot \dfrac{P_s}{P} \cdot \dfrac{Q_s}{Q} \cdot \dfrac{w}{w_s} = \alpha'_s \cdot p_s \cdot q_s/w_s$，其中，$SH_L$ 为服务业就业占总就业量的份额，L_S 和 L 分别表示服务业就业量和总的就业量，α_S 和 α 分别表示服务业生产函数的产出弹性和总的产出弹性，就业量 w_s 为服务业相对工资，即 $w_s = \dfrac{w_s}{w}$，α'_s 为服务业相对要素密集度，即 $\alpha'_s = \dfrac{\alpha_s}{\alpha}$。

如果存在"服务业之谜"，$\dfrac{\dot{q_s}}{q_s} = 0$，可得以下基本经验分析公式，就业比例取决于相对价格、相对产出弹性和相对工资水平：

$$\ln(SH_L) = \ln(\alpha'_s) + \ln(p_s) + \ln(q_s) - \ln(w_s) = c_2 + \ln(\alpha'_s) + \ln(p_s) - \ln(w_s)$$

$$(9-2)$$

（二）相对生产率对服务业相对价格的影响

在鲍莫尔—福克斯假说和鲍莫尔—鲍温效应的研究文献中，生产率指劳动生产率：$LP = \dfrac{Q}{L}$。在巴拉萨—萨缪尔森效应的研究文献中，学者推导了劳动生产率与相对价格之间的基本关系。总生产函数和服务业生产函数分别为：

$$Q = F(L, \ K) = AL^{\alpha}K^{1-\alpha}, \quad Q_S = F_S(L_S, \ K_S) = A_S L_S^{\alpha S}K_S^{1-\alpha_s},$$

其中，生产者的利益最大化为：$\max \ \{PQ - wL - rK\}$

其一阶条件通过 L 求导获得：$\alpha APL^{\alpha-1}K^{1-\alpha} - w = 0$

因此有：$w = \alpha APL^{\alpha-1}K^{1-\alpha} = \alpha AP\left(\dfrac{L}{K}\right)^{\alpha-1}$

同样道理，服务业也存在类似等式：

$$w_S = \alpha AP_S L_S^{\ \alpha_s-1}K_S^{\ 1-\alpha_s} = \alpha_S A_S P_S\left(\dfrac{L_S}{K_S}\right)^{\alpha_s-1}$$

因此服务业的相对工资：$w_s = \dfrac{w_s}{w} = \dfrac{\alpha_s A_s P_s \left(\dfrac{L_S}{K_S}\right)^{\alpha_s - 1}}{\alpha A P \left(\dfrac{L}{K}\right)^{\alpha - 1}}$

服务业相对价格：$p_S = \dfrac{P_S}{p} = \dfrac{\alpha A \left(\dfrac{L}{K}\right)^{\alpha - 1}}{\alpha_s A_s \left(\dfrac{L_S}{K_S}\right)^{\alpha - 1}} \dfrac{w_s}{w} = \dfrac{\alpha \dfrac{Q}{L}}{\alpha_s \dfrac{QS}{L_S}} \dfrac{w_s}{w} = \dfrac{\alpha LP}{\alpha_s LP_S} \dfrac{w_s}{w} = \dfrac{\alpha_s' w_s}{lp_s}$,

即 $p_S = \dfrac{\alpha_s' w_s}{lp_s}$，其中 lp_s 为服务业相对生产率，即 $lp_s = \dfrac{LP_s}{LP}$。

因此可得基本经验分析公式：

$$\ln(p_s) = \ln(\alpha_s') + \ln(w_s) - \ln(lp_s) \tag{9-3}$$

（三）相对生产率对服务业份额的影响

由劳动生产率定义：$LP = \dfrac{Q}{L}$，可得服务业就业份额 $SH_L = \dfrac{L_S}{L} = \dfrac{Q_S}{Q} \dfrac{L}{L_S} =$

$\dfrac{q_s}{lp_s}$，存在"服务业之谜"的条件下，$\dfrac{\dot{q_s}}{q_s} = 0$，可得基本经验分析公式：

$$\ln(SII_L) - \ln(q_s) - \ln(lp_s) = c_3 - \ln(lp_s) \tag{9-4}$$

以相对价格的经验分析公式（9-3）为中介，服务业名义产值份额的经验分析公式（9-1）可以得出相对生产率对相对份额的影响的经验分析公式：

$$\ln(SH_R) = c_4 + \ln(\alpha_s') + \ln(w_s) - \ln(lp_s) \tag{9-5}$$

二、检验相关影响机制的计量方案

由于我们同时考虑服务业在整体国民经济中的份额以及服务业在非农产业中的份额，上述模型和经验分析公式中的"总产值"可以表示国民经济总产值和非农产业产值项指标；同时"总就业量"可以分别表示国民经济总就业量和非农产业就业总量两项指标。因此，上述五个分解公式又可以分解为十个具体的经验分解公式。公式中相关变量可以分为以下两类。第一类，份额变量，分为产值份额 SH_R 和就业份额 SH_L，其中 SH_{R_G} 和 SH_{R_IS} 分别表示服务业占国内生产总值的名义产值份额和服务业占非农产业的名义产值份额；SH_{L_G} 和 SH_{L_IS} 分别表示服务业就业量与国民经济总就业量，以及与非农产业就业量的比例。第二类相对比例变量：相对价格，P_{S_G} 和 P_{S_IS} 分别表示服务业价格与国内生产总值总价格，以及与非农产业总价格的比例；相对要素弹性，α_{S_G} 和 α_{S_IS} 分别表示服务业劳动产出弹性与国内生产总值整体劳动产出弹性，以及与非农产业总体劳动力产出弹性的比例；相对工资，w_{S_G} 和 w_{S_IS} 是服务业工资与国民经济平均工资的比例，以及与非农产业平均工资的比例；相对劳动生产率，LP_{S_G} 和 LP_{S_IS} 表示服务业劳动生产率与国民经济整体劳动生产率，以及与非农产业整体生产率的比例。

相应地，上述五个经验分解公式，可以分解为以下分解公式：

产值份额取决于相对价格水平：

$$\ln(SH_{R\_G}) = c_{11} + \alpha_{11}\ln(P_{S\_G}) \tag{9-6}$$

$$\ln(SH_{R\_IS}) = c_{12} + \alpha_{12}\ln(P_{S\_IS}) \tag{9-7}$$

就业份额取决于相对价格、相对产出弹性和相对工资水平：

$$\ln(SH_{L\_G}) = c_{211} + \alpha_{211}\ln(P_{S\_G}) + \beta_{211}\ln(\alpha_{S\_G}) \tag{9-8}$$

$$\ln(SH_{L\_G}) = c_{212} + \alpha_{212}\ln(P_{S\_G}) + \gamma_{212}\ln(w_{S\_G}) \tag{9-9}$$

$$\ln(SH_{L\_IS}) = c_{221} + \alpha_{221}\ln(P_{S\_IS}) + \beta_{221}\ln(\alpha_{S\_IS}) \tag{9-10}$$

$$\ln(SH_{L\_IS}) = c_{222} + \alpha_{222}\ln(P_{S\_IS}) + \gamma_{222}\ln(w_{S\_IS}) \tag{9-11}$$

相对价格取决于相对生产率、相对产出弹性和相对工资：

$$\ln(P_{S\_G}) = \delta_{311}\ln(LP_{S_e}) + \beta_{311}\ln(\alpha_{S\_G}) \tag{9-12}$$

$$\ln(P_{S\_G}) = \delta_{312}\ln(LP_{S_e}) + \gamma_{312}\ln(w_{S\_G}) \tag{9-13}$$

$$\ln(P_{S\_IS}) = \delta_{321}\ln(LP_{S_{is}}) + \beta_{321}\ln(\alpha_{S\_IS}) \tag{9-14}$$

$$\ln(P_{S\_IS}) = \delta_{322}\ln(LP_{S_{is}}) + \gamma_{322}\ln(w_{S\_IS}) \tag{9-15}$$

就业份额取决于相对生产率：

$$\ln(SH_{L\_G}) = c_{41} + \delta_{41}\ln(LP_{S\_G}) \tag{9-16}$$

$$\ln(SH_{L\_IS}) = c_{42} + \delta_{42}\ln(LP_{S\_IS}) \tag{9-17}$$

产值份额取决于相对生产率、相对产出弹性和相对工资：

$$\ln(SH_{R\_G}) = c_{511} + \delta_{511}\ln(LP_{S\_G}) + \beta_{511}\ln(\alpha_{S\_G}) \tag{9-18}$$

$$\ln(SH_{R\_G}) = c_{512} + \delta_{512}\ln(LP_{S\_G}) + \gamma_{512}\ln(w_{S\_G}) \tag{9-19}$$

$$\ln(SH_{R\_IS}) = c_{521} + \delta_{521}\ln(LP_{S\_IS}) + \beta_{521}\ln(\alpha_{S\_IS}) \tag{9-20}$$

$$\ln(SH_{R\_IS}) = c_{522} + \delta_{522}\ln(LP_{S\_IS}) + \gamma_{522}\ln(w_{S\_IS}) \tag{9-21}$$

三、计量检验的基本结果

我们以历年《中国统计年鉴》为基本数据来源，其中物价水平取国内生产总值平减指数，为避免国内生产总值实际总值与三次产业实际产值之间的差额，实际总产值取各产业实际产值之和。劳动报酬数据依据投入产出表中的"劳动者报酬"。劳动报酬在总附加值中的比重作为劳动的产出弹性。缺乏投入产出表数据的年份，依据劳动报酬占国内生产总值的份额，进行动态平均估算出份额数据，再乘以当年的产值水平。

上述各类数据的平稳性检验结果见表9-4。

表9-4　序列平稳性的 NP 检验

变量	MZ_a	MZ_t	MSB	MPT	检验类型
$\ln SH_{R\_G}$	1.1593	1.0205	0.8803	56.8946	(1, 0, 0)
$\ln SH_{R\_IS}$	0.8074	0.4430	0.5487	24.8055	(1, 0, 0)
$\ln SH_{L\_G}$	−544.675***	−16.4749***	0.03025***	0.06755***	(1, 0, 5)
$\ln SH_{L\_IS}$	−1.3288	−0.6457	0.4859	14.0901	(1, 0, 1)
$\ln P_{S\_G}$	0.9684	0.8682	0.8965	56.6857	(1, 0, 1)
$\ln P_{S\_IS}$	1.0949	1.0729	0.9799	68.0474	(1, 0, 1)
$\ln LP_{S\_G}$	−4.2031	−1.2338	0.2936	6.0875	(1, 0, 1)
$\ln LP_{S\_IS}$	−3.1024	−1.1188	0.3606	7.6787	(1, 0, 1)
$\ln\alpha_{S\_G}$	−10.2088**	−2.25213**	0.22061**	2.42753**	(1, 0, 1)
$\ln\alpha_{S\_IS}$	−1.6319	−0.7901	0.4842	13.0756	(1, 0, 1)
$\ln w_{S\_G}$	−2.7378	−1.0552	0.3854	8.5416	(1, 0, 1)
$\ln w_{S\_IS}$	−1.9800	−0.9821	0.4960	12.2300	(1, 0, 1)
$D\ln SH_{R\_G}$	−6.71184*	−1.8155*	0.27049*	3.70573*	(1, 0, 0)
$D\ln SH_{R\_IS}$	−7.62147*	−1.95126*	0.25602*	3.21768*	(1, 0, 0)
$D\ln SH_{L\_G}$	−341.692***	−13.0543***	0.0382***	0.08861***	(1, 0, 2)
$D\ln SH_{L\_IS}$	−10.3504**	−2.11894**	0.20472**	2.94859**	(1, 0, 1)
$D\ln P_{S\_G}$	−8.90976*	−2.10125**	0.23584**	2.78546**	(1, 0, 0)
$D\ln P_{S\_IS}$	−9.12462**	−2.12773**	0.23319**	2.71635**	(1, 0, 0)

变量	MZ_a	MZ_t	MSB	MPT	检验类型
$DlnLP_{S\_G}$	-80.8926^{***}	-6.32594^{***}	0.0782^{***}	0.37131^{***}	$(1, 0, 2)$
$DlnLP_{S\_IS}$	-6.50471^{*}	-1.77598^{*}	0.27303^{*}	3.85688^{*}	$(1, 0, 0)$
$Dln\alpha_{S\_IS}$	-6.75473^{*}	-1.76792^{*}	0.26173^{*}	3.8606^{*}	$(1, 0, 0)$
$Dln\alpha_{S\_IS}$	-29.7829^{***}	-3.8343^{***}	0.12874^{***}	0.89819^{***}	$(1, 0, 1)$
$Dlnw_{S\_G}$	-9.13296^{**}	-2.12348^{**}	0.23251^{**}	2.73374^{**}	$(1, 0, 0)$
$Dlnw_{S\_IS}$	-7.88252^{*}	-1.9832^{*}	0.25159^{*}	3.11572^{**}	$(1, 0, 0)$
1%显著性水平临界值	-13.8000	-2.5800	0.1740	1.7800	N/A
5%显著性水平临界值	-8.1000	-1.9800	0.2330	3.1700	N/A
10%显著性水平临界值	-5.7000	-1.6200	0.2750	4.4500	N/A

注：（1）*、**、***分别表示在10%、5%、1%的显著性水平下拒绝原假设，即在相应的显著性水平下认为变量是平稳的。（2）单位根检验模型（C，T，L），其中，C为截距项，如果存在则为1，不存在为0；T表示时间趋势，如果存在则为1，不存在为0；L表示滞后阶数，根据SIC准则进行筛选。（3）D表示变量的一阶差分。

（一）相对价格对服务业份额的影响

对公式（9-22）和公式（9-23）检验的协整方程为：

$$ECM_c = lnSH_{R\_G} - 1.111537lnP_{S\_G} + 1.34 \tag{9-22}$$

$$ECM_c = lnSH_{R\_IS} - 0.382068lnP_{S\_IS} + 0.88 \tag{9-23}$$

结果表明，服务业名义产值份额，相对价格取决于服务业相对生产率，其中服务业在国内生产总值中的名义份额受相对价格的影响更为明显，其影响系数为1.11，较服务业占非农产业份额受相对价格的系数0.38要大一些。

对公式（9-24）—公式（9-27）检验的协整方程为：

$$ECM_c = lnSH_{L\_G} - 1.908607lnP_{S\_G} - 2.610720ln\alpha_{S\_G} \tag{9-24}$$

$$ECM_c = lnSH_{L\_G} - 0.400611lnP_{S\_G} + 1.562010lnw_{S\_G} + 0.864132 \tag{9-25}$$

$$ECM_c = lnSH_{L\_IS} - 0.312923lnP_{S\_IS} + 0.539583ln\alpha_{S\_IS} + 0.664743 \tag{9-26}$$

$$ECM_c = lnSH_{L\_IS} - 0.384639lnP_{S\_IS} + 0.242811lnw_{S\_IS} + 0.766561 \tag{9-27}$$

结果表明，无论以劳动相对产出弹性，还是相对工资水平为参数，服务业就业份额与服务业价格呈现明显的正相关关系，辅助变量与就业份额之间的关系，也符合模型（9-2）的预期。其中，以劳动产出弹性服务业为辅助变量时，服务业相对价格对服务业在国民经济中就业份额的影响系数最为明显。

（二）相对生产率对服务业相对价格的影响

对公式（9-28）—公式（9-31）检验的协整方程为：

$$ECM_c = \ln P_{S\_G} + 0.745743\ln LP_{S\_G} - 0.584845\ln\alpha_{S\_G} - 0.297755 \quad (9\text{-}28)$$

$$ECM_c = \ln P_{S\_G} + 0.842221\ln LP_{S\_G} - 0.337240\ln w_{S\_G} - 0.209476 \quad (9\text{-}29)$$

$$ECM_c = \ln P_{S\_IS} + 5.120162\ln LP_{S\_IS} - 8.761606\ln\alpha_{S\_IS} + 3.582811 \quad (9\text{-}30)$$

$$ECM_c = \ln P_{S\_IS} + 1.422074\ln LP_{S\_IS} - 0.897553\ln w_{S\_IS} + 0.367029 \quad (9\text{-}31)$$

结果表明，服务业相对价格与服务业相对生产率之间呈现明显的相关关系，其中服务业与非农产业相对价格 P_{S-IS} 与其相对生产率之间的负相关系数更为明显一些。其他作为辅助变量的相对产出弹性和相对工资对相对价格的影响也符合模型（9-3）的预期。

（三）相对生产率对服务业份额的影响

对公式（9-32）—公式（9-33）检验的协整方程为：

$$ECM_c = \ln SH_{L\_G} + 1.195372\ln LP_{S\_G} + 1.366929 \quad (9\text{-}32)$$

$$ECM_c = \ln SH_{L\_IS} + 0.523585\ln LP_{S\_IS} \quad (9\text{-}33)$$

结果表明，服务业就业份额与服务业相对生产率之间呈现明显的负相关关系，符合模型（9-4）的预期。

对公式（9-34）—公式（9-37）检验的协整方程为：

$$ECM_c = \ln SH_{R\_G} + 0.656593\ln LP_{S\_G} + 0.253728\ln\alpha_{S\_G} \quad (9\text{-}34)$$

$$ECM_c = \ln SH_{R\_G} + 0.2988884\ln LP_{S\_G} + 721306\ln w_{S\_G} \quad (9\text{-}35)$$

$$ECM_c = \ln SH_{R\_IS} + 17.93809\ln LP_{S\_IS} - 41.23374\ln\alpha_{S\_IS} + 14.87354 \quad (9\text{-}36)$$

$$ECM_c = \ln SH_{R\_IS} + 0.995156\ln LP_{S\_IS} - 1.145561\ln w_{S\_IS} + 1.250838 \quad (9\text{-}37)$$

结果表明，服务业名义产值份额与服务业相对生产率之间有负相关关系成立，其中服务业占非农产业名义产值份额与其相对生产率的关系更为明显，且其辅助变量相对产出弹性和相对工资对服务业名义产值份额的影响也符合模型（9-5）的预期。但是，两项辅助变量对服务业名义产值占国内生产总值的份额的影响不符合基本预期。为防止出现错误判断，我们去掉两项辅助变量，直接就名义值比重与相对生产率之间的关系进行协整检验。因此构建以下简化的协整方程：

$$\ln(SH_{R\_G}) = c_{53} + \delta_{53}\ln(LP_{S\_G}) \tag{9-38}$$

对公式（9-39）检验的协整方程为：

$$ECM_c = \ln SH_{R\_G} + 0.492228\ln LP_{S\_G} + 0.820244 \tag{9-39}$$

检验结果验证了服务业名义产值份额与其相对生产率的负相关关系。上述经验检验结果表明，以相对价格为中心设定的五个基本模型公式（9-1）至公式（9-5）所对应的 16 个经验分析公式，基本成立。同时，考察服务业占整体国民经济和非农产业的份额；无论是名义产值份额还是就业份额，其结果基本符合鲍莫尔—鲍温效应的模型预期。在 16 个经验分析公式中，只有作为辅助变量的服务业相对产出弹性和相对工资对服务业名义产值占国内生产总值份额的影响与模型设定相反。但是进一步设定的模型检验表明，这种误差并不影响相对劳动生产率与服务业名义产值份额之间的负相关关系。

中国产业结构调整的经验事实，符合服务业生产率相对滞后导致服务业相对价格上升，最终得出服务业名义产值份额和就业份额上升的基本结论。中国产业结构存在明显的"服务业之谜"现象，结构调整过程符合产业结构的鲍莫尔—鲍温效应——服务业份额提升与服务业生产率相对滞后存在明显的内在联系。这表明我国产业结构"服务化"的基本规律与经济发展史的一般规律基本一致，服务业产业份额的提升取决于工业化进程，即制造业生产率的持续不断提高。因此，实现产业结构"服务化"的根本方向在于推进工业化，提高制造业的生产率，而不是一味地追求发展服务业，甚至实施"后工业化"的产业政策。2008 年国际金融危机后，美国总统奥巴马提出了著名的"再工业化战略"，突出强调工业和实体经济的重要性。西方发达国家也开始反思其"后工业时代"的判断，审视实体经济衰落引发的"产业空心化"问题。本章的研究也通过实证检验进一步证明，以服务业份额提升为基本特征的三次产业结构调整，其根本动力依然来自工业生产率的提升，工业化仍是产业结构升级的根本动力。坚定不移地发展本国工业，积极推进新型工业化道路，全面提升工业生产效率，才是推进产业结构升级的正确选择。

中国理论篇

第十章至第十四章是中国理论篇，如果说经验源自对效率提升和结构调整历程的考察，那么理论总结则源于对两者关系的研究。本篇通过效率提升与结构调整的交互影响为线索总结两者的关系。由于不同领域经济效率的内涵和指标基本一致，而经济结构则包括三次产业结构、进出口结构和分配结构等各种内涵迥异的具体结构。因此，本篇具体分析各种经济结构与效率提升的交互影响，把这些结构与效率提升的关系概括为不同领域的"结构论"命题。具体而言，本篇分为"效率提升影响下的结构"和"影响效率提升的结构"两个方面，第十章、第十一章讨论受效率提升影响的产业结构和"稳增长—调结构"政策，总结中国产业升级的新型工业化道路和"增长—结构"关系理论；第十二章、第十三章、第十四章讨论影响效率提升的进出口结构、生产方式结构和收入分配结构，总结中国产业升级的"开放观""方式空间"理论和包容性增长理论。

第　十　章

效率提升影响下的产业结构：
新型工业化道路的中国理论

　　进入中等收入阶段后，中国提出并推进了"新型工业化道路"，力图实现工业化和信息化的同步推进。从国际经验看，传统工业化和信息化是工业现代化的两个阶段，作为后发国家传统工业化的电气化和自动化尚未完成的同时，信息化浪潮已经全面到来，同步推进传统工业化与信息化，成为中国工业现代化的必然选择。就理论层面而言，无论是传统工业化还是信息化，都服务于生产效率的提升，在此过程中整体产业结构的演变也都在生产效率水平的支配之下。因此，从效率提升的角度出发，有助于我们准确把握新型工业化道路下的产业结构调整之路。

　　随着经济增长和人均收入水平提高，国民经济各部门之间的结构比例会发生规律性的变化。关于世界各国经济增长的大量统计研究证实了这一点。因此，结构调整往往被视为经济发展的基本标志，适时调整产业结构成为不同经济发展阶段的重要内容。在中国，调整产业结构一直备受重视，调整产业结构以推进经济发展就是本章所要探讨的产业结构升级问题。但是，由于产业结构领域理论研究的相对不足，人们对产业结构升级形成现象和政策方面的认识是表面的，不能真正理解导致这一现象的内在原因。我们将引入一些更为直接的研究视角，来说明产业结构的升级是技术进步推动生产方式变革的外在表现。理解当下"新型工业化道路"，需要结合"重工业化""服务化"和"转方式、调结构"等产业结构问题，抓住结构背后的技术变迁和生产方式变革。破解中国当下的"结构升级"问题，关键在于创新驱动。

讨论产业结构首先需要就不同产业进行分类，一般而言划分方法有两种：产品差别法和要素差异法。所谓产品差别法，是指按生产的产品属性不同，划分产业结构，例如农业、工业和服务业，就是分别依据农产品、工业品和服务产品的不同属性进行分类。这种分类法，就是经典的"三次产业"分类。所谓要素差异法，是指按产业的要素密集度进行分类，通常所说的劳动密集型产业、资本密集型产业，就是按生产的要素投入特征进行分类的。著名的"微笑曲线"也依据要素密集度的差异将"价值链"上的企业划分为知识和技术密集的研发、营销阶段，以及劳动密集型的加工制造阶段。

第一节　中国的产业结构滞后与否的再思考

在推进信息化的同时，还要继续推进尚未完成的工业信息化与自动化。本书第九章的检验结论表明：工业生产效率水平直接决定三次产业的结构比例。因此，中国的工业化水平是否滞后也直接体现在产业结构演变的滞后与否。

中国产业结构升级之所以成为"问题"，其关键就是三次产业结构和"微笑曲线"显示的结构比例滞后于自己所处的发展阶段。我们分别从三次产业结构和微笑曲线两个角度解析中国产业结构滞后的现状、分析其滞后的原因，并给出升级的出路。相对于"微笑曲线"对生产工序的细分，三次产业结构考察的是宏观上的整体产业结构。我们对中国产业结构升级的考察，先从总体着眼。

了解工业化水平和三次产业结构的"滞后性"，首先需要了解三次产业结构演变的规律性，以及可用作比较的国际"标准结构"。

一、"配第—克拉克"定律与国际"标准结构"

农业、工业和服务业是普遍使用的分类方法，一般分别将三者称为第一、第二和第三产业。这里第一、第二、第三产业的顺序，是以人与自然资源的关系为主线的。一般认为第一产业直接源于自然资源，是人们对自然资源的直接获取和初次使用。除种植业外，林业、牧业和渔业等直接从自然界获取产品的产业也被归入农业范畴；在有些国家，采掘业也被视为第一产业。第二产业则是把人们从自然界获取的初级产品做进一步加工，制造业和建筑业是第二产业的主要构成部分。第三产业则是对第一、第二产业产品的进一步消费和使用，使用这些产品为人们提供相关服务，是第一、第二产业相关产品的"再利用"。这种划分方法又被称为"三次产业"划分，三次产业分别被称为一次、二次和三次产业，以体现其逐次"深化"的产业联系。套用产业链的"上下游"关系，三次产业整体上呈现由上游到下游的"上下游"联系，第二、第三产业依赖于第一产业提供的原材料和初级产品。通常将第一产业视为第二、三产业的基础，强调其"基础产业"特性。当然，并非所有产品都必须依次经历三个产业的"深加工"，农产品也可以直接进入消费领域，例如沿海居民从港口渔船上直接采购的海鲜。

一般认为，中国产业结构演变滞后于中国所处的经济发展阶段。这一结论来自中国产业结构与国际"标准结构"的对比。我们以应用较为广泛的"塞尔奎因—钱纳里"模式为参照，比较中国产业结构与"标准结构"的差异，并在此基础上结合中国具体国情，透析中国产业结构"滞后"的内在原因。

人们关于经济史的研究也发现了三次产业结构提高的趋势。在经济学中，经济学家们从不同角度探讨了产业结构逐步"深化"的趋势。在理论上，1691年，英国古典经济学开创者，被马克思誉为"政治经济学之父"的威廉·配第（William Petty）指出，在当时英国的工业比农业、商业比工业能获得更高的利润。所以，他认为劳动力会从农业流向工业，进而流向商业部门。150年以后，英国经济学家科林·克拉克的统计结果，印证了配第的观点。1940年，他统计了不同收入水平下，就业量在三次产业中的分布，并得出规律：随着收入水平的提高，就业量会从第一产业农业流向第二产业工业，当收入提高到一定水平，工业部门的就业量会下降，就业量流入第三产业服务业。克拉克认为，他的发现只是印证了配第的观点，因此，这一规律被称为"配第—克拉克定律"或"配第—克拉克定理"。克拉克在研究中使用的三次产业的划分也被广泛接受，逐步成为标准的产业分类方法。

在克拉克之后，国民收入核算理论的提出者，库兹涅茨以及著名的发展经济学家塞尔奎因（Syrquin）和钱纳里通过对各国经济史的研究，提出了类似的规律性，认为经济发展的不同阶段，产业结构的变化呈现"标准结构"（见表 10-1）。这就是著名的"标准结构"，这些结构性特征也成为经济学家划分各国经济发展阶段的重要参照。

表 10-1　三次产业结构演变的"国际标准模式"

两种主要研究结果	人均国内生产总值（美元）	比重（%）		
		第一产业	第二产业	第三产业
库兹涅茨模式（1958 年美元）	70	45.8	21.0	33.2
	150	36.1	28.4	35.5
	300	26.5	36.9	36.6
	500	19.4	42.5	38.1
	1000	10.9	48.4	40.7
赛尔奎因和钱纳里（1980 年美元）	300	39.4	28.2	32.4
	500	31.8	33.5	34.7
	1000	22.9	39.3	37.8
	2000	15.4	43.4	41.2
	4000	9.7	45.6	44.7

资料来源：周叔莲、郭克莎：《中国工业增长与结构变动》，经济管理出版社 2000 年版，第 55—54 页，转引自吕明元、李彦超：《产业结构"国际标准模式"的适用性研究》，见 http://www.doc88.com/p-747873180078.html。

当然，"标准结构"是按各国统计数据进行统计回归的结果，具体某一国家的产业结构可能会与"标准结构"形成相应的偏离；但是，其基本趋势和阶段性特征往往是一致的。

二、中国三次产业就业比例滞后于产值比例

要与国际"标准结构"相比较，首先需要衡量一下中国自身的三次产业结构。衡量标准有"产值结构"和"就业结构"两项基本指标。所谓产值结构，是指各产业附加值在国内生产总值中所占的比重；就业结构则指各产业就业量在全社会就业总量中所占的比重。作为成熟的发达经济体，两项结构具有比较明显的一致性。我们可以从美国产业结构数据中看到这种明显

的一致性。

在图 10-1 中，我们绘出了美国三次产业的产值比例和就业比例。从图形中不难看出，美国三次产业的就业比重与产值比重基本重合：第三产业的产值比重和就业比重从 1945 年占国民经济的 60% 同步提升至 2010 年的 80%，2000 年以后就业比重略高于产值比重，但差别较小。第二产业和第一产业的比重从 1945 年的 30% 左右和 10% 分别同步下降至 15% 以下和 5% 以下。虽然产值比重的波动相对较大一些，但是其数据区间和基本趋势基本重合。但是在中国，产值比重与就业比重的差别则比较明显，具体数值可见表 10-2。

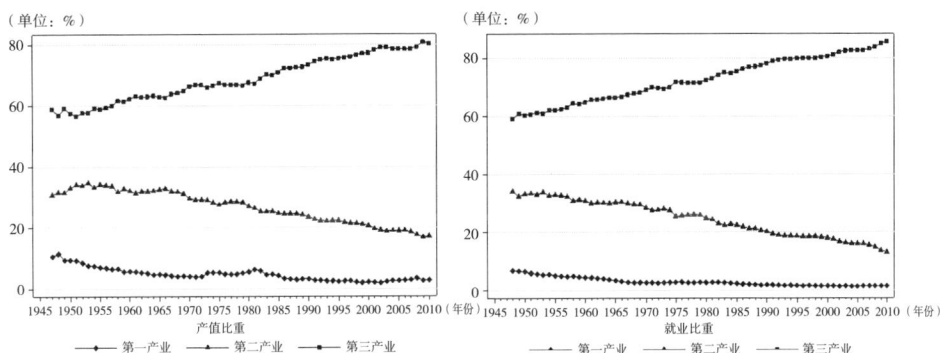

图 10-1　美国三次产业产值比重与就业比重的比较

资料来源：美国经济分析局（BEA）数据，图形转引自乔晓楠、张欣：《美国产业结构变迁及其启示》，《高校理论战线》2012 年第 12 期。

表 10-2　中国改革开放以来三次产业的产值比重与就业比重　（单位:%）

年份	第一产业		第二产业		第三产业		年份	第一产业		第二产业		第三产业	
	产值比	就业比	产值比	就业比	产值比	就业比		产值比	就业比	产值比	就业比	产值比	就业比
1978	27.7	70.5	47.7	17.3	24.6	12.2	1998	17.2	49.8	45.8	23.5	37.0	26.7
1979	30.7	69.8	47.0	17.6	22.3	12.6	1999	16.1	50.1	45.4	23.0	38.5	26.9
1980	29.6	68.7	48.1	18.2	22.3	13.1	2000	14.7	50.0	45.5	22.5	39.8	27.5
1981	31.3	68.1	46.0	18.3	22.7	13.6	2001	14.0	50.0	44.8	22.3	41.2	27.7
1982	32.8	68.1	44.6	18.4	22.6	13.5	2002	13.3	50.0	44.5	21.4	42.2	28.6
1983	32.6	67.1	44.2	18.7	23.2	14.2	2003	12.3	49.1	45.6	21.6	42.1	29.3
1984	31.6	64.0	42.9	19.9	25.5	16.1	2004	12.9	46.9	45.9	22.5	41.2	30.6

续表

年份	第一产业		第二产业		第三产业		年份	第一产业		第二产业		第三产业	
	产值比	就业比	产值比	就业比	产值比	就业比		产值比	就业比	产值比	就业比	产值比	就业比
1985	27.9	62.4	42.7	20.8	29.4	16.8	2005	11.7	44.8	47.0	23.8	41.3	31.4
1986	26.7	60.9	43.5	21.9	29.8	17.2	2006	10.6	42.6	47.6	25.2	41.8	32.2
1987	26.3	60.0	43.3	22.2	30.4	17.8	2007	10.3	40.8	46.9	26.8	42.8	32.4
1988	25.2	59.3	43.6	22.4	31.2	18.3	2008	10.3	39.6	46.9	27.2	42.8	33.2
1989	24.6	60.1	42.5	21.6	32.9	18.3	2009	9.8	38.1	45.9	27.8	44.3	34.1
1990	26.6	60.1	41.0	21.4	32.4	18.5	2010	9.5	36.7	46.4	28.7	44.1	34.6
1991	24.0	59.7	41.5	21.4	34.5	18.9	2011	9.4	34.8	46.4	29.5	44.2	35.7
1992	21.3	58.5	43.1	21.7	35.6	19.8	2012	9.4	33.6	45.3	30.3	45.3	36.1
1993	19.3	56.4	46.2	22.4	34.5	21.2	2013	9.3	31.4	44.0	30.1	46.7	38.5
1994	19.5	54.3	46.2	22.7	34.3	23.0	2014	9.1	29.5	43.1	29.9	47.8	40.6
1995	19.6	52.2	46.8	23.0	33.6	24.8	2015	8.9	28.3	40.9	29.3	50.2	42.4
1996	19.3	50.5	47.1	23.5	33.6	26.0	2016	8.6	27.7	39.9	28.8	51.5	43.5
1997	17.9	49.9	47.1	23.7	35.0	26.4	2017	7.9	27.0	40.5	28.1	51.6	44.9

资料来源：《中国统计年鉴2018》。

从表10-2的数据中可以看出，中国第一产业的就业比重明显高于其产值比重，第二、第三产业的就业比重则明显低于其产值比重。

（单位：%）

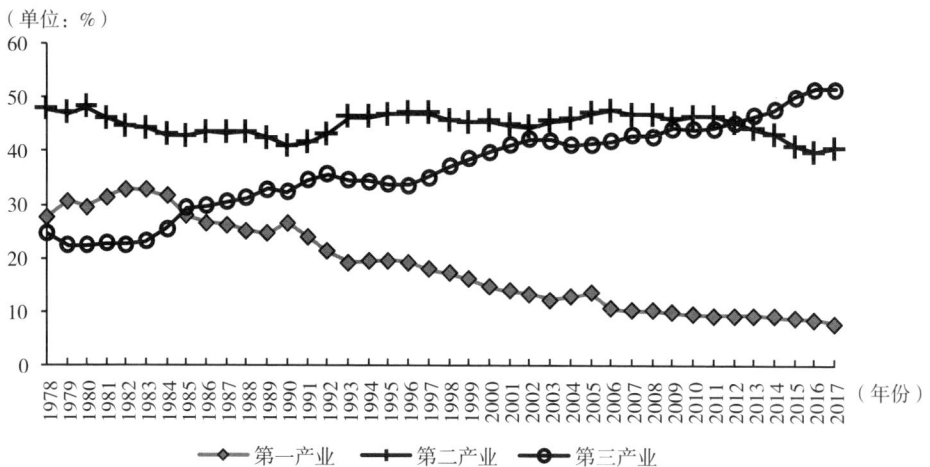

图10-2　1978—2017年中国三次产业产值比重

（单位：%）

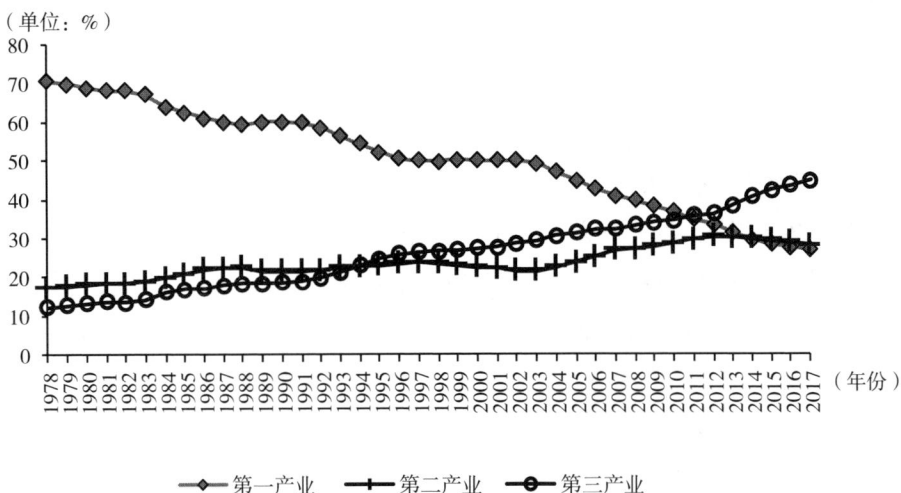

图 10-3　1978—2017 年中国三次产业就业比重

我们将表 10-2 的数据绘入图 10-2 和图 10-3 中，三次产业的就业比重与产值比重之间的差异就更加直观。第二产业的产值比重从未低于 40%，而其劳动就业比重却从未高于 30%。在 2002 年前，第一产业的就业比重一直处于 50% 以上，而其产值比重则从未达到 50%。第一产业的就业比重从 70% 下降至 10%，缩小到原先的 1/7；而其产值比重则仅从 30% 左右下降至 10%，缩小到原先的 1/3。产值比重的波动幅度不及就业比重波动幅度的一半。但是另一方面，三次产业的就业比重与产值比重的差距则趋于缩小，尤其是第一、第二产业比较明显。1978 年第一产业就业比重高于产值比重 42.3 个百分点，到 2012 年已经缩小至 23.5 个百分点。1978 年第二产业就业比重低于其产值比重 30.6 个百分点，到 2012 年已经缩小至 15 个百分点。数据显示，经济发展水平越高，两种结构比例的差距似乎越小。这一点也体现在中美产业结构的差异上。作为发达国家，美国两类产业结构的差异已经非常小，其变动趋势和数值区间基本重合。

关于两类指标逐步接近的趋势，我们也可以参照日本的数据。结合表 10-3 日本三次产业结构的数据，我们也可以看出，在日本，随着经济发展水平的提高，三次产业产值比重与就业比重差异逐步缩小的趋势。同时，在具体差异上日本也与中国存在明显的共同之处：第一产业出现就业比重高于产值比重，而第二、第三产业则出现产值比重高于就业比重。当然，相比之下，中国的"滞后性"也非常明显，例如，2012 年，中国三次产业的产值比重分别为 10.1：45.3：44.6，与日本 1965 年的 9.5：40.1：50.3 接近，而中国就业比重与产值比重的差距则明显大于日本，如中国工业劳动比为 33.6，是产值比重的 3.33 倍，而日本第一产业就业比重为 24.7%，是其就业比重的 2.39 倍。在工业方面，中国产值比重是就业比重的 1.50 倍，而日本为 1.27 倍；在服务业方面，中国产值比重是就业比重的 1.24 倍，而日本为 1.15 倍。这说明，在工业和第三产业方面，中日两国的差异则没有那么大。但是另一方面，中国第三产业产值比重的提升速度则明显慢于日本，虽然日本农业产值比重与中国相仿，但是，其第三产业比重上升速度明显高于中国，其第三产业的产值比重已经明显高于工业，中国的第三产业产值比重却依然低于工业。

表 10-3　日本三次产业就业比重与产值比重的比较　　（单位:%）

年份	就业人数构成			增加值构成		
	第一产业	第二产业	第三产业	第一产业	第二产业	第三产业
1950	48.6	21.8	29.6	—	—	—
1955	41.1	23.4	35.5	19.2	33.7	47.1
1960	32.7	29.1	38.2	12.8	40.8	46.4
1965	24.7	31.6	43.7	9.5	40.2	50.3
1970	19.4	34.0	46.6	5.9	43.2	50.9
1975	13.9	34.2	51.9	5.3	38.8	55.9
1980	10.9	33.7	55.4	3.5	36.2	60.3
1985	9.4	33.2	57.4	3.0	34.9	62.1
1990	7.3	33.5	59.2	2.4	35.4	62.2
1995	6.0	31.3	62.7	1.8	30.4	67.8
2000	5.2	29.5	65.3	1.7	28.5	69.8
2005	4.9	26.4	68.7	1.2	25.8	73.0
2010	4.2	25.2	70.6	1.2	25.2	73.6

资料来源：日本内阁统计局，转引自刘伟、蔡志洲：《产业结构演进中的经济增长和就业》，《学术月刊》2014 年第 6 期。

三、结构问题在于就业比例滞后

我们以"配第—克拉克"定律和国际"标准结构"为"镜子"，比照一下中国的三次产业结构，看一下"中国产业结构滞后"的说法是否准确。比较中国三次产业结构与"标准结构"，需要依据塞尔奎因和钱纳里的标准划分经济发展阶段，确定中国各时期所处的经济发展阶段后再比较三次产业结构的比例。这需要剔除物价和汇率波动的因素。同时，相互比较的时间越长，汇率和物价波动引发的偏差越大，我们将"国际结构"的标准，换算至 1998 年，再以 1998 年的汇率[①]水平进行比较。

通过表 10-4 可以发现，就严格意义而言，中国三次产业结构比例"滞后"于国际"标准结构"只是一个传统的说法，进入 21 世纪以来，中国产业结构的产值比例，已经不再滞后于国际"标准结构"，与国际"标准结构"形成差异的主要是"就业比例"。例如在图 10-4 第一产业的结构比例中，就产值比例而言，2000 年以前，中国产值比例与"标准结构"存在明显差异，而在 2000 年以后，这一差异已经逐步缩小。然而，中国就业比例与国际"标准结构"的差别则始终非常明显，其逐步缩小的趋势也非常微弱。产值比例与"标准结构"缩小的趋势，在图 10-5、图 10-6 第二、第三产业的结构比例中体现得更为明显。产值比例与"标准结构"比例的差距呈现"箭头"状趋势，而劳动就业比例则明显低于标准结构，且难以发现差距缩小的趋势。

---

① 塞尔奎因与钱纳里的经济发展阶段，汇率水平是按购买力平价折算的，具体请见钱纳里等：《工业化和经济增长的比较研究》，上海三联书店 1995 年版，第 104—105 页。根据前面介绍的牛文涛文章中关于经济发展阶段的划分标准，1998 年美元与 1980 年美元的折算比率约为 2，我们取 2 为折算比例，得出 1998 年划分经济发展阶段的人均国内生产总值（美元）水平。

表 10-4　中国三次产业结构与国际"标准结构"的比较

"标准结构"人均国内生产总值划分标准（1998年美元）	中国人均国内生产总值与发展阶段相近的年份	中国人均国内生产总值(1998年美元)水平	"标准结构"比例（%）			中国产值比例（%）			中国就业比例（%）		
			第一产业	第二产业	第三产业	第一产业	第二产业	第三产业	第一产业	第二产业	第三产业
600	1982	600.84	39.4	28.2	32.4	33.4	44.8	21.8	68.1	18.4	13.5
1000	1987	962.64	21.7	33.4	34.6	26.8	43.6	29.6	60.0	22.2	17.8
	1988	1057.05				25.7	43.8	30.5	59.3	22.4	18.3
2000	1995	1858.32	22.8	39.2	37.8	20.0	47.2	32.8	52.2	23.0	24.8
	1996	2039.06				19.7	47.5	32.8	50.5	23.5	26.0
4000	2004	3842.28	15.4	43.4	41.2	13.4	46.2	40.4	46.9	22.5	30.6
	2005	4251.76				12.1	47.4	40.5	44.8	23.8	31.4
8000	2011	7667.77	9.7	45.6	44.7	10.0	46.6	43.4	34.8	29.5	35.7
	2012	8214.42				10.1	45.3	44.6	33.6	30.3	36.1

资料来源：人均国内生产总值水平和三次产业比重均来自《中国统计年鉴 2013》，1998 年购买力平价的人民币汇率源于世界银行数据：PPP 转换因子，国内生产总值（每一国际元的本币单位），见 http：//data. worldbank. org. cn/indicator/PA. NUS. PPP？page＝3。

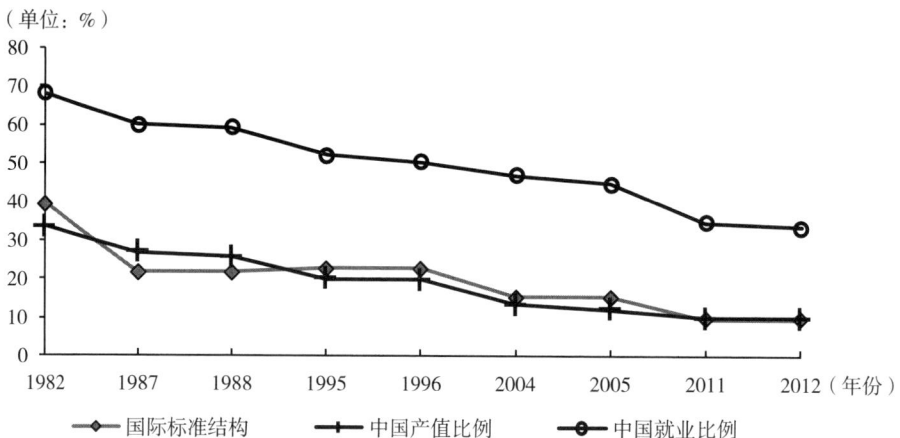

（单位：%）

图 10-4　1982—2012 年第一产业比例与国际"标准结构"的比较

这是一个非常重要的结论。这说明：在 2000 年以前，中国关于经济结

（单位：%）

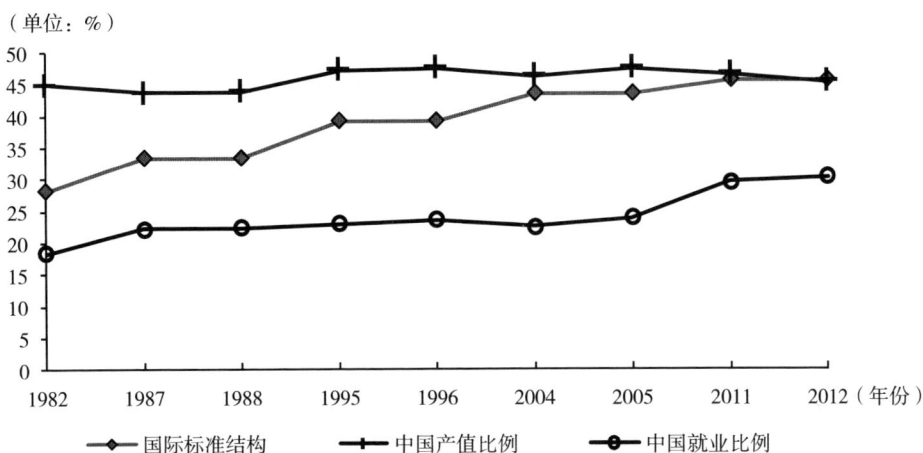

图 10-5　1982—2012 年第二产业比例与国际"标准结构"的比较

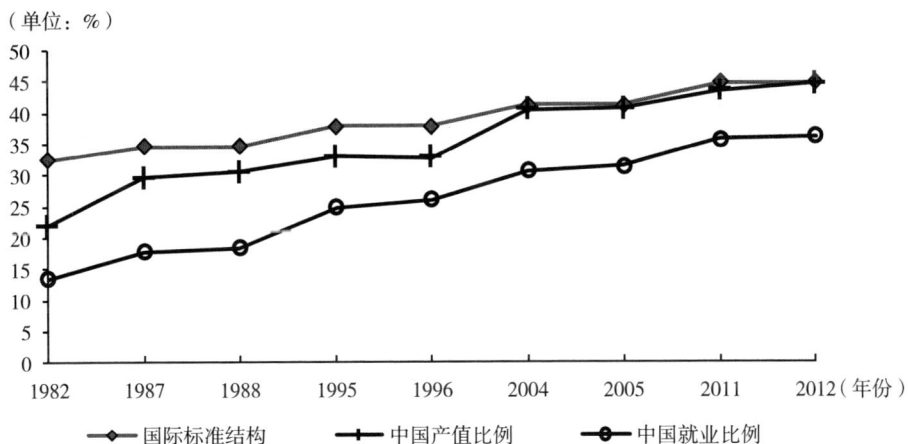

（单位：%）

图 10-6　1982—2012 年第三产业比例与国际"标准结构"的比较

构的调整，重点关注三次产业结构的产值比例是非常必要的，结构调整政策也取得了一定的效果；但是进入 21 世纪，就产值比例而言，依然认定中国的产业结构比例"滞后"于世界平均水平是不准确的。产值比例与国际"标准结构"之间的差距已经基本消失。当前中国产业结构滞后于国际"标准结构"的情况，主要集中于就业比例方面。另一方面，中国就业比例的"结构升级"，也明显滞后于产值比例。

总之，通过比较我们可得出这样一个结论，无论是产值比例与就业比例相比较，还是中国的产业结构与国际"标准结构"相比较，中国产业结构的"滞后"都集中于就业比例。在 2000 年以前，中国产值比例也曾滞后于国际"标准结构"，这也在一定程度上形成了中国重视产值比例，强调结构"滞后性"的习惯性认识。就 21 世纪经济新常态的现实而言，产业结构"滞后性"的关注点应从传统观念上的产值比例，转向就业比例。进入 21 世纪后，在经济新常态下中国"产业结构升级"的关键在于开放劳动力市场，使就业比例升级至"合理区间"。

第二节　产业结构调整视角下的"重工业化"　　与"世界工厂"

相对于上文对三次产业整体结构的考察，本部分我们深入到"微笑曲线"内部考察中国产业结构调整所面临的问题。一个有趣的问题是，"微笑曲线"关于一国产业层次的考察，与我们通常讨论的"重工业化"问题，采用相同的视角。国内制造业各部门之间的结构比例，主要涉及"重工业化"视角。而"微笑曲线"则主要用于考察一国产业在全球产业分工体系中的相对地位。我们先了解两方面结构的一致性，再分别从国内和国际两个方面，透视中国制造业的产业结构。

一般认为，台湾企业家施振荣 1992 年以"再造宏碁"为主题提出"微笑曲线"理论。他认为，生产工序可以按时间上的先后顺序分为研究开发、加工制造和市场营销三个环节，三个环节的附加值水平呈现两端高、中间低的变化趋势，其曲线形如人们"微笑"的口形，得名"微笑曲线"。

微笑曲线的意义就在于强调了同一种产品的生产，在不同的生产工序上，生产的附加值和利润率不同。相对于中间附加值较低的加工制造环节，研发和营销环节往往被视为高端产业领域，而加工制造环节则被视为低端产业领域。在经济全球化的背景下产品生产的不同环节可能分布在不同的国家，因此，微笑曲线不同环节之间的"收益不均"，也会形成各国之间的"收益不均"。我们强调中国"产业结构升级"的另一个重要背景，就是中国局限于中间低收益阶段的产业过多，而升级至两端高收益阶段的产业太少。

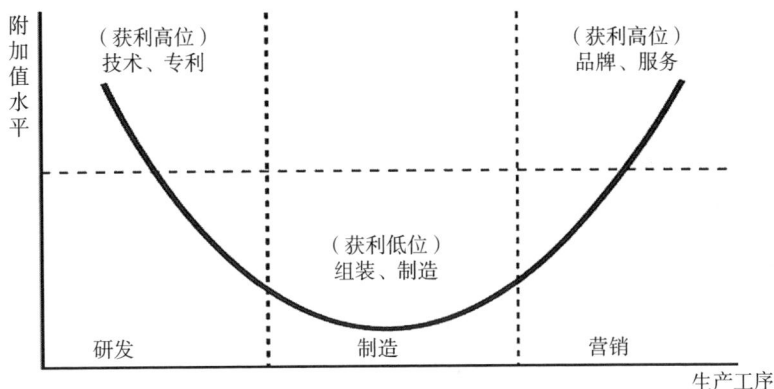

图 10-7　产业微笑曲线

　　"微笑曲线"是一个细分逻辑，按照这一视角，任何一种产品的生产都可以细分为"研发—制造—营销"三个阶段。在微笑曲线视角下，对一国产业水平的考察需要具体到每一种产品生产的内部环节，逐一考察各国的"产业层次"。世界范围内，各类产品千差万别，统计数据口径多变，这种数据量庞杂的考察难以进行。因此，针对"微笑曲线"上各国产业层次的比较，学界采取较为宽泛的方法是"全球价值链"视角。所谓"全球价值链"是指全球产业分工系统中，产业链上下游工序之间形成从中间产品到最终产品依次增值的"价值链"。学者们在"全球价值链"的背景下重新简化了"微笑曲线"的逻辑。在"微笑曲线"中，末端的"营销环节"，已经脱离了产品生产领域进入流通环节。因此，如果将研究视角集中于物质产品生产的"产业链"领域，处于"微笑曲线"中间环节的"加工制造"环节，也可以视为"生产链"的末端。所以，研究制造业产业层次的高低，可以将研究放宽至"产业链"层面，认为产业链上游的"中间产品"和"关键零部件"集成了更多的研究与开发，而生产链末端的制造成品组装环节则主要从事加工制造。这样一来，"微笑曲线"上关于不同环节产业层次的划分，就被粗线条地简化成"产业链上游代表高端，产业链下游代表低端"的简单命题。一国产业越接近全球价值链的上游，其产业层次越高；反之越低。在全球价值链中衡量一国产业相对位置的指标，由经济学家考夫曼（Koopman）提出，称为"全球价值链地位指数"。这个指数的数值越高，

表示一国产业越接近全球价值链的上游；反之则处于下游。近年来，以
"全球价值链地位指数"研究"中国制造"产业结构引发广泛关注。在了解
学者们关于"中国制造"产业结构现状的研究之前，我们先了解一下中国
制造业发展的历程。

一、透析中国产业结构调整的两次"重工业化"

其实，产业链上游代表高端的观念并不完全准确。一个明显的例外就
是，以自然资源、初级产品和低水平高零部件为主要出口品的低收入国家，
也会出现产业接近于"全球价值链上游"的状态。因此，不同国家之间
"全球价值链地位指数"的横向比较需要辩证看待。但是，对于已经基本脱
离了初加工产品出口的国家而言，在自然资源禀赋既定的前提下，一段时间
内地位指数的变化也在一程度上说明该国产业层次的变化。另一方面，就工
业化发展的历史进程而言，更具技术含量的产业集中涌现在产业链上游，也
是被证实的历史规律。

（一）重工业化的基本规律：工业化阶段与"霍夫曼定律"

按钱纳里基于人均国内生产总值的划分，工业化可以分为六个基本阶
段，见表 10-5。在第一个阶段，都有相对应的主导产业涌现。

表 10-5　钱纳里基于人均国内生产总值划分的工业化发展阶段

（单位：美元）

经济发展阶段		人均国内生产总值（1964 年）	人均国内生产总值（1970 年）	人均国内生产总值（1980 年）	人均国内生产总值（1998 年）	人均国内生产总值（2000 年）
初级产品生产阶段		100—200	140—280	300—600	530—1200	550—1240
工业化阶段	初级阶段	200—400	280—560	600—1200	1200—2400	1240—2480
	中级阶段	400—800	560—1120	1200—2400	2400—4800	2480—4960
	高级阶段	800—1500	1120—2100	2400—4500	4800—9000	4960—9300
发达经济阶段	初级阶段	1500—2400	2100—3360	4500—7200	9000—16600	9300—17200
	中级阶段	2400—3600	3360—5040	7200—10800	16600—25000	17200—25900

资料来源：牛文涛：《中国工业化阶段演进分析》，《中国商界》2008 年第 9 期。

　　在初级产品生产阶段：第一阶段是不发达经济阶段，产业结构以农业为主，没有或极少有现代工业，生产力水平很低。

　　进入工业化阶段后，第二阶段是工业化初期阶段，产业结构由以农业为主的传统结构逐步向以现代化工业为主的工业化结构转变，工业中则以食品、烟草、采掘、建材等初级产品的生产为主。这一时期的产业主要以劳动密集型产业为主。第三阶段是工业化中期阶段，制造业内部由轻型工业的迅速增长转向重型工业的迅速增长，非农业劳动力开始占主体，第三产业开始迅速发展，也就是所谓的重化工业阶段。第四阶段是工业化后期阶段，在第一产业、第二产业协调发展的同时，第三产业开始由平稳增长转入持续高速增长，这一时期发展最快的领域是第三产业，特别是新兴服务业，如金融、信息、广告、公用事业、咨询服务等。

　　进入发达经济阶段后，第五阶段是后工业化社会，制造业内部结构由资本密集型产业为主导向以技术密集型产业为主导转换，同时生活方式现代化，高档耐用消费品被推广普及。技术密集型产业的迅速发展是这一时期的主要特征。第六阶段是现代化社会，第三产业开始分化，知识密集型产业开始从服务业中分离出来，并占主导地位。人们消费的欲望呈现出多样性和多边性，追求个性。

　　将工业制造业分为轻工业和重工业是一种较为传统的划分标准。轻工业是指生产消费品的产业。而重工业则主要生产机器设备和化工材料等生产资料。显然，重工业生产的各类生产资料，最终要供给到轻工业用于生产各类消费品。因此，相对而言，重工业处于轻工业的上游。根据钱纳里的概括，在工业化的前三个阶段，经济发展基本遵循农业→轻工业→重工业的发展顺序。出现较晚的重化工业，其技术水平和产品附加值往往较轻工业要高一些，通常被视为中高端产业。中国工业化的发展阶段也体现了类似的发展趋势。

　　表10-6介绍了学者对中国产业阶段的划分。就中国当前的产业结构现状，基本趋势符合钱纳里划分的发展阶段，例如2000年前后，中国开始重点关注"重工业化"进程，这在一定程度上反映了中国在工业化中期的重工业化特征。但是，总体而言中国产业结构的结构性特征相对滞后于人均国内生产总值所处的阶段，这也是中国一直特别强调"调整产业结

构"的原因之一。

表 10-6　按人均国内生产总值划分的中国经济发展阶段

经济发展阶段		指标	工业化阶段的历史分布
初级产品生产阶段		人均国内生产总值	1978—1985 年
工业化阶段	工业化初期	人均国内生产总值	1986—1993 年
	工业化中期	人均国内生产总值	1994—2002 年
	工业化后期	人均国内生产总值	2003 年至今
发达经济阶段		—	—

资料来源：牛文涛：《中国工业化阶段演进分析》，《中国商界》2008 年第 9 期。按 2013 年年底汇率计算，中国 2013 年人均国内生产总值为 6867.4 美元，如果扣除 2000 年到 2013 年的物价上涨因素，按 2000 年的美元价格核算，这个数值还要低一些，显示中国尚未脱离钱纳里所划分的工业化后期阶段。

除了钱纳里的划分，德国著名经济学家霍夫曼的概括更为直观。他在 1931 年的著作《工业化阶段和类型》一书中认为，重工业在工业制造业中的比重越高，说明工业化水平越高。霍夫曼取轻工业产值与重工业产值之比，称为霍夫曼系数。霍夫曼系数＝轻工业产值/重工业产值。依据这个系数的大小，他将工业化进程划分为四个阶段。第一阶段，消费资料工业一统天下，霍夫曼比例约为 5；第二阶段，生产资料工业发展提速，但相对消费资料工业，仍显不足，霍夫曼比例约为 2.5；第三阶段，生产资料工业与消费资料工业旗鼓相当，霍夫曼比例约为 1；第四阶段，生产资料工业领先增长，霍夫曼比例小于 1，标志着进入重工业化阶段。这就是著名的霍夫曼定律。需要强调的是，霍夫曼提出这一定律的 1931 年，西方发达国家正处于重工业化的初期阶段，因为他所考察的主要是从轻工业为主导向重工业为主导的演变过程。重工业化逐步加强的后期阶段，即霍夫曼系数低于 1 的阶段，他并未做进一步划分。

（二）新中国成立初期艰难的"重工业化"：成就与代价并存

社会主义经济理论中也存在重视重工业发展的主张，即列宁"第一部类优先增长"理论。所谓第一部类，就是指制造生产资料的产业部门。计划经济条件下，重工业优先增长成为社会主义国家的基本产业政策。除了理论因素外，工业化的现实需要也是重要原因。重工业制造的设备和生产资料，是国民经济各部门实现机械化、现代化的必备条件，力图加速经济发展的社会主义国家，往往通过国家计划重点支持重化工业的发展。

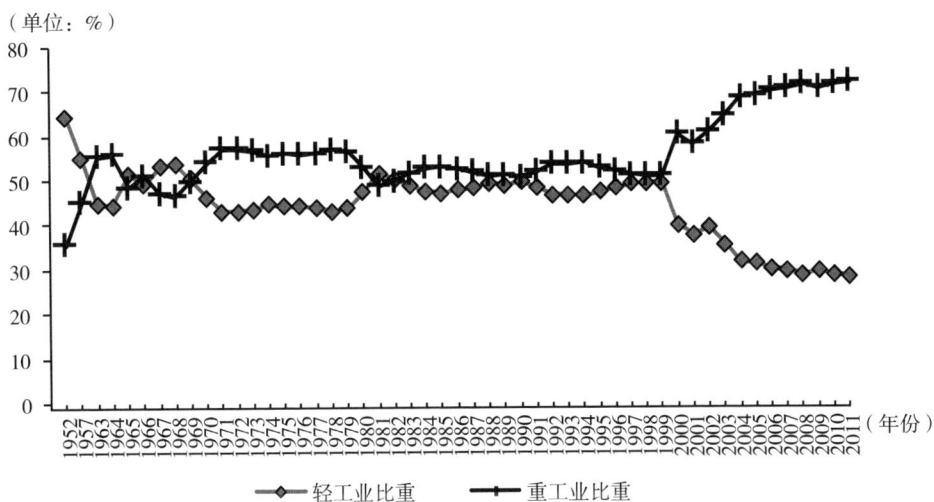

图 10-8 1952—2011 年轻工业和重工业比重

资料来源：《中国工业统计年鉴 2012》。

在中国，20 世纪 90 年代，经济学家林毅夫、蔡昉和李周在其著作《中国的奇迹：发展战略和经济改革》一书中，反思了中国当时过度重视重工业的发展战略，将其称为"超越战略"。"超越战略"对于中国在新中国成立初期完成工业化体系的构建，具有重要的推进意义。然而，这一战略在社会主义国家也都出现类似的问题：由于重化工业一般都是资本密集型的产业，其劳动力使用量相对有限，将过多的资源用于发展重化工业的一个直接后果就是，劳动密集型的轻工业和服务业受到严重抑制，这也造成了越来越严重的就业压力。在中国，也出现了类似的情况，新中国成立初期重工业占工业总产值的比重就迅速超过一半，重工业产值超过轻工业，进入霍夫曼划分的重工业化阶段。然而，中国也面临了越来越严重的城市就业压力。经济学家张锦峰通过研究指出，新中国成立初期并未形成严格的城乡户籍制度，城乡户籍制度的不断强化，与城市严重的就业压力存在密切关系。另一方面，20 世纪六七十年代轰轰烈烈的知识青年"上山下乡"运动的另一个重要原因，就在于严重的就业压力。这些都与中国过度重视重工业的"赶超战略"存在密切关联。

（三）世纪之交突如其来的"重工业化"：市场和价格的力量

改革开放后轻工业比重一度上升，体现了当时对"赶超战略"的校正。重工业比重回落到52%左右，一直持续到1999年，形成了20年稳定期，这期间中国轻工业获得充分的发展，劳动密集型产业成为"中国制造"的重要内容。进入21世纪，重工业比重陡然提升，2000年重工业比重直接由1999年的50.8%跃升至60.2%。"中国制造"出现了历史性突破，经历了20年平静的工业化进程，出现了急剧加速的工业化。

我们可以设想：这可能在较大程度上受到了1998年东南亚金融危机的影响。当时中国政府承诺人民币不贬值，轻工业产品的出口受到抑制，为了拉动内需，中国政府开启了以财政赤字推进基础设施建设的产业化进程，并给予国有企业更大的投资和信贷条件。这些政策可能在很大程度上拉动了重工业的发展。但是，熟悉工业发展规律的人们可能会立刻发现这里的漏洞：重工业的投资往往需要很长的生产周期才能投入使用，从1999年到2000年，中国重工业产值的突然增长是很难形成的。实际数据显示，重工业比重提高的主要原因在于"轻工业产值"出现了明显的相对下降，见图10-9。

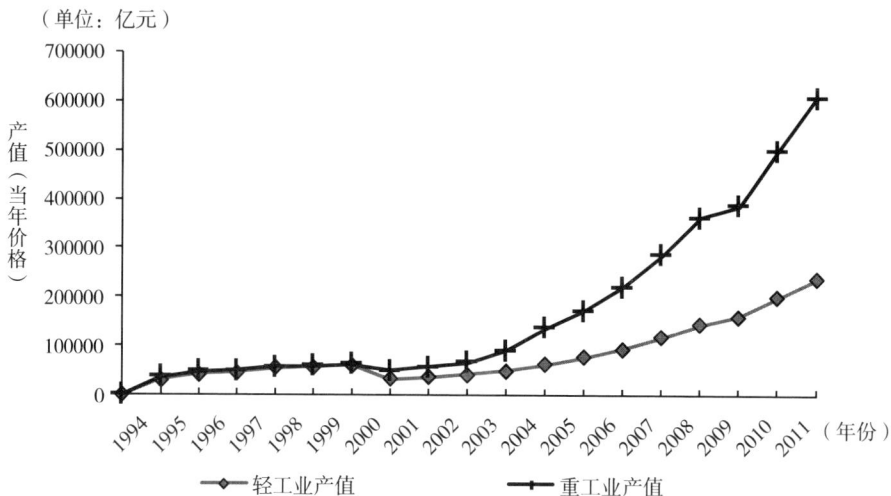

图 10-9   1994—2011 年轻工业和重工业产值（当年价格）

资料来源：《中国工业统计年鉴2012》。

在图 10-9 中不难看出，1999 年以前轻工业和重工业产值呈现高度一致，从 1999 年到 2000 年轻工业和重工业产值都出现了明显的下降，但是相对而言，轻工业的下降幅度较高，重工业的下降幅度较低。轻工业产值从62051 亿元下降至 34095 亿元，减少 45.05%；重工业产值从 64060 亿元下降到 51579 亿元，减少 19.48。轻工业的下降幅度超过重工业的 2 倍。这一数据令人惊讶：一年之间，轻工业的产出居然有近半数蒸发！实际上，虽然当时受到了东南金融危机的冲击和人民币不贬值政策的双重影响，中国轻工业企业中存在一部分倒闭现象，但是，其产出数量并未出现大幅度下滑，导致这一差别的主要原因在于价格问题。2000 年，中国出现了明显的"通货紧缩"，在轻工业与重工业产品数量不变的条件下，按当年价格计算，其产值显得下降了很多。如果剔除物价波动，按固定价格计算，我们可以看到，轻工业和重工业的实际产出并未出现大幅度的减少，反而略增长，两者产出规模的差异也相对较小。但是，2000 年以后，中国重工业与轻工业实际产出的差异也明显拉大。

（单位：亿元）

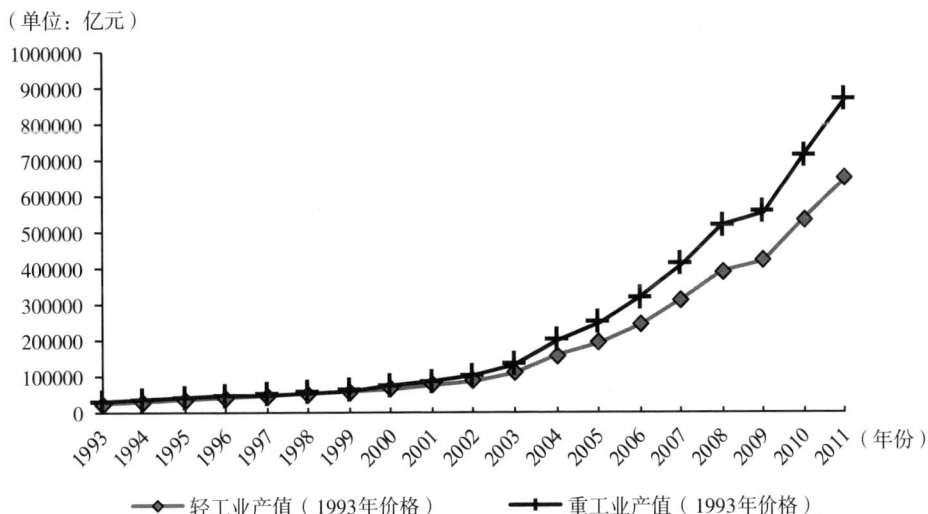

图 10-10　1993—2011 年轻工业和重工业产值（1993 年价格=100）

所以这些问题的关键，就在于价格机制。我们通过比较当年价格的产值与固定价格的产值，可以计算出轻工业和重工业的价格指数。图 10-11 显

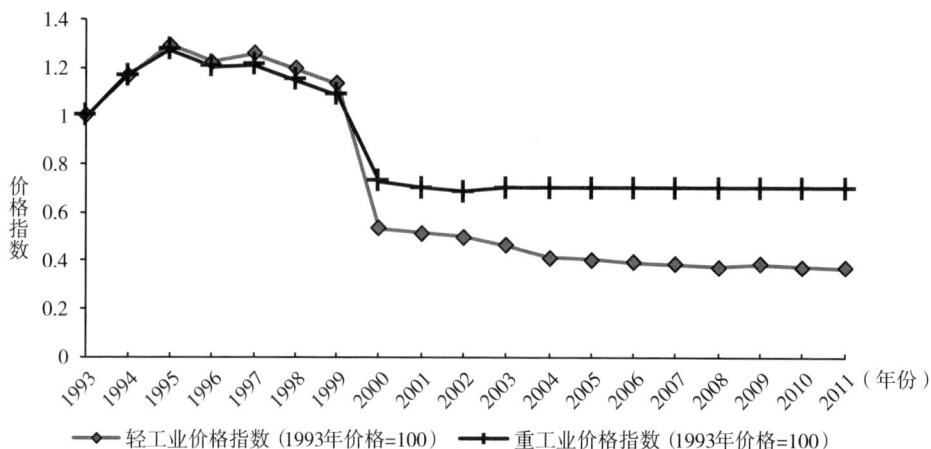

图10-11　1993—2011年轻工业和重工业价格指数（1993年价格＝100）

资料来源：图10-10、图10-11数据来源于《中国工业统计年鉴》，其中剔除物价波动之后的产出，以
　　　　　"按可比价格计算"的实际增长率滚动计算获得。价格指数取当年价格产值与固定价格产值
　　　　　的比率，即价格折算指数。由于国家统计局按公布的的轻工业和重工业数据只公布至2011
　　　　　年，这里的数据也截止到2011年。

示了轻工业和重工业价格指数的变化，这是揭开中国当前重工业化进程的
关键。

图10-11表明，2000年，轻工业产品和重工业产品的物价指数都出现
了明显的下降，但是，相对于重工业而言，轻工业产品的物价下降幅度要大
得多。以1993年价格为参照，轻工业价格指数从1999年的103.1下降到
50.13，降幅高达51.37%；重工业价格指数从108.49下降至72.74，降幅为
32.96%。这意味着，2000年，重工业产品的价格相对于轻工业品上涨了
37.87%。正是价格的巨大波动，导致2000年重工业占工业产值的比重陡然
提高。此后4年间，轻工业与重工业价格指数的差距一直持续存在未见缩小
的趋势。受价格杠杆的影响，经济资源从轻工业流向重工业。在图10-10
中我们可以看到2000年重工业与轻工业的增长幅度相仿，但是2000年以
后，受价格杠杆的影响，重工业增速开始明显快于轻工业，两者的差距逐步
拉大，形成实际的"重工业化"进程。

二、国际比较：喜忧参半的"世界工厂"

在开放条件下比较一国产业层次的高低，需要考察一国通过进出口参与国际分工的情况。国际贸易的发展历程也充分体现了中国制造业发展的基本脉络。

（一）迅速崛起的"世界工厂"：先进还是落后？

20 世纪 80 年代，改革开放之初中国迫切希望引进国外技术装备，加速国内的工业化和现代化进程。当时，中国制造业产品的国际竞争力相对较低，产品出口所能换取的外汇较少，外汇严重不足；在产业政策上，中国一直特别强调"出口创汇"的重要性；引进外资的重要目标也是"弥补国内建设资金的不足"；在外汇管理方面，中国实行强制售汇制度，要求企业出口所获得的外汇收入必须按照官方汇率兑换给外汇管理部门。进入 20 世纪 90 年代后，中国依据自身劳动力成本优势发展的劳动密集型产业发展迅速，国际贸易持续出现顺差，同时，国内投资环境的不断改革，也极大地吸引了外国资金的进入。中国外汇紧张的局面逐步成为过去，强制售汇制度也逐步淡出。进入 21 世纪之后，随着中国加入世界贸易组织，尤其是 2005 年中国加入世界贸易组织过渡期结束之后，"中国制造"开始迅速占领全球市场。中国也迅速崛起为全球加工制造基地，被称为"世界工厂"。据工业和信息化部的统计，2012 年工业和信息化部副部长苏波在出席 2012 年中国节能与低碳发展论坛上指出，中国制造业占全球比重提升到 19.8%，规模位居世界第一，220 余种工业产品产量都位居世界前列，我国已经成为名副其实的全球制造业大国和"世界工厂"。

但是，与 19 世纪英国成为"世界工厂"不同，中国在 21 世纪的"世界工厂"地位并不意味世界产业体系中的"先进地位"。前面介绍的"全球价值链地位指数"，就显示了另一种可能，我们可以参照表 10-7 提供的制造业"地位指数"。

表 10-7　"中国制造"各部门的全球价值链地位指数

年份　制造业部门	1995	2000	2005	2008	2009
食品、饮料与烟草	0.142	0.394	0.176	0.203	0.229
纺织品、皮鞋与鞋类	0.331	0.298	0.243	0.266	0.274
木材、纸制品、印刷与出版	0.337	0.262	-0.008	0.019	0.056
化学品与非金属矿产品	0.328	0.274	-0.044	-0.019	-0.021
基本金属与金属制品	0.352	0.303	0.005	0.042	0.059
机械与设备（其他）	0.333	0.269	0.048	0.065	0.073
电子、电器与光学设备	0.277	0.118	-0.151	-0.091	-0.039
运输设备	0.355	0.296	0.031	0.072	0.079
其他制造品及回收设备	0.332	0.251	0.168	0.183	0.195
中国制造业整体	0.329	0.236	0.003	0.042	0.057

资料来源：周升起、兰珍先、付华：《中国制造业在全球价值链国际分工地位再考察——基于 Koopman 等的"GVC 地位指数"》，《国际贸易问题》2014 年第 2 期。

在表 10-7 中不难看出，如果依据制造业领域"产业上游代表上端，产业链下游代表低端"的思路。1995 年以来"中国制造"迅速占领世界市场的同时，中国的"全球价值链地位指数"却出现了明显的下降，2005 年中国加入世贸组织过渡期结束，中国进入全面开放时期。"全球价值链地位指数"也处于历史低点位置。此后，地位指数出现了小幅度的上浮，但是未能回到最初的水平。这在一定程度上也说明，中国融入世界体系的同时，其产业地位和产业层次并未相应提高，某些产业甚至出现了产业层次下降的趋势。

经济学家王岚基于"全球价值链地位指数"的研究也说明，并不是所有产业都通过参与全球价值链提高了其产业层次。纺织和鞋类等低技术部门，通过参与全球产业分工其国际分工地位出现了显著提高，说明这些产业开始更多地出口中间产品和关键零部件，向产业链上游转移；在中低技术部门，参与全球产业分工的同时，其国际分工地位出现了小幅度的下降，说明这些部门在一定程度上依赖外国中间产品和关键零部件的进口。在中高技术部门和高技术部门，中国企业参与国际产业分工的结果是其国际分工地位的显著下降，说明在这些行业中，中国企业主要从事末端的组装加工环节，产品的生产高度依赖国外高技术中间产品和零部件的进口。越是高端产业，越呈现依赖全球价值链的锁定效应。[①]

　　加工贸易和贴牌生产成为"中国制造"相对落后的重要标志。所谓加工贸易是指企业进口全部或者部分原辅材料、零部件、元器件、包装物料，经加工或装配后再将制成品出口。加工贸易是"微笑曲线"中间的"加工制造"环节的典型代表。产品的组装加工是典型的劳动密集型产业，且产业层次不高，生产附加值非常低。低端加工贸易环节与上游的研究开发环节之间的收益差距非常明显。所谓贴牌生产，又称"OEM"（Original Equipment Manufacturer，即原始设备生产商）和"代工生产"，指不拥有品牌和销售渠道的企业，按照委托企业提供的设计参数、技术设备条件，以及产品质量、规格和型号等方面的要求，生产出相应产品后，贴上委托方的商标出售。这也是"微笑曲线"中间加工制造环节的典型模式。中国著名代工企业"富士康"就是典型的贴牌生产模式。富士康是苹果智能手机的代工企业，是智能手机高新技术产业的一环。但是，就富士康所从事的产业功能而言，其主要的生产要素是大规模的劳动力投入，在苹果手机的高附加值中只能获得很小的收益份额。

　　（二）对"农民工"的过度依赖

　　大规模的"中国制造"集中于劳动密集型产业。较低劳动力成本成为"中国制造"最依赖的"比较优势"。一般而言，产业规模的迅速扩张，会形成劳动力需求的快速增长，从而会引发劳动力供给的不足，最终提高工资水平，导致劳动力成本优势的消失。在中国，近年来"中国制造"迅猛扩张，劳动力需求量也迅速扩大，但是，劳动者的工资水平却并未出现大幅度的提高。其原因就在于，我国出现了数量庞大的"新增"劳动力，弥补了劳动力供给缺口，这就是中国的"农民工"群体。农民工来自农村和农业的"剩余劳动力"，他们在城市制造业部门工作，同时，其家庭和主要消费环境则集中在农村。在这种情况下，由多数农民工将其收入用于农村家庭的消费支出，因此农民工所期望的工资水平，往往以其所处地区的农村生活水平为参照。所以，在城市居民看来，过低的工资收入，很可能被"农民工"

-----

① 王岚：《融入全球价值链对中国制造业国际分工地位的影响》，《统计研究》2014年第5期。

接受。源源不断的"农民工"不仅弥补了城市劳动力供给缺口，也在一定程度上抑制了整体工资水平的上涨。

在中国，农民工的数量庞大，图 10-12 显示了中国近年来农民工数量的增长趋势。1985 年，农民工数量约为 5000 万人，此后农民工以每年 600 万的速度增长，至 2011 年中国农民工数量已经约 2.5 亿人。概括世界银行提供的各国劳动力数量①，中国农民工数量已经超过美国和日本，即世界第一和第三经济体劳动力数量的总和。此外，中国在农村依然存在未转移的剩余劳动力，约 1.8 亿人，与欧洲劳动力总量相仿。换言之，中国农民工数量和潜在的未转移的农村劳动力数量，总数超过美、欧、日三大经济体的劳动就业量总和。正是如此庞大的劳动就业量，为城市工业和服务业提供了源源不断的劳动力供给，保证了"中国制造"的劳动力成本优势。

（单位：万人）

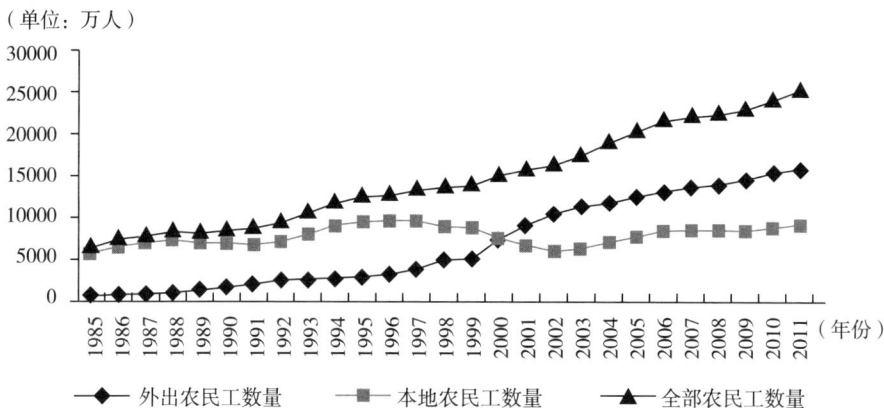

图 10-12　中国农民工数量估计值

资料来源：卢锋：《中国农民工工资定量估测》，北京大学中国经济研究中心讨论稿。转引自孟捷、李怡乐：《改革以来劳动力商品化和雇佣关系的发展》，《开放时代》2013 年第 5 期。

但是，另一方面，大量农民工的工资相对较低，导致城乡劳动者工资水平呈现明显的"两极分化"。这也是"中国制造"和"世界工厂"面临的巨大社会问题，图 10-13 提供了中国农民工工资与城镇单位就业人员的工资比例。

① 见 http：//data. worldbank. org. cn/indicator/SL. TLF. TOTL. IN。美国劳动量为 1.59 亿人，日本为 0.65 亿人，两者总量为 2.24 亿人。

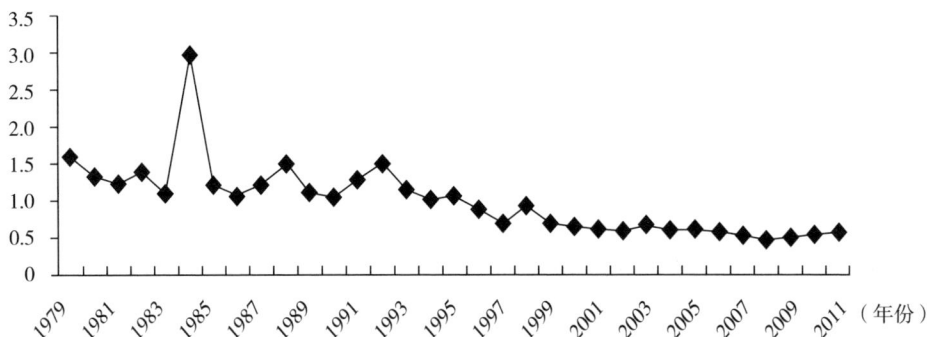

图 10-13　中国农民工工资与城镇单位就业人员工资比例

资料来源：卢锋：《中国农民工工资定量估测》，北京大学中国经济研究中心讨论稿，转引自孟捷、李怡乐：《改革以来劳动力商品化和雇佣关系的发展》，《开放时代》2013 年第 5 期。

图 10-13 的数据表明，"中国制造"崛起为"世界工厂"的同时，农民工工资与城市单位就业人员的差距不仅没有缩小，而且整体上呈现更为分化的趋势。2000 年以后，农民工工资持续处于城镇就业人员工资一半左右的水平，差距非常明显。

第三节　劳动力要素是产业结构调整的关键

通过前面的介绍，我们不难发现：无论是三次产业结构，制造业内部的"重工业化"还是"中国制造"在全球价值链中的地位，关于中国产业结构升级的考察，都将症结指向了劳动力。

一、结构调整需解决就业比例的滞后

经过前面的介绍我们已经了解，与中国所处的经济发展阶段相比较，在产值比例方面，进入 2000 年以后，中国产值比例与国际"标准结构"基本一致（见表 10-4、图 10-4 至图 10-6）。当前中国三次产业结构的"滞后性"主要是就业比例的相对滞后。

与发达经济体相比，中国三次产业结构的主要特点就是就业比例滞后于产值比例（见表 10-2、图 10-1 至图 10-3）。具体表现为，农业就业比例明

显高于产值比例，而工业和服务业的就业比例则低于产值比例。参照日本的案例我们发现（见表10-3），日本在经济发展过程中也曾出现类似的现象：农业就业比重由高到低，在经济发展初期阶段，就业比例高于产值比例，农村存在一定数量的剩余劳动力。但是随着经济发展水平的提高，农村剩余劳动力会逐步转移到工业和服务业，就业比例与产值比例的差距缩小，最终农业就业比例会与其产值比例相一致。但是，在中国，就业比例与产值比例的变化几乎同步，差距缩小的趋势并不明显。这说明，中国农业劳动力向工业和服务业转移的难度，远远大于其他国家，从而导致大量剩余劳动力被困守在农村和农业部门，不能及时转移，从而形成中国特有的"就业比例失调"问题。

中国阻碍劳动力从农业向工业和服务业转移的基本阻碍就是城乡户籍制度。新中国成立初期，城乡户籍制度主要用于人口登记、流动人口管理以及城市治安等问题。后期随着城市就业压力的增加，以及国家推进城市工业发展的需要，户籍制度逐步演化限制城市人口扩张，决定居民生活条件的基本制度。城市户籍成为城市居民参加就业、获得社会福利以及安排子女入学的资格条件。在计划经济条件下，户籍制度还与粮油、服装和生活日用品的配给制度相挂钩。户籍制度从一项登记管理制度，演变为城乡社会治理的基本制度条件，对于农民而言，没有城市户籍，就难以在城市生活。直到现在，由户籍问题引发的城乡差异和城乡阻隔，也没有从根本上消除。

受户籍制度的影响，中国的农村和城乡社会出现了不同的演化路径，形成了差异明显的生活方式和社会治理结构。例如，在社会福利方面，国家为城市居民提供的医疗、教育、住房和失业救济等社会保障，主要采取货币补贴和社会保险的形式。在农村地区，相应的社会保障条件要低得多，长期稳定的、免费的土地经营权是农民最重要的生活保障。城市居民可以在相应社会保障的基础上安排自己的职业发展和事业规划；而农村劳动力进城的同时，其家庭成员往往留守在农村看守土地和农业生产，为城市务工的劳动力提供"失业保障"。受此影响，多数农村劳动力往往难以从城市转移出来，甚至很多已经在城市务工的农民，也并不希望留在城市工作。这也是农业劳动力难以有效转移的重要原因。

二、两次"重工业化"成败的关键在于就业压力与劳动生产率

中国经历了两次境遇不同的"重工业化"。改革之前"重工业化"，呈现"十年爆发，二十年徘徊"的演变轨迹，未能成功。改革开放之后的"重工业化"正好相反，出现了"二十年沉寂，十年爆发"的发展脉络。两轮工业化分别可以通过劳动力就业压力和劳动生产率变化作出解释。

新中国成立初期，在政府计划经济的主导下，通过实行农工业产品的"价格剪刀差"，支持城市重工业建设。重工业占工业总产值的比重迅速提高，重工业产值超过轻工业，中国工业化迅速过渡到霍夫曼划定的"重工业化"阶段。然而，这场轰轰烈烈的"重工业化"进程并未获得成功，虽然轻工业受到了很大程度的抑制，但是重工业在工业总产值中的比重一直在50%左右徘徊，从未超过60%（见图10-14）。此后20年"重工业化"进程一直停滞不前，未能成功。导致这一轮重工业化进程失败的根本原因就在于城市就业压力。由于重工业是资本密集型、资源密集型产业，其劳动力使用量相对较小。城市需要发展轻工业和服务业吸收劳动就业。由于主要的社会资源被用于发展重工业，轻工业和服务业的发展受到抵制，导致城市难以有效吸收其失业人口和待业青年。20世纪六七十年代知识青年"上山下乡"运动的兴起，从某种意义上宣布了中国第一轮"重工业化"产业政策的失败。重工业生产的各类生产资料，最终由轻工业和城市服务业部门吸收，同时，也由这些部门提供相应的产品、服务和原材料。"上山下乡"运动兴起后，城市的规模扩张进一步受到抑制，轻工业和服务业的发展失去了重要的增长动力。重工业的发展也呈现"无源之水"的状态，难以为继。

改革开放之后，中国重工业比重不升反降，此后20年，重工业比重一直在50%左右小幅波动，其总体水平甚至低于改革开放之前。到2000年，重工业比重在一年之间猛增至60%。此后，趋势不减，到2010年前后，重工业比重在70%上下波动。

我们已经分析过，2000年导致重工业比重爆发猛增的原因是价格问题。2000年工业品出现"通货紧缩"价格下降，但是，重工业品的价格下降幅度明显慢于轻工业，相对而言，重工业产品的价格相对轻工业品上涨了

37.87%，而且在此后的 4 年间，这一价格差异未见缩小或回归，受价格杠杆的影响，重工业开始以快于轻工业的速度增长，重工业化进程在市场和价格力量的推动下被重新启动（见图 10-9、图 10-10、图 10-11）。

短期的价格波动体现市场供求的影响，而长期的价格波动则是生产效率的反应。世纪之交轻工业产品价格的相对下降和长期持续，从侧面说明了轻工业劳动生产率的相对变动。一般认为，生产效率增长越快的产品，其价格越倾向于下降。反之，生产效率难以提高的产品，其价格会随着其他产品生产效率的提升而出现相对上涨的趋势。轻工业产品价格的相对下降，说明在改革开放 20 年间，随着轻工业生产规模的大幅度扩张，受"规模经济"的影响，轻工业产品的生产效率已经获得较大幅度的提高，而且提高的速度快于重工业部门。但是，另外，受国际贸易的影响，由于我国的轻工业品大量出口国外市场，轻工业产品的价格水平在出口需求的拉动下体现其成本的相对下降。东南亚金融危机爆发后，受中国人民币不贬值的影响，轻工业产品的出口受阻，价格下降并逐步回归其成本水平。因此，在 2000 年以后，虽然国民经济整体物价水平已经相对上涨，但是轻工业品与重工业品的价格水平却并未回归其原有水平。

因此，可以这样说，正是由于轻工业在改革开放后 20 年间获得了长足的发展，其生产率相对提高和价格的相对下降，为我国的"重工业化"积蓄了能量。东南亚金融危机的爆发，作为导火线，短期内削弱了对外出口对轻工业产品价格拉动，从而导致轻工业品的价格回归其低成本水平，推动了此后的"重工业化"进程。

三、劳动力成本造就了"世界工厂"的喜与忧

"中国制造"在全球价值链中的迅速崛起，以及"中国制造"长期困守于"微笑曲线"底部的低端环节，其主要原因就在于中国特有的劳动力低成本和特殊的劳动力雇佣模式。

前面我们已经介绍，支撑"中国制造"的劳动者中，有规模庞大的农民工。中国农民工中出现这种现象，即"劳动力的雇佣在城市，劳动力的再生产在农村"，即农民工从城市工业和服务业中获得收入，但是其主要的消费支出却要在农村进行。这也是中国城乡二元经济结构的一个直接后果。

受此影响，农民工所要求的工资水平不高，而且其收入中的主要部分会被农民工转移回农村。另外，在农民工身上依然存在前面提到的农民特有的"土地保障"因素。在城市部门失业的农民工，可以依靠其农村免费的土地经营权重新回乡务农。在这种条件下，"中国制造"需要支付给农民工的失业、养老等社会保障费用会相应降低。这些因素都导致农民工工资明显低于城镇单位工作人员工资水平。

但是，另一方面，由于2.5亿的城市劳动者要将其主要收入带回农村，农民工收入往往难以形成有效的城市消费，这也在一定程度上限制了城市服务业的发展，甚至不利于中国稳步推进"城市化"进程。同时，受农民工低工资的竞争，我国的工资上涨速度相对较慢，使大量低层次的加工企业可以长期持续地依赖"劳动力成本"优势进行简单的规模扩张，从而导致"中国制造"长期困守于"微笑曲线"的低端环节。

更令人担忧的是，长期持续的低工资现实和农民工的大规模存在，有可能形成"自我强化"的"低端积累趋势"。一方面，农民工的劳动力素质相对较低，企业依赖农民工的简单操作进行低水平扩张，导致"中国制造"产业层次低下，人均收入水平低，产品呈现低端化。另一方面，受农民工竞争影响，我国工资水平上涨缓慢，人们的收入增长速度慢，消费层次难以提高，导致国内消费市场难以支持高质量差异化的高端产品。显然，一旦低水平的收入条件、低端消费格局与低层次的产业结构相互"配合""相辅相成"形成"恶性循环"，"中国制造"的产业结构升级还将面临更为严峻的局面。这种状况，也会最终影响农村剩余劳动力的持续转移，从而加重中国三次产业就业比例的"滞后性"。

第四节　结构调整动力论：创新驱动深加工

要分析中国产业结构调整的问题所在，首先需要探明是什么驱动了产业结构调整，产业结构是如何调整的。

一、产业结构调整就是"不断延伸的深加工"

在三次产业的划分方法中，我们也能窥见一些产业结构逐步升级的影子。人们对自然资源的"加工"总是逐步深化的。在农业内部，相对于直接将果实食用的采摘业，种植业将果实用于"留种"，通过耕作生产更多作物，就是一种"深加工"和"二次利用"。畜牧业与狩猎业之间也存在类似的关联。因此在考古学和人类学中，原始文明进步的重要标志就是形成了以种植为主的农业或以养殖为主的畜牧业。类似的道理，相对于农业的"初加工"，手工业，即后来的工业制造业，以及商业，即后来的服务业，也表现为一种更加进步的"深加工"。因此，在经济社会中，深加工的链条越长，深加工产业在整体国民经济中所占的比重越高，往往表明经济发展水平越高，社会越进步。经济发展过程中产业结构演变的历史规律也反映这种"不断深化"的演变趋势。这也是产业结构升级规律所讨论的主要内容。

"深加工"是与技术水平相结合的，不能只考察结构比例。我们很难从各产业内部的基本属性中找到其"先进"或"落后"的基因。例如，农业国往往被视为相对落后的国家，但是，在某些国家，农业不仅实现了高度机械化，还广泛采用了信息、基因工程甚至卫星遥感等先进技术。相对于落后地区的商业服务业，不能先天性地认定农业代表着落后。类似的道理，在一些相对落后的偏远地区采取大规模发展旅游业的方式拉动经济增长，其服务业产值占国民经济的比重会迅速提高，但是不能由此认定当地的产业结构升级已经实现。仅从各产业的结构比例来判断产业结构是否已经升级，是不准确的。换言之，产业结构本身并无高低之分。产业结构是否已经"升级"不能仅从"结构比例"的数值进行判断，更重要的是，需要判断这些结构比例的变化是否形成了产业间的"深加工"趋势，是否体现了技术进步和生产效率的提升。

从创新驱动结构升级的角度而言，虽然就各产业的结构比例本身并无高低之分，但是我们也不能由此否定"产业结构升级"的合理性。前面关于经济发展阶段的考察可以看出，技术进步、生产方式变革和生产效率提升，会在产业结构方面体现出规律性的变化。正是由于适应更高技术水平和生产效率的产业结构呈现这种不断演进的规律性特征，我们才能在经济发展和技术进步的背景下，抽象出"产业结构升级"的动态规律，从而形成"产业结构高级化"的认识。体现经济发展特征，反映创新驱动的产业结构演变，就是我们所说的"结构升级"。就三次产业结构而言，这种反映经济发展的"产业结构高级化"体现为产业链延长的"深加工"趋势，即二次和三次产业比重逐步提升的"结构深化"趋势。

二、创新驱动"深加工"："迂回生产"与"消费增进"

产业结构的调整是否构成"升级"，取决于产业结构的变动是否体现了技术进步与效率提升，即是否源于创新驱动。那么，技术创新和生产效率提升是如何形成产业结构升级的呢？这需要具体分析经济史与技术史的关系，探讨技术变迁形成的生产方式和生活方式变革，以及这些生产方式变革如何表现为产业结构的变迁。简言之，"技术进步→生产方式和生产方式变革→结构变迁"的动态过程，就是经济史中创新驱动产业结构升级的过程。

产业结构变动是生产方式和生活方式变革的外在表现。这一点，我们可以结合传统的乡村经济进行理解。在乡村经济中，农业与手工业生产形成第一、第二次产业的结构比例。打铁和酿酒是最为常见的乡村手工业。在一个封闭的乡村经济中，就农业种植与手工业的关系而言，铁制农具的使用是农业种植技术的需要，而酿酒所用的粮食则直接来自农产品的"剩余"。在经济史上，铁制农具的使用是农业生产技术进步的重要标志。经济学家把人们先生产农具再进行农业生产的行为，称为"迂回生产"。显然，不必要的"迂回"不可能被采用。人们之所以采用"迂回"的方式进行生产，必然是由于这种方式能够引进更为先进的生产技术，能够大幅度地提高生产效率。我们常说的"临渊羡鱼不如退而结网"，就是典型的"迂回生产"。从直接动手捕鱼到先结网后捕鱼，反映的是新技术的引入和捕鱼效率的大幅度提升。同样的道理，乡村经济中铁制农具生产从无到有，从小到大的变化，也体现了农业种植技术"迂回程度"的提高，代表着反映了农业生产技术和农业生产效率的进步。另一方面，手工业中酿酒产业的增长则体现着技术进步推动的生活方式变革。与酿酒相比，粮食更为基本的功能在于充饥。只有农业种植技术提高，人们在满足温饱之余还有余粮的时候，才能将更多的"余粮"用于酿酒。乡村经济中酿酒手工业所占比重的提高反映的是农业人均产出提高形成"消费增进"，构成生产方式的变革。因此，在我们举例的乡村经济中，二次产业手工业相对于一次产业农业的比重提高，在内容上包括表现为"迂回生产"的生产方式变革，以及"消费增进"的生活方式变革。

三次产业结构的演变，总体上体现人类自然资源满足自身需求的生产方式呈现不断"深加工"的"结构深化"趋势。结合前面的介绍，我们可以将"结构深化"概括为"迂回生产"和"消费增进"两个方面。所谓"结构深化"，就是延长了从自然资源到最终消费品的"产业链"。从产业链的末端进行"延伸"，将原先直接用于消费的产品进行更深一步的加工，从而实现更高层次的消费，就是"消费增进"的生活方式变革。由于原有的消费往往是更为基础的必需品消费，人们生产的产品通常需要先满足最初基本的"必需品"消费，才能将"剩余"的产品用于更高层次的"深加工"。因此"消费增进"往往体现为"生产丰裕"推进下的"产品创新"。从产业链的中间进行"拉伸"，对原有的产品采用更加"迂回"和"间接"的方式进行生产，就是"迂回生产"的生产方式变革。人们之所以放弃简便直接的生产方式，引入更加"迂回"复杂的生产方式，往往是由于新引入的生产方式能够提高生产效率，节约生产资源。因此"生产迂回"往往体现为"技术进步"推进下的"工艺创新"。"产品创新"和"工艺创新"是创新的两大基本形式。概括而言，创新在技术特征上体现为生产迂回和技术进步，在目标和效果上体现为生产丰裕和消费增进。创新推进产业结构"深化"的产业升级过程，分别表现为产品创新推动的"消费增进"从产业链末端延伸"生产—消费"过程，表现为生活方式的变革；工艺创新推动的"迂回生产"从产业链中间拉伸"生产—消费"过程，表现为生产方式的变革。

三、技术史：创新如何推进"迂回生产"和"消费增进"

我们回顾产业革命以来人类经济史和技术史的变迁过程，可以清晰地看到，创新推动"结构深化"的结构升级过程，其两条脉络：技术创新推进的"迂回生产"和产品创新推进的"消费增进"，都非常清晰。

表 10-8　三次工业革命与六次技术革命

历次技术革命的开始年份和流行的名称	核心国家	动力部门	支柱部门	基础设施	工业革命的区间、特征和主导工业体系
第一次技术革命浪潮（1771 年）；产业革命	英国	棉花生铁	棉纺织工业	运河轮船公路	第一次工业革命（1771—1875 年）：机械生产方式的革命；轻工业体系
第二次技术革命浪潮（1829 年）：蒸汽和铁路时代	英国并扩散到欧洲大陆和美国	煤炭生铁	铁路和蒸汽机	铁路蒸汽船	
第三次技术革命浪潮（1875 年）：钢铁、电力和重化工业时代	美国和德国，追赶并超越英国	钢	重型机械；重化工；电气设备	钢轨电话	第二次工业革命（1875—1971 年）：大批量生产方式的革命；重化工业体系
第四次技术革命浪潮（1908 年）：石油、汽车和大批量生产的时代	美国并扩散到欧洲	石油	汽车；石油化工合成材料；内燃机；家用电器	高速公路、无线电机场	
第五次技术革命浪潮（1971 年）：信息和远程通信时代	美国并扩散到欧洲和亚洲	芯片	计算机；软件；远程通信；廉价微电子产品（电脑、手机等）	信息高速公路（互联网）	第三次工业革命（1971 年至21 世纪 70 年代?）：智能与清洁生产方式的革命? 信息与绿色工业体系?
第六次技术革命浪潮（2030 年左右）：智能和清洁技术时代	美国、日本、欧盟、中国	可再生能源	机器人；太阳能发电；光伏建筑一体化；智能装备制造业；新能源汽车；3D 打印机	智能电网；智能化绿色交通运输体系；高速铁路	

资料来源：贾根良：《第三次工业革命与中国新型工业化主导产业的选择》，《中国社会科学内部文摘》2014 年第 2 期。其中"?"表示贾根良教授的推测或暂时定名。其中，第一次至第五次技术浪潮的内容，贾根良教授根据克利斯·弗里曼、弗朗西斯·卢桑：《光阴似箭：从工业革命到信息革命》第 145—146 页和佩蕾丝：《技术革命与金融资本——泡沫与黄金时代的动力学》第 18—19 页的观点整理而成。

经济学家将产业革命以来的技术革命划分为六次革命浪潮，仔细划分了每次技术革命和产业革命的起止时间，革命的核心国，推进这一革命的动力部门、支柱部门和基础设施。同时，将六次技术革命推进的产业革命划分为三次产业革命，概括了历次产业革命的生产方式特征和形成的主要工业体系，见表 10-8。

开始于 1771 年的第一次技术革命就是著名的产业革命，标志性的技术突破是"英国阿克莱特在英国克隆福德设厂"，历时 58 年；开始于 1829 年的第二次技术革命被称为蒸汽机和铁路时代，标志性的技术突破以"蒸汽动力机车'火箭号'在英国利物浦到曼彻斯特的铁路上试验成功"为标志，历时 46 年；这两次技术革命推进了第一次工业革命，形成了机械生产方式和轻体系，历时共 104 年。

开始于 1875 年的第三次技术革命被称为钢铁、电力和重工业时代，标志性的技术突破是"卡内基酸性转炉钢厂在美国宾夕法尼亚州的匹兹堡开工"，历时 33 年；开始于 1908 年的第四次技术革命被称为石油汽车和大批量生产时代，标志性的技术突破是"第一辆 T 型车从美国密歇根州底特律的福特工厂出产"，这是迄今为止规模最大的技术革命，历时 63 年；第三、四次技术革命推进了第二次工业革命，形成了大批量生产方式和重化工业体系，历时 96 年。直到现在，大批量生产方式一直主导着全球生产体系。

开始于 1971 年的第五次技术革命被称为信息和远程通信时代，标志性的技术突破是"在美国加利福尼亚州的圣克拉拉英特尔的微处理器宣告问世"，是当前世界正在经历的一次技术革命。预测可能于 2030 年前后出现第六次技术革命，可能被称为"智能和清洁技术时代"。学者预测当前第五次技术革命和未来第六次技术革命可能形成第三次工业革命，这可能形成智能与清洁生产方式和信息与绿色工业体系。[1]

这场起始于 18 世纪后期的技术革命和产业革命史已有 240 余年。在这两个半世纪中，技术变革接连不断，人类的生产方式和生活方式不断变革，产业结构也随之升级。纵观这 240 余年的发展史，工艺创新和产品创新的驱动"迂回生产"和"消费增进"的两条发展脉络非常清晰。

在工艺创新方面，第一次工业革命体现为纺织等原有消费品的机械化生产，轻工业体系的机械化也推进了机械制造业的出现。人们生产轻工业产品的生产方式转化为通过制造蒸汽机等相关机械、铺设铁路"迂回生产"消

---

① 五次技术革命的"标志性技术突破"。转引自贾根良：《第三次工业革命与新型工业化道路的新思维》，《中国人民大学学报》2013 年第 2 期。

费品的机械化生产。在第二次科技革命中，石油和电气化取代了原有的蒸汽动力，重化工业进一步深化了产业链的"迂回"程度。重工业取代轻工业成为工业的主要构成部分，人们在"迂回"过程中的投入，超过了终端消费品制造领域的投入，"迂回生产"达到更高水平。正是这种生产方式，将福特主义批量生产推广至全世界，以批量生产节约成本实现大规模消费的生产方式和消费方式，主导了全球的生产生活。当前先进的第三次工业革命已经开始了以电子信息技术主导的新型生产方式，新能源和新材料的引入可能引发全产业链生产方式的革命性变革。纵观三次工业革命的工艺创新进程不难发现，工艺创新从产业链末端开始，逐步向上游延伸，由终端消费品制造的轻工业革命，演化为上游中间产品和机器设备制造的重工业革命，当前正在导向产业链起点的新材料领域。上游的技术变革必然引发下游生产方式的系统性变革，由下游到上游的工艺创新发展路径，显示的是越来越剧烈、更具根本性和系统性的工艺创新之路。

在产品创新方面，第一次工业革命形成的是消费品产量的大规模增长，人们在解决基本生活需要的基础上，形成了消费品种类和质量的革命系统性革命，当时的"万国博览会"，是消费品生产领域"产品创新"的重要标志。由"生产丰裕"推进的"质量升级""类别化生产"体现了产品创新从"数量"到"质量"的"消费增进"路线。在第二次工业革命中，汽车和家用电器等依托新工业体系的产品创新开始全面主导人们的生活方式，家用工业品的升级换代将人类的生产方式全面纳入工业化体系。这一趋势进一步延伸至第三次工业革命的家用计算机和微电子产品等领域，当前以智能手机为代表的消费方式和生活方式革命，也是这一趋势的进一步延伸。而无论是汽车、家庭电器、家用微电子产品还是智能手机，都依托于大规模生产形成的成本节约机制。"生产丰裕"在消费领域推进"升级换代"的传统"路径"，越来越导向生产领域的"规模经济"路径。

过去240余年的历史画卷中，技术变革此起彼伏，工业革命接连不断。五次技术革命浪潮从工艺创新和产品创新两方面，推进了生产方式和生活方式的剧烈变革，成为人类经济史的关键推动力。人类几千年的经济进程中，从未出现过如此急剧的技术变革。那么，又是什么力量推动了接连不断的创新进程呢？答案是资本与市场的力量。这240余年的技术史，同时也是资本主义和市场经济规模主导的经济发展史。相对于封建经济社会受制于封建贵族和"行会"约束的传统手工业，在资本主义经济时代，以利润和资本竞争为主导的市场经济规则，在制度上形成了推进技术创新的强劲的"原动力"。

　　通过本章的分析不难发现，进入中等收入阶段后，中国生产效率的快速提升加速了三次产业结构和轻重工业结构的变革，两种结构变革都是生产深化的具体体现。而推进生产深化的根本原因是技术进步引动的生产效率提升。生产效率越高，单位要素的产出规模越大，物质生产部门提供的物质产品"剩余"规模就越大，非物质产品部门的发展空间就越大。同时，技术水平越高，生产的物质条件越丰富，生产系统就需要将更多的资源投入到生产资料的生产领域，生产的"迂回程度"就越高。此外，在非物质生产部门中，物质生产部门的"剩余"规模越大，能够分配给科技创新和管理部门的资源规模就越大，技术和管理领域的投入规模和就业比例也会相应提升。这一系列的变革，都取决于生产系统是否获得了提高生产效率、扩大"剩余"份额的全新技术，以及能否为这些技术的采纳和推广提供必要的物质条件和创新环境。进入中等收入阶段，中国在推进传统工业化的同时，还开辟了"工业化与信息化同步推进"的"新型工业化道路"。就生产系统变革的本质而言，"新型工业化道路"就是将第四次技术革命的规模化生产与第五次技术革命的信息化生产同步推进，推动两轮技术革命的生产系统变革交叉融合。这是发展中国家推进经济跨越式发展的重要经验，是中国工业化理论和政策的重要成果。

第十一章

效率提升影响下的"稳增长—调结构"：
经济新常态下的"结构—速度"关系理论

进入中等收入阶段后，结构调整面临的重要问题是如何处理结构与速度的关系，即如何权衡稳增长与调结构的矛盾。在第九章中我们已经证明，结构水平最终取决于效率水平。通过这一章的分析，我们将进一步看到效率提升对结构调整的影响，不仅直接影响结构比例，也直接影响结构与速度的关系。简言之，决定结构比例的效率水平，也直接影响增长速度。因此，以效率为纽带可以顺利地打通结构与速度的逻辑关系。

经济新常态是我国在中等收入阶段的典型特征。"稳增长—调结构"是经济新常态的重要主题。因此，阐明并量化结构与速度的关系，显得尤为重要，在本章我们同时将两者纳入生产效率的影响之下，探讨两者的关系。对此，在理论上存在两个相互矛盾的著名假说。一个是鲍莫尔（1967）[①] 提出的"成本病"假说，认为产业结构调整的方向是资源将向生产率相对滞后的第三产业部门流动，这是导致经济增长速度下降的重要原因；另一个是皮纳得（2003）[②] 提出的"结构红利"假说，认为结构调整的方向是资源从低生产率部门向高生产率部门流动，从而提高经济增长速度。检验两个假说，

---

① William J. Baumol, "Macroeconomics of Unbalanced Growth: The Anatomy of Urban Crisis", *The American Economic Review*, Vol.57, No.3, 1967, pp.415-426.

② Michael Peneder, "Industrial Structure and Aggregate Growth", *Structural Change and Economic Dynamics*, No.4, 2003, pp.427-448.

其关键还是要以效率提升为线索进行综合考察。

第一节 "结构—速度"关系的两个假说：
"成本病"与"结构红利"

当前我国的"结构—速度"关系符合哪个假说，对于如何处理"稳增长"与"调结构"具有重要意义。如果"成本病"假说成立，意味着在经济新常态下牺牲一定幅度的增长速度来实现产业结构的调整，就具有理论的合理性。如果"结构红利"假说成立，则表明"稳增长"和"调结构"可以相得益彰，在"结构调整"的同时"调低"增长速度将变得不再必要。

有趣的是，虽然在国外两个假说都面临较多质疑，但是在我国，这两个看似矛盾的假说，似乎都获得了证实（见第二节的背景介绍）。其实，两者的"矛盾"，需要辩证看待。就其假说的基础原理而言，资源要么流向生产率较高的部门，要么流向生产率较低的部门——"成本病"和"结构红利"的原理假说不能同时成立。但是具体到实证检验层面，由于统计口径和具体指标的差异，两个假说都同时成立的可能性还是存在的。具体而言，"成本病"假说所关注的是第三产业份额的变化，而结构红利假说关注的则是三个产业份额的同时调整。两个假说的实证研究都承认第三产业份额的提升，除此之外，结构红利假说考虑到了第一产业份额的下降。因此，即使"成本病"假说成立（即第三产业份额提升造成了整体增长速度的下降），第一产业份额相对下降的影响超过第三产业份额提升的影响，最终结果依然可能在总体上出现"资源向生产率更高的部门流动"，形成"结构红利"的结论。换言之，因为"成本病"假说关注的第三产业份额变动只是"结构红利"假说中三次产业份额变动的一个"局部效应"，所以，在"成本病"现象（即在第三产业份额上涨导致增速下降）存在的同时，三次产业份额变动的"总体效应"依然可能推动经济增长速度的提升，形成"结构红利"。简言之，无论"结构红利"成立与否，都不能肯定或否定"成本病"假说。

因此，要将两个假说直接比较，首先需要在"结构红利"假说的实证研究中"剥离"第一产业份额下降造成的"干扰"。同时，这种"剥离"也符合研究趋势和各界关注的焦点。一般而言，第一产业份额的下降不仅被历史经验所证实,也已经被各界广泛认可,被视为经济发展的"合理趋势"以及产业结构优化的基本方向。关于产业结构演变的争论,主要集中于第三产业份额的变动。一方面,多数学者将第三产业份额提升视为经济发展的重要趋势和基本标志。另一方面,越来越多的研究特别强调工业作为经济增长"引擎"的重要性,将"服务化"和"去工业化"视为经济增长停滞的原因,认为这是一种不合理的趋势。问题的关键不是第一产业的份额是否应该下降,而是第三产业的份额提升是否造成了经济增长的停滞①,以及这种影响的程度有多大。回答这些问题需要把"成本病"与"结构红利"假说的研究方法结合起来。由于"成本病"问题的关注点集中于第三产业份额提升的原因,第三产业份额变动对经济增长速度的影响往往被视为既定前提和"题中应有之义",并未获得具体的实证检验。研究"成本病"的既有文献,主要关注"成本病"的存在性,未能量化第三产业份额提升对经济增长速度的影响。而这种量化研究,正是当前"稳增长—调结构"研究所关注的焦点:第三产业份额每提升或下降一单位,经济增长速度会提高还是下降,提高或下降幅度有多大?学者们验证"结构红利"假说所采用的"偏离份额法",为具体的量化方法奠定了基础。改造既有的"偏离份额法"公式,我们可以将经济增长速度分解为"产业内技术进步""产业结构变迁"和"生产要素扩张"三部分。以上述分解公式为基础,我们可以直接量化第三产业份额对经济增长速度的影响程度,为经济新常态下处理结构与速度的关系提供具体的经验参照。此外,生产率的衡量存在劳动生产率和全要素生产率两个指标,我们尝试分别在这两个指标下核算第三产业份额变动对经济增长速度的影响程度。

---

① 在发展中国家重新提出这一问题,还具有另一个重要的理论和现实意义。鲍莫尔提出"成本病"问题的 1967 年前后,美国已经基本完成农业的现代化,第三产业生产率相对滞后的前提已经基本成立,只要第三产业的份额提升,必然意味着资源流向生产率相对下降的部门,经济增长速度会相应下降。但是,在我国这样的发展中国家,农业的生产率水平相对落后,将第一、第二产业作为一个整体与第三产业相比较,往往会发现,第三产业的生产率不一定相对落后。因此,第三产业份额提升不一定造成经济增长速度的下降。

第二节 关于"结构—速度"正负相关
假说的既有研究

正如前文介绍，就实证研究的结果而言，"成本病"和"结构红利"两个假说的状况基本相似：在国外两者均面临较多争议，国内的实证结果基本上都印证了这两个假说。

关于"成本病"假说，20 世纪 60 年代，福克斯（1968）[①] 就对"成本病"假说进行了验证。他的实证结论表明，第三产业就业比重上升的主要原因是其劳动生产率的相对滞后。这一假说也面临着一些批评，例如第三产业生产率的不可测度性导致其生产率存在低估的现象引起了学者的注意；部分学者（Dale W. Jorgenson 和 Marcel P. Timmer，2011）[②] 强调第三产业内部各行业存在生产率的差异，其影响不能一概而论。在实证研究文献方面，其结论也出现了明显的对立：一方（Jochen Hartwig，2011）[③] 认为经济中存在鲍莫尔成本病，另一方（Marcel P. Timmer 等，2007）[④] 则认为经济中未必存在鲍莫尔成本病。但是，在国内，已有的实证研究结果大都认可鲍莫尔成本病的存在（王耀中和陈洁，2012）[⑤]，认为第三产业劳动生产率增长相对滞后是中国第三产业就业份额增长相对较快的主要原因。

肯定"成本病"，主要基于第三产业产品的需求价格弹性，即其需求价格弹性小于 1（缺乏弹性）。一般认为，第三产业生产率相对滞后，导致第三产业产品价格相对上涨[⑥]；需求价格弹性小于 1，第三产业需求量的下降

---

① Victor R. Fuchs, The Service Economy, New York, *National Bureau of Economic Research*, 1968.

② Dale W. Jorgenson, Marcel P. Timmer,"Structural Change in Advanced Nations: A New Set of Stylised Facts", *The Scandinavian Journal of Economics*, Vol.113, No.1, 2011.

③ Jochen Hartwig,"Testing the Baumol-Nordhaus Model with EU KLEMS Data", *Review of Income and Wealth*, No.3, 2011, pp.471-489.

④ Marcel P. Timmer, Mary O'Mahony, B. van Ark,"EU KLEMS Growth and Productivity Accounts: An Overview", *International Productivity Monitor*, 2007, pp.71-85.

⑤ 王耀中、陈洁：《鲍莫尔—富克斯假说研究新进展》，《经济学动态》2012 年第 6 期。

⑥ 具体逻辑为：工业生产率进步后，工业的工资水平相应上涨，受部门间劳动力流动的压力的影响，第三产业的工资水平也会随之上涨，从而导致第三产业产品单位成本上升，最终导致第三产业产品的价格相对上涨。

幅度将小于其价格上涨幅度，从而导致第三产业总产值的相对上涨。同时要
维持产量的相对下降幅度低于生产率的相对下降幅度①，必须增加第三产业
的就业量。所以，在具体验证过程中学者们集中关注两点：第三产业生产率
是否相对滞后，其需求价格弹性是否小于 1。由于第三产业生产率相对滞后
的状况比较普遍，验证的焦点往往集中于需求价格弹性。2001 年，鲍莫尔
宣布，从长期来看，第三产业的需求价格弹性，不仅小于 1（缺乏弹性），
而且接近于 0（无弹性），即第三产业在价格上涨的同时，其需求量基本维
持不变。相应地，生产率下降后第三产业产值和就业量的相对上涨将更加明
显。鲍莫尔将这一现象称为"服务业之谜"。"服务业之谜"的出现表明
"成本病"存在的普遍性。我国之所以得出支持"成本病"的结论，其主要
原因也在于我国存在比较明显的"服务业之谜"：第三产业实际需求量在价
格上涨的同时保持了基本稳定。对比表 11-1 和图 11-1 的结果，我国的
"服务业之谜"现象将更加明显。在表 11-1 中，第三产业名义产值占国内
生产总值的份额出现了明显的上涨，从 1978 年的 23.9% 上涨到 2013 年的
46.1%。但是，如果剔除物价，通过图 11-1 可以看出，第三产业的实际产
值占实际国内生产总值的比重基本保持在 30%，尤其是从 1984 年到 2013 年
第三产业的实际产值占国内生产总值的份额，一直稳定在 29%—31% 之间。

表 11-1　1978—2013 年三次产业增加值占国内生产总值比重的变化情况

（单位：%）

年份	第一产业	第二产业	第三产业	国内生产总值
1978	28.2	47.9	23.9	100.0
1984	32.1	43.1	24.8	100.0
1990	27.1	41.3	31.6	100.0
1996	19.7	47.5	32.8	100.0
2002	13.7	44.8	41.5	100.0
2008	10.7	47.4	41.9	100.0
2013	10.0	43.9	46.1	100.0

资料来源：《2014 中国统计年鉴》。

---

①　需求量的下降幅度对应着服务业产量的下降幅度；价格上涨幅度则取决于生产率的滞后幅度。
需求价格弹性小于 1 意味着服务业的产量相对下降幅度要小于生产率相对下降幅度。

（单位：%）

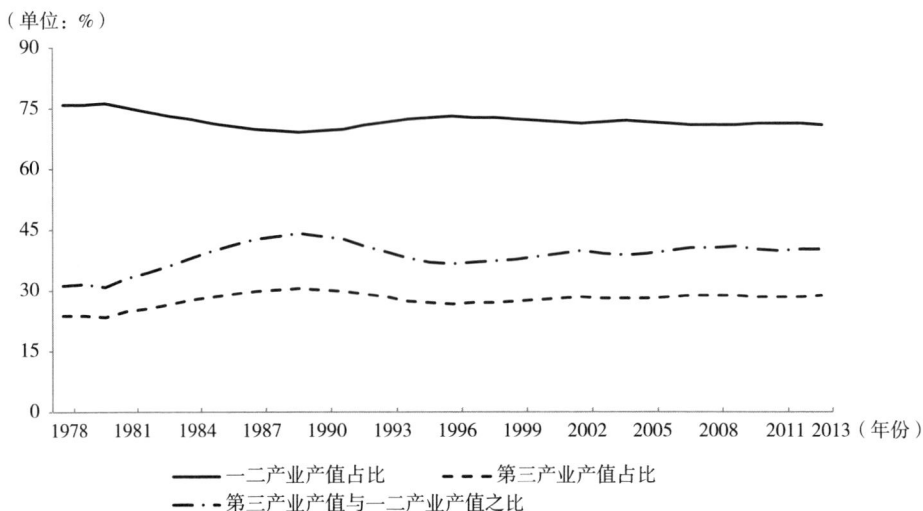

图 11-1　1978—2013 年我国第三产业实际产值份额的变化趋势

资料来源：依据《中国统计年鉴 2014》中的"国内生产总值构成"及"国内生产总值指数"核算出历年的实际产值，并计算各个产业的占比数据。

　　关于"结构红利"假说，很多国外学者的实证研究结论并不支持这一假说。有学者（Marcel P. Timmer, Adam Szirmai, 2000[1]；Singh Lakhwinde, 2004[2]）通过对印度尼西亚、韩国等国家的实证研究，认为结构红利假说现象并不成立。在国内，虽然有部分学者（曾先峰、李国平，2011）[3] 认为结构变动并没有使我国制造业劳动生产率出现显著增长，也就是结构红利假说并不成立，但是多数研究均支持这一假说。例如：郑玉歆、罗斯基（1993）[4]，吕铁（2002）[5] 研究得出我国制造业行业间的要素转移能够促进

　　[1]　Marcel P. Timmer, Adam Szirmai, "Productivity Growth in Asian Manufacturing: The Structural Bonus Hypothesis Examined", *Structural Change and Economic Dynamics*, No.4, 2000, pp.371-392.

　　[2]　Singh Lakhwinde, "Technological Progress, Structural Change and Productivity Growth in Manufacturing Sector of South Korea", *World Review of Science Technology and Sustainable Development*, No.1, 2004, pp.37-49.

　　[3]　曾先峰、李国平：《资源再配置与中国工业增长：1985—2007 年》，《数量经济技术经济研究》2011 年第 9 期。

　　[4]　郑玉歆、罗斯基：《体制转换中的中国工业生产率》，社会科学文献出版社 1993 年版，第 122—129 页。

　　[5]　吕铁：《制造业结构变化对生产率增长的影响研究》，《管理世界》2002 年第 2 期。

全要素生产率的增长；刘伟和张辉（2008）[1] 等多位学者均认为资源要素在三次产业间的转移对总体生产率的增长具有显著的促进作用，由此得出我国产业结构演变过程中存在结构红利。

第三节　基于"偏离份额法"的"结构—速度"关系式

在现有文献中，"偏离份额法"主要用于解释结构变动对生产率的影响。如蒂莫（Timmer，2000）和皮纳得（2003）在研究新兴工业经济和转型经济的结构变迁中均使用了偏离份额分析法。我们借鉴已有研究成果，利用偏离份额分析法把我国劳动生产率增长与全要素生产率增长中的结构变迁效应分解出来，并在此基础上将经济总体增长速度分解为"产业内技术进步""产业结构变迁"和"生产要素扩张"三部分，提出基于"偏离份额法"的增长速度分解公式，用以研究"结构—速度"关系问题。

一、劳动生产率指标下的"结构—速度"关系式

劳动生产率[2]计算公式可以表示为 $LP = \dfrac{Y}{L}$ ，因此 $Y = LP \cdot L$ ，其中，LP 为劳动生产率，Y 为产量，L 为劳动量。因此，有：

$$\frac{\dot{Y}}{Y} = \frac{\dot{LP}}{LP} + \frac{\dot{L}}{L} \tag{11-1}$$

其中，以 x 代指公式中任意一个变量，有 $\dot{x} = \dfrac{\mathrm{d}x}{\mathrm{d}t} = \Delta x$ ，即表示变量关于时间 t 的导数，变量在一定时期内的变化量。公式（11-1）表明，考虑劳动单一要素时，总的经济增长率包括两部分：劳动生产率增长率和劳动要素增长率。而按照"偏离份额法"，劳动生产率的增长又可以分为产业内技术进

---

① 刘伟、张辉：《中国经济增长中的产业结构变迁和技术进步》，《经济研究》2008 年第 11 期。

② 鲍莫尔—福克斯假说假设劳动是唯一的要素投入，这里劳动生产率的计算采用传统的计算方法，利用产业的实际产值与就业人数计算得出产业的劳动生产率。

步和产业结构变迁两部分。

令 LP^t 表示 t 时期总体的劳动生产率，LP_i^t 表示 t 时期 i 产业的劳动生产率，i 表示不同的产业部门，S_i^t 表示 t 时期 i 产业的劳动所占份额。已有的文献中，一般令 $i = 1, 2, 3$（李小平、陈勇，2007[①]；刘伟、张辉，2008[②]），分别代表第一产业、第二产业和第三产业，为明确分析第三产业份额提升对劳动生产率的影响，我们把第一产业和第二产业作为一个产业，令 $i = 1, 2$，分别代表第一、第二产业和第三产业，分析劳动在第一、第二产业与第三产业之间的转移对总体劳动生产率的影响。

t 时期和 0 时期的总体劳动生产率可以分别表示为：

$$LP^t = \frac{Y^t}{L^t} = \sum_{i=1}^{n} \frac{Y_i^t}{L_i^t} \frac{L_i^t}{L^t} = \sum_{i=1}^{n} LP_i^t S_i^t ; \quad LP^0 = \frac{Y^0}{L^0} = \sum_{i=1}^{n} \frac{Y_i^0}{L_i^0} \frac{L_i^0}{L^0} = \sum_{i=1}^{n} LP_i^0 S_i^0$$

$$(11-2)$$

根据公式（11-2），0 时期到 t 时期总体劳动生产率的增长率可以表示为：

$$\frac{LP^t - LP^0}{LP^0} = \frac{\sum_{i=1}^{n} (S_i^t - S_i^0) LP_i^0 + \sum_{i=1}^{n} (LP_i^t - LP_i^0)(S_i^t - S_i^0) + \sum_{i=1}^{n} (LP_i^t - LP_i^0) S_i^0}{LP^0}$$

$$\frac{LP^t - LP^0}{LP^0} = \frac{\sum_{i=1}^{n} (S_i^t - S_i^0) LP_i^0}{LP^0} + \frac{\sum_{i=1}^{n} (LP_i^t - LP_i^0)(S_i^t - S_i^0)}{LP^0} + \frac{\sum_{i=1}^{n} (LP_i^t - LP_i^0) S_i^0}{LP^0}$$

$$(11-3)$$

公式（11-3）可以得出总劳动生产率的增长分解成以下三项：

公式（11-3）右边第一项为静态结构变迁效应，度量了劳动生产率不变的情况下，劳动力在产业间流动所引起的总体劳动生产率的变动。如果产业结构演变使劳动力更多地流向最初时期具有较高劳动生产率的产业，并导致该产业的劳动力份额提升，则该项为正，称为结构红利。

公式（11-3）右边第二项为动态结构变迁效应，度量了劳动力在产业

---

① 李小平、陈勇：《劳动力流动、资本转移和生产率增长——对中国工业"结构红利假说"的实证检验》，《统计研究》2007 年第 7 期。

② 刘伟、张辉：《中国经济增长中的产业结构变迁和技术进步》，《经济研究》2008 年第 11 期。

间转移的动态效应。如果劳动生产率提高的产业出现劳动力的净流入,或者劳动生产率下降的产业出现劳动力的净流出,该项为正;反之,该项为负,皮纳得(2003)称为结构负利假说。

公式(11-3)右边第三项产业内技术进步效应,度量了劳动份额不变的情况下,各个产业内部劳动生产率的变化对总体劳动生产率的影响。

静态结构变迁效应和动态结构变迁效应两项求和可以得出总的结构变迁效应,即产业结构变迁效应。

$$\frac{LP^t - LP^0}{LP^0} = \frac{\sum_{i=1}^{n} (S_i^t - S_i^0) LP_i^t}{LP^0} + \frac{\sum_{i=1}^{n} (LP_i^t - LP_i^0) S_i^0}{LP^0} \tag{11-4}$$

因此,劳动生产率增长可以分解为产业结构变迁和产业内技术进步两部分。

二、全要素生产率指标下的"结构—速度"关系式

在全要素生产率指标下,生产要素从单一的劳动拓展到资本、劳动力和技术,生产函数为 $Y = f(K, L, A)$,并且生产函数是规模报酬不变和技术进步中性的可微函数,则:

$$\frac{dY}{Y} = \alpha \frac{dK}{K} + \beta \frac{dL}{L} + \frac{dA}{A} \tag{11-5}$$

总的经济增长率为资本存量、劳动和全要素生产率三者的增长率之和。其中资本存量增长率和劳动增长率可以归纳为生产要素扩张,而利用偏离份额法,全要素生产率增长同样可以分为产业内技术进步和产业结构变迁。

按照塞尔奎因(1982)[①] 使用的全要素生产率分解式,总量水平的全要素生产率增长率和部门水平的全要素生产率增长率的差异即为结构变迁效应。参照蒂莫和西尔毛伊(Timmer,2000;Szirmai,2000)模型,构建一个反映劳动力和资本两种要素同时在产业间流动对全要素生产率增长影响的模型。假定每个产业的生产函数都是规模报酬不变和技术进步中性的可微函数:

---

① Moshe Syrquin, *Resource Allocation and Productivity Growth*, Barllan University, Department of Economics, Economics Research Institute, 1982.

$$Y_i = f^i(K_i,\ L_i,\ t) \tag{11-6}$$

其中，$i = 1$，2，分别代表第一、二产业和第三产业，则两个产业部门的总产出增长率都可以分解为：

$$G(Y_i) = \alpha_i G(K_i) + \beta_i G(L_i) + G(A_i) \tag{11-7}$$

其中，$G(X) = \dfrac{(\mathrm{d}X/\mathrm{d}t)}{X} = \dfrac{\Delta X}{X}$，$G(A_i)$ 就是 i 产业的全要素生产率的增长率，$\alpha_i = \dfrac{f(K_i)\ K_i}{Y_i}$ 是 i 产业的资本产出弹性，$\beta_i = \dfrac{f(L_i)\ L_i}{Y_i}$ 是 i 产业的劳动产出弹性。因此，用各产业部门的增长率表示的总产出增长率为：

$$G(Y) = \frac{\mathrm{d}(\sum_i Y_i)}{Y} = \sum \rho_i G(Y_i) = \sum \rho_i \alpha_i G(K_i) + \sum \rho_i \beta_i G(L_i) + \sum \rho_i G(A_i) \tag{11-8}$$

其中，$\rho_i = \dfrac{Y_i}{Y}$，表示各个产业部门产值在总产值中所占的份额。同时，总产出 Y 的增长率也可以用经济总体生产函数表示为：

$$G(Y) = \alpha G(K) + \beta G(L) + G(A) \tag{11-9}$$

其中，$Y = \sum Y_i$，$K = \sum K_i$，$L = \sum L_i$，$\alpha = \sum \rho_i \alpha_i$，$\beta = \sum \rho_i \beta_i$，而 $G(A)$ 为总量水平的全要素生产率增长率。而产业结构变迁对经济增长的贡献可以由 $G(A)$ 和 $\sum \rho_i G(A_i)$ 之间的差异表示。因此，总结构效应（Total Structural Effect）可以表示为：

$$TSE = G(A) - \sum \rho_i G(A_i) = \left[G(Y) - \sum \rho_i G(Y_i) \right] + \left(\sum \rho_i \alpha_i G(K_i) - \alpha G(K) \right) + \left[\sum \rho_i \beta_i G(L_i) - \beta G(L) \right] \tag{11-10}$$

公式（11-10）右侧三项表示各产业产出的增长差异、产业间资本转移以及劳动转移对全要素生产率增长的影响，分别称为产业结构效应、资本转移效应和劳动转移效应。三项之和称为结构变迁的总效应（SCE）。

因此，产业结构调整对劳动生产率和全要素生产率的影响其实就是对经济发展速度的影响。在劳动生产率和全要素生产率指标下，经济增长速度都可以分解为产业内技术进步、产业结构变迁和生产要素扩张三部分。我们的研究目的是分析第三产业份额提升对经济增长的影响，所以只计算产业内技术进步和产业结构变迁两部分，以量化第三产业份额提升对经济增长速度的影响，而不考虑生产要素扩张对经济增长的影响。

第四节　"结构—速度"关系的实证检验

一、劳动生产率指标下第三产业份额提升对经济增长速度的影响分析

根据公式（11-3）计算我国经济总体、第一、第二产业和第三产业（即 $i = 1$，2 时）的静态结构变迁效应、动态结构变迁效应和生产率增长效应（方法Ⅰ），为了与传统的结构红利结果进行对比，同时计算我国经济总体和分三次产业（即 $i = 1$，2，3 时）的静态结构变迁效应、动态结构变迁效应和生产率增长效应（方法Ⅱ）[①]。

表 11-2　方法Ⅰ得出的结构变迁效应矩阵

1978—2013 年	列加总	静态结构变迁效应	动态结构变迁效应	产业内增长效应
行加总	14.37	0.28	-1.94	16.03
第一、二产业	10.19	-0.23	-4.45	14.87
第三产业	4.18	0.51	2.51	1.16

注：将第一产业和第二产业合为第一、二产业，按照公式（11-3）计算并整理；表中数值代表劳动生产率增长的倍数。

表 11-2 和表 11-3 分别是用两种方法得出的结构变迁效应值。从表 11-2 可以看出，三次产业静态与动态结构变迁效应加总后得出的结构变迁

---

① 资料来源：各产业劳动力数据来自《中国统计年鉴》中的"按三次产业分就业人数（年底数）"，并以此计算劳动份额；总产出数据来自《中国统计年鉴》中的"国内生产总值构成"，并按照"国内生产总值指数"将各年的名义国内生产总值转换为以 1978 年为基期的不变价格计算的国内生产总值。

效应之和为−1.66[①]，表明 1978 年至 2013 年，我国产业结构调整导致经济增速下滑，存在结构负利，这与很多讨论结构红利文章的结论存在差异（刘伟、张辉，2008）。传统的结构红利的计算是按照方法 II 进行的（见表11-3），结构变迁效应为 6.51[②]，表明 1978 年到 2013 年，我国产业结构调整提高了经济增长速度，存在结构红利，这一结果与大部分学者的研究结论相同。

表 11-3　方法 II 得出的结构变迁效应矩阵

1978—2013 年	列加总	静态结构 变迁效应	动态结构 变迁效应	产业内 增长效应
行加总	14.37	0.71	5.80	7.86
第一产业	0.42	−0.16	−0.71	1.29
第二产业	9.76	0.35	4.00	5.41
第三产业	4.19	0.52	2.51	1.16

注：分三次产业，按照公式（11-3）计算并整理；表中数值代表劳动生产率增长的倍数。

　　对比表 11-2 和表 11-3 可以发现，两种方法计算的总生产率增长幅度是一致的，即劳动生产率对于经济增长的贡献是一致的，但是结构变迁效应和产业内增长效应对于总经济增长的贡献却存在差异。两种方法计算存在差异的根本原因在于：为研究第三产业份额提升对劳动生产率的影响，我们将第一产业和第二产业作为一个产业，其分析的结构变迁效应只是包含第一、二产业与第三产业之间劳动力流转对总体劳动生产率的影响；而传统的结构红利计算方法按三次产业计算，其分析的结构变迁效应是劳动力在三次产业之间流转对总体劳动生产率的影响，既包含第一产业劳动力向第二、第三产业转移的结构变迁效应，也包含第二产业的劳动力向第三产业转移的结构变迁效应，并不能够准确衡量第三产业份额提升所带来的红利。这表明现有研究中对于我国产业结构调整存在结构红利的结论并不能够否定我国第三产业

---

　　① 表 11-2 中"行加总"一行中加总得到的静态结构效应 0.28 与加总得到的动态结构变迁效应−1.94 之和。

　　② 表 11-3 中"行加总"一行中加总得到的静态变迁结构效应 0.71 与加总得到的动态变迁结构效应 5.80 之和。

份额提升存在"成本病"这一观点，两者结论不同的原因只在于计算口径的不统一。为阐明第三产业份额提升对经济增长的影响，找到第三产业份额提升导致经济增长速度下降的具体时间，明确我国"成本病"出现的时点，我们按照方法Ⅰ逐年计算第三产业份额提升对劳动生产率的结构变迁效应。

结果表明（见表11-4），2001年之后结构变迁效应由正值转为负值，即2001年之前，第一、二产业的劳动力流入第三产业将会提高总的劳动生产率，第三产业份额的提升能够提高总体劳动生产率，提高经济增长速度；但2001年之后，第一、二产业的劳动力流入第三产业将会降低总的劳动生产率，第三产业份额的提升将会阻碍总体劳动生产率的提高，并导致经济增长速度下降。由此可以得出，自2001年开始，第三产业份额提升带来的就已经是结构负利①。将表11-4中的结构变迁效应对劳动生产率环比增长速度的贡献转换为对定基增长速度的影响（结果见图11-2）。结果表明，第三产业份额提升使得以1978年为定基的劳动生产率增长速度呈倒"U"形变化，1978—2001年劳动生产率增长速度一直处于上升阶段，并在2001年达到峰值；自2001年之后，第三产业份额的提升使得以1978年为定基的劳动生产率增长速度开始出现下降趋势。这意味着，第三产业份额提升一开始会加快经济增长速度，但2001年之后，第三产业份额的提升将会使经济增长速度放缓，也就是我国自2001年开始第三产业份额提升过程中便开始出现"成本病"问题。

表11-4　1979—2013年结构变迁效应计算　　　　（单位:%）

年份	结构变迁效应	产业内增长效应	总效应	年份	结构变迁效应	产业内增长效应	总效应
1979	0.46	4.53	4.99	1997	0.01	7.70	7.71
1980	0.41	3.59	4.00	1998	0.01	6.46	6.47
1981	0.51	1.36	1.87	1999	0.01	6.32	6.33

---

① 计算结果显示1981—1982年结构变迁效应为负值，这是由于这一年第三产业的劳动力份额相对下降而第一、第二产业的劳动力份额相对上升造成的，并不能表明第三产业份额提升带来结构负利；1989—1990年的产业内增长效应以及总效应均为负值，原因在于我们国家统计局在1990—2000年的就业人员是根据第五次全国人口普查资料及历年劳动力调查资料推算的，统计数据口径的调整导致1990年劳动力相比与1989年有比较大的提高，从而1990年的劳动生产率相对1989年反而出现下降。

续表

年份	结构变迁效应	产业内增长效应	总效应	年份	结构变迁效应	产业内增长效应	总效应
1982	-0.16	5.08	4.92	2000	0.01	7.20	7.21
1983	0.80	6.89	7.69	2001	0.01	6.84	6.85
1984	1.57	8.46	10.03	2002	-0.01	7.97	7.96
1985	0.60	8.81	9.41	2003	-0.04	9.32	9.28
1986	0.36	5.47	5.83	2004	-0.16	8.96	8.80
1987	0.52	7.56	8.08	2005	-0.12	10.06	9.94
1988	0.39	7.47	7.86	2006	-0.14	11.25	11.11
1989	0.02	2.18	2.20	2007	-0.03	12.36	12.33
1990	0.15	-13.03	-12.88	2008	-0.15	8.75	8.60
1991	0.29	7.92	8.21	2009	-0.20	8.56	8.36
1992	0.53	12.15	12.68	2010	-0.13	9.79	9.66
1993	0.60	11.76	12.36	2011	-0.34	8.83	8.49
1994	0.46	11.15	11.61	2012	-0.13	7.01	6.88
1995	0.22	9.36	9.58	2013	-0.98	7.86	6.88
1996	0.05	8.29	8.34	--	--	--	--

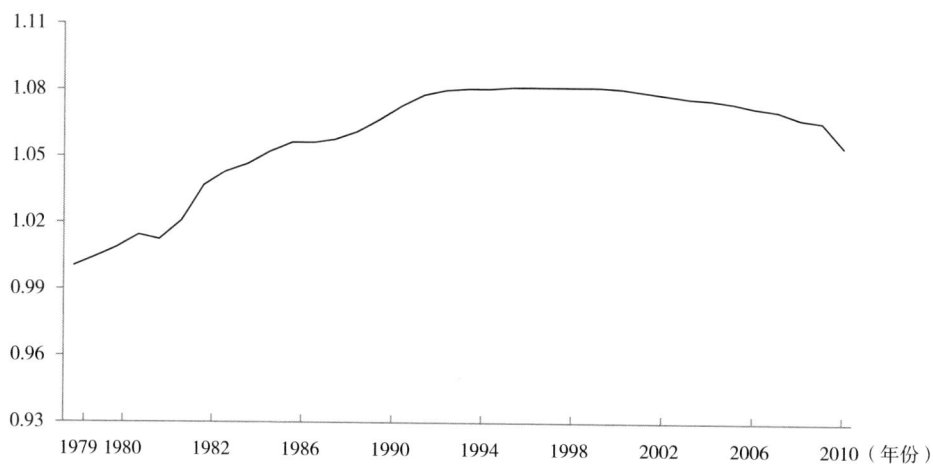

图 11-2　1979—2010 年结构变迁效应对劳动生产率增长率的影响（定基增长速度）

将静态结构变迁效应和动态结构变迁效应加总，得到总的结构变迁效应，如公式（11-4）所示，能够更为简明地解释为何从2001年开始第三产业份额提升带来结构负利。公式（11-4）右侧第一项表示结构变迁效应，如果t时期生产率较高的产业存在劳动力的净流入，这一项为正，表明产业结构调整带来的是结构红利，将加快经济增长速度；如果t时期生产率较高的产业存在劳动力的净流出，这一项为负，表明产业结构调整带来的是结构负利，将会导致经济增长速度下降。

按照公式（11-4）的逻辑，只要第三产业的劳动生产率低于第一、第二产业，第三产业份额的提升就会带来结构负利。2002年开始，我国第一、第二产业的劳动生产率超过第三产业的劳动生产率，这时第三产业劳动要素的净流入必然会带来结构负利，导致经济增长速度下降，这与表11-3结果一致。

在劳动生产率指标下，分析第三产业份额提升的结构变迁效应表明：自2001年开始，第三产业份额提升就会使经济增长速度下降，总体经济的增长完全来自产业内技术进步以及生产要素扩张，而不是结构变迁效应导致的资源配置效率的提高。并且这一结果是以1978年的价格水平进行估算，第三产业的产值存在高估的可能。如果以1984年物价完全放开时的价格水平进行估算，第一、第二产业的劳动生产率超过第三产业的时间点为1996年，这意味着1996年以后第三产业份额的提升将导致经济增长速度下降。因此，即使是保守估计，我国从2001年开始，第三产业份额的提升所带来的就是结构负利，会造成"成本病"。因此，现有的文献中对于我国产业结构调整中存在结构红利的研究结论并不能够否定我国第三产业份额的提升过程中存在"成本病"这一结论，两种观点存在矛盾的原因在于研究的口径不统一。

二、全要素生产率指标下第三产业份额提升对经济增长速度的影响分析

（一）相关数据指标的说明

在全要素生产率指标下，计算结构变迁效应需要获得以下数据：经济总体和各产业的产出数据，经济总体和各产业的资本、劳动的存量及产出弹性。

（1）经济总体和各产业的产出数据。以经济总体和各产业不变价格的国内生产总值作为衡量产出及经济增长的基本指标，按 1986 年价格换算。

（2）经济总体和各产业资本存量。测算资本存量一般采用金·史密斯（Gold-Smith）在 1951 年开创的永续盘存法（Perpetual Inventory Method），利用此方法估算中国资本存量总量的研究成果很多，但以三次产业划分的资本存量测算相对较少，李仁君（2010）[1] 测算了中国 1986—2007 年按三次产业划分的资本存量。在这里，我们以李仁君测算数据为基础，根据《中国统计年鉴 2014》中我国总体及按三次产业划分的固定资产投资数据，将总体及按三次产业划分的资本存量数据推算至 2013 年。

（3）经济总体和各产业劳动存量。借鉴现有研究成果的经验，采用各产业的就业人数作为劳动投入的衡量指标。就业人员数据来自历年统计年鉴的"按三次产业分就业人员数（年底数）"。

（4）经济总体和各产业的资本、劳动产出弹性。计算资本、劳动产出弹性，主要有三种方法：经验估计法、比值法（份额法）、最小二乘法。我们借鉴刘伟（2008）的计算方法，采用比值法计算要素产出弹性，利用全国投入产出表（从 1987 年到 2010 年的九张表）中的收入法计算国内生产总值数据，计算经济总体和各个产业的资本、劳动的产出弹性[2]。

（二）结构变迁效应的求解和分析

利用得到的经济总体及各个产业的产出、资本及劳动的相关数据，计算出我国 1986 年至 2013 年全要素生产率增长率的变动趋势。图 11-3 对我们测算出的全要素生产率与三篇文献的结果进行对比，可以得出相似的全要素生产率阶段性变化规律，即从改革开放初期的高速增长，到 1990 年的历史最低点，进而呈现出 1992 年之后的稳定增长，再到 2008 年国际金融危机后的迅速跌落。

按照公式（11-9）将全要素生产率的增长分解为产业内技术进步和产业结构变迁两部分，可以得出表 11-5 所示的结果。结构变迁对全要素生产率的影响存在阶段性波动，虽然第三产业一直存在资本和劳动要素的净流入，但是，不同阶段要素流入对全要素生产率增长率的影响存在差异。

---

① 李仁君：《中国三次产业的资本存量测算》，《海南大学学报人文社会科学版》2010 年第 2 期。
② 投入产出表只统计个别年份的数据，因此我们利用均值填补法对缺失年份的资本、劳动产出弹性数据进行计算。

（单位：%）

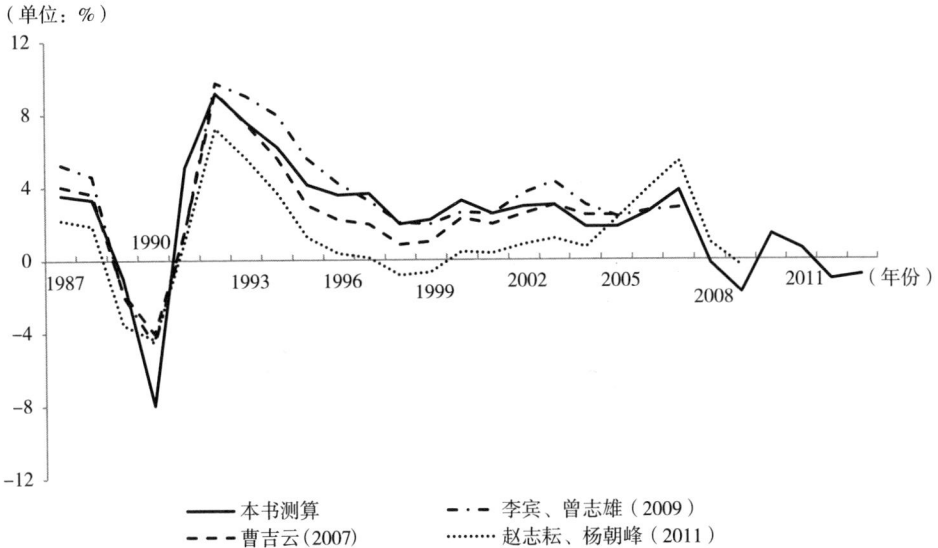

图 11-3 全要素生产率增长率变动

表 11-5 结构变迁对全要素生产率的影响 （单位:%）

年份	总量水平 TFP 增长率	部门水平的 TFP 增长率	结构变迁 效应	年份	总量水平 TFP 增长率	部门水平的 TFP 增长率	结构变迁 效应
1986	—	—	—	2000	3.17	4.01	-0.84
1987	3.51	3.29	0.22	2001	2.45	3.39	-0.94
1988	3.29	3.10	0.19	2002	2.84	3.63	-0.79
1989	-1.02	-1.03	0.01	2003	2.96	3.33	-0.37
1990	-7.98	-8.05	0.06	2004	1.77	1.94	-0.17
1991	5.03	4.93	0.10	2005	1.77	1.58	0.19
1992	9.09	8.99	0.10	2006	2.56	2.42	0.14
1993	7.50	7.44	0.06	2007	3.76	3.57	0.19
1994	6.14	6.21	-0.07	2008	-0.27	-0.40	0.13
1995	4.06	4.17	-0.11	2009	-1.87	-1.79	-0.08
1996	3.54	3.76	-0.22	2010	1.38	0.25	1.13
1997	3.60	4.12	-0.52	2011	0.57	0.96	-0.39
1998	1.95	2.77	-0.82	2012	-1.08	-0.80	-0.28
1999	2.16	3.08	-0.92	2013	-0.86	-0.33	-0.53

　　1986—1993 年、2005—2008 年以及 2010 年，我国第三产业份额提升的结构变迁效应为正，表明在这些年份中第三产业份额提升加快了经济增长速度；自 1994—2004 年，以及 2009 年以后（除去 2010 年）为负增长，表明这些年份资本、劳动力要素向第三产业的转移导致了总量水平全要素生产率增速的放缓，即第三产业份额的提升导致了经济增长速度下降。将表 11-5 中结构变迁效应的环比增速转换为以 1986 年为基期的定基增速影响（见图 11-4），可以得出 1986—2013 年第三产业份额提升的结构变迁效应使全要素生产率平均每年下降 0.27%。这说明，在全要素生产率指标下，第三产业份额提升在 1986—2013 年间造成了经济增长速度下降。虽然存在一定波动，但从大体趋势看，从 1994 年开始第三产业的份额提升就已经导致经济增长速度下降。

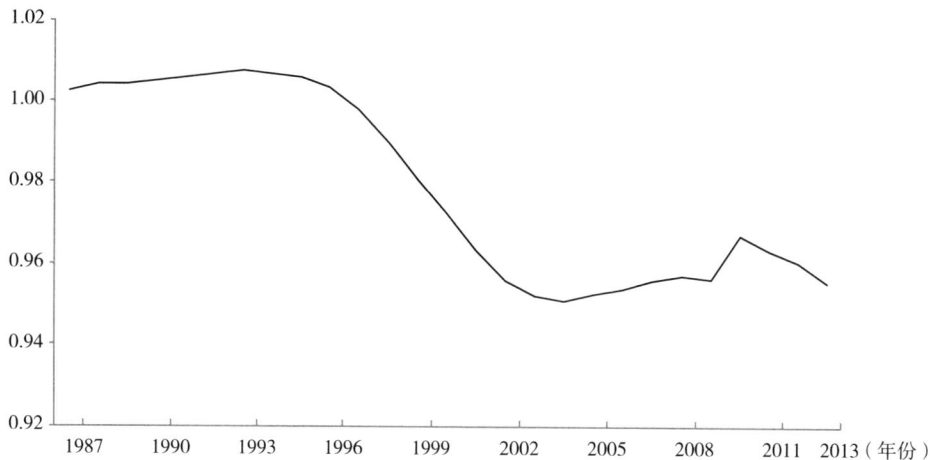

图 11-4　1987—2013 年结构变迁效应对全要素生产率的影响（定基）

　　为分析第三产业份额提升对全要素生产率增长率的影响呈现出阶段性变化规律的内在原因，按照结构红利假说的思路，我们首先分析第一、第二产业和第三产业产业内部全要素生产率增长率的变化趋势，图 11-5 给出了第一、第二产业和第三产业 1987—2013 年全要素生产率增长率的变化趋势。可以看到，1987—1989 年第三产业的全要素生产率增长率都高于第二产业；1990—2005 年，虽然各个产业部门的全要素生产率增长率均存在较大波动，但第一、第二产业的全要素生产率增长率均高于第三产业；2006 年、2007 年第三产业的全要素生产率增长率高于第一、第二产业；2008—2013 年第一、第二产业的全要素生产率增长率高于第三产业。

（单位：%）

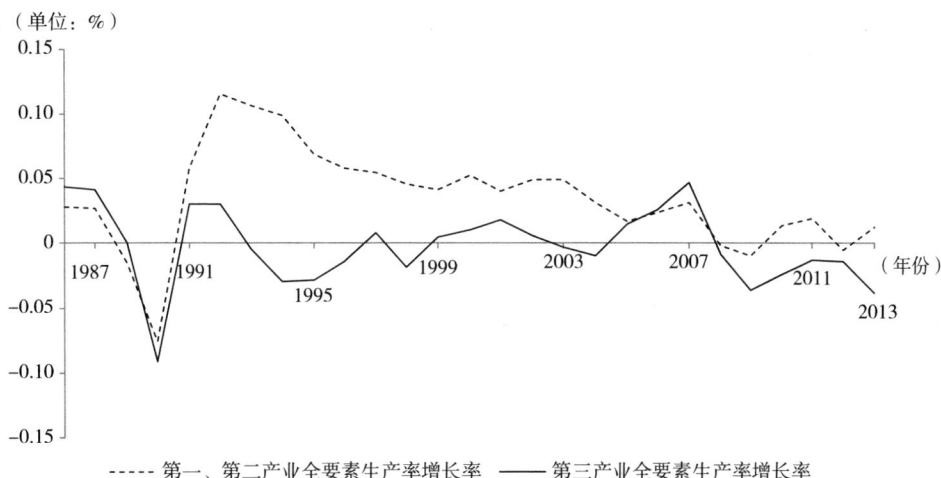

----- 第一、第二产业全要素生产率增长率　——— 第三产业全要素生产率增长率

图 11-5　1987—2013 年第一、第二产业及第三产业全要素生产率增长率变化趋势

通过对比分析第一、第二产业及第三产业全要素生产率增长率变化趋势与表 11-5 中的结构变迁效应，可以发现，结构变迁效应为负的年份与第一、第二产业全要素生产率增长率高于第三产业全要素生产率增长率的年份基本吻合。因此，当第一、第二产业全要素生产率增长速度低于第三产业全要素生产率增长速度时，第三产业份额的提升将会导致总体经济的全要素生产率增长速度加快，带来结构红利；反之，第一、第二产业全要素生产率增长速度高于第三产业全要素生产率增长速度时，资本和劳动力要素向第三产业的流动将会阻碍总体经济的全要素生产率增长速度，带来结构负利。这一结论与结构红利假说一致，这就意味着我国第三产业份额的提升对经济发展的影响符合结构红利假说的观点；同时，从对定基增速的影响来看，第三产业份额的提升也导致了我国经济增长速度的下降，也就是第三产业份额的提升也符合"成本病"假说。

第三产业份额高低，不仅是结构水平的体现，也直接影响着整体国民经济的效率提升速度，进而影响国民经济增长速度。进入中等收入阶段后，第三产业份额上升是结构调整的重要趋势。关于这一趋势对增长速度的影响，学术界存在"结构红利"和"鲍莫尔成本病"两个相互矛盾的理论假说。判明第三产业份额上升到底是推动经济加速增长的"结构红利"，还是降低经济增长速度的"成本病"，对于经济新常态下的政策制定具有重要意义。我们在改造"偏离份额法"获得经济增长的分解公式基础上，通过实证检验，形成一个基本结论：权衡速度与结构的关系，关键还是要把准生产效率水平，提升生产效率是处理两者关系的中心原则。

第一，我国第三产业份额提升对经济增长速度的影响，经历了从"结构红利"到"成本病"的转变。无论是劳动生产率指标，还是全要素生产率指标，分析结果均表明我国第三产业份额的提升对经济增长速度的影响经历了从"结构红利"向"鲍莫尔成本病"的转变，从 20 世纪 90 年代中后期到世纪之交，第三产业份额提升已经明显出现了结构与速度"负相关"的"成本病"现象。

第二，经济新常态将增速放缓与结构调整相联系，隐含了速度与结构之间"负相关"的假定。研究表明，在世纪之交，我国第三产业份额上升所代表的"结构调整"与经济增长速度之间呈现明显的负相关，这一结论即印证了结构与速度的负相关命题，又表明我国经济三十多年高速增长的原因之一，就是第三产业比重上升幅度相对较少，从而抑制了"结构调整"对经济增长的负面影响。所以，在经济发展新常态下，优化产业结构，提升第三产业份额，客观上必然会降低经济增长的潜在速度。经济新常态下将结构调整与增速放缓相联系的观点，具有理论合理性和现实必然性。

基于研究结论，关于经济新常态下结构调整与经济增速问题，可以得到以下启示。

第一，高度重视经济新常态下结构与速度之间的"负相关"关系，在"稳增长"与"调结构"之间把握好战略平衡。我国经济经过三十多年的快速发展之后，旧有的增长模式难以为继，经济增速放缓已成为必然。适应经济新常态，必须遵循客观经济规律，协调好结构调整和经济增速的关系，在增速换挡中，保持经济运行在合理区间，加快经济结构战略性调整。

第二，虽然第三产业份额的提升将在很大程度上降低潜在增长速度，但要辩证地看待第三产业的份额提升。例如，我国现阶段仍存在较多的农业剩余劳动力，农业劳动生产率明显低于第三产业。如果在不降低工业就业份额的前提下，劳动力从第一产业转向第三产业，将有助于推动经济的增长。同时，为第一、第二产业提供服务的"生产性服务业"，以及与提升劳动者素质相关的教育、培训等第三产业的发展，也将间接地提高第一、第二产业的劳动生产率水平。发达国家经济发展的历程也表明，第三产业份额提高和增长速度放缓都是更高经济发展阶段上经济效率提高的客观规律，是产业结构升级的必由之路。因此，调整优化产业结构，加快发展现代服务业，不断提升"中国服务"的竞争力，是打造中国经济升级版的不二选择。

第三，我国经济经过三十多年的快速增长，在产业结构和经济增长方面积累的风险和问题日益凸显。经济新常态下的"稳增长—调结构"，就是要逐步化解旧矛盾，同时直面新问题，通过深化改革和创新驱动，为我国经济提质增效和转型升级提供新动力。

第十二章

影响效率提升的进出口结构：
基于"杨格定理"的中国开放观

当今社会是一个开放的社会，中等收入阶段中国产业升级路径的探索也不能局限在封闭的环境中，而应将其置于开放条件下。作为发展经济学的核心原理之一，杨格定理表明，国内的产业结构和分工结构，是影响专业化水平和效率水平提升的关键变量。既有的杨格定理的模型，往往用于对国内产业结构"自我演进"的解释，而没有将这一定理发展到开放条件下。本章主要探讨在产业结构方面，国内发展和对外开放之间存在着怎样的逻辑关系，用动态分析重构了杨格定理模型，并把这个模型推广到开放条件下。从而在量化模型的框架内将进出口结构与生产效率水平提升相联系，发挥国际贸易的作用，推动发展中国家用好国内外两个市场、两种资源，实现更好的发展——这也是新时代中国开放观的重要理论观点。

第一节 封闭等于落后：封闭导致产业结构的僵化

我们构建一个关于产业间交互供求机制的"杨格定理"模型，通过动态分析来回答"封闭等于落后"的发展命题。

一、杨格定理模型的前提条件与静态数量关系

（一）生产函数：技术差异

我们假定现代经济部门中，存在三种技术形式：一般（general scale）技术、规模化（middle scale）技术和大规模（large scale）技术，以 q 表示产量，f 表示要素数量，三种技术的生产函数分别为：

$$q_g = \alpha_g + \beta_g \cdot f ; \quad q_m = \alpha_m + \beta_m \cdot f ; \quad q_l = \alpha_l + \beta_l \cdot f \tag{12-1}$$

这三种技术，规模越大，代表技术水平越高，要素边际效率越高，固定成本也越高，即 $\alpha_g > \alpha_m > \alpha_l$，$\beta_g < \beta_m < \beta_l$，我们的讨论从一般技术开始，假定在一般技术中 $\alpha_g = 0$，$\beta_g = 1$。

（二）成本函数：要素无限供给

越高水平的技术，要素价格 w 越高，因此，三种技术下的成本：

$$c_g = w_g \cdot f 、 c_m = w_m \cdot f 、 c_l = w_l \cdot f \tag{12-2}$$

有 $w_g < w_m < w_l$。但是，有些产业无法以更高水平的技术来生产，因此，我们将产业分为低、中、高三个层次，他们所适用的最高技术依次是一般技术、规模化技术和大规模技术①。假定每个层次的产业都占现代部门产业总数 N 的 1/3。

假设发展中国家总量的或潜在的要素数量为 F^*，除现代经济部门的要素总量 F_0，在落后地区和落后部门②有大量的要素 $F^* - F_0$ 处于低效率使用状态，这些要素的报酬 w'，远远低于现代部门的要素报酬：$w' < w_g < w_m < w_l$。现代部门的 N 个产业，都可以凭借不变的要素价格 w_g、w_m、w_l，源源不断地获得来自落后部门的要素供给——现代部门各产业的总量要素供给是无限弹性的——现代部门每个产业的要素供给 f 都是一条水平线（见图 12-1），相应地，现代部门每个产业的成本线 $c = w \cdot f$ 是一条斜率为 w 的射线（见图 12-2）。

（三）市场条件与价格形成：源自杨格定理的产业间交互供求

基于杨格定理，我们这样理解产业间的供求联系：任何一个产业生产的

① 也就是说，低层次产业只能用一般技术来生产；中等层次产业可以用一般技术或规模化技术生产，而高等层次产业则可以用一般技术、规模化技术或大规模技术来生产。

② 这些落后部门多处于自然经济状态，我们所讨论的产业结构中不包括这些部门。

图 12-1　现代部门各产业的要素供给

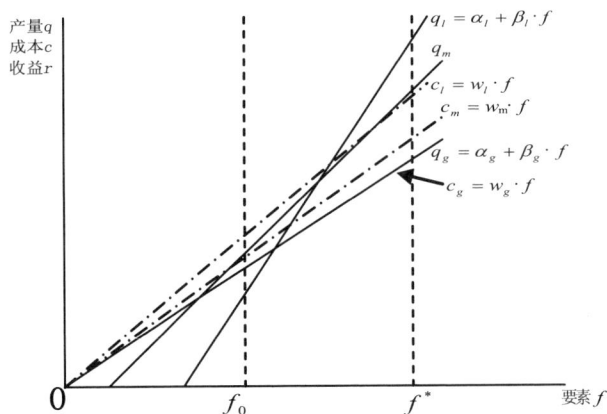

图 12-2　现代部门每个产业的成本线

产品最终都要提供给其他产业部门，以换取其他产品用于生产或消费，而这
一产业所提供的产品数量与所获得的产品数量之间的比率，就是这种产品的
实际价格[1]。产业之间的供求联系，用产业间的需求弹性来表示：产业 A 对
产业 B 的需求弹性是指，在价格不变的条件下，产业 A 的产量 q_A 变化百分
之一，引起产业 A 对产业 B 的需求量 D_{AB} 变化的百分比：$(\Delta D_{AB}/D_{AB})$ /

---

　　[1]　这一假定也是进一步明确，产品的价格在本模型中不再是外生变量，而是取决于各产业的产量
比例和产业间需求弹性——某种产品的价格取决于这一产业的产量是多少，以及其他产业有多少产品与
之相交换。

（$\Delta q_A / q_A$）。假定任意两个产业之间的产品不存在替代关系[①]，因此，产业间的需求弹性不受价格的影响，保持不变：如果除产业 A 外，其他产业的规模都同比例增加，那么，各产业对 A 产品的需求总量也同比例增加，而如果产业 A 的规模变化比例不同，则会出现 A 产品价格的变化。[②]

为了讨论方便，我们加入产业间的对称性假设：我们假定，初始条件下各产业的要素使用量相等，均为 $f = F/N$；初始条件下各产业的技术水平相同，都采用一般技术，所以各产业的产量相等，均为 q_g。假设各产业的产量单位均为一单位要素所生产的产品数量，因此，生产函数曲线是一条 45 度线。我们还假定各产业间的需求弹性是对称的，因此，每一个产业所面临的市场需求规模取决于各产业的平均产量。假定 N 足够大，一个产业的产量变化不足以影响各产业的平均产量水平。在上述条件下，相互竞争导致各产业每一单位产品的价格相同，设为 1，因此，收益为 $r = q_g \cdot 1 = q_g$，收益曲线与产量曲线重合；要素市场的竞争会导致一单位要素的边际产品价值也是 1，$w_g = 1$，因此 $c = 1 \cdot f = q_g$，成本曲线也是一条 45 度线。

二、动态视角下经济封闭面临的困境

综合前面的初始条件，我们不难得出发展中国家所面临的发展目标。

（一）比较静态分析：规模扩张与技术进步

首先，不难看出，未开发要素 $F^* - F_0$ 的存在，导致发展中国家现代部门每个产业的要素使用规模，都处于较低的 f_0 水平上，每个产业的生产规模都被限定在 q_{g0} 上，交互供求的各产业之间的市场规模也被限定了，每一个产业所面临的市场需求规模也都只有 q_{g0}[③]。其次，这种生产规模和市场规模的局限，也限制了发展中国家的技术进步，现在能够清楚地看到的是，由于生产规模和市场规模的限制，大规模技术是明显不合算的：$q_{l0} < q_{g0}$，同时 $q_{l0} < c_{l0}$。很明显，将要素使用规模扩大到 f^*，同时，使中高层次

---

① 这也可以理解为我们划分产业时，具有替代关系的产品均划分为同一产业的产品。

② 相反，稳定的需求弹性还会导致：如果其他产业的产量都没有变化，产业 A 的产量单方面增加，其结果也只能是部分 A 产品无法销售出去，或者改变 A 产品的交换比率，以更低的价格与其他产品交换。

③ 在对称性假设下，每个产业所占有的市场规模也是市场总规模的 N 分之一。

产业适用规模化技术和大规模技术，正是发展中国家经济发展和产业结构调整的目标。

细心的读者不难发现，在 f_0 的水平上，虽然，大规模技术是不合算的，但是，规模化技术却似乎是可以实施的：$q_{m0} > q_{g0}$，而且 $q_{m0} > c_{m0}$。然而，问题并非这么简单：即使是已经具备了足够的要素使用规模，发展中国家要实现技术改进，也是非常困难的——这个问题，需要用动态分析来解释。

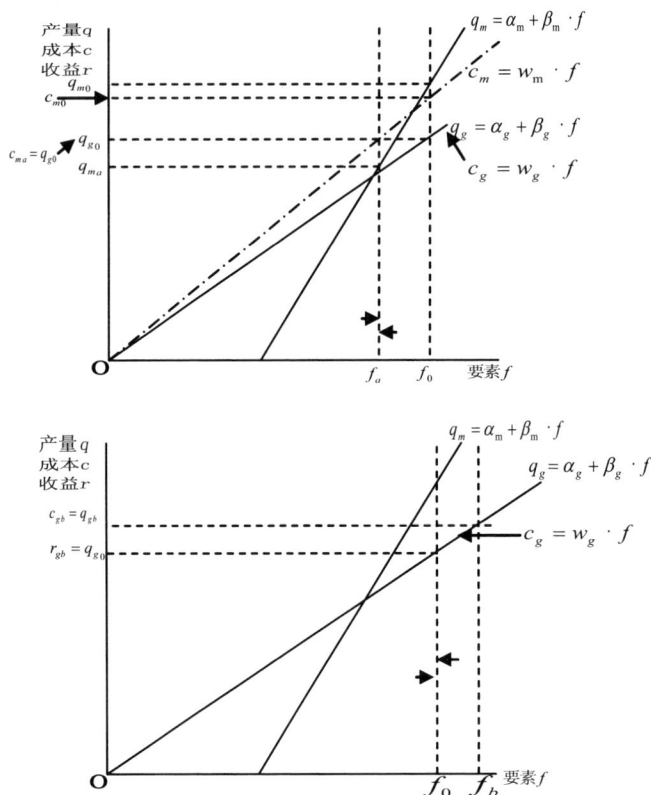

图 12-3　扩张生产规模改进生产技术的稳态均衡

（二）动态分析：规模扩张和技术进步的困境

现在我们就以动态分析来回答为什么在 f_0 水平上，规模化技术的实施是非常困难的。这也正是我们要阐述的，为什么发展中国家会面临产业结构僵化的发展困境。进行动态分析，首先需要界定 f 的动态学：假定 f 的变化量是利润的函数，即 $\Delta f = \varepsilon(r-c)$，其中 $\varepsilon > 0$[①]。

如前所述，在初始条件下，各产业的产出水平都仅为 q_{g0}[②]，每一个产业所面对的市场需求规模也只有 q_{g0}。我们假定产业 A 为某一中等或高等层次的产业，在其他产业都实行一般技术的条件下，产业 A 将自己的生产推进至规模化技术，其产量可以由 q_{g0} 增加到 q_{m0}。我们来看一下产业 A 的收益。先看 A 产品的价格：由于其他产业的规模未变化，在对称的交互需求条件下，产业 A 要以数量为 q_{m0}/N 的 A 产品与每一个产业交换，交换获得的每一种产品的数量为 q_{g0}/N，也就是说，A 产品的价格不再是 1，而是 $p_A = q_{g0}/q_{m0}$，因此，产业 A 的收益为：

$$r_A = p_A \cdot q_A = (q_{g0}/q_{m0}) \cdot q_{m0} = q_{g0} \qquad (12-3)$$

而产业 A 的成本则是 $c_A = c_{m0}$，$q_{g0} < c_{m0}$，故 $\Delta f_A = \varepsilon(r_A - c_A) = \varepsilon(q_{g0} - c_{m0}) < 0$，$f_A$ 减少，产业 A 的生产规模要下降。如图 12-3 所示，f_A 的稳态均衡结果是 f_a：在 f_a 的右侧，$q_{g0} < c_m$，故 $\Delta f_A = \varepsilon(r_A - c_A) = \varepsilon(q_{g0} - c_m) < 0$，$f_A$ 减少；在 f_a 的左侧，$q_{g0} > c_m$，故 $\Delta f_A = \varepsilon(r_A - c_A) = \varepsilon(q_{g0} - c_m) > 0$，$f_A$ 增加。此外，产业 A 还可以在提高技术的同时，缩减其产量规模，从而避免出现亏损[③]，但是，其稳态均衡结果最终是一致的。同样的道理，如图 12-3 所示，任何一个产业，以一般技术扩张其生产规模，也会遭遇产品价格的下降，形成亏损：如产业 B 将要素使用规模扩张至 f_b，会遭遇 $q_{g0} - q_{gb} < 0$，相应地，$\Delta f_B = \varepsilon(r_{gb} - c_{gb}) = \varepsilon(q_{g0} - q_{gb}) < 0$，需要缩减其生产规模。同样的道理，$f_B$ 的稳态均衡结果是 f_0。

可见，发展中国家要扩张生产规模改进生产技术，其困境在于：在其他产业的生产规模不变的情况下，任何一个产业都无法扩张其生产规模。也就是说，产业间的交互供求关系，同时也锁定了任何一个产业的生产规模——

---

① 这是最常见的动态分析观念，其经济学意义为：赚钱的企业会投入更多要素，亏损的则会缩减其生产规模。

② 这即是我们的假设，也是发展中国家经济要面对的普遍现象，因为发展中国家的生产规模往往从低于 q_{g0} 的水平发展而来，而在更低的产量水平上，一般技术往往更有优势，而通过我们后面的分析可以看到，要改变这种"习惯"是非常困难的。

③ 可见克鲁格曼（保罗·克鲁格曼，2000）的讨论，只是在他并未通过动态分析，找到最终的稳态均衡结果。

我们把这种现象，称为产业间的"锁定效应"。

上述结论正是经济发展理论中所讲的"投资不可分"和"货币外部性"，在传统理论中，应对这种问题的方法有两个：一个是补贴，即政府对先行扩张的企业给予相应的补贴，以弥补其价格下降的损失，鼓励它们继续扩大生产规模；另一个就是"大推进"，或者称为"均衡增长"，即政府同时调控各产业部门，让他们按供求比例，同步扩张生产规模。显然，这两种方法，都需要政府对经济进行大量的直接干预，学者们往往担心，这会引发腐败问题，而且要准确确定补贴量的多少，把握各产业间的规模比例，往往也是很难的。此外，由于这两种方法使政府直接干预了企业的生产和交易行为，对市场调节的损害，也是显而易见的。①

现在，我们可以大致得出，在封闭条件下，导致发展中国家陷入经济发展困境的原因：在市场调节下，任何试图打破稳态均衡、扩大生产规模、提高生产技术的产业，都会遭遇产业间"锁定效应"的惩罚；而借助政府的作用，以政府干预的方式来避免或抵消这种惩罚，则容易干扰市场调节，导致低效率，甚至不当的干预会造成产业结构的扭曲。

这种"无出路"的困境，其实正是对"封闭等于落后"命题最好的解答。而问题的正确答案也正是：只有在开放条件下，合理发挥国际贸易的作用，发展中国家才能真正走出上述发展困境，实现规模扩张和技术进步。要解释这一答案，我们还需要将我们现有的模型推广到开放条件下，引入国际贸易因素。

第二节 引入国际贸易解开"发展困境"：最初的"出口导向"

要在开放条件下引入国际贸易因素，首先需要讨论发展中国家参与国际贸易的贸易条件，明确发展中国家出口什么产品、进口什么产品，然后再分析进出口对产业结构的影响。

---

① 这种政府干预手段曾经在 20 世纪中叶的许多发展中国家盛行，并取得了一些成就，但是由于上述明显的缺陷，最终结果并不是很成功，在 20 世纪末，这种做法已经不被理论界所看好，甚至曾经出现了完全反其道而行的所谓"华盛顿共识"。

一、价格差异与贸易条件：发展中国家的出口从哪些产品开始

国与国之间要形成国际贸易，其条件是两国之间的产品价格要有差异[①]。对于发展中国家来说，其价格差异主要与发达国家相比。在前面的分析中，我们已经指出，初始条件下，发展中国家的产品价格都是1。在我们所提出的模型中，放弃要素无限供给假设，也很容易得出发达国家的产品价格，对此，我们以图12-4、图12-5来作简要说明。

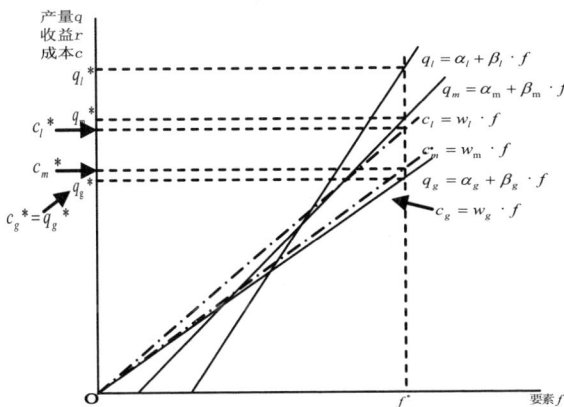

图 12-4　发达国家三个层次产业的非均衡

图 12-4 展示了一个资源实现全面开放的发达国家，其三个层次产业的生产规模分别为 $q_g^* < q_m^* < q_l^*$，在对称的交互供求条件下，三个部门分别以 q_g^*、q_m^* 和 q_l^* 数量的本产业产品换得其他产业的产品。如果我们依然假定低层次产品的价格为1，这时，中高层次产品的价格则为 q_g^*/q_m^* 和 q_g^*/q_l^*，而各产业的收益则为 $q_m^*(q_g^*/q_m^*) = q_l^*(q_g^*/q_l^*) = q_g^* \cdot 1 = q_g^*$。我们假定低层次产业的市场竞争达到完全竞争均衡，要素价格由低层

---

① 国际贸易理论各流派关于国际贸易动因的分析，最终都要落实到两国之间产品价格的差异上，明确了价格差异，也就明确了出口哪些产品（本国价格相对低的产品）和进口哪些产品（本国价格相对高的产品）。

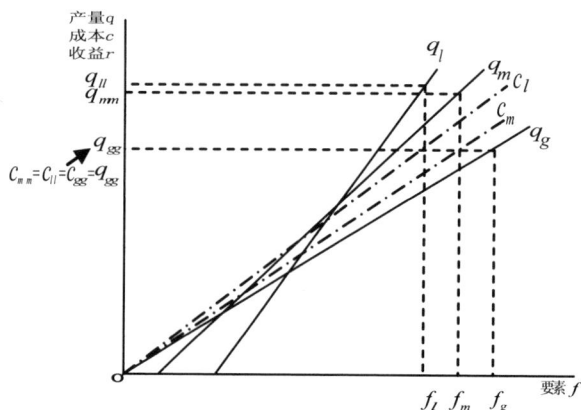

图 12-5　发达国家三个层次产业的稳态均衡

次市场的要素边际报酬决定，因此，w_g 还是 1[①]，相应地，三个产业的成本曲线还是原来的，很明显：虽然低层次产业是收支相抵的，但是其他两个部门却处于明显的亏损状态[②]。显然，这不是一个稳态均衡结果——中高层次产业的要素使用规模和生产规模会减少[③]，最终的稳态均衡结果见图 12-5。在图 12-5 中，三个层次产业的产品价格分别为 1、q_{gg}/q_{mm}、q_{gg}/q_{ll}，其收益为 $q_{gg} \cdot 1 = q_{mm} \cdot (q_{gg}/q_{mm}) = q_{ll}(q_{gg}/q_{ll}) = q_{gg}$，成本为 $c_{mm} = c_{ll} = c_{gg} = q_{gg}$，各部门均处于收支相抵的稳态均衡状态。

　　将图 12-5 的结果与初始条件、图 12-3 的情况相比较，我们不难发现，发达国家的特点在于：中高层次产业的高效率特征已经显现出来，中高层次产业以较多的产量 q_{mm}、q_{ll} 换得低层次产业较少的产量 q_{gg}。也就是说，在发达国家，中高层次产业的产品价格相对较低，$q_{gg}/q_{mm} < 1$，$q_{gg}/q_{ll} < 1$，而

---

　　① 我们也可假定要素的价格由中等或高等层次产业的要素边际报酬来决定，但是，在这里的分析中，三个部门没有同时达到完全竞争均衡，因此，假定不同的产业部门处于竞争均衡，得出的要素价格是不相同的。

　　② 如果我们假定的是高层次产业处于完全竞争均衡，要素价格取决于高层次产业的边际报酬，那么，我们得出的结果将是高层次产业部门收支相抵，而中低层次产业部门处于赢利状态。

　　③ 当然，如果我们假定已经处于完全竞争均衡的产业不是低层次产业，那么发生要素使用规模变动的产业将会不同。如果我们假定高层次产业处于完全竞争均衡，则会导致其产业需要扩大生产规模，但是所有要素均已经开发完毕，最终会导致中低层次产业争夺高层次产业要素使用量，最终导致三个产业的要素使用规模都得以调整。甚至我们可以不假定任何一个层次的产业处于完全竞争均衡状态，而只给定一个要素价格，那么，三个产业也会各自依自己是处于亏损或赢利状态而出现规模的萎缩或扩张。

低层次产业的产品价格相对较高。这一结果可以回答：与发达国家发生贸易关系的发展中国家，最初要出口低层次产品，进口中高层次产品。

二、"出口导向"：初始条件下的国际贸易与产业结构演变

根据前面的结论，与发展中国家的初始条件相比，发达国家低层次产品的价格相对较高，设为 $p_D > 1$[①]，但是，考虑到国际贸易要付出较多的交易费用[②]，发展中国家的企业往往难以享受到 p_D 的价格，而只能得到 $p_D \cdot k$ 的实际报酬，其中 0<k<1，而 $(1-k) \cdot p_D$ 则为国际贸易比国内贸易多支付的那部分交易费用。如果有 $p_D \cdot k > 1$，即剔除了交易费用的影响后，发展中国家的低层次产业依然可以享受到比国内价格还高的价格，那么，较高的价格和收益，将导致发展中国家出口低层次产品，我们设 $r = (p_D \cdot k) \cdot q_g$，在图12-6中用点虚线表示。

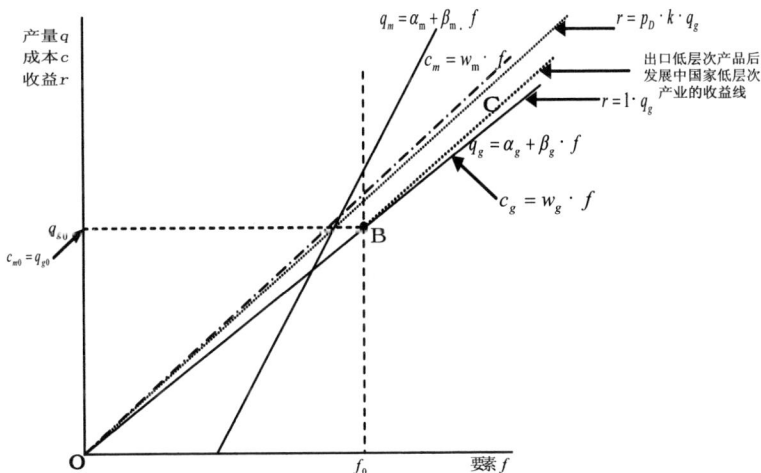

图 12-6　初始条件下的国际贸易和产业结构演变

---

① 这里讲的价格依然是相对价格，低层次产品的价格，指的是低层次产品能够换取的中高层次产品的数量。

② 其实国内交易也存在交易费用的影响，但是各产业之间的影响往往都是相互对称的，所以在讨论国内产品交易和价格形成时，并未讨论交易费用的影响，但是，当国内贸易与国际贸易同时讨论时，由于国际贸易的交易费用高，因此，国际贸易多支付的那部分交易费用，必须考虑在内。此外，与前面的相对价格相对应，这里的交易费用不仅包括产品出口支付的交易费用，还包括进口其他产品所要付出的交易费用，进口关税就是其典型代表。

这里，依照新古典经济学中惯用的"均衡分析"，很容易得出这样一个结论：出口拉动发展中国家低层次产品的需求，从而拉高产品价格，最终导致发展中国家低层次产品的价格与发达国家一致，低层次产业的收益线最终变为 $r=(p_D \cdot k) \cdot q_g$。然而，这种"均衡分析"并不适用于发展中国家，其原因在于，发展中国家的要素无限供给条件会导致：在需求的拉动下，低层次产业能够以不变的成本无限弹性地扩大低层次产品的供给，因此，低层次产品的国内价格不会被拉高。这就导致了一个主流经济学的均衡分析所无法接受的"非均衡"结果，即一个"一物两价"的结果：发展中国家的低层次产业，在以较高的价格出口低层次产品的同时，国内的低层次产品却保持原有的价格不变。然而，在要素无限供给条件的影响下，主流经济学所"无法接受"的这种"非均衡"结果，在那些处于经济开发阶段的发展中国家，却是一种普遍存在的现实状态。我们从图 12-6 中的 B 点出发，做一条与 $r=(p_D \cdot k) \cdot q_g$ 线相平行的点虚线 BC，折线 OBC 才是发展中国家低层次产业实际的收益线。

很明显，在 B 点的右侧，低层次产业的收益线 BC 在其成本线 $c_g=w_g \cdot f$ 的上方，开放条件下，较高的国际贸易价格使得低层次产业处于明显的盈利状态 $r_g - c_g > 0$，在 f 的动态学上：$\Delta f_g = \varepsilon(r_g - c_g) > 0$：低层次产业的要素使用量会不断增加，产业规模会持续扩张下去。这正是国际贸易对发展中国家的产业结构最初的也是最直接的影响：低层次产业作为出口导向产业率先实现了规模扩张——出现了"出口导向"式的产业结构演变。

到这里，我们有必要就封闭条件与开放条件下，产业结构演变的差异进行归结性的比较，从而进一步剖析我们在开篇时所提到的，国际贸易在产业结构调整中所发挥的关键性作用。

"锁定效应"的实质，就是在封闭条件下存在"互补"关系的各产业之间存在着固定的比例关系，各产业要发展，就必须依照这种比例关系"齐头并进"。然而，各产业都是独立决策的，这种步调一致的"齐头并进"不可能实现，而一旦出现步调不一致，那么，任何一个率先扩张的产业，都会遭遇市场价格的下降而缩回到原有规模。最终，经济系统还是要被锁定在原有规模上。在这种条件下，以政府计划的方式来推动各产业的"齐头并进"，或给那些"先行产业"以补贴，似乎是"理所当然"的。然而，国际贸易因素的引入则给我们提供了另一个克服"锁定效应"的可能：开放条件下，任何一个参与出口的产业都可以在其他产业规模不变的条件下，"自由"地扩张其生产规模，而不必再"遵守"原有的"齐头并进"要求。因此，任何一个产业，只要能够参与出口，就可以"独自"扩张，这种扩张不但不会再受到价格下降的"惩罚"，反而会因享受到了较高的外贸价格而赢利。

这样一来，国际贸易因素的引入，"轻松"地解开了原有的"发展困境"：实行对外开放后，出口导向产业完全可以步调"不一致"地依据自己发展的需要，通过参与国际贸易，顺利地实现其规模扩张。

三、进口替代：动态比较优势与产业升级

本部分要在出口导向的基础上，进一步讨论产业优势从出口导向产业向进口替代产业的动态转化，并借助这种"动态比较优势"，来解释发展中国家的产业升级和进口替代过程。

（一）中高层次产业的市场条件

如果只把目光放在低层次产业的收益线上，那么我们会认为：在要素无限供给条件消失之前，低层次产业的扩张会一直持续下去。而如果考虑到中高层次产业的技术改进，那么我们会发现，除了投资低层次产业的扩张和出口，还可能存在更好的投资项目——这就是投资中高层次产业的技术改进，发展进口替代项目。让我们来看一下这类项目的"市场前景"。

我们以某一中高层次产业 A 为例：以我们原有的模型为基础，在图 12-7 中，以 q_{m0} 为高度做一水平线，水平线 q_{m0} 与折线 OBC 的交点 S 的横坐标记为 f_s。产业 A 要在 f_0 的要素使用规模上推行规模化技术，其产量规模将达到 q_{m0}，比原来多生产数量为 $q_{m0} - q_{g0}$ 的产品。而参与出口的低层次产业，当要素使用规模达到 f_s 时，其产量中超过 q_{g0} 水平的产量 $q_{gs} - q_{g0}$，需要参与国际贸易，各产业分别以数量为 $(q_{gs} - q_{g0})/N$ 的低层次产品换取数量为 $(q_{m0} - q_{g0})/N$ 的 A 产品。显然，在技术改进后，产业 A 可以凭借扩张出来的产量为低层次产业提供相当于他们参与国际贸易时的交易条件，从而实现"进口替代"：为每一个低层次产业提供，数量为 $(q_{mo} - q_{g0})/N$ 的 A 产品，同时也从每一个低层次产业那里获得，数量为 $(q_{gs} - q_{g0})/N$ 的低层次产品。

最终，各低层次产业可以吸收的 A 产品总量是 $(q_{mo} - q_{g0})/N \cdot (N/3) = (q_{mo} - q_{g0})/3$，同时，这些产业也为产业 A 提供了 $(q_{gs} - q_{g0})/N \cdot (N/3) = (q_{gs} - q_{g0})/3$ 水平的收益。

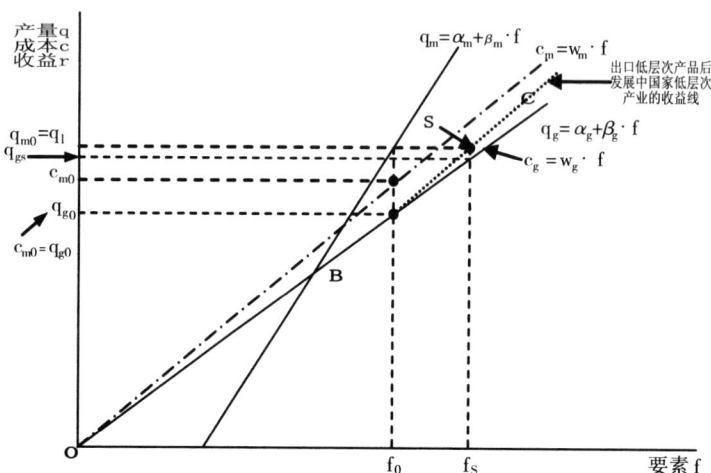

图 12-7　中层次产业的市场条件

各低层次产业的出口已经带动了各中高层次产品的进口，这就为产业 A 提供了现成的国际贸易渠道，剩余的 A 产品 $(2/3) \cdot (q_{mo}-q_{g0})$，可以通过参与国际贸易，换取其他中高层次产品——扣除交易费用，其收益为 $(2/3) \cdot k \cdot (q_{mo}-q_{g0})$[①]。这样一来，再加上国内市场上销售的 A 产品的收益 q_{g0}，产业 A 的收益就是：

$$r_A = (1/3) \cdot (q_{gs} - q_{g0}) + (2/3) \cdot k \cdot (q_{mo} - q_{g0}) + q_{g0} = (1/3) \cdot q_{gs} + (2/3) \cdot (k \cdot q_{mo} + (1-k) \cdot q_{g0}) \tag{12-4}$$

（二）产业升级和进口替代的条件

明确了产业 A 在技术改进后的收益，就可以得出产业 A 的利润——如果产业 A 在技术改进后，其利润能够超过已经借助国际贸易而率先扩张的低层次产业的利润水平，而且在一个较长的时期内保持这种趋势，那么，我们就有理由相信：产业间的比较优势，将发生由低层次产业向产业 A 的

---

① 与前面的分析类似，产业 A 也处于一种"一物两价"的"非均衡"状态，不同的是，这里表现出的是，多生产的那部分 A 产品，以较低的价格卖了出去。

"动态转换"，产业 A 所代表的中高层次产业，具有实行技术改进、扩张生产规模，从而实现"产业升级"的可能。不仅如此，诚如我们在前面所分析的那样，低层次产品出口所引发的中高层次产品的进口，也已经由国内生产所取代。因此，产业升级和进口替代的实现，所需的条件就是：$\pi_A >$ π_g，即 $\pi_A - \pi_g > 0$。

$$\pi_A = (\frac{2}{3}K + \frac{1}{3} \cdot \frac{1}{k \cdot p_D})(\alpha_m + \beta_m f_0 - f_0) + (1 - w_m) \qquad (12-5)$$

f_0 在 f_0 水平上进行整理，我们可以得出：

$$\pi_g = (1 - \frac{1}{k \cdot p_D})(\alpha_m + \beta_m f_0 - f_0) \qquad (12-6)$$

$$\pi_A - \pi_g = (\frac{2}{3}k + \frac{4}{3}\frac{1}{k \cdot p_D})(\alpha_m + \beta_m f_0 - f_0) + (1 - w_m)f_0 \qquad (12-7)$$

相应地：

$$\pi_A - \pi_g = (\frac{2}{3}k + \frac{4}{3}\frac{1}{k \cdot p_D})(q_{m0} - q_{g0}) + (c_{g0} - c_{m0}) \qquad (12-8)$$

也就是：

$$(\frac{2}{3}k + \frac{4}{3}\frac{1}{k \cdot p_D} - 1)(\alpha_m + \beta_m + f_0 - f_0) > (w_m - 1)f_0 \qquad (12-9)$$

因此，要实现 $\pi_A - \pi_g > 0$，需满足：

$$(\frac{2}{3}k + \frac{4}{3}\frac{1}{k \cdot p_D} - 1)(q_{m0} - q_{g0}) > (c_{m0} - c_{g0}) \qquad (12-10)$$

如果我们允许中高层次产业可以在大于 f_0 的要素使用规模上进行技术改进，那么，我们还可以将 f 作为自变量，从更一般的意义上讨论发展中国家实现产业升级和进口替代的条件。更进一步地，我们还可以把低层次产业在初始条件下所占的比例设定为较一般的形式：λ（当然 0<λ<1），而不是 1/3，那么，我们可以得出：

$$\pi_A - \pi_g = [(1 - \gamma)k + (1 + \gamma)\frac{1}{k \cdot p_D} - 1](\alpha_m + \beta_m f - f_0) + f_0 - w_m f$$

$$(12-11)$$

$$\pi_A - \pi_g = [(1 - \gamma)k + (1 + \gamma)\frac{1}{k \cdot p_D} - 1](q_m - f_{g0}) + (c_{g0} - c_m)$$

$$(12-12)$$

也就是：

$$\left[(1-\gamma)k + (1+\gamma)\frac{1}{k \cdot p_D} - 1\right](\alpha_m + \beta_m f - f_0) > w_m f - f_0 \quad (12\text{-}13)$$

因此，从一般意义上讲，中高层次产业能够实现"产业升级"和"进口替代"的条件为：

$$\left[(1-\gamma)k + (1+\gamma)\frac{1}{k \cdot p_D} - 1\right](q_m - q_{g0}) > (c_m - c_{g0}) \quad (12\text{-}14)$$

在上述条件中，k、p_D 和 λ 是交易条件，而 α_m、β_m、c_m 和 c_{g0} 则代表了技术条件，而无论是在 f_0 水平上还是在更一般的意义上，我们得出的最终结果都可以表述为：规模化技术在产量上的扩张乘以交易条件所构成的乘数后，要超过规模化技术在成本上的增长。

四、产业升级和进口替代的影响因素

求解 $\pi_A - \pi_g$ 关于各因素的导数，我们就可以明确得出，各方面因素是如何影响发展中国家的"产业升级"和"进口替代"的。

（一）技术因素

技术因素的影响最为清楚，总体来说，中高层次产业的产量水平提高得越快，即 $q_m - q_{g0}$ 越大；成本提高得越慢，即 $c_m - c_{g0}$ 越小，中高层次产业的优势也就体现得越明显，相应的产业升级和进口替代也就越容易实现。

（二）贸易条件因素

在上述结论中，交易条件因素为 $ch = (1-\lambda)k + (1+\lambda)/(k \cdot p_D) - 1$，值得注意的是，我们并不能得出 $ch > 0$ 必然成立的结论，而一旦出现 $ch \leq 0$，则必然有 $ch \cdot (q_m - q_{g0}) < c_m - c_{g0}$①，即 $\pi_A - \pi_g < 0$，产业升级和进口替代将不可能，而这恰好可以从交易条件方面解释，一些发展中国家为什么无法实现产业升级和进口替代：交易条件太差，导致在这些国家，中高层次产业永远无法体现出其超越低层次产业的优势。

下面来说明一下，交易条件的优劣具体体现在哪些因素上：

首先，我们看一下国际贸易价格 p_D 的影响，$ch_{pD}' = -(1+\lambda)/(p_D{}^2 \cdot k) < 0$，

---

① $q_m - q_{g0} > 0$，$ch \leq 0$；$ch \cdot (q_m - q_{g0}) \leq 0$；而 $c_m - c_{g0} > 0$，故有 $ch \cdot (q_m - q_{g0}) < c_m - c_{g0}$。

即 p_D 越高，越不利于进口替代和产业升级的实现，这一点比较容易理解：p_D 是低层次产品在国际市场上的价格，它越高，低层次产业的优势越明显，而中高层次产业的优势则要相对被"比下去"，从而不利于后者的"反超"。

我们再来看 k 的影响，我们求 ch 关于 k 的一阶导数可得 $ch_k' = 1 - \lambda - (1 + \lambda)/(k^2 \cdot p_D)$，可见，如果 $1 - \lambda > (1 + \lambda)/(k^2 \cdot p_D)$，即 $k^2 \cdot (1 - \lambda)/(1 + \lambda) > 1/p_D$，也就是说，如果 p_D 足够高，能够抵消国际贸易交易费用和国内产业结构因素，那么，$ch_k' > 0$——国际贸易的交易效率越高，越有利于进口替代和产业升级。相反，如果低层次产业产品在国际市场上的价格相对较低，那么，在一定程度上限制国际贸易反而会更有利于开发国内市场，发挥中高层次产业的优势。这一结论显然要比平时所得出的国际贸易效率提高必然有利于或不利于本国产业结构调整的单向结论有明显的区别，其实这也正体现了开放条件下产业结构演变的复杂性。

与 k 类似的还有产业结构因素 λ，它对产业升级和进口替代的影响同样不是简单的单向结论，而要视具体情况而定：$ch_\lambda' = 1/(k \cdot p_D) - k$，$1/(k \cdot p_D) > k$，$p_D < (1/k^2)$ 时，即低层次产业产品的国际价格相对较低，而国际贸易的交易费用较高的情况下，低层次产业所占的比重 λ 越高，中高层次的优势越容易体现；反之亦然。

上述分析充分体现了我们所述各因素之间的密切联系，说明影响一国产业结构的交易条件，是国际贸易的交易费用、国际市场价格以及本国产业间规模比例这三方面因素，它们交织在一起发挥其影响。而这种影响又与技术因素结合在一起，共同决定一国能否实现产业升级和进口替代。而我们所得出的模型与公式，正是对这种复杂关系的一个直接的定量概括。

最后，需要指出的是，类似的逻辑同样存在于高层次产业向大规模生产技术的过渡上：当中高层次产业已经实现了由一般技术到规模化技术的过渡后，高层次产业的生产由规模化技术向大规模技术过渡时，所发生的产业升级和进口替代过程，其"动态比较优势"转换的基本逻辑，也与我们的上述分析相同。而这种连续的产业升级和进口替代过程，也正是经济发展中反复进行的产业结构调整过程。这也正是开放条件下各产业间协调发展的基本机理。

第三节　政府作用：基于产业间差异制定开放政策

现在我们在上述基本机理的基础上，讨论在哪些问题上政府可以发挥其作用；并尝试突破产业间的对称性假设，通过讨论产业间的差异，得出相关政策的基本原则。

简言之，政府的作用可以概括为两个方面：一方面，政府可以发挥其产业"助推"作用，即为各产业的规模扩张和技术改进，提供相应的政策推动，加快其发展进程——而政府采购、补贴、税收优惠以及技术改造的信贷担保等，都是可供政府选择的有效手段。另一方面，政府可以发挥其国际贸易调节作用，即通过影响各类产品的进出口条件，为国内的产业结构调整，提供有利的国际贸易条件。而如果要具体解释，在不同的发展阶段，政府应该"助推"哪些产业，应该怎样调节国际贸易条件，则需要结合产业间差异来具体分析。我们以产业结构演变的动态顺序来阐述各产业间差异，以及政府相关政策的基本原则。

一、出口导向中的产业差异

初始条件下，参与出口的低层次产业，其产品的国际价格有高有低，进出口的交易费用也各有差别。可以肯定的是：$p_D \cdot k$ 越高的产业，越容易成为最早的出口导向产业。从这个意义上讲，在对外开放的早期，政府除推动出口导向产业扩张其生产规模外；在国际贸易调节方面，政府也应注意降低这些低层次产业的交易费用。此外，对于那些由低层次产业扩张所引发的产品进口，如中高层次产品的进口，低层次产业所需的中间产品和机器设备的进口，政府应适当降低其关税，以提高交易效率。

二、产业需求弹性：产业间拉动效应的差异

各产业间的需求弹性互有差异，因此，出口导向产业的扩张对其他产业的拉动，也视产业间需求弹性的差别而有所不同。同样的道理，在出口导向产业中，产业需求弹性越大，对其他产业的拉动作用也就越大。这对于政府政策的实施，有重要的意义：在推动早期出口导向产业发展的过程中，可以

视各产业间需求弹性的差异，首先选择那些对国内产业拉动效应较高的低层次产业，作为发展出口导向产业的重点支持对象。

此外，低层次产品的出口所引发的中高层次产品的进口量，也视产业间需求弹性的差异而有所不同。进口量越大的产品，进行进口替代后，所能形成的国内需求规模也就越大。在实施进口替代和产业升级的过程中，政府应提高这些进口产品的关税，降低进口品的竞争力，为国内中高层次产业实现进口替代创造条件。当然，这也是有条件的，如果不具备 $\pi_A - \pi_g > 0$ 的技术条件和交易条件，盲目地提高进口品的关税，其结果难免会事与愿违。

本章把第四章"中等收入阶段的经济学基础"中的对外开放主张，发展为开放条件下推进产业升级的"中国理论"。在本章和第四章，"多重均衡"都是解释经济发展和产业升级的关键视角。"多重均衡"考虑了散布在经济发展不同阶段的"均衡"点，均衡点的周围存在推动经济体系进入均衡状态的"吸力"。当经济发展从低于均衡点的水平靠近均衡点时，这种吸力表现为拉动经济"升入"均衡点的"自我强化"，但是一旦进入均衡点，经济系统试图"向上"脱离均衡点时，这种"吸力"又造成阻碍经济系统脱离均衡点的"锁定效应"。在经济发展从低到高的过程中，"自我强化"和"锁定效应"的交替出现，是经济波动的内在机理。在中等收入阶段，面临类似"锁定效应"的条件下，实行对外开放，是破解这一"锁定效应"的重要举措。本章的模型解析与中国对外开放的实践基本吻合：适应生产效率的提升过程，及时调整进出口结构，在不同阶段推行"出口导向"和"进口替代"战略，能够有效破解"锁定效应"，避免效率提升过程的"大起大落"。这一逻辑，是分工理论"杨格定理"在开放条件下的推广，也是中国在中等收入阶段推进产业升级的新型"开放观"。

第十三章

影响效率提升的生产方式结构：中等收入阶段中国产业升级的"方式空间"理论

在传统的"价值链升级"视角下，效率提升体现为产出品的结构比例：高附加值领域的产品比例越高，表明在全球价值链中的地位越高。在本章，我们将打破这一思维定式，关注另一个影响效率提升的关键结构：生产方式结构。在本章，我们将看到，生产效率水平的高低并不取决于生产的产品是否被视为"高附加值产品"，而要看是否形成了更高效率的生产方式。在"产品空间"的视角下，产业升级是在一离散的空间中"跳跃"，而在"方式空间"中，产业升级则是在一个连续的空间中"攀越"。

近年来，可能是出于对经济增长放缓的忧虑，否认"中等收入陷阱"命题存在性文献相对减少，从理论层面剖析"中等收入陷阱"的尝试逐渐增加。例如，蔡昉和王美艳（2014）开始从收入分配恶化与经济停滞的关系入手探讨中国面临的"中等收入陷阱"风险。[①] 以收入分配为切入点的理论解释，也出现在贺大兴和姚洋（2014）的文章中，他们将"不平等"程度的"适度与否"作为影响经济增长的关键因素，以此构建关于"中等收入陷阱"的理论解释。[②] 李实和万海远（2014）也认为中国出现的"贫富分

---

① 蔡昉、王美艳：《中国面对的收入差距现实与中等收入陷阱风险》，《中国人民大学学报》2014年第3期。

② 贺大兴、姚洋：《不平等、经济增长和中等收入陷阱》，《当代经济科学》2014年第5期。

化和社会矛盾恶化"是引发"中等收入陷阱"预警的重要原因。[1] 收入分配
也是政治经济学新理论"积累模式"的重要主题，陈享光和李克歌（2015）
从资本积累的模式入手，探讨了跨越"中等收入陷阱"的积累模式。[2] 此
外，樊纲（2014a）认为福利增长与生产力增长的协调与否是决定一国经济
能否跨越"中等收入陷阱"。[3] 战明华、王晓君和史晋川（2014）[4]，以及杜
曙光和刘刚（2013）[5] 尝试为"中等收入陷阱"提供一个"多重均衡"的
理论解释。代法涛（2014）则将消费、投资、政府购买、福利水平和技术
进步作为研究"中等收入陷阱"的理论视角，进行翔实的实证研究。[6] 张其
仔（2014）[7] 则延续了从比较优势解释"中等收入陷阱"的理论视角，继
"比较优势断档风险"（张其仔，2008）[8] 之后，强调基于能力的比较优势理
论，运用比较优势陷阱阐释"中等收入陷阱"的潜在风险。

　　在上述各种理论视角中，"比较优势"视角与"中等收入陷阱"的联系
更为密切。收入分配、积累模式、多重均衡和过度福利等理论视角下关于
"中等收入陷阱"的解释，往往也同样适用于低收入国家的"低收入陷阱"
和高收入国家的"高福利陷阱"。而"比较优势断档风险"等源于"比较优
势"视角的解释，则强调中等收入阶段所特有的困难。准确而言，这里提
到的"比较优势"视角，已经明显区别于传统的比较优势理论，其分析方
法和理论框架，在很大程度上受到了竞争力和价值链等分析工具的影响，形
成了以"竞争优势"为中心的分析框架。

---

　　① 李实、万海远：《劳动力市场培育与中等收入陷阱——评〈中国劳动力市场发展报告 2011—
2013〉》，《经济研究》2014 年第 4 期。
　　② 陈享光、李克歌：《跨越中等收入陷阱的积累模式探讨》，《教学与研究》2015 年第 2 期。
　　③ 樊纲：《中等收入陷阱迷思》，《中国流通经济》2014 年第 5 期。
　　④ 战明华、王晓君、史晋川：《部门投资异质性与中国经济增长的多重均衡——对中国"中等收
入陷阱"动因的一个理论解释框架》，《财经研究》2014 年第 3 期。
　　⑤ 杜曙光、刘刚：《"中等收入陷阱"经济学基础再发现》，《河北经贸大学学报》2013 年第 5 期。
　　⑥ 代法涛：《跨越"中等收入陷阱"：理论、经验和对策——基于 44 个国家的跨国实证分析》，
《财经研究》2014 年第 2 期。
　　⑦ 张其仔：《中国能否成功地实现雁阵式产业升级》，《中国工业经济》2014 年第 6 期。
　　⑧ 张其仔：《比较优势的演化与中国产业升级路径的选择》，《中国工业经济》2008 年第 9 期。

第一节　中等收入阶段产业升级的优势
条件：从比较优势到竞争优势

随着动态比较优势和比较优势演化理论的兴起。比较优势理论的内涵越来越广泛，逐步超过了传统比较优势运用生产率和要素禀赋解释产品价格差和国际贸易的传统思路。例如，塞萨尔·伊达尔戈等（Cesar Hidalgo 等，2007）[1] 和里卡多·豪斯曼等（Ricardo Hausmann 等，2007）[2] 关于比较优势演化的研究，已经深入到产品内部分工和全球价值链等主题，在很大程度上体现了波特竞争优势理论和加里·格雷菲（Gary Gereffi，1999）[3] 的全球价值链理论。在此基础上，以价值链攀升为主题的产业升级研究，也将研究主题集中于各流程阶段竞争力。但是这一领域的很多文献依然采用"比较优势"术语。为了体现其中的差别，我们将这种包含竞争优势、价值链和产业升级思想的"新比较优势"，归结为"竞争优势"；而以"比较优势"代指传统的比较优势理论。

术语内涵的变迁，体现了研究方法和理论视角的转换。具体而言，"中等收入陷阱"的竞争优势视角，与传统比较优势视角的差别主要体现在以下三个方面。

一、从产品分工的价格理论到流程关联的分配理论

无论是李嘉图的比较优势理论、赫克歇尔和俄林的要素禀赋论（H-O模型），还是以克鲁格曼为代表的"新贸易理论"，都通过国与国之间的价格差异解释国际贸易的成因。"比较优势"是国与国之间产品分工的基础，分工能否形成，福利增进与否是理论的关键。同时，国与国之间是否存在产品价格差异则是形成贸易和分工的关键。因此，这些理论将劳动生产率、要素禀赋和规模经济等比较优势与产品价格的形成相联系，具有价格理论的特

---

① Cesar A. Hidalgo, Bailey Klinger, Albert-Laszlo Barabasi, et al., "The Product Space Conditions the Development of Nations", *Science*, Vol.317, No.5837, 2007.

② Ricardo Hausmann, Jason Hwang, Dani Rodrik, "What You Export Matters", *Journal of Economic Growth*, Vol.12, No.1, 2007.

③ Gary Gereffi, "International Trade and Industrial Upgrading in the Apparel Commodity Chain", *Journal of International Economics*, Vol.48, No.1, 1999, pp.37-70.

征。但是，波特提出的竞争力和竞争优势理论中，研究视角开始从"产品
分工"过渡到"工艺流程分工"，理论的焦点并非福利增进与否，而是产品
增加值水平的高低。波特（2002）认为"'竞争力'唯一的意义在于国家生
产力"，"生产率是每单位劳动和资本的产出价值"，"人力资源的生产率表
现在他们的薪水上，资本的生产率则是根据投资人的回报而定"（波特，
2002）。[①] 可见，波特将关注的重点从产品的价格转移到了要素的报酬上，
产品能够形成更高的附加值，为劳动力和资本等要素形成更高的报酬，就是
获得了竞争优势。这里，比较优势与竞争优势的区别非常明显：在要素禀赋
论中，一国劳动力和资本的报酬越低，说明要素禀赋越强，越具有比较优
势；但是在竞争优势理论中，提高要素报酬则被视为一国更具竞争优势的表
现。"中等收入陷阱"的研究就是要在要素报酬提高的条件下，寻找一国持
续发展的动力。因此，能够跨越"中等收入陷阱"的优势条件，并非传统
的"比较优势"，而是能够形成更高收入水平的"竞争优势"。

二、从淡化收入差异的"优势互补"到强调收入差异的"优势分级"

李嘉图提出"比较优势"的目的之一就是回答那些在各种产品的生产
中都不具备绝对优势的落后国家，能否参与国际贸易。其结论则表明，落后
国家不仅可以参与国际分工，而且其获得的福利增进还可能高于先进国家。
在这里，发展水平和收入水平的差距被淡化，比较优势成为国际分工中
"优势互补"的表现。但是，在竞争优势理论中，收入水平的差距则成为关
注的焦点：相同要素投入的前提下，获取更高的产品附加值，就是具备了更
高的竞争力。在低附加值环节的"优势条件"明显落后于高附加值环节的
"优势条件"，参与价值链不同环节的优势，视其附加值水平的高低，被分
为低水平优势和高水平优势。要跨越"中等收入陷阱"，其关键就是在摆脱
低水平优势之后，培育高水平优势，以支持更高的要素报酬。

三、从禀赋改变的自然过程到优势获取的战略思维

克鲁格曼的"新贸易理论"强调"战略性贸易政策"。在此之前的传统

---

① ［美］迈克尔·波特：《国家竞争优势》，李明轩、邱如美译，华夏出版社 2002 年版，第 6 页。

比较优势理论，则认为无论发展水平高低，各国都会形成相应的比较优势，而且依据"斯托珀—萨缪尔森定理"，随着国际贸易的推进，各国的要素禀赋会趋于接近，即落后国家的比较优势，会自然地向高收入国家接近。因此，传统的比较优势理论，通常被主张市场自由化的新古典经济学所推崇，成为反对政府干预的理论依据。然而"中等收入陷阱"的出现则表明，由低收入国家向高收入国家的发展，不是一个"一帆风顺"的自然过程。跨越"中等收入陷阱"，不能放任市场自我调节，必须在国家战略的支持下，获得更高层次的竞争优势，这种战略思维正是竞争优势理论的政策建议。

第二节　战略视角从离散性"产品空间"到连续性"策略空间"

当前"中等收入陷阱"研究所采用的竞争优势，主要局限于以"产品空间"为代表的离散性竞争优势。这一理论有助于分析"中等收入陷阱"的成因，以及中国在"中等收入阶段"所面临的困境，但是在跨越"中等收入陷阱"的出路方面，则难以给出有力的解析。

一、"产品空间"与竞争优势的"离散性"视角

受波特流程细分思路的影响，竞争优势的划分往往与产品特性相联系。能够生产出高附加值产品，就是获取了更高层级的竞争优势。其中，最广为人知的划分方法就是施振荣（1992）的"产业微笑曲线"，"研发—制造—营销"三个阶段分别对应不同的竞争优势。[1] 拉斐尔·卡普林斯凯（Raphael Kaplinsky，2000）认为"研发—制造—营销"三个阶段各自依托不同的资源禀赋。[2] 相对于加工制造阶段所依托的劳动力资源，研发和营销阶段所依托的专利和品牌资源具有知识产权的保护，能够维持其"资源禀赋经济租"，从而形成高附加值。加工制造阶段所依托的劳动力资源容易在竞争中出现"租值耗散"，因此难以获得持续的高附加值。类似的方法还体

---

[1]　施振荣：《再造宏碁：开创、成长与挑战》，上海远东出版社出版1996年版，第238页。

[2]　Raphael Kaplinsky, "Globalisation and Unequalisation: What can be Learned from Value Chain Analysis?", *The Journal of Development Studies*, Vol.37, No.2, 2000, pp.117-146.

现在著名的"产品空间"理论（Hausmann，2007），这一理论同样以产品附加值来衡量不同国家和地区的竞争力。在此基础上提出的"出口复杂度（PRODY）"指标，也通过衡量一国出口产品和劳务的附加值来标识一国竞争优势。

这种按产品和流程特性标识竞争优势的做法，延续了传统竞争优势理论的"贸易分工"逻辑，与比较优势理论划分"劳动密集型产品"和"资本密集型产品"的逻辑相类似。只是将技术、制度和人力资本等资源也作为"新要素"引入，把要素划分为"低级要素"和"高级要素"。由于采用了"产品进路"的研究方法，不同要素禀赋之间的关联容易被忽略，从低端生产要素向高端要素的过渡路径被置于次要位置，从而引发关于竞争优势的"离散性"认知。第一，将竞争优势等同于要素禀赋，忽略了生产方式的动态演变和产业模式的阶段性变化，对竞争优势形成简单化和离散化认识。第二，构成竞争优势的生产要素被简单划分为高级生产要素和低级生产要素，生产要素级别的高低之分缺乏具体的衡量标准，高级与低级之间缺乏"过渡性要素"，对竞争优势的分布形成离散化认知。第三，从"产品进路"认识竞争优势，容易将竞争优势的提升视为从生产低端产品向生产高端产品的"攀越"，把升级理解为放弃原有生产条件"跃进"到新的生产领域，形成"猴子跳树"的离散化隐喻①。

二、离散性视角的优势与不足

离散性竞争优势，能够深刻解析"中等收入陷阱"成因，但是难以有效把握跨越"中等收入陷阱"的升级路径。在离散性视角下，低端竞争优势与高端竞争优势之间缺乏"中间过渡"，从而导致从低端到高端的升级无法实现，落入"中等收入陷阱"。具体而言，通过离散性比较优势论证"中等收入陷阱"成因的理论可以概括为"锁定—俘获"论、"断档—真空"论和"冲突—错位"论。

---

① "猴子跳树"是产品空间理论的形象隐喻，将产品空间比喻为一片森林，树与树之间的距离表示不同产品间投入要素组合的替代程度。一国的初始专业化模式决定产品空间结构（产品间疏密程度或产品间空间距离）。由于产品空间具有离散性和高度异质性，从而，在"猴子"跳跃的最优距离处，不一定有相应的"树"存在，跳跃过程是存在风险的。

第一，"锁定—俘获"论。所谓"锁定—俘获"论是指，处于低端竞争优势的地区或企业会对低端竞争优势形成越来越强的"依赖"，失去升级动力。"比较优势陷阱"是这一观点的典型代表，其思路来源可以追溯到李斯特关于生产力和幼稚产业的论述（李斯特，2009）[①]。贾格迪什·巴格瓦蒂（Jagdish Bhagwati，1958）[②] 在发展中国家贸易条件恶化（Hans W. Singer，1949[③]；Raúl Prebisch，1950[④]）提出的"悲惨增长"阐述了发展中国家要素禀赋难以改善的发展困局。贾根良（2010）也重点论述了传统比较优势视角下"国际大循环发展战略"会导致我国长期处于"担水劈柴"的国际分工地位。[⑤] 在竞争优势和全球价值链理论中，同样存在发展中国家被束缚于价值链低端环节的担忧。修伯特·斯密茨等（Hubert Schmitz，2004）将这种困局称为"被俘获现象"[⑥]。约翰·哈默菲和修伯特·斯密茨（2004）[⑦] 认为把全球价值链的治理形式分为：市场导向型、均衡网络型、俘获网络型与层级型，刘志彪和张杰（2007）[⑧] 指出由于发达国家及其跨国公司的先位优势，俘获网络型和层级性往往成为发达国家与发展中国家价值链对接的常态，导致发展中国家被锁定在全球价值链的低端环节。

第二，"真空—断档"论。"真空—断档"论是竞争优势离散性视角在"中等收入陷阱"领域的直接应用。杰弗瑞·盖瑞特（Geoffrey Garrett，2004）[⑨] 认为，"当富裕国家因技术进步加快而变得越来越富有，最穷的国家在制造业领域甚至增长更快的同时，处于中间的国家则踯躅不前"（蔡昉，2011）。因此，蔡昉（2011）认为，"这实际上就暗示了一个关于中等

① ［德］李斯特：《政治经济学的国民体系》，邱伟立译，华夏出版社 2009 年版。

② Jagdish Bhagwati，"Immiserizing Growth：A Geometrical Note"，*The Review of Economic Studies*，1958.

③ Hans W. Singer，"Economic Progress in Underdeveloped Countries"，*Social Research：An International Quarterly of Political and Social Science*，Vol.16，No.1，1949，pp.1–11.

④ Raúl Prebisch，*"The Economic Development of Latin America and its Principal Problems"*，UN，1950.

⑤ 贾根良：《国际大循环经济发展战略的致命弊端》，《马克思主义研究》2010 年第 12 期。

⑥ Hubert Schmitz ed.，*Local Enterprises in the Global Economy：Issues of Governance and Upgrading*，Edward Elgar Publishing，2004.

⑦ John Humphrey，Hubert Schmitz，*Chain Governance and Upgrading：Taking Stock，Local Enterprises in the Global Economy：Issues of Governance and Upgrading*，Edward Elgar Publishing，2004，p.349.

⑧ 刘志彪、张杰：《全球代工体系下发展中国家俘获型网络的形成、突破与对策——基于 GVC 与 NVC 的比较视角》，《中国工业经济》2007 年第 5 期。

⑨ Geoffrey Garrett，"Globalization's Missing Middle"，*Foreign Affairs*，2004，pp.84–96.

收入陷阱的一般性理论解释"，处于中等收入阶段的国家既不具备发达国家
的技术优势，又失去了低收入国家的劳动力成本优势，"因而从全球化中获
益相对少"，这种"比较优势真空论"，"或许有助于理解中等收入国家面对
尴尬局面"。张其仔（2008）在比较优势动态演化（Hidalgo，2007；
Hausmann，2007）的基础上提出"中国要完成向中高收入国家转变，最终
成为高收入国家的历史重任，必须实现比较优势的'突变'"，而拉美国家
出现"中等收入陷阱"的原因就在于"一些有着比较优势的产业在其他发
展中国家的冲击下失去了比较优势，新的具有比较优势的产业还没有形成，
产生了比较优势的断档期"，从而将"中等收入陷阱"的成因归结为"比较
优势断档风险"。

　　第三，"冲突—错位"论。"冲突—错位"论可视为竞争优势离散分布
的一个"推论"：竞争优势的离散分布导致中等收入国家难以实现生产力
"匀速"提升，因此可能出现生产率提升速度低于或高于要素价格的上升。
当要素价格上升速度超过生产率进步速度时，就会出现两者发生冲突，出现
低生产率难以支撑"高福利"的错位现象，从而导致经济陷入"中等收入
陷阱"。代法涛（2014）的实证研究验证了"同经济发展阶段不相适应的
'福利赶超'是中等收入国家落入'中等收入陷阱'的原因之一"，其实证
结论"表明跌入'中等收入陷阱'国家的政府支出有可能超出了自身经济
发展水平，如拉美国家的'福利赶超'"。中国经济增长与宏观稳定课题组
（2008）①的实证结论也表明"政府过快地追求相对发达国家的'福利赶
超'，超过企业所能承受的能力，则容易使一国经济发展停滞，进而落入
'中等收入陷阱'"（代法涛，2014）。樊纲（2014）也认为，"中等收入陷
阱本质上是福利陷阱"，"一定是工资福利水平的提高快于生产力水平的提
高"。楼继伟（2015）也认为，工资与生产率增长之间的关键，是影响中国
经济增长速度的关键因素，2007 年以前"工资增长低于劳动生产率的增长"
是中国经济高速增长的重要原因，但"2007 年是个拐点"，新劳动法实施后
"农民工的工资年均增长率……超过了劳动生产率，这种情况就会导致比较

---

① 中国经济增长与宏观稳定课题组：《中国可持续增长的机制：证据、理论和政策》，《经济研究》
2008 年第 10 期。

大的弊端"，加大了我国陷入"中等收入陷阱"的风险。①

但是，离散性视角在跨越"中等收入陷阱"的出路方面难有作为。离散性视角在风险和困境研究上的优势，也是它在出路研究方面的劣势。既然竞争优势的分布是离散的，那么，低级优势与高级优势之间的"中间地带"就容易被视为"空白地带"。一国经济在"中间地带"的遭遇就成为"不确定因素"和"风险"。离散性视角的意义，仅在于指出"中间地带"风险，指明必须获取"高级优势"的"正确方向"，关于"中间地带"具体状况和具体出路的研究，则可能面临理论和研究视角的"空白"。上述局限性最为突出的就是竞争优势"断档风险"和"真空论"，在这些文献中，竞争优势的离散分布呈现明显的"两极分化现象"，除了低收入阶段的劳动力成本优势和高收入阶段的高技术优势，漫长的中等收入阶段似乎都变成了竞争优势的"空白期"。对此，樊纲（2014b）曾提出以下批评，"定义假定是不存在中等技术，认为天下的技术就是跳跃式的，要么是低端技术，要么是高端技术。非低即高，没有中间路可走。否则，倘若是中等收入，挣的是中等技术的钱，其生产力、竞争力也是中等的状态，挣中等收入的钱有什么不对，为什么会掉入陷阱？"② 这里的"中等技术"并非具体的技术要素，而是与中等收入阶段相适应的生产方式，"中等技术"的引入，体现了竞争优势和生产方式演变连续性。当然，"中等技术"的概括过于简单模糊，难为以竞争优势的连续性变迁提供切实有效的分析。解决这一问题，需要借助于竞争优势的"方式空间"与连续性视角。

三、乔治·斯托克竞争优势的"策略空间"与连续性视角

技术、制度和品牌等高级生产要素的概念相对抽象、不易量化，也难以指明提升竞争优势的策略和方式。通常情况下，技术水平、制度优劣和品牌附加值的高低，只是合理竞争策略和具体生产方式的实施效果，跨越"中等收入陷阱"的关键，不是具体效果的评估，而是阐明不同收入条件和要素禀赋的条件下，应采取怎样的竞争策略和生产方式。在这方面，波

---

① 楼继伟：《跨越"中等收入陷阱"需要落实措施》（2015 年 4 月在清华中国经济高层讲坛的演讲），求是网，见 http://www.qstheory.cn/politics/2015-04/28 /c_ 1115110541.htm。

② 樊纲：《谈一谈中等收入陷阱》，《小康（财智）》2014 年第 7 期。

特（1997）提出的"成本领先、标歧立异和目标聚焦"三大基本策略是
重要的理论创新，为竞争优势研究提供了"策略空间"范式。[①] 然而，波
特"策略空间"是按不同企业和地区进行横向划分，并未突出策略随要
素禀赋变动的"历史演进"。同时，相对于某一国家和地区在具体要素禀
赋条件下的整体性策略，波特的思路过于微观和具体，更适应于具体公司
的策略选择。跨越"中等收入陷阱"，需要关注的是某一国家或地区，随
着自身要素禀赋条件的改变而实施的特色生产方式，即呈现时间序列的
"策略空间"。

乔治·斯托克（George Stalk Jr.，1988）通过考察日本第二次世界大战
后竞争优势的演变过程，提出了竞争优势"五阶段论"，构成了纵向划分的
"方式空间"："'二战'后不久，日本公司使用低劳动力成本进入各类产业，
随着工资率提高以及技术变得更加重要，首先转向基于规模的策略（scale-
based strategies），进而转向专业化生产（Focused factroy，聚焦工厂）获取
竞争优势。[②] 即时生产（just-in-time production）的出现，推动生产达到低成
本和多样性的融合。现在前沿的日本公司正在把时间因素开发为竞争优势的
来源"。

乔治·斯托克的竞争优势"策略空间"抓住了不同时期生产方式演革
的连续性视角。以生产方式和积累体制为主题的研究，也曾对相关主题进行
过深入探讨。例如，乔治·斯托克提出的"即时生产"和"柔性生产"，往
往被视为"丰田生产方式"和"精益生产"的重要内容。关于后福特制、
后福特主义的研究文献曾对此进行深入讨论（刘刚，2004[③]；谢富胜，
2007[④]；胡海峰，2005[⑤]）。然而，这种以生产方式和竞争策略为主题的研究
思路，在"中等收入陷阱"的重要性，并未引起足够的重视。除了陈享光

---

① ［美］迈克尔·波特：《竞争战略》，华夏出版社 1997 年版，第 175 页。

② George Stalk Jr.，"Time—the Next Source of Competitive Advantage"，*Harvard Business Review*，July-
August，1988，pp.41–51.

③ 刘刚：《后福特制研究——生产组织方式创新与企业竞争优势》，人民出版社 2004 年版，第
19 页。

④ 谢富胜：《资本主义的劳动过程：从福特主义向后福特主义转变》，《中国人民大学学报》2007
年第 2 期。

⑤ 胡海峰：《福特主义、后福特主义与资本主义积累方式——对法国调节学派关于资本主义生产
方式研究的解读》，《马克思主义研究》2005 年第 2 期。

和李克歌（2015）在积累体制下的尝试外，深入研究的相关文献还相对较少。乔治·斯托克的这篇文章提出了著名的"时间竞争优势"理论，引发了广泛关注，并获得1989年麦肯锡奖的最佳文献奖（Sin-Hoon Hum，Hoon-Hong Sim，1996）①。但是，相对于波特的竞争优势理论在产业领域的广泛应用，乔治·斯托克的时间竞争优势和连续性视角的影响则主要集中在管理学领域，成为"供应链管理"的理论基础。因此，虽然竞争优势是"中等收入陷阱"研究的重要理论视角，但是乔治·斯托克关于竞争优势的连续性视角却未能引起足够重视。

第三节 "方式空间"视角下产业升级的困局与出路

与规模经济相关的"策略空间"是乔治·斯托克竞争优势连续性视角的关键主题。规模经济也是中国当前最引人注目的战略优势。我们以规模为主题阐发竞争优势的视角，并重新审视中国"中等收入陷阱"的潜在风险和跨越路径。

一、竞争优势"策略空间"的"规模经济"主题

选择乔治·斯托克的竞争优势"策略空间"视角，其重要原因就在于这一视角中存在明显的"规模经济"主题。除了最初的"劳动力成本优势"，其他几项优势都与规模有关：规模优势对应福特主义生产方式，通过大规模和标准化的生产分摊成本，这是对规模经济的最初运用；继而采用的"专业化生产"则是将运用规模经济原理将经济资源集中投入于某一高附加值领域，从而达到低成本与高附加值并存的结果，是在更高层次上发挥规模经济的作用；而依照钱德勒的观点，"即时生产"或"柔性生产"的核心则是加速生产系统的运转，以"速度经济"的方式实现规模经济，"规模经济理论上含有速度经济的内容，因为规模经济既依靠规模——额定生产能

---

① Sin-Hoon Hum, Hoon-Hong Sim, "Time-based Competition：Literature Review and Implications for Modeling", *International Journal of Operations & Production Management*, Vol.16, 1996.

力——又依靠速度——利用生产能力的强度"（Alfred D. Chandler, Jr.,
1990）[1]；而时间竞争优势则可以视为"速度经济"从生产领域向价值链全
领域的延伸。因此，我们可以对乔治·斯托克的"策略空间"进行以下阐
发：摆脱传统的劳动力成本优势后，竞争优势的获取依赖"规模经济"，利
用"规模经济"的具体策略，由低到高分别为"成本分摊—集中聚焦—速
度经济"三个层次。其中，中国的"集中聚焦"直接对应传统价值链理论
的价值攀升策略，现有产业升级理论进行了较为详尽的研究，我们将关注重
点集中在"成本分摊"和"速度经济"上。

　　"规模经济"也是跨越"中等收入陷阱"的关键。世界银行提出"中等
收入陷阱"议题之初，就强调：发展中国家能否摆脱对低劳动力成本优势
的依赖，跨越"中等收入陷阱"的关键就在于"规模经济"的发挥。例如，
2007 年世界银行《东亚复兴：关于经济增长的观点》（*An East Asian
Renaissance: Ideas for Economic Growth*）的报告认为，东亚国家面临"中等
收入陷阱"的主要风险就是由于缺乏规模经济，难以维持其原有的增长率，
却只能在发展道路上苦苦挣扎（World Bank, 2007）。2007 年世界银行发布
《东亚经济半年报：金融风暴十年祭》（*East Asia and Pacific Update-Ten Years
After Asia's Financial Crisis*）。报告指出，处于中等收入阶段的国家应该在擅
长的领域进行专业化生产，以获得规模经济和技术领导等新的比较优势，从
而实现向高收入阶段的过渡（World Bank, 2007）。[2]

二、"本地市场效应"与"成本分摊"的规模优势

　　规模优势正是当前中国经济最为突出的优势条件。作为一个发展中的
大国，中国可以通过挖掘潜在市场规模，最大限度地扩大生产规模，发挥
"成本分摊"降低生产成本，以抵消劳动力成本上涨造成的压力。"本地
市场效应"有助于我们重新审视中国当前的规模优势。"本地市场效应"

　　[1]　Alfred D. Chandler, Jr., *Scale and Scope*, Harvard University Press, 1990.

　　[2]　World Bank, "An East Asian Renaissance: Ideas for Economic Growth", Washington, D. C.: World
Bank, 2007.

（Paul Krugman，1980）[1] 理论，是新贸易理论（赫尔普曼和克鲁格曼，1985）[2] 和新经济地理学（藤田昌久、克鲁格曼和维纳布尔斯，1999[3]）的理论基石。要发挥"本地市场效应"，较大的本地市场（large home market）是前提，规模经济是保障。国内外很多学者对本地市场效应的存在性进行了实证检验（张帆和潘佐红，2006[4]；Xuliang Zhang 和 Yuemin Ning，2011[5]）等，发现中国大部分产业存在本地市场效应。这个发现极具政策意义，中国可以选择存在本地市场效应的产业进行重点扶持。同时，本地市场效应理论也为中国跨越"中等收入陷阱"提供了全新的思路：当一个经济体面临优势断档时，除了培养新的竞争优势之外，还可以进一步发挥本地的规模经济优势。

"本地市场效应"也将中国跨越"中等收入陷阱"的竞争策略指向了庞大的内需市场。例如贾根良（2011）认为，中国当前实现内需扩大带来的收益要超过国际贸易。[6] 刘志彪、张杰（2009）强调中国当前产业升级的关键就是"从融入全球价值链到构建国家价值链"[7]，蔡昉、王德文和曲玥（2009）通过"大国雁阵模型"论证了发挥内需潜力推进产业升级的发展战略[8]。刘志彪（2012）将这种战略称为"第二轮全球化红利"[9]，发展"基于内需的全球化经济"（刘志彪，2013）[10]。

① Paul Krugman, "Scale Economies, Product Differentiation, and the Pattern of Trade", *The American Economic Review*, Vol.70, No.5, 1980.

② ［以色列］埃尔赫南·赫尔普曼、［美］保罗·克鲁格曼：《市场结构与对外贸易》，尹翔硕、尹翔康译，上海人民出版社 1985 年版，第 3 页。

③ ［日］藤田昌久、［美］保罗·克鲁格曼、［英］安东尼·J. 维纳布尔斯：《空间经济学——城市区域与国际贸易》，梁琦译，中国人民大学出版社 1999 年版，第 3—4 页。

④ 张帆、潘佐红：《内需创造外贸对本国经济发展的影响——以中美的本土市场效应为例》，《重庆邮电学院学报（社会科学版）》2006 年第 3 期。

⑤ Xuliang Zhang, Yuemin Ning, "Evaluation of Role of Home Market Effects in China's Manufacturing Industries", *Chinese Geographical Science*, Vol.21, No.2, 2011.

⑥ 贾根良：《美国经济崛起时期自主创新的成功经验与启示》，《教学与研究》2011 年第 8 期。

⑦ 刘志彪、张杰：《从融入全球价值链到构建国家价值链：中国产业升级的战略思考》，《学术月刊》2009 年第 9 期。

⑧ 蔡昉、王德文、曲玥：《中国产业升级的大国雁阵模型分析》，《经济研究》2009 年第 9 期。

⑨ 刘志彪：《基于内需的经济全球化：中国分享第二波全球化红利的战略选择》，《南京大学学报（哲学·人文科学·社会科学版）》2012 年第 2 期。

⑩ 刘志彪：《怎样抓住第二波全球化红利》，《人民论坛》2013 年第 7 期。

三、速度经济与中国的供应链优势

以速度经济为核心的供应链研究文献中（Willard I. Zangwill，1987）[1]，
"规模优势"是"速度优势"的同义语：一定时期内的销售数量，就是这些
产品的销售速度。中国"本地市场优势"的另一个直接作用，就是推动企
业规模的高速扩张。乔治·斯托克（2011）也曾惊讶于中国市场潜力所提
供的高成长率和超强时间竞争优势："中国 90 个城市的中等收入人数超过
250000 人，而美国和加拿大加起来也不超过 70 个城市。据统计，到 2020 年
中国拥有中等收入人数超过 250000 人的城市将达到 400 个，其中这些城市
中中等收入人数过百万的城市将要超过 50 个。"[2] 2006 年，乔治·斯托克还
曾批评中国供应链方面的不足，提醒西方企业谨慎使用依托中国的供给策略
"由于缓慢的商品流通速度和'中国制造'产品的成本缺乏竞争优势，当代
中国供给策略或许不久就会变成'明日黄花'"[3]。然而，随着中国产业集群
的崛起，中国在供应链方面的优势已经越发突出。部分国外学者高度关注了
这一变化，著名英国学者罗思义（2014）曾在"观察者网"撰文称"事实
上，中国的竞争力已不再依赖低薪酬，而是依靠完整的供应链取胜[4]。莎
拉·莱西（Sarah Lacy）在《潘多日报》（*Pando Daily*）上发表评论称，现
在其他国家战胜中国的地方是纯成本方面，而非速度、灵活性和技能"。此
外，引文中被我们引用的罗思义又引用了莎拉·莱西的观点。他列举了苹果
手机的例子"一名前苹果高管对《纽约时报》说，'整条供应链如今都在中
国。你需要 1000 个橡胶垫圈？隔壁工厂就有。你需要 100 万个螺丝钉？隔
街的工厂就有。你需要对螺丝钉做一点小小的改动？三小时就行了'。"事
实上，已经有越来越多的国外学者认为，以供应链优势正在取代传统的劳动
力成本优势，成为"中国制造"在中等收入阶段的新优势。2015 年英国

---

① Willard I. Zangwill，"From EOQ towards ZI"，*Management Science*，Vol.33，1987.

② Stalk George，Davied Michael，"What the West doesn't Get about China"，*Harvard Business Review*，Vol.89，No.6，2011.

③ Stalk George，"The Costly Secret of China Sourcing"，*Harvard Business Review*，Vol.84，No.2，2006.

④ 罗思义：《为什么苹果在中国生产 iPhone？》，观察者网，见 http：//www. guancha. cn/LuoSi
Yi/2014_ 10_ 20_ 277698_ s. shtml。

《经济人》杂志 2015 年 3 月 14 日的封面文章《中国制造》重点探讨了中国在劳动力成本优势削弱后的新优势"薪资上涨这一因素远不足以使中国松手；相反，中国把'接力棒'捏得更紧了。[①] 从中国流失出去的廉价劳动力工作岗位主要转移到了东南亚地区，进一步巩固'亚洲工厂'在世界上的主导地位"，"中国制造业的白热化发展所形成的供应链，已经深入到东南亚各地区。如今，全世界几乎一半的产品都由'亚洲工厂'制造"。然而，可能是由于研究视角的缺失，国内关于"中等收入陷阱"的研究中，很少有文献将供应链优势视为接续劳动力成本优势的备选项。

当然，中国在供应链领域依然存在众多问题，过高的交通物流成本、流通税费和地方保护主义等因素，制约着中国竞争优势的发挥。当然，这些事实也表明，在人口红利式微，劳动力成本优势近乎耗尽的同时，中国在速度经济方面依然存在巨大的提升潜力。

虽然"产品空间"的离散性竞争优势视角能够深入解析竞争优势转换过程中面临的潜在风险，但是，难以深入阐述顺利实现竞争优势转换的战略路径。引入乔治·斯托克在竞争优势理论上的连续性"策略空间"视角，则有助于我们解决这一问题。通过新视角的引入，我们不难发现，开发供应链优势接续传统的劳动力成本优势，是中国顺利实现竞争优势转换的重要出路之一。

从"离散"到"连续"，是产业升级的一场方法论意义上的变革。在"价值链"体系中，把生产流通总过程划分为几个不同阶段，要求企业依据各自的优势进入不同的阶段，就是一种"离散性"的产业升级思维。依据这一思维，在传统"微笑曲线"中容易得出的直接观点就是中等收入阶段产业升级的"比较优势断档"：价值链两端的研发和营销环节，需要高端的技术和品牌资源，发达国家占优势；中间的加工制造环节，需要低端的劳动力和土地成本优势，落后的发展中国家占优势。由此，中等收入阶段的国家，则失去了自己在中等收入阶段赖以立足的"比较优势"。这种思维方式的主要不足就是将生产决策的思维空间限定在一个"离散性"空间，将产

---

① Leaders，"Made in China?"，*The Economist*，2015-3-14. http://www. Economist. com/ newsleaders/ 21646204-asias-dominance-manufacturing-will-endure-will-make-development-harder-others-made.

业升级的方式也限定在了离散空间中的"跳跃"和"冒险"行为。其实，在"空间思维"的哲学层面上，从一点到另一点，两点之间并非只有"坑"没有"路"，即使是要跨越一些"坑"，除了"跳跃"，还可以"建桥"。这就是离散性思维到连续性思维的意义所在。

　　在本书开始部分，我们介绍了"价值链细分法"，这是在离散思维内部的一种改进：将两个离散的点之间的中间地带进行细分，从中找到可以依托的"过渡点"，即找到中等收入阶段可以依托的"过渡性比较优势"。但是，这种改进，依然将产业升级行为限定为"跳跃"和"冒险"。生产方式视角下的"连续性"思维，是一种彻底的方法论变革。依据这一思维，即使生产的产品、承担的流程任务不变，也可以在同一种产品同一个环节上采用不同的解决方法，选择不同的技术和生产方式。而更高级的生产方式，可以在原有较低生产方式的基础上，通过效率提升和生产组织变革而发展出来。这样一来，产业升级不再是迫使企业进入其未知的陌生领域，而是要在其熟悉的现有领域中，进行新的尝试，寻找相对"安全"的、有所依仗的突破点。在这种思维下，中国的比较优势，可以借鉴乔治·斯托克分析日本竞争优势时所划定的"五阶段"论，归纳划分中国竞争优势的"四阶段"论，从而在一个连续性的"生产方式"空间中，开拓一条更为稳妥可行的产业升级之路。我们认为，这种"方式空间"思维下的"四阶段"论，才是从离散性思维到连续性思维的根本性变革，才是指导中等收入产业升级的科学理论。

第十四章

影响效率提升的分配结构：中等收入
阶段中国产业升级的包容性增长理论

　　本章延续上一章关于生产方式变革的讨论，将范围延伸至社会再生产范围，关注收入分配结构对效率提升的影响，具体分析劳动报酬在总收入中所占份额与劳动生产率之间的动态联系。这些讨论将有助于我们准确理解中国在中等收入阶段形成的重要收入分配理论：包容性增长理论。

　　我们的探讨可以在上一章离散性优势和连续性优势的基础上展开。离散性优势视角能够揭示跨越"中等收入陷阱"面临的"比较优势断档风险"，连续性优势能够确立跨越"比较优势断档"的生产方式变革路径。然而，具体的产业升级过程不仅面临"方式空间"的生产方式决策，还同时面临"产品空间"的生产经营决策。产业优势条件的分布兼具"产品（环节）空间"上的离散性和"方式空间"上的连续性。因此，有效的战略对策需在同一个理论框架内实现两者的综合。本章我们重新启用"知识产权优势"理论，在此基础上实现"离散性优势"与"连续性优势"两个视角的统一。同时，本章也是价值链升级策略与结构升级策略的统一。除价值链升级视角下的"优势变迁"线索，结构升级视角下的工业化进程和工业生产率也是本章生产方式变革的主要指标，同时，提高工资水平和劳动报酬份额，也直接对应城市化进程中的"农民工"工资和"农民工市民化"进程。简言之，本章的对策研究在本质上体现了政治经济学视角下经济发展过程作为"生产技术提升—生产方式变革—分配格局调整"矛盾运动过程的本质特征。

我们的讨论可以从近年来中国工资水平的快速增长开始。随着工资水平
的上涨和经济增速的放缓，关于工资上涨降低"中国制造"竞争力、加大
陷入"中等收入陷阱"风险的担忧明显加重。一般认为，工资上涨的负面
影响包括"弱化国内制造业竞争力、增大通货膨胀压力、人口红利逐渐消
退、减少外资流入等"①。其中，农民工工资上涨尤为明显，"扣除价格水平
因素，2001—2006 年，农民工平均工资的年复合增长率为 8.7%；而 2007—
2012 年，年复合增长率则达到了 12.7%。……成本的快速上扬对企业经营
产生的影响是不言而喻的"②。

这种担忧与"中国制造"在全球价值链中的地位相联系。一般认为，
在全球价值链体系中，中国处于"微笑曲线"③的中间阶段，即依赖劳动力
成本优势的低端加工制造环节。劳动力成本的上升将导致比较优势的削弱，
甚至可能遭遇"比较优势断档风险"④，加重陷入"中等收入陷阱"的可
能性。

第一节 工资"跑过"劳动生产率引发的理论忧虑

对于工资上涨的担忧，很大程度上与传统价值链和竞争优势理论的
"离散性"视角相联系，其核心观点是：工资的增速不能高于劳动生产率，
否则会提高产品成本、降低产业和竞争力，引发"比较优势断档"。"比较
优势断档"由张其仔（2008）提出，他基于比较优势演化的视角认为，当
低收入国家进入中等收入阶段后，"一些有着比较优势的产业在其他发展中
国家的冲击下，失去了比较优势，新的具有比较优势的产业还没有形成，产
生了比较优势的断档期"⑤。这种观点的关键在于考察优势条件的"离散性"
视角。"微笑曲线"就是这种"离散性"视角的代表性理论。"微笑曲线"
将产业流程分为"研究—加工—营销"三个环节，中间的加工制造环节依

---

① 黄海燕、王金哲：《劳动力市场转折对中等收入阶段发展的挑战及机遇》，《中国劳动》2015 年
第 12 期。

② 都阳：《劳动力市场变化与经济增长新源泉》，《开放导报》2014 年第 3 期。

③ 施振荣：《再造宏碁：开创、成长与挑战》，中信出版社 2005 年版，第 8 页。

④ 张其仔：《比较优势的演化与中国产业升级路径的选择》，《中国工业经济》2008 年第 9 期。

⑤ 张其仔：《比较优势的演化与中国产业升级路径的选择》，《中国工业经济》2008 年第 9 期。

托劳动力成本优势，两端的研发和营销环节则依托"技术—品牌"等专利资源。企业的分工决策面临一个呈现"离散"分布的"产品（环节）空间"。要获取高附加值，则必须积累"技术—品牌"优势，从中间环节"跃进"到两端的"研发"和"营销"领域。这一理论又被称为产业升级的"产品空间"理论①，升级过程被视为从原生产条件向新的生产领域"跃进"的风险性过程，有"猴子跳树"的离散化隐喻。

马克思主义政治经济学的知识产权优势理论，可以对这种优势条件的"离散性"特征提供清晰的理论解释。优势条件"离散性"分布的理论设定，体现了企业在不同优势条件之间转换所面临的各类障碍因素，这些障碍因素可以归结为知识产权垄断对外部资本流入的阻隔，由此形成的"收益不均"现象则是知识产权垄断阻碍"利润平均化"形成"超额利润"的具体体现。知识产权优势理论由程恩富、丁晓钦②和廉淑等学者提出，认为"要想持续发展，拥有持久的竞争力，必须拥有垄断性的资源……只有无形的资源——知识，才是国家最大的财富。拥有自主知识产权优势，是一个企业和国家能取得垄断利润的关键"③。这一思想与马克思的垄断租金和超额利润理论相一致。著名马克思主义学者欧内斯特·曼德尔（Ernest Mandel）也认为"马克思级差地租理论是更一般的超额利润理论的一种特殊情况"④。知识产权优势，就是将级差地租理论拓展至知识产权垄断领域，把技术专利和商标等知识产权的独占性，与限制资本流动形成超额利润的土地所有权垄断相类比，将知识产权视为形成超额利润的垄断性优势条件⑤。

基于优势条件"离散性"视角的"比较优势断档"风险与"中等收入陷阱"形成了较好的理论契合。中等收入国家"收入比低收入和落后国家

①　Cesar A. Hidalgo, Bailey Klinger, Albert-Laszlo Barabási, et al., "The Product Space Conditions the Development of Nations", *Science*, Vol.317, No.5837, 2007.

②　程恩富、丁晓钦：《构建知识产权优势理论与战略——兼论比较优势和竞争优势理论》，《当代经济研究》2003年第9期。

③　程恩富、廉淑：《比较优势、竞争优势与知识产权优势理论新探——海派经济学的一个基本原理》，《求是学刊》2004年第11期。

④　［比］欧内斯特孟德尔：《〈资本论〉新英译本导言》，仇启华、杜章智译，中央党校出版社1991年版，第189页，该译本的作者名译为"孟德尔"，但国内多数文献称该学者为"曼德尔"）。

⑤　当然，依据知识产权优势理论，"离散性"并非优势条件的唯一特性，知识积累的引入可以拓展优势条件的"连续性"视角，参见本书第三部分。

高，再搞过去的劳动密集型制造业，竞争力已经不如低收入国家；同时高新
科技还不够发达，……因此又竞争不过高收入国家，高不成低不就"。① 在
"离散性"视角下，由低端环节向高端环节"跃进"的风险，决定一国能否
顺利跨越"中等收入陷阱"。要求工资增速必须低于劳动生产率也成为这一
视角下的必然重要结论：在具备"技术—品牌"等高端优势之前，中等收
入国家需要继续依赖劳动力成本优势，如果工资增速超过劳动生产率，则必
须提高产品的劳动成本。"劳动力成本的概念跟劳动工资有关系，但两者之
间隔着劳动生产力。工资可以提高，但是如果生产力提高得更快，劳动力成
本可以降低"，"在任何一个收入水平上都可能掉入陷阱，因为任何一个收
入水平上都可能出现收入提高快于生产力提高的过程"②。因此，"有一条铁
律，就是在正常情况下，工资的增长一定要低于劳动生产率的增长"③。在
中等收入国家尚未具备向高端"研发—营销"环节"跃进"的优势条件之
前，工资增速超过劳动生产率，就成为削弱一国产业竞争力，使其滑向
"中等收入陷阱"的重要风险因素。

　　此外，工资上涨导致竞争力下降的另一个关键条件也与"离散性"视
角有关："离散性"假定在理论上预设了中等收入国家参与全球产业分工的
产品种类和产品的要素密集度。在"离散性"视角下，中等收入国家难以
在价值链的高附加值阶段与发达国家相抗衡，在全球分工体系中所承担的产
品或工序尚未"跃进"到高端阶段，产品的要素密集度和"成本结构"尚
未调整，劳动力成本的提高即意味着单位产品全部成本的上升和竞争力的削
弱。否则，如果企业能够调整产品的非劳动力成本，降低劳动力成本所占比
重，工资上涨和劳动力成本上升就不再必然导致整体成本上升和竞争力
下降。

---

① 樊纲：《中等收入陷阱迷思》，《中国流通经济》2014 年第 5 期。
② 樊纲：《中等收入陷阱迷思》，《中国流通经济》2014 年第 5 期。这里的"生产力"与"劳动生
产率"相一致——引者注。
③ 楼继伟：《中高速增长的可能性及实现途径》（2015 年 4 月 24 日在清华大学经济管理学院的演
讲），清华大学经济管理学院网站，见 http://www. sem. tsinghua. edu. cn/news/xyywcn/Tz_ 69292.
html。

第二节　工资增长快于劳动生产率是提高
劳动报酬份额的实现路径

　　既然工资增速超过劳动生产率会导致劳动力成本的提高，增加滑入"中等收入陷阱"的风险。那么，长期保持工资增速低于劳动生产率，是否有助于跨越"中等收入陷阱"呢？答案是否定的：工资增速滞后于劳动生产率，将导致国民收入中劳动报酬份额的下降，劳动者的"相对贫困"则对应着需求不足与收入差距的扩大——需求不足和收入差距过大正是增大"中等收入陷阱"风险的两个关键因素。

一、工资增速、劳动生产率增速与劳动报酬份额的数量关系

　　熟悉马克思主义经济学的学者不难理解，在单位产品的价值（价格）$w=c+v+m$ 中，v 既是单位产品的劳动力成本，又是总产值中的劳动报酬份额。v 的相对下降，意味着"劳动者的相对贫困"，是引发需求不足和生产过剩的重要原因。生产过剩一旦触发，则必然导致经济增长速度下滑，加重陷入"中等收入陷阱"的风险。同时，在政治经济学中，代表初次分配关系的劳动报酬份额，即劳动报酬在整体国民收入中所占份额的高低，直接影响一国的收入分配格局。劳动报酬份额的下降是我国收入分配差距扩大的重要原因。提高劳动报酬份额是缩小收入分配差距、实现"包容性增长"的重要途径。同时，拉美诸国陷入"中等收入陷阱"的重要教训也是收入差距拉大导致需求不足和社会动荡。

　　基于上述政治经济学原理，我们简要梳理其中的数量逻辑，并结合我国的统计数据做具体说明。以 Y 表示一国总产值，即国内生产总值水平；w 表示平均工资，W 表示总工资水平，有 $W=L \cdot w$，其中 L 为总劳动人数；P 为价格指数。因此，一国的实际国内生产总值为 $Y^*=Y/P$，其劳动生产率水平 $LP=Y^*/L=Y/(P \cdot L)$，$Y=LP \cdot P \cdot L$；实际工资水平为 $w^*=w/P$，$W=w^* \cdot P \cdot L$。总产值中的劳动报酬份额 $\alpha=W/Y=w^*/LP$，即劳动报酬份额为实际工资与劳动生产率之比，工资增速低于或高于劳动生产率，直接对应总产值中劳动报酬份额的下降与上升。从这个意义上讲，要求一国工资增速长

期低于生产率，无异于要求劳动报酬份额的持续下降，这是引发劳动者
"相对贫困"、生产过剩和经济停滞的重要诱因，是不可取的——我国的统
计数据也印证了这一结论。

二、中国的工资增速、劳动生产率增速与劳动报酬份额

现实的统计数据与前面的数理梳理略有差异。例如，实际工资水平的计
算往往以消费品价格指数作为平减指数，劳动生产率的实际产值计算采用国
内生产总值平减指数。同时，统计指标中的工资水平也存在"城镇单位职
工平均工资"和"农民工工资"的差异。此外，由于农业存在较大规模的
剩余劳动力，是"产业后备军"的重要来源，隐性失业问题容易导致劳动
生产率的低估。因此，我们将农业排除，主要考察第二、第三产业的劳动生
产率水平。国内关于工资增速高于或低于劳动生产率的讨论也主要关注农民
工工资与工业劳动生产率的关系。

表 14-1 1990—2017 年劳动生产率与工资水平

年份	第二、第三产业劳动生产率（1990 年价）	工业劳动生产率（第二产业）（1990 年价）	城镇职工名义工资（当年价）	城镇职工实际工资（1990 年价）	农民工名义工资（当年价）	农民工实际工资（1990 年价）
1990	5266.43	5569.72	178.33	178.33	190.00	190.00
1991	5758.15	6269.43	195.00	188.59	252.80	244.49
1992	6503.43	7415.74	225.92	205.35	341.20	310.13
1993	7157.07	8526.63	280.92	222.61	324.00	256.76
1994	7813.52	9863.38	378.17	241.48	394.40	251.85
1995	8319.14	10985.88	458.33	249.94	483.50	263.66
1996	8812.96	11899.34	517.50	260.57	449.80	226.48
1997	9507.50	12872.97	539.17	264.09	390.00	191.02
1998	10196.05	13975.24	623.25	307.73	609.10	300.75
1999	11017.63	15276.96	695.50	348.28	488.90	244.82
2000	11929.74	16925.51	780.92	389.50	517.80	258.26
2001	12887.82	18337.77	905.83	448.66	574.60	284.60
2002	14089.98	20848.93	1035.17	516.86	628.80	313.96

续表

年份	第二、第三产业劳动生产率（1990年价）	工业劳动生产率（第二产业）（1990年价）	城镇职工名义工资（当年价）	城镇职工实际工资（1990年价）	农民工名义工资（当年价）	农民工实际工资（1990年价）
2003	15338.47	23129.45	1170.00	577.25	806.00	397.66
2004	16165.17	24496.30	1335.33	634.10	822.00	390.33
2005	17347.76	25823.15	1530.33	713.84	960.80	448.18
2006	18877.82	27532.34	1750.08	804.28	1014.40	466.19
2007	21025.44	29652.66	2077.67	911.10	1145.30	502.24
2008	22609.44	31999.21	2435.75	1008.62	1180.50	488.83
2009	24140.09	34300.94	2728.00	1137.60	1421.70	592.86
2010	26188.93	37159.73	3095.58	1249.64	1690.00	682.23
2011	27846.58	39705.64	3537.67	1354.94	2049.00	784.78
2012	29412.50	41563.81	3966.08	1480.53	2290.00	854.85
2013	30649.53	44984.78	4365.67	1588.40	2609.00	949.25
2014	31939.28	48417.03	4780.08	1705.08	2864.00	1021.60
2015	65557.42	72026.68	5270.08	1798.16	3072.00	1080.66
2016	69461.82	77712.76	5749.42	1923.24	3275.00	1129.49
2017	73640.74	84445.99	6343.42	2088.53	3485.00	1237.12

资料来源：劳动生产率为实际产值与就业量之比，各产业名义产值和就业量数据来自历年《中国统计年鉴》之"国内生产总值构成"和"按三次产业分就业人员数"；城镇职工平均工资：2003—2017年数据来自《中国统计年鉴2018》之"4—12城镇非私营单位就业人员平均工资和指数（在岗职工工资）"，1995—2002年数据来自《中国统计年鉴2007》之"5—16城镇单位就业人员平均劳动报酬和指数"，1990—1994年数据来自《中国统计年鉴2006》之"5—18职工平均工资及指数"；农民工名义工资2001—2011年数据来自卢锋：《中国农民工工资走势：1979—2010》，《中国社会科学》2012年第7期，2011—2017年数据来自国家统计局历年《农民工监测调查报告》；实际工资水平以消费者物价指数作为平减指数，实际产值采用国内生产总值平减指数。

　　为便于比较劳动生产率与实际工资的变动趋势，我们取1990年的指标为基数，计算各指标的指数水平。由图14-1可见，2008年之前，无论是城镇单位职工平均工资指数还是农民工工资指数均低于工业劳动生产率指数，表明工资增速低于劳动生产率水平。国际金融危机后，工资增速明显提高，2009年城镇单位职工工资指数赶超了工业劳动生产率指数。同时，2008年

之后，农民工工资指数的增速也明显提高，但是其指数水平始终未能追上工
业劳动生产率。同时，需要注意的是，城镇工资指数和工业生产率指数的基
本趋势自 2000 起，即我国加入世界贸易组织后，已经形成，2009 年城镇工
资指数超过工业劳动生产率，只是既有走势延伸的结果，2009 年前后城镇
工资走势并未形成明显的趋势性变化。相反，农民工工资指数的走向却在
2008 年国际金融危机前后出现了明显的拐点。结合图 14-2，这一结论会更
加明显：1990—1997 年，城镇职工工资增速低于工业劳动生产率，使工资
水平滞后低于劳动生产率；1998 年后城镇职工工资增速开始快于工业生产
率水平，沿着这一趋势，2009 年城镇工资指数超过了工业劳动生产率。

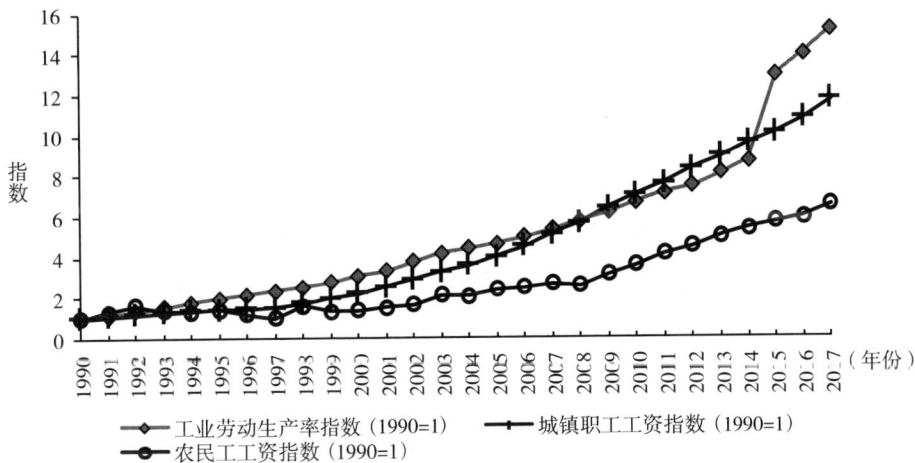

图 14-1　1990—2017 年劳动生产率与工资指数

资料来源：同表 14-1。

　　但是，2009 年前后城镇工资指数和劳动生产率指数的增长速度并未出
现明显的变化。2008 年国际金融危机后工资增速变动较为明显的是农民工
工资：2008 年之前的 18 年间，除 5 个年份（1991 年、1992 年、1998 年、
2003 年、2005 年）的偶然性高速[①]外，农民工工资增速一直低于工业劳动
生产率水平。2008 年国际金融危机后，自 2009 起农民工工资增长速度持续

[①]　除 1991 年和 1992 年其他年份的高速水平都未持续至下一年份，表现为单独某一年份高速的偶
然性。

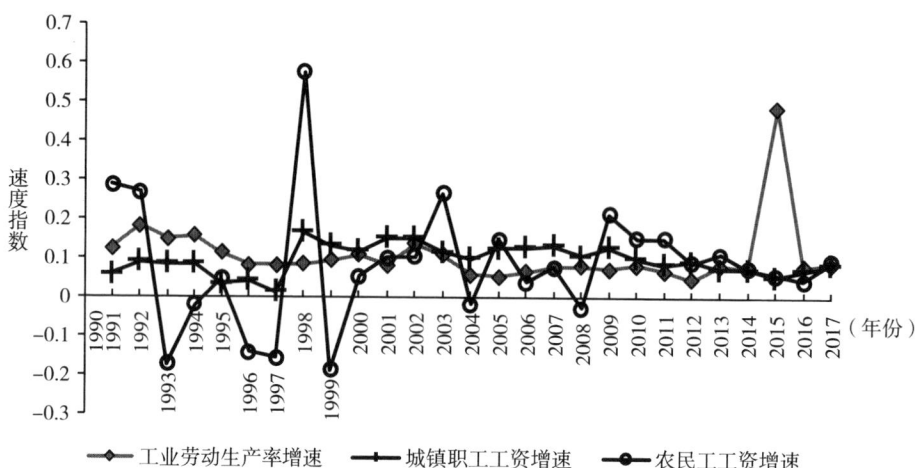

图 14-2 1990—2017 年劳动生产率与实际工资增速

资料来源：同表 14-1。

高于工业劳动生产率，形成较快增长趋势，但农民工实际工资要追平工业劳动生产率还有尚有较大距离。简言之，城镇职工工资增速快于工业劳动生产率始于 1998 年东南亚金融危机后；2008 年国际金融危机后增速明显提高并超过工业生产率的是农民工的实际工资水平。

依据前面的数理逻辑，2008 年之前工资增速低于劳动生产率将导致国内生产总值中劳动报酬份额的下降，在此之后工资的相对上涨，尤其是农民工工资增速的明显提高将提高劳动报酬份额。现实的统计数据也印证了这一推论。图 14-3 是按收入法核算的国内生产总值中的劳动报酬份额。数据显示，2000 年起劳动报酬份额开始进入下降的"快车道"，下降幅度较大，甚至一度低于 40%；但是至少从 2009 年起①，国内生产总值中的劳动报酬份额明显回升，但是尚未恢复至 2000 年以前的水平，依然在 50% 以下低位运行。因此，2008 年后工资增速的提高，尤其是农民工工资的提高，应该被视为 2000 年劳动报酬份额快速下降的"反弹"和校正。应当前工资增速高于劳动生产率的现状，应结合之前的工资增长滞后和劳动报酬份额下降进行

---

① 由于 2008 年数据为 2007—2009 年的平均值，因此这一数据只能说明劳动报酬份额至少在 2009 年开始回升，图形显示的 2008 年开始回升只是"插值平均"的结果。

考察，不应简单否定工资增速超过劳动生产率的合理性。

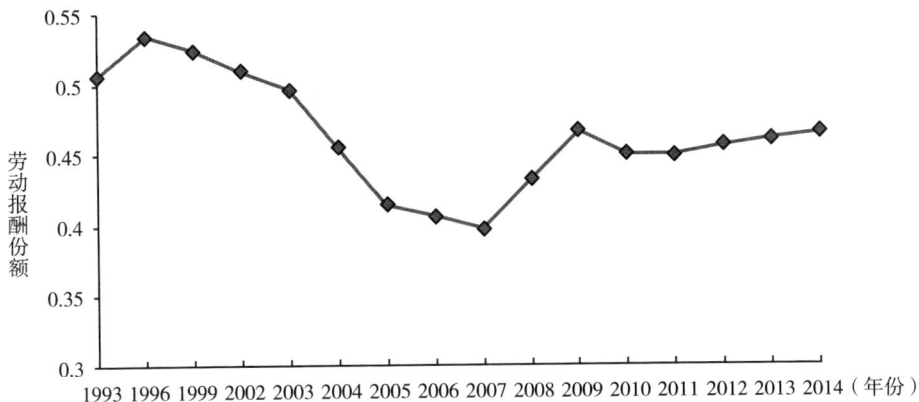

图 14-3　1993—2014 年劳动报酬占国内生产总值份额

资料来源：历年《中国统计年鉴》之"地区生产总值收入法构成项目"，其中 1995 年、2004 年、2008
年和 2014 年数据未公布，以"插值法"取相邻两个年度平均值。

三、劳动报酬份额与基尼系数的负相关关系

劳动报酬份额的提高，意味着对初次分配格局的调整，是对劳动者
"相对贫困"的校正，有助于缩小收入分配差距。现实的收入分配差距数据
也支持这一判断。图 14-4 为世界银行与国家统计局公布的我国国民收入基
尼系数。在工资相对上涨、劳动报酬份额相对提升的时间节点——2008 年，
我国的基尼系数也开始由增转降。基尼系数与劳动报酬份额之间，显示出明
显的联动关系。具体数据的散点图也显示了两者之间的负相关关系，基尼系
数明显表现为劳动报酬份额的递减函数（见图 14-5）。

在政治经济学中，劳动报酬份额 $v/(c+v+m)$ 是体现初次分配格局的重
要指标。图 14-5 中基尼系数与劳动报酬份额之间的负相关关系，也充分体
现出初次分配对我国整体收入分配差距的关键性影响。可见，提高劳动报酬
份额是实现"包容性增长"、缩小收入差距、防范劳动者"相对贫困"和生
产过剩、稳定经济增速，从而顺利跨越"中等收入陷阱"的重要保障。

国际公认的基尼系数警戒线为 0.4，我国居民收入基尼系数超过 0.4 的
就发生在 2000 年后劳动报酬份额快速下降时期；基尼系数由增转降的小幅

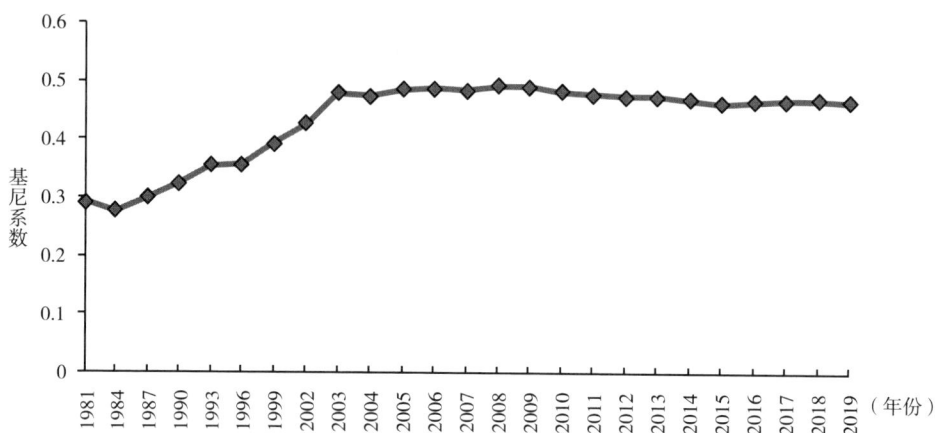

图 14-4　1981—2019 年我国居民收入基尼系数

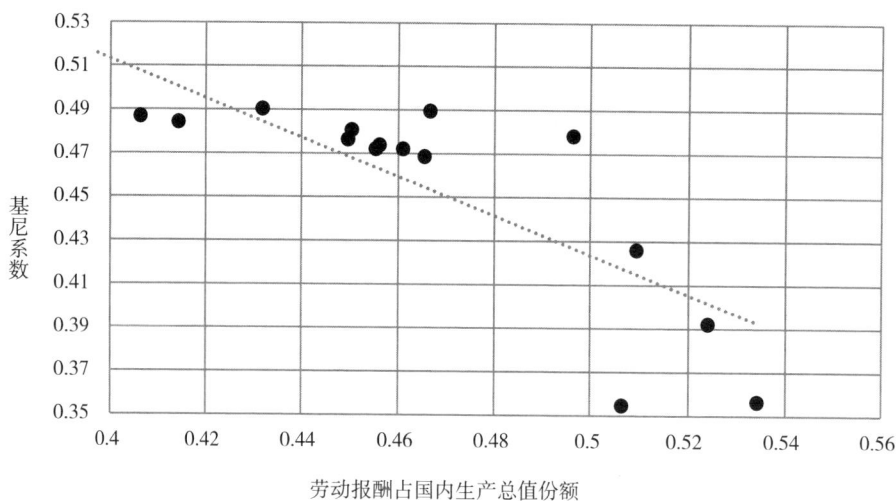

劳动报酬占国内生产总值份额

图 14-5　1993—2018 年劳动报酬份额与基尼系数的散点图与趋势线

资料来源：2003 年之前的基尼系数来自世界银行数据库：http：//data．worldbank．org．cn/indicator/SI．POVGINI？end＝2010&locations＝CN&start＝1981&view＝chart&year_high_desc＝true，2003—2015 年的基尼系数数据为国家统计局公布的"全国居民收入基尼系数"。

回调，也发生在劳动报酬份额提高的 2009 年之后（见图 14-4、图 14-5）。然而整体而言，基尼系数的回调幅度还很小，当前依然保持在警戒线以上高位运行。提高国内生产总值中的劳动报酬份额有助于降低收入分配差距，推

动基尼系数重回警戒线以下——实际工资增速超过劳动生产率则是提高劳动
报酬份额的实现路径。因此，要求实际工资增速一直低于劳动生产率，不符
合我国实现"包容性增长"和跨越"中等收入陷阱"战略目标。2009 年后
实际工资增速高于工业劳动生产率，有其合理性。

第三节　知识积累与劳动报酬份额
提升的生产方式基础

优势条件的"离散性"视角，将产业升级过程视为从低端劳动力成本
优势向高端"技术—品牌"优势转换的"跃进"过程。在中等收入国家的
高端优势资源尚不充足的条件下，限定了其参与国际分工的"产品空间"，
强化了对劳动力成本优势的依赖，从而要求实际工资增长速度低于劳动生产
率，可能导致劳动报酬份额的持续下降和收入差距的恶化，不利于治理劳动
者"相对贫困"引发的生产过剩，可能造成经济增长速度的波动，加重一
国滑入"中等收入陷阱"的风险。克服这一困境的关键在于突破竞争优势
的"离散性"视角。我们可以在知识产权优势理论中引入"知识积累"，拓
展优势条件的"连续性"视角，实现这一理论突破。

一、知识积累与政治经济学框架下的连续性优势

前文已经介绍，优势条件的"离散性"特征对应马克思地租理论中生
产条件垄断对外部竞争的阻隔效应。阻隔竞争并非马克思地租理论的全部内
容。垄断性的生产条件不是一成不变的——马克思还提出了描述垄断性生产
条件持续改善的"级差地租Ⅱ"理论，将土地上累积投资形成的生产条件
改善和垄断利润提高视为地租增长的重要来源："由同一土地上连续投资产
生的级差地租Ⅱ"，"作为级差地租Ⅱ，是以同一土地上连续投资有不同的
级差生产率为基础"[①]。将"级差地租Ⅱ"的动态机理拓展至知识产权垄断
领域，可以形成以"知识积累"提升知识产权优势，进而提高知识产权垄
断租金和超额利润的新分析框架。具体而言，知识积累过程对知识产权优势

---

① 《马克思恩格斯全集》第 46 卷，人民出版社 2003 年版，第 821—822 页。

的提升主要体现在两个方面：一方面，技术进步和工艺创新提升企业技术专利等知识产权优势，提高产品质量、降低生产成本；另一方面，商业信誉和市场声誉的积累提高商标和商号等品牌专利的知识产权优势，强化品牌的客户忠诚度，加速资本周转、提高产品价格。同时，上述两个方面的知识积累也推进企业在生产中越来越多地依赖更高的技术、工艺和品牌资源，改善企业的生产组织方式和商业流通渠道，实现生产方式的变迁。由此，"知识积累—知识产权优势提升—生产方式变革"三者构成一个连续性的产业升级分析框架。在这个过程中，产业升级过程不再是在"离散性"优势条件和产品（工序）之间的"跃进"，而是伴随知识产权优势的连续性提高不断改进生产方式，使企业在一个连续性的"方式空间"中逐步升级。

二、共同的国际经验：劳动报酬份额60%以上

通过总结日本等国在中国等收入阶段推进产业升级的成功经验，竞争优势理论也提出了优势条件动态演进的"连续性"视角，将竞争优势的改善与生产方式的变革相联系，为发展中国家跨越"中等收入陷阱"提供了有益的理论视角。竞争优势理论的著名学者乔治·斯托克就是这种"连续性"视角的代表人物。他总结了第二次世界大战后日本产业优势条件转换和生产方式变迁的"连续性"过程①，在他的总结中"劳动力成本优势—规模优势—专业化生产—即时（柔性）生产—时间竞争优势"，构成日本优势条件转换和生产方式变迁的"五阶段论"。值得注意的是：日本产业在"五阶段"之间的转换，是一个优势条件逐步积累的"连续性"过程，其选择空间也并非"离散性"的"产品空间"，而是生产方式适应优势条件变化的"方式空间"。而日本经历"五阶段"的过程，正是日本从低收入国家升级到高收入国家的历史时期。乔治·斯托克的"连续性"视角也将优势条件提升与产业升级研究导向"生产方式"理论——这里的"即时生产"和"柔性生产"也成为"丰田生产方式"和"精益生产"的重要内容，引起

---

① George Stalk Jr., "Time—the Next Source of Competitive Advantage", *Harvard Business Review*, July-August, 1988, pp.41-51. 见本章第一节的介绍。

后福特制、后福特主义的研究者①的高度重视。可见，基于知识积累的连续
性生产方式演进是一国成功跨越"中等收入陷阱"的关键。但是，由于国
内既有研究过于偏重优势条件的"离散性"分布和中等收入阶段产业升级
的风险性，乔治·斯托克在这里展现出的优势条件"连续性"视角并未引
起国内学术界的足够重视。

　　同时，日本的经验也彰显了劳动报酬份额提升的生产方式基础。日本学
者杉原薰认为日本能够实现优势条件连续性提升的关键就在于其重视劳动者
知识积累的"劳动密集型工业化"模式。这一模式根源于19世纪东亚地区
的勤劳革命（Industrious Revolution）②，劳动力吸纳体制和劳动密集型技术
进步是这一模式的核心特征。早在1880年日本制订了区别于西方的工业化
战略，即"把劳动密集技术的传统、传统工业的现代化以及自觉采用西方
技术积极运用于不同的要素禀赋条件中"。"劳动密集型工业化"的关键特
征就是"它比西方道路更充分地吸收并运用劳动力，更少地依赖机器和资
本取代劳动"③。更多依靠知识积累和劳动者素质提升的工业化过程，必然
意味着将更多的资源投入教育、培训和生活条件改善的过程中，改善劳动力
再生产水平，提高劳动报酬。相对于以资本投入和规模扩张为基础的技术进
步，依托劳动者素质提升的生产方式变革，需要更加重视改善劳动力再生产
条件，提升劳动报酬份额。第二次世界大战后日本经济崛起过程也伴随着劳
动报酬份额的提升（见图14-6）。

　　一般认为，与日本相比，美国更倾向于走"资本密集型"的工业化道
路，劳动报酬占比会相对较低。然而，实际经验数据表明，从19世纪开始
美国的劳动报酬水平就一直维持在70%以上，第二次世界大战后也一直在

---

①　刘刚：《后福特制研究——生产组织方式创新与企业竞争优势》，人民出版社2004年版，第
18—19页。谢富胜：《资本主义的劳动过程：从福特主义向后福特主义转变》，《中国人民大学学报》
2007年第2期。胡海峰：《福特主义、后福特主义与资本主义积累方式——对法国调节学派关于资本主
义生产方式研究的解读》，《马克思主义研究》2005年第2期。

②　"勤劳革命"是指从16到18世纪，在自然资源有限的条件下，东亚劳动力吸纳体制和劳动密集
技术的发展使东亚的人口剧增。中国人口从1.5亿人以下增加到近4亿人，但是生活水平则不降反
升——杉原薰称为"中国奇迹"——此后，日本也复制了这一模式。

③　Sugihara Kaoru，"*The East Asian Path of Economic Development：A Long-Term Perspective*"，in Arrighi
Giovanni，Takeshi Hamashita，Mark Seldon，eds.，*The Resurgence of East Asia：500，150 and 50 Year
Perspectives*，London and New York：Routledge，2003.

65%的高位水平上波动。张士斌对工业化过程中各国劳动报酬份额变动趋势
的考察表明：成功实现工业化的国家要么在工业过程之初就保持劳动报酬份
额在65%以上的水平（以美国为代表）上高位运行；要么持续推进劳动报
酬份额的提高，最终稳定在65%以上的水平上（以日本、韩国和加拿大等
国为代表）；劳动报酬份额长期在50%以下低位运行，甚至持续下降，是陷
入"中等收入陷阱"的拉美等国的重要特征[①]。简言之，能够成功进入高收
入阶段国家，往往需要把劳动报酬份额提高至60%以上："在发达国家，劳
动收入占国民收入的比重一般在65%到70%"[②]。

（单位：%）

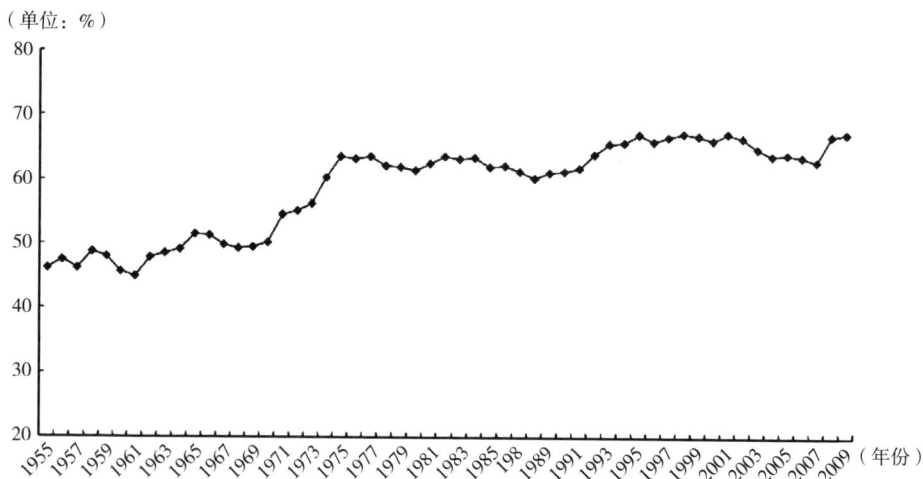

图 14-6　1955—2009 年日本劳动报酬占总收入比重

三、生产方式变革与"农民工市民化"

劳动报酬提升不仅是对知识积累和劳动者素质提升的价值反映，也为以
知识积累为中心的技术进步创造条件。其中，劳动力再生产方式和再生产条
件的转变显得尤为重要。以我国的"农民工"现象为例，以知识积累为基
础的生产方式变革，要求实现企业资本积累与职工知识积累的"兼容性"。
这在客观上要求改变农民工"劳动力雇佣在城市、劳动力再生产在农村"

---

① 张士斌：《工业化过程中劳动报酬比重变动的国际比较》，《经济社会体制比较》2012 年第 6 期。
② 李稻葵：《理性看待劳动收入占比下降》，《上海经济》2010 年第 10 期。

（单位：%）

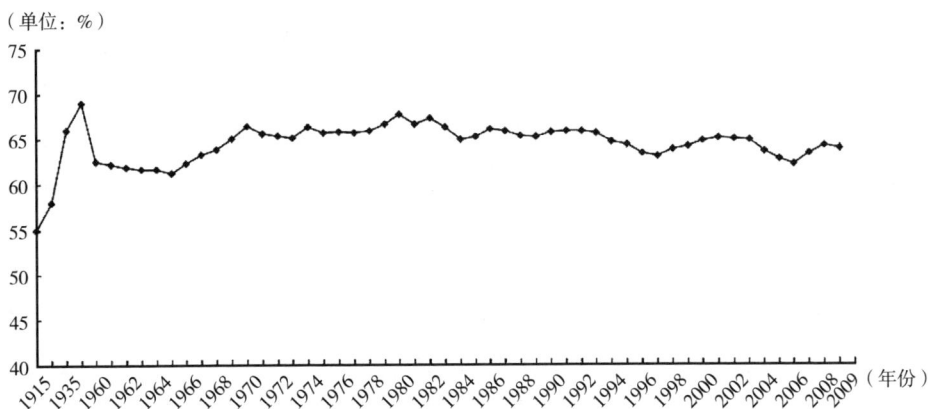

图 14-7 1915—2009 年美国劳动报酬占总收入比重

资料来源：梁季：《劳动报酬占比的国际比较分析》，《经济研究参考》2015 年第 45 期。

就业模式——这种"高流动性"的就业模式已经成为制约我国知识积累和
劳动者素质提升的重要因素：对于企业而言，农民工过高的流动性，可能导
致加之于农民工的人力资本投资随农民工的跨区域流动而流失，从而降低了
企业推动支持农民工知识积累的积极性；对于农民工而言，跨区域流动的
"临时性"就业模式也无法形成稳定的中长期职业规划，缺乏足够的积极性
提高其专业技术水平。改变这一局面的关键在于提高农民工的工资，推动农
民工的"城市化"。农民工在城市定居要求农民工的收入水平足以覆盖城市
定居所需的生活成本。从这个意义上讲，2008 年国际金融危机后，相对落
后地区利用地方政府"融资平台"筹集资金扩大基础设施建设，承接发达
地区的产业转移，就地"截留"农民工①打造劳动密集型产业集群，不仅有
助于提高农民工的工资水平，也为农民工提供了低于发达地区城市生活成本
的进城定居环境，为农民工工资覆盖城市生活成本提供了条件，符合我国
"人的城市化"和"城乡统筹发展"的战略要求。同时，农民工的"市民
化"，也要求在城市定居的农民工更加重视其长远的"职业规划"和劳动技

---

① 2008 年国际金融危机爆发后，中央"四万亿"投资刺激计划和地方政府"融资平台"的推出为
落后地区的地方政府承接产业转移、"截留"农民工创造了条件，成为扩大劳动力需求、转变劳动力市
场供求结构的重要因素。2008 年后农民工工资的快速增长是劳动力市场供求结构转变的直接结果。将农
民工工资上涨归因于 2007 年劳动合同法的实施，可能有失偏颇。

能的提升，为企业扩大人力资本投资，加速知识积累，提高劳动生产率提供了条件。可见，使农民工工资增长速度超过劳动生产率，使农民工获得更多的收入份额，其关键意义就在于改变企业对劳动力资源的使用方式，逐步终结依靠低端劳动力的低成本扩张模式，为知识积累和劳动者素质提升开创条件，保证"中国制造"的知识产权优势实现"连续性"的提升。这些就是当前劳动报酬份额提升的生产方式基础。

总之，产业优势条件的分布兼具"产品（环节）空间"上的离散性和"方式空间"上的连续性。过度偏重优势条件的"离散性"视角，容易在理论上夸大中等收入阶段劳动力成本优势的决定性作用，要求工资增速低于劳动生产率。由于国内生产总值中的劳动报酬份额是实际工资与劳动生产率之比，收入差距的基尼系数与劳动报酬份额明显负相关，工资增速低于劳动生产率必然导致劳动报酬份额下降和基尼系数的提高，引发需求不足和社会不稳定，加大一国滑入"中等收入陷阱"的风险。引入优势条件的"连续性"视角，有助于启发生产方式变革的连续性和以知识积累为中心的技术进步路径。日本等国跨越"中等收入陷阱"的经验表明，基于优势条件连续性变迁的技术进步路径往往伴随劳动报酬份额的提升。劳动报酬份额达到60%以上，是中等收入国家跨入高收入阶段的重要条件。知识产权优势理论能够以知识产权垄断描述"产品（环节）空间"上优势条件的"离散性"，以动态的知识积累描述优势条件演变的"连续性"，实现"离散性"视角和"连续性"视角的统一。以此为基础，可以准确理解工资增长和劳动份额提升的生产方式基础，既警惕工资过快增长的负面影响，又正面看待工资增速略高于劳动生产率的积极意义，避免对工资增速超过劳动生产率"谈虎色变"，甚至盲目要求工资增速低于劳动生产率，降低劳动报酬份额拉大收入差异。

概括本章的观点，涉及"包容性增长"的两种类别。包容性增长Ⅰ：在总收入中增加劳动者和低收入者收入所占比重，使更多发展成果被劳动者和低收入群体所分享；包容性增长Ⅱ：在劳动者未充分就业，二元经济格局依旧存在的背景下，将未形成劳动者收入和低收入者收入的"剩余"和利润，应用于扩大现代化生产，使更多的劳动者和低收入者从落后的部门转移到现代化生产部门，使他们获得现代化部门的收入水平，也是一种包容性增长。

农民工的广泛存在，使中国的包容性增长，更接近第二种形式。农村生活水平下的劳动力再生产条件，将农民工的劳动力价值明显偏低，其工资也被限定在较低的水平上，并且在客观上拉低了城市劳动者的工资，从而降低了成本，扩大了"剩余"和利润份额。但是，如果我们能够保证这些"剩余"和利润广泛应用于再生产扩张，从而加速农村落后部门的劳动力向城市现代部门的转移，那么，其客观结果也是扩大了获得现代部门劳动报酬的劳动者数量和比例，从而使现代化生产和生活，得以惠及更多的社会成员。

本章所讨论的内容，正是 2008 年以来，随着农民工名义工资和实际工资的上升，我国劳动报酬份额开始回升。这表明，进入上中等收入阶段后，我国的包容性增长，正从"包容性增长Ⅱ"转向"包容性增长Ⅰ"。考虑到中国 2.9 亿人①规模的农民工和农村尚未转移出来的大量劳动力，中国再生产的扩张，能够在如此庞大的规模之上，扩大劳动力需求，撬动农民工市场的供求结构，提升农民工工资，是产业升级历史上一次伟大的创举。

更值得注意的是，随着农民工收入水平的提升，农民工流动式的"零散佣工"模式正在悄然改变。在县城产业园区就地就业的农民工，开始在城镇定居下来，融入城镇化的生活，这就要求获得更高水平的工资。同时，相对稳定的工作状态，也使他们开始考虑中长期的职业规划。这就为企业培训工人、提升劳动者素质，推进生产领域的知识积累和技术进步提供了条件。正是这种全新的包容性增长，为效率提升提供了关键的收入分配结构和劳动就业条件。本章所总结的就是这种收入分配结构和包容性增长对于中等收入阶段产业升级的重要意义。

---

① 国家统计局：《2019 年农民工监测调查报告》，国家统计局网站，见 http://www.stats.gov.cn/tjsj/zxfb/202004/t20200430_ 1742724. html。

参 考 文 献

［1］《马克思恩格斯文集》第 26 卷，人民出版社 2009 年版。

［2］《马克思恩格斯全集》第 46 卷，人民出版社 2003 年版。

［3］［美］阿林·杨格：《报酬递增与经济进步》，《经济社会体制比较》1996 年第 2 期。

［4］［美］保罗·克鲁格曼：《发展、地理学与经济理论》，北京大学出版社 2000 年版。

［5］［美］迈克尔·波特：《国家竞争优势》，李明轩、邱如美译，华夏出版社 2002 年版。

［6］［意］乔万尼·阿瑞吉、杨慧：《资本的蜿蜒之路》（上、下），《国外理论动态》2009 年第 9 期。

［7］［英］阿瑟·刘易斯：《二元经济论》，施炜等译，北京经济学院出版社 1989 年版。

［8］［以］埃尔赫南·赫尔普曼、［美］保罗·克鲁格曼：《市场结构与对外贸易》，尹翔硕、尹翔康译，上海人民出版社 1985 年版。

［9］安同信、范跃进、张环：《山东省制造业转型升级的路径研究——日本经验的借鉴》，《东岳论丛》2010 年第 6 期。

［10］［美］奥利弗·E. 威廉姆森：《资本主义经济制度——论企业契约与市场契约》，段毅才、王伟译，商务印书馆 2002 年版。

［11］［美］迈克尔·波特：《竞争优势》，陈丽芳译，中信出版社 2014 年版。

［12］［美］迈克尔·波特：《竞争战略》，陈小悦译，华夏出版社 2005

年版。

［13］蔡昉、王德文、曲玥：《中国产业升级的大国雁阵模型分析》，《经济研究》2009 年第 9 期。

［14］蔡昉、王美艳：《中国面对的收入差距现实与中等收入陷阱风险》，《中国人民大学学报》2014 年第 3 期。

［15］蔡昉：《"中等收入陷阱"的理论、经验与针对性》，《经济学动态》2011 年第 12 期。

［16］陈享光、李克歌：《跨越中等收入陷阱的积累模式探讨》，《教学与研究》2015 年第 2 期。

［17］陈羽、邝国良：《"产业升级"的理论内核及研究思路述评》，《改革》2009 年第 10 期。

［18］程恩富、丁晓钦：《构建知识产权优势理论与战略——兼论比较优势和竞争优势理论》，《当代经济研究》2003 年第 9 期。

［19］程恩富、廉淑：《比较优势、竞争优势与知识产权优势理论新探——海派经济学的一个基本原理》，《求是学刊》2004 年第 11 期。

［20］程凯：《防止经济大起大落马凯提醒警惕"拉美现象"》，《中国信息报》2004 年 3 月 9 日。

［21］代法涛：《跨越"中等收入陷阱"：理论、经验和对策——基于 44 个国家的跨国实证分析》，《财经研究》2014 年第 2 期。

［22］［美］道格拉斯·C.诺斯：《制度、制度变迁与经济绩效》，刘守英译，上海三联书店 1994 年版。

［23］都阳：《劳动力市场变化与经济增长新源泉》，《开放导报》2014 年第 3 期。

［24］杜曙光、林民盾、蔡勇志：《横向产业理论的提出与新型企业研究——香港利丰公司的案例分析》，《经济管理》2006 年第 13 期。

［25］杜曙光、刘刚：《"中等收入陷阱"经济学基础再发现》，《河北经贸大学学报》2013 年第 5 期。

［26］杜曙光、刘刚：《横向模块联结下的产业集群竞争力模型》，《综合竞争力》2011 年第 3 期。

［27］杜曙光：《横向产业分工研究》，《中国经济问题》2008 年第 6 期。

［28］樊纲：《谈一谈中等收入陷阱》，《小康（财智）》2014 年第 7 期。

［29］樊纲：《中等收入陷阱迷思》，《中国流通经济》2014 年第 5 期。

［30］范爱军：《中国各类出口产业比较优势实证分析》，《中国工业经济》2002 年第 2 期。

［31］方福前：《新自由主义及其影响》，《高校理论战线》2003 年第 12 期。

［32］甘春华：《劳动力配置的二次扭曲分析：兼论大学生就业难与企业用工荒》，《深圳大学学报》2010 年第 3 期。

［33］高伟：《中等收入假说》，《人民论坛》2010 年第 13 期。

［34］官华平、谌新民：《珠三角产业升级与人力资本相互影响机制分析——基于东莞的微观证据》，《华南师范大学学报》2011 年第 5 期。

［35］郭克莎：《我国技术密集型产业发展的趋势、作用和战略》，《产业经济研究》2005 年第 5 期。

［36］郭庆旺、赵志耘：《中国经济增长"三驾马车"失衡悖论》，《财经问题研究》2014 年第 9 期。

［37］郭熙保、朱兰：《"中等收入陷阱"存在吗？——基于统一增长理论与转移概率矩阵的考察》，《经济学动态》2016 年第 10 期。

［38］贺大兴、姚洋：《不平等、经济增长和中等收入陷阱》，《当代经济科学》2014 年第 5 期。

［39］赫连志巍、宋晓明：《基于突变级数法的高技术产业升级能力评价研究》，《科学学与科学技术管理》2013 年第 4 期。

［40］洪银兴：《WTO 条件下贸易结构调整和产业升级》，《管理世界》2001 年第 2 期。

［41］胡海峰：《福特主义、后福特主义与资本主义积累方式——对法国调节学派关于资本主义生产方式研究的解读》，《马克思主义研究》2005 年第 2 期。

［42］胡乐明、刘刚：《新制度经济学》，中国经济出版社 2009 年版。

［43］华生、汲铮：《中等收入陷阱还是中等收入阶段》，《经济学动态》2015 年第 7 期。

［44］黄海燕、王金哲：《劳动力市场转折对中等收入阶段发展的挑战

及机遇》,《中国劳动》2015年第12期。

［45］贾根良、于占东:《自主创新与国家体系:对拉美教训的理论分析》,《天津社会科学》2006年第6期。

［46］贾根良:《美国经济崛起时期自主创新的成功经验与启示》,《教学与研究》2011年第8期。

［47］贾根良:《第三次工业革命与新型工业化道路的新思维》,《中国人民大学学报》2013年第2期。

［48］贾根良:《国际大循环经济发展战略的致命弊端》,《马克思主义研究》2010年第12期。

［49］江静、刘志彪:《全球化进程中的收益分配不均与中国产业升级》,《经济理论与经济管理》2007年第7期。

［50］［英］卡尔·波兰尼:《大转型:我们时代的政治与经济起源》,冯钢、刘阳译,浙江人民出版社2006年版。

［51］李稻葵:《理性看待劳动收入占比下降》,《上海经济》2010年第10期。

［52］李仁君:《中国三次产业的资本存量测算》,《海南大学学报(人文社会科学版)》2010年第2期。

［53］李实、万海远:《劳动力市场培育与中等收入陷阱——评〈中国劳动力市场发展报告2011—2013〉》,《经济研究》2014年第4期。

［54］［德］李斯特:《政治经济学的国民体系》,邱伟立译,华夏出版社2009年版。

［55］李香兰、刘刚:《协作化与城市化的互动性及其约束因素》,《齐鲁学刊》2011年第3期。

［56］李小平、陈勇:《劳动力流动、资本转移和生产率增长——对中国工业"结构红利假说"的实证检验》,《统计研究》2007年第7期。

［57］李长健、张兵、袁蓉婧:《农村土地的社会保障功能与农村土地制度的完善——兼论农民权益保障问题》,《农村经济》2009年第5期。

［58］厉无畏、蒋莉莉:《发展创意产业解放文化产业力》,《毛泽东邓小平理论研究》2008年第5期。

［59］厉无畏、王慧敏:《产业发展的趋势研判与理性思考》,《中国工

业经济》2002 年第 4 期。

　　[60] 林民盾、杜曙光：《产业融合：横向产业研究》，《中国工业经济》
2006 年第 2 期。

　　[61] 林志帆：《"中等收入陷阱"存在吗？——基于增长收敛模型的识
别方法》，《世界经济研究》2014 年第 11 期。

　　[62] 刘刚：《后福特制研究——生产组织方式创新与企业竞争优势》，
人民出版社 2004 年版。

　　[63] 刘建洲：《无产阶级化历程：理论解释、历史经验及其启示》，
《社会》2012 年第 2 期。

　　[64] 刘明宇、芮明杰：《全球化背景下中国现代产业体系的构建模式
研究》，《中国工业经济》2005 年第 9 期。

　　[65] 刘伟、张辉：《中国经济增长中的产业结构变迁和技术进步》，
《经济研究》2008 年第 11 期。

　　[66] 刘艳：《生产性服务进口与高技术制成品出口复杂度——基于跨
国面板数据的实证分析》，《产业经济研究》2014 年第 4 期。

　　[67] 刘志彪、张杰：《从融入全球价值链到构建国家价值链：中国产
业升级的战略思考》，《学术月刊》2009 年第 9 期。

　　[68] 刘志彪、张杰：《全球代工体系下发展中国家俘获型网络的形成、
突破与对策——基于 GVC 与 NVC 的比较视角》，《中国工业经济》2007 年
第 5 期。

　　[69] 刘志彪：《基于内需的经济全球化：中国分享第二波全球化红利
的战略选择》，《南京大学学报（哲学·人文科学·社会科学版）》2012 年
第 2 期。

　　[70] 刘志彪：《怎样抓住第二波全球化红利》，《人民论坛》2013 年第
7 期。

　　[71] 楼继伟：《跨越"中等收入陷阱"需要落实措施》（2015 年 4 月
在清华中国经济高层讲坛的演讲），求是网，见 http：//www. qstheory.
cn/politics/2015-04/28 /c_ 1115110541. htm。

　　[72] 楼继伟：《中高速增长的可能性及实现途径》（2015 年 4 月 24 日
在清华大学经济管理学院的演讲），清华大学经济管理学院官网，见

http：//www. sem. tsinghua. edu. cn/portalweb/sem？ ＿ ＿ c ＝ fa1&u ＝ xyywcn/69292. htm？ tar-get ＝no%20%20？ tempContent＝full。

［73］罗思义：《为什么苹果在中国生产 iPhone?》，观察者网，见 http：//www. guancha. cn/LuoSi Yi/2014_ 10_ 20_ 277698_ s. shtml。

［74］吕铁：《制造业结构变化对生产率增长的影响研究》，《管理世界》2002 年第 2 期。

［75］［美］迈克尔·佩雷尔曼：《知识产权的政治经济学分析》，《海派经济学》2005 年第 11 期。

［76］［比］孟德尔：《〈资本论〉新英译本导言》，仇启华、杜章智译，中央党校出版社 1991 年版。

［77］孟捷、李怡乐：《改革以来劳动力商品化和雇佣关系的发展——波兰尼和马克思的视角》，《开放时代》2013 年第 5 期。

［78］孟捷：《关于市场价值的若干概念问题——一个补论》，《海派经济学》2005 年第 1 期。

［79］孟捷：《劳动价值论与资本主义生产中的不确定性》，《中国社会科学》2004 年第 3 期。

［80］潘毅、卢晖临、严海蓉、陈佩华、萧裕均、蔡禾：《农民工：未完成的无产阶级化》，《开放时代》2009 年第 6 期。

［81］［美］钱纳里等：《工业化和经济增长的比较研究》，吴奇等译，上海三联书店 1995 年版。

［82］［意］乔万尼·阿瑞吉：《亚当·斯密在北京：21 世纪的谱系》，路爱国等译，社会科学文献出版社 2009 年版。

［83］任小军：《经济增长、产业升级与技术进步的互动机制》，《经济纵横》2011 年第 8 期。

［84］施振荣：《再造宏碁：开创、成长与挑战》，中信出版社 2005 年版。

［85］宋丹瑛、张天柱：《论资源环境优化产业升级——以战后日本产业结构调整为例》，《技术经济与管理研究》2012 年第 3 期。

［86］［日］速水佑次郎、［日］神门善久：《发展经济学：从贫困到富裕》，李周译，社会科学文献出版社 2009 年版。

［87］唐新贵：《产业升级中的人力资源支撑体系研究——以宁波为例》，《特区经济》2011 年第 5 期。

［88］［日］藤田昌久、［美］保罗·克鲁格曼、［英］安东尼·J. 维纳布尔斯：《空间经济学——城市区域与国际贸易》，梁琦译，中国人民大学出版社 1999 年版。

［89］王春光：《农村流动人口的"半城市化"问题研究》，《社会学研究》2006 年第 5 期。

［90］王岚：《融入全球价值链对中国制造业国际分工地位的影响》，《统计研究》2014 年第 5 期。

［91］王树海：《"OECD"国家高新技术指标体系研究与启示》，《中国科技产业》2002 年第 2 期。

［92］王喜文、时青昊：《新自由主义的陷阱——德国社会民主党的沉浮》，《理论学刊》2005 年第 7 期。

［93］王耀中、陈洁：《鲍莫尔—富克斯假说研究新进展》，《经济学动态》2012 年第 6 期。

［94］王子先：《以竞争优势为导向——我国比较优势变化与外贸长期发展的思考》，《国际贸易》2000 年第 1 期。

［95］魏浩、毛日昇、张二震：《中国制成品出口比较优势及贸易结构分析》，《世界经济》2005 年第 2 期。

［96］吴崇伯：《论东盟国家的产业升级》，《亚太经济》1988 年第 10 期。

［97］吴国平：《从"拉美病"或"拉美化"谈起——拉美人均 GDP 达到千美元后究竟出了什么问题?》，《领导之友》2005 年第 1 期。

［98］吴维彪：《科学的任务在于揭穿现实关系的颠倒形式——读〈碰撞——全球化陷阱与中国现实选择〉》，《哲学研究》2000 年第 4 期。

［99］吴贤彬、陈进、华迎：《基于 SRCA 和 Lafay 指数的"金砖五国"服务贸易结构竞争力分析》，《宏观经济研究》2012 年第 2 期。

［100］伍业君、张其仔：《比较优势演化与经济增长——基于阿根廷的实证分析》，《中国工业经济》2012 年第 2 期。

［101］伍长南：《四大外商投资区利用外资与产业升级研究》，《亚太经

济》2002 年第 5 期。

[102] [美] 西蒙·库兹涅茨：《各国的经济增长》，常勋等译，商务印书馆 2007 年版。

[103] 习近平：《习近平谈治国理政》第二卷，外文出版社 2017 年版。

[104] 习近平：《在哲学社会科学工作座谈会上的讲话》，《人民日报》2016 年第 5 期。

[105] [美] 小艾尔雷德·C. 钱德勒：《企业规模经济与范围经济：工业资本主义的原动力》，张逸人译，中国社会科学出版社 1999 年版。

[106] 谢富胜：《资本主义的劳动过程：从福特主义向后福特主义转变》，《中国人民大学学报》2007 年第 2 期。

[107] 谢文泽：《警惕新自由主义改革的"陷阱"——拉美新自由主义改革的教训》，《拉丁美洲研究》2004 年第 2 期。

[108] 新华社：《习近平接受金砖国家媒体联合采访》，《人民日报》2013 年 3 月 20 日。

[109] 徐康宁、陈丰龙：《经济增长的收入"门槛"效应及其阶段特征——兼评"中等收入陷阱"之说》，《东南大学学报（哲学社会科学版）》2013 年第 1 期。

[110] 徐康宁：《"中等收入陷阱"——一个值得商榷的概念》，《浙江日报》2012 年 3 月 30 日。

[111] 严运楼：《欧洲债务危机"爆"高福利病》，《中国社会保障》2010 年第 7 期。

[112] [澳] 杨小凯、[澳] 黄有光：《专业化与经济组织》，张玉纲译，经济科学出版社 2000 年版。

[113] 姚洋：《高水平陷阱——"李约瑟之谜"再考察》，《经济研究》2003 年第 1 期。

[114] 叶子荣、段龙龙：《"中等收入陷阱论"于中国适用性之辩》，《经济学家》2015 年第 4 期。

[115] 于同申：《新自由主义经济思潮简析》，《思想理论教育导刊》2003 年第 8 期。

[116] 余典范：《中国产业动态比较优势的实证研究——基于马尔科夫

链的方法》，《经济管理》2013 年第 12 期。

　　[117] 岳昌君：《我国外贸出口结构变化与比较优势实证分析》，《国际经贸探索》2000 年第 3 期。

　　[118] 曾楚宏、朱仁宏：《基于战略视角的企业边界研究前沿探析》，《外国经济与管理》2013 年第 7 期。

　　[119] 曾先峰、李国平：《资源再配置与中国工业增长：1985—2007年》，《数量经济技术经济研究》2011 年第 9 期。

　　[120] 战明华、王晓君、史晋川：《部门投资异质性与中国经济增长的多重均衡——对中国"中等收入陷阱"动因的一个理论解释框架》，《财经研究》2014 年第 3 期。

　　[121] 张帆、潘佐红：《内需创造外贸对本国经济发展的影响——以中美的本土市场效应为例》，《重庆邮电学院学报（社会科学版）》2006 年第 3 期。

　　[122] 张鸿：《我国对外贸易结构及其比较优势的实证分析》，《国际贸易问题》2006 年第 4 期。

　　[123] 张其仔：《比较优势的演化与中国产业升级路径的选择》，《中国工业经济》2008 年第 9 期。

　　[124] 张士斌：《工业化过程中劳动报酬比重变动的国际比较》，《经济社会体制比较》2012 年第 6 期。

　　[125] 张世鹏：《何谓"全球化陷阱"?》，《马克思主义与现实》1999年第 1 期。

　　[126] 张熙：《前车之鉴　后世之师——"拉美形势与中拉问题比较"座谈会综述》，《拉丁美洲研究》2002 年第 5 期。

　　[127] 张熙：《我们会重蹈拉美化陷阱吗》，《中国改革》2002 年第 10 期。

　　[128] 郑秉文：《拉美城市化的教训与中国城市化的问题——"过度城市化"与"浅度城市化"的比较》，《国外理论动态》2011 年第 7 期。

　　[129] 郑玉歆、[美] 罗斯基：《体制转换中的中国工业生产率》，社会科学文献出版社 1993 年版。

　　[130] 中国经济增长与宏观稳定课题组：《中国可持续增长的机制：证

据、理论和政策》,《经济研究》2008 年第 10 期。

[131] 中国社会科学院课题组:《新自由主义研究》,《经济学家》2004 年第 2 期。

[132] 周亚军:《实际汇率、通货膨胀与巴拉萨—萨缪尔森效应假说》,《财经理论与实践》2011 年第 3 期。

[133] 朱镕基:《努力实现引进技术的良性循环》,《企业管理》1987 年第 2 期。

[134] 卓越、张珉:《全球价值链中的收益分配与"悲惨增长"——基于中国纺织服装业的分析》,《中国工业经济》2008 年第 7 期。

[135] 中华人民共和国文化部:《文化部关于支持和促进文化产业发展的若干意见》,《中国文化报》2003 年 10 月 18 日。

[136] Alfonso Gambardella, Salvatore Torrisib, " Does Technological Convergence Imply Convergence in Markets? Evidence from the Electronics Industry", *Research Policy*, Vol.27, No.5, 1998.

[137] Alfred D. Chandler, Jr., *Scale and Scope: The Dynamics of Industrial Capitalism*, Harvard University Press, 2009.

[138] Alice H. Amsden, "Comment: Good-bye Dependency Theory, Hello DependencyTheory", *Studies in Comparative International Development*, Vol.38, No.1, 2003.

[139] Almas Heshmati, "Productivity Growth, Efficiency and Outsourcing in Manufacturing and Service Industries", *Journal of Economic Surveys*, Vol.17, No.1, 2003.

[140] Andrés Maroto-Sánchez, Juan R. Cuadrado-Roura, " Is Growth of Services an Obstacle to Productivity Growth? A Comparative Analysis", *Structural Change and Economic Dynamics*, Vol.20, No.4, 2009.

[141] Andrew H. Gold, Arvind Malhotra, Albert H. Segars, "Knowledge Management: An Organizational Capabilities Perspective ", *Journal of Management Information Systems*, Vol.18, No.1, 2001.

[142] Armen A. Alchian, Harold Demsetz, " Production, Information Costs, and Economic Organization", *The American Economic Review*, Vol.62,

No.5，1972.

［143］Balázs Égert，Imed Drine，Kristen Lommatzsch，et al.，"The Balassa-Samuelson Effect in Central and Eastern Europe：Myth or Reality?"，*Journal of Comparative Economics*，Vol.31，No.3，2003.

［144］Benjamin Weaver，*Research Proposal：Industry Convergence-Driving Forces，Factors and Consequences*，Nordic Academy of Management（NFF），2007.

［145］Bernd W. Wirtz，"Reconfiguration of Value Chains in Converging Media and Communications Markets"，*Long Range Planning*，Vol. 34，No.4，2001.

［146］Bourguignon F.，*La，Mondialisation de Line Galite*，Paris，Editions Le Seuil，2012.

［147］Cesar Hidalgo，Bailey Klinger，Albert-Laszlo Barabasi，et al.，"The Product Space Conditions the Development of Nations"，*Science*，Vol.317，No. 5837，2007.

［148］Chris Forman，Kristina McElheran，*Information Technology and Boundary of the Firm：Evidence from Plant-level Data*，Harvard Business School，2012.

［149］Dale W. Jorgenson，Marcel P. Timmer，"Structural Change in Advanced Nations：A New Set of Stylised Facts"，*The Scandinavian Journal of Economics*，Vol.113，No.1，2011.

［150］David B. Yoffie，*Competing in the Age of Digital Convergence*，Harvard Business Press，1997.

［151］David T. Lei，"Industry Evolution and Competence Development：The Imperatives of Ttechnological Convergence"，*International Journal of Technology Management*，Vol.19，No.7−8，2000.

［152］Dieter Ernst，"Catching-up Crisis and Industrial Upgrading：Evolutionary Aspects of Technological Learning in Korea's Electronics Industry"，*Asia Pacific Journal of Management*，Vol.15，No.2，1998.

［153］Elisa Giuliani，Carlo Pietrobelli，Roberta Rabellotti，"Upgrading in

Global Value Chains: Lessons from Latin American Clusters", *World Development*, Vol.33, No.4, 2005.

[154] Ernest Mandel, "*Late Capitalism*", NLB, London Lowe & Brydone Printers Limited, 1976.

[155] Filipe M. Santos, Kathleen M. Eisenhardt, "Organizational Boundaries and Theories of Organization", *Organization Science*, Vol.16, No.5, 2005.

[156] Gary Gereffi, "International Trade and Industrial Upgrading in the Apparel Commodity Chain", *Journal of International Economics*, Vol.48, No.1, 1999.

[157] Giovanni Arrighi, "Labour Supplies in Historical Perspective: A Study of the Proletarianization of the African Peasantry in Rhodesia", *The Journal of Development Studies*, Vol.6, No.3, 1970.

[158] Giovanni Arrighi, Beverly J. Silver, Benjamin D. Brewer, "Industrial Convergence, Globalization, and the Persistence of the North-South Divide", *Studies in Comparative International Development*, Vol.38, No.1, 2003.

[159] Glenn Firebaugh, "Does Industrialization NoLonger Benefit Poor Countries? A Comment on Arrighi, Silver, and Brewer, 2003", *Studies in Comparative International Development*, Vol.39, No.1, 2004.

[160] Hiroaki Sasaki, "Endogenous Phase Switch in Baumol's Service Paradox Model", *Structural Change and Economic Dynamics*, Vol.23, No.1, 2012.

[161] Immanuel Wallerstein, *Historical Capitalism*, Verso Books, 1983.

[162] Indermit Gill, Homi Kharas, *An East Asian Renaissance: Ideas for Economic Growth*, World Bank Publications, 2007.

[163] Jacob Viner, *Cost Curves and Supply Curves*, *Cost Curves and Supply Curves*, Springer Berlin Heidelberg, 1932.

[164] Jagdish Bhagwati, "Immiserizing Growth: A Geometrical Note", *The Review of Economic Studies*, Vol.25, No.3, 1958.

[165] Jan Eeckhout, Boyan Jovanovic, "Occupational Choice and

Development", *Journal of Economic Theory*, Vol.147, No.2, 2012.

［166］Jay B. Barney, "How A Firm's Capabilities Affect Boundary decisions", *MIT Sloan Management Review*, Vol.40, No.3, 1999.

［167］Jean C. Oi, "Fiscal Reform and the Economic Foundations of Local State Corporatism in China", *World Politics*, Vol.45, No.1, 1992.

［168］John Humphrey, Hubert Schmitz, "Chain Governance and Upgrading: Taking Stock", *Chapters*, 2004.

［169］John Humphrey, Hubert Schmitz, "How does Insertion in Global Value Chains Affect Upgrading in Industrial Clusters?", *Regional Studies*, Vol.36,No.9, 2002.

［170］Kaivan Munshi, Mark Rosenzweig, "Networks and Misallocation: Insurance, Migration, and the Rural-urban Wage Gap", *The American Economic Review*, Vol.106, No.1, 2016.

［171］Karolina Konopczak, Andrzej Torój, "Estimating the Baumol-Bowen and Balassa-Samuelson Effects in the Polish Economy—A Disaggregated Approach", *Central European Journal of Economic Modelling and Econometrics*, Vol.2, No.2, 2010.

［172］Kenichi Ohno, "Avoiding the Middle-income Trap: Renovating Industrial Policy Formulation in Vietnam", *ASEAN Economic Bulletin*, Vol.26, No.1, 2009.

［173］Paul Krugman, "Scale Economies, Product Differentiation, and the Pattern of Trade", *The American Economic Review*, Vol.70, No.5, 1980.

［174］Lee J. Alston, William Gillespie, "Resource Coordination and Transaction Costs: A Framework for Analyzing the Firm/market Boundary", *Journal of Economic Behavior & Organization*, Vol.11, No.2, 1989.

［175］Li, Li, Michael Dunford, Godfrey Yeung, "International Trade and Industrial Dynamics: Geographical and Structural Dimensions of Chinese and Sino-EU Merchandise Trade", *Applied Geography*, Vol.32, No.1, 2012.

［176］Mark Selden, "Yan'an Communism Reconsidered", *Modern China*, Vol.21, No.1, 1995.

［177］ Masahiko Aoki, *The Five Phases of Economic Development and Institutional Evolution in China, Japan, and Korea, Institutions and Comparative Economic Development*, Palgrave Macmillan UK, 2012.

［178］ Maurizio Pugno, "The Service Paradox and Endogenous Economic Growth", *Structural Change and Economic Dynamics*, Vol.17, No.1, 2006.

［179］ Nathan Rosenberg, "Technological Change in the Machine Tool Industry, 1840–1910", *The Journal of Economic History*, Vol.23, No.4, 1963.

［180］ Paul A. Samuelson, "Theoretical Notes onTrade Problems", *The Review of Economics and Statistics*, 1964.

［181］ Paul Rosenstein Rodan, *Problems of Industrialization of Eastern and South-eastern Europe*, Boston: Center for International Studies, MIT, 1963.

［182］ Raphael Kaplinsky, "Globalisation and Unequalisation: What Can be Learned from Value Chain Analysis?", *Journal of Development Studies*, Vol.37, No.2, 2000.

［183］ Raúl Prebisch, The Economic Development of Latin America and its Principal Problems, UN, 1950.

［184］ Ricardo Hausmann, Jason Hwang, Dani Rodrik, "What You Export Matters", *Journal of Economic Growth*, Vol.12, No.1, 2007.

［185］ Robert Boyer, "A World of Contrasted but Interdependent Inequality Regimes: China, United States and the European Union", *Review of Political Economy*, Vol.27, No.4, 2015.

［186］ Robert Brenner, "The Origins of Capitalist Development: A Critique of Neo-Smithian Marxism", *New Left Review*, Vol.62, No.5, 1972.

［187］ Ronald H. Coase, "The Nature of the Firm", *Economica*, Vol.4, No.16, 1937.

［188］ Devendra Sahal, "Technological Guideposts and Innovation Avenues", *Research Policy*, Vol.14, No.2, 1985.

［189］ Sin-Hoon Hum, Hoon-Hong Sim, "Time-based Competition: Literature Review and Implications for Modelling", *International Journal of Operations & Production Management*, Vol.16, No.1, 1996.

［190］Stalk George, Davied Michael,"What the West Doesn't Get about China", *Harvard Business Review*, Vol.89, No.6, 2011.

［191］Stalk George, Jr.,"The Costly Secret of China Sourcing", *Harvard Business Review*, Vol.84, No.2, 2006.

［192］Stefanie Bröring, L. Martin Cloutier, Jens Leker,"The Front End of Innovation in an Era of Industry Convergence: Evidence from Nutraceuticals and Functional Foods", *R&D Management*, Vol.36, No.5, 2006.

［193］Todd R. Zenger, Teppo Felin, Lyda Bigelow,"Theories of the Firm-Market Boundary", *The Academy of Management Annals*, Vol.5, No.1, 2011.

［194］W. Brian Arthur, "Competing Technologies, Increasing Returns, and Lock-in by Historical Events", *The Economic Journal*, Vol.99, No.394, 2089.

［195］W. Brian Arthur,"Self-reinforcing Mechanisms in Economics", *The Economy as an Evolving Complex System*, Vol.5, 1988.

［196］Willard I. Zangwill,"From Eoq towards Zi", *Management Science*, Vol.33, No.10, 1987.

［197］William J. Baumol, Sue A. B. Blackman, Edward N Wolff, "Unbalanced Growth Revisited: Asymptotic Stagnancy and New Evidence", *The American Economic Review*, 1985.

［198］William J. Baumol, William G. Bowen,"On the Performing Arts: The Anatomy of their Economic Problems", *The American Economic Review*, Vol.55,No.1/2, '1965.

［199］William J. Baumol, "Macroeconomics of Unbalanced Growth: The Anatomy of Urban Crisis", *The American Economic Review*, Vol.57, No.3,1967.

［200］Xuliang Zhang, Yuemin Ning,"Evaluation of Role of Home Market Effects in China's Manufacturing Industries", *Chinese Geographical Science*, Vol. 21, No.2, 2011.

索　引

策划编辑:郑海燕

责任编辑:郑海燕

封面设计:肖　辉　汪　阳

版式设计:肖　辉　周方亚

责任校对:周晓东

图书在版编目(CIP)数据

中等收入阶段的中国产业升级:经验和理论/杜曙光 著. —北京:人民出版社，
　2021.5

(国家哲学社会科学成果文库)

ISBN 978－7－01－023409－0

Ⅰ.①中…　Ⅱ.①杜…　Ⅲ.①产业结构升级-研究-中国　Ⅳ.①F269.24

中国版本图书馆 CIP 数据核字(2021)第 078288 号

中等收入阶段的中国产业升级:经验和理论

ZHONGDENG SHOURU JIEDUAN DE ZHONGGUO CHANYE SHENGJI:JINGYAN HE LILUN

杜曙光　著

人民出版社 出版发行

(100706　北京市东城区隆福寺街 99 号)

北京盛通印刷股份有限公司印刷　新华书店经销

2021 年 5 月第 1 版　2021 年 5 月北京第 1 次印刷
开本:710 毫米×1000 毫米 1/16　印张:21
字数:360 千字

ISBN 978－7－01－023409－0　定价:106.00 元

邮购地址 100706　北京市东城区隆福寺街 99 号
人民东方图书销售中心　电话 (010)65250042　65289539